U0670706

中国历史研究学术文库

中国社会科学院古代史
研究所文化史研究室 ｜ 编

简牍与秦汉行政法研究

刘太祥 著

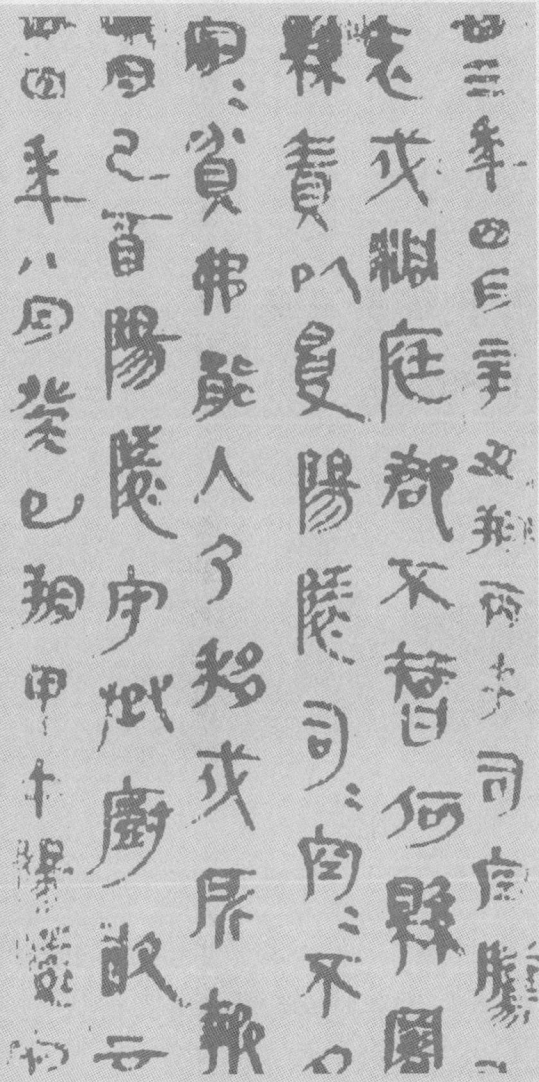

海峡出版发行集团
THE STRAITS PUBLISHING & DISTRIBUTING GROUP ｜ 福建教育出版社

国家社科基金项目结项成果

（编号：12BZS021）

从历史中吸取智慧
——"中国历史研究学术文库"序

卜宪群

经过各方的共同努力，特别是在福建教育出版社的大力支持下，"中国历史研究学术文库"和大家见面了。这套文库将主要面向中青年学者，出版他们关于中国历史与文献研究方面的论著，展现他们的学术风采，使他们沿着先贤的足迹，不懈努力，勤勉进取，为繁荣和发展中国特色哲学社会科学做出贡献。文库首批图书出版之际要我说几句话，我就以在中国历史研究院成立大会上的发言为底稿，就新时代为什么要加强历史学习和历史研究谈一点粗浅的体会。

一、从历史中吸取智慧是新时代的需要

伟大的时代必有史学的参与，史学也必将为伟大的时代贡献智慧，这是史学的功能，也是史学家的职责。中华民族素有学习和总结历史发展经验的优良传统。历史学习、历史思维、历史借鉴，在我国历史上许多重大政治与社会变革中，在许多思想、文化的重大转折和突破性演变中，都产生过强大的推动作用。史学在维护中华民族发展过程中的国家认同、民族认同、文化认同上产生过重大作用。回望历史，中华民族统一多民族国家的形成以及中华文明的长期延续，使中国历史发展既艰难曲折又波澜壮阔，呈现出自身的特点与规律。而善于总结历史经验与继承历史传统，是中华民族一次次登上人类文明高峰的重要基础。我们党历来重视历史学习，从历史中吸取智慧，不断开拓前进。毛泽东同志十分善于总结历史经验，他说："今天的中国是历史的中国的一个发展；我们是马克思主义的历史主义者，我们不应当割断历史。从孔夫子到孙中山，我们应当给以总结，承继这一份珍贵的遗产。这对于指导当前的伟

大的运动，是有重要的帮助的。"〔1〕 1944 年，毛泽东同志批示延安的《解放日报》全文转载郭沫若的《甲申三百年祭》，目的是以明末农民起义军李自成集团为例，教育广大干部和全党同志不要重犯胜利时骄傲的错误，从而把延安整风运动推向深入。实事求是是我们党的优良传统，这四个字也是从史书中发掘出来，并赋予了新的含义。

改革开放 40 年的伟大成绩，昭示着中华民族从站起来、富起来到强起来的历史性飞跃。习近平总书记指出："当代中国正经历着我国历史上最为广泛而深刻的社会变革，也正在进行着人类历史上最为宏大而独特的实践创新。"〔2〕 这一"广泛而深刻的社会变革"与"宏大而独特的实践创新"就是中国特色社会主义道路，这是中华民族五千多年历史上从未有过的大变局。如同中国历史上许多杰出政治家善于从历史中总结经验、探索未来一样，习近平总书记深知，在这片土地广袤、人口众多、历史积淀深厚的国家建设社会主义，必须坚持中国特色，必须坚持中国国情、中国道路，这须臾也离不开历史思维。因此，他高度重视历史学习，指出"历史是最好的教科书"。他多次强调历史认识的重要性，指出历史、现实、未来是相通的。历史是过去的现实，现实是未来的历史。他十分强调吸取历史经验的必要性，指出治理国家和社会，今天遇到的很多事情都可以在历史上找到影子，历史上发生过的很多事情也都可以作为今天的镜鉴。中国的今天是从中国的昨天和前天发展而来的。要治理好今天的中国，需要对我国历史和传统文化有深入了解，也需要对我国古代治国理政的探索和智慧进行积极总结。总书记站在辩证唯物主义和历史唯物主义的高度，讲清楚了我们开辟中国特色社会主义道路的历史必然，讲清楚了我们为什么要从历史中吸取智慧，及其在新时代的重要意义。

二、历史中蕴含着丰富的治国理政智慧

漫长的历史长河中，中华民族在治国理政上积累了丰富的历史智慧，我认为以下三个方面尤为值得重视与总结。

其一，创造并长期维护了中华民族统一多民族国家的治理体系。源于

---

〔1〕 毛泽东：《中国共产党在民族战争中的地位》，《毛泽东选集》第 2 卷，北京：人民出版社，1991 年，第 534 页。

〔2〕 习近平：《在哲学社会科学工作座谈会上的讲话》，《人民日报》，2016 年 5 月 17 日。

先秦的"大一统"思想和理念，在秦汉以后转化为政治实践，形成了"事在四方，要在中央"，"海内为郡县，法令由一统"的中央集权国家治理体系。这一体系既包含了先秦以来历史文化传承的某些因素，更深刻体现了战国以后社会生产力的发展在国家治理体系上的政治诉求。这一治理体系符合我国历史实际，得到了历代有为的政治家和思想家的高度认同，具有深厚的政治基础、思想基础和社会基础。我国历史上秦汉唐宋元明清所创造的数座文明高峰，都与这一治理体系所发挥的巨大作用不可分割。中华民族之所以产生并长期凝聚不散，也是这一治理体系延续不断的结果。这充分说明大一统的国家治理体系深得人心，是趋势，是潮流，符合我国国情。世界历史上也出现过不少盛极一时的强盛帝国，但最终都走向分崩离析，其根本原因就在于它们缺少我们这样长期凝聚而成的共同经济联系和历史文化认同。历史反复证明，统一多民族国家的完整与安定是国家治理的前提条件。任何分裂与动荡，都会导致国家与人民陷入灾难。这一历史经验与教训，我们今天仍然不可忘却。

其二，形成并不断丰富完善了统一多民族国家的一系列治理理念与制度体系。中华民族在长期的历史发展过程中，融合各民族智慧，在政治、经济、文化、社会、生态、边疆、民族等一系列国家治理制度体系建设上都有缜密的思考。例如自西周开始，敬德保民的人本、民本意识开始产生，春秋时期"神"在政治中的作用进一步动摇，民本的呼声更加高涨。发轫于先秦的民本思想，在我国封建社会更是演化为许多具体的治理措施。又如自春秋战国时期开始的"尚贤"呼声，推动了当时各国选贤任能思想与实践的发展，并对我国封建社会选贤任能的制度化建设、德为才帅的用人理念产生了重大作用。再如春秋战国时期法治思想的产生与实践，极大丰富了人们对法制在国家治理中的重要性的认识。而秦朝严刑峻法致二世而亡的教训，又直接导致汉代以后"德主刑辅"治理理念与政策的产生。历代所形成的以民为本、德主刑辅、严格吏治、选贤任能、反腐倡廉、基层治理、民族认同、生态保护等思想与制度，内涵极为丰富，其历史智慧至今仍值得我们总结和借鉴。

其三，构建并传承了统一多民族国家的共同价值观。数千年来我们的祖先认识到"是非不乱则国家治"的道理。要做到"是非不乱"，就要有正确认识事物、正确评判事物的共同价值观。中华民族讲求礼义廉耻，提出"礼义廉耻，是谓四维；四维不张，国乃灭亡"。中华民族讲求正己修身，提出"博学于文，行己有耻"，"己所不欲，勿施于人"，"身修而后家齐，家齐而后国治，国治而后天下平"。中华民族讲求变革进取，提出"治世不一道，便国不法古"。此外，厚德载物、居安思危、自强不息、勤劳事功、和而不同等价值观，在历史上都成为凝聚社会的精神核心力量，是历史留给我们的宝贵财富。正是这些精神，使我们的祖先在国家治理上表现出政治秩序、文化秩序、社会秩序相统一的特点，形成了"是非不乱"的共同价值观，对治国理政、维护国家的长治久安产生了积极作用，形成了富有鲜明特色的中华精神文化，至今仍有其不朽的价值，值得我们认真学习。

中国有着悠久的古代史学传统，有着近代以来实证史学的丰硕成果，更有马克思主义传入中国后形成的科学历史理论体系。丰厚的史学遗产是我们的宝贵财富，广大中青年学者需要认真学习和吸取。这套文库应当坚持以马克思主义唯物史观为指导，以习近平新时代中国特色社会主义思想为引领，坚持中国史学经世致用的优良传统，借鉴古今中外一切科学的史学研究方法，为构建具有中国特色的马克思主义史学学科体系、学术体系、话语体系做出贡献。同时，我也真诚地希望史学界的青年朋友积极给文库投稿，希望史学界的老朋友关心支持这套文库，将优秀的学术著作推荐给文库。

最后，祝这套文库的学术生命常青！

目　　录

第一章　简牍与秦汉行政法研究的
学术史回顾与基本思路

　　由于传世文献史料记载的简略和缺失，秦汉行政法的研究难以深入。
20 世纪初期以来，特别是 70 年代以来，大批秦汉简牍被出土和整理，主要
有睡虎地秦墓竹简、青川汉简、龙岗秦简、里耶秦简、岳麓秦简、张家山
汉简、武威汉简、悬泉置汉简、额济纳汉简、银雀山汉简、武威旱滩坡汉
简、居延汉简、敦煌汉简、甘谷汉简、连云港尹湾汉简、松柏汉简、长沙
东牌楼东汉简、青海大通县上孙家寨 115 号汉墓简等。这些出土简牍中含
有秦汉大量的律、令、科、品、式等成文单行行政法律和法规，规定了国
家行政机关的组成、任务、职权范围及行政活动的基本原则、办事规程以
及官吏的选拔、任免和奖惩办法等行政权力使用和运作的行为规范，是秦
汉行政机关与行政工作人员在行政活动中的行为准则，弥补了秦汉传世文
献史料的不足，为秦汉法律制度研究尤其是行政法的研究提供了大量可资
利用的宝贵材料，在秦汉整个法律体系中占有重要的地位，为探讨这一时
期的行政法形态提供了可能。目前，学术界对于秦汉行政法领域的研究，
虽然还没有专门的论著出现，但在中国行政法史、秦汉法制史、秦汉政治
制度史、简牍资料研究等方面的论著已经取得了不少成就，主要表现在以
下研究成果当中。

　　张晋藩、李铁的《中国行政法史》，对秦汉行政立法、行政结构及其
职能、职官的管理都有论述，特别是引用了睡虎地秦墓竹简中极为丰富的
秦律第一手资料对秦汉“官法”进行了研究。[1] 蒲坚的《中国古代行政
立法》（修订版），论述了中国古代从中央到地方以至基层的行政管理体
制，其中第六章“秦朝的行政立法”、第七章“汉朝的行政立法”分别介
绍了秦和汉的行政、司法、监察、户籍、军事各部门的行政管理，各机构

---

〔1〕　张晋藩、李铁：《中国行政法史》，北京：中国政法大学出版社，1991 年。

的建制、组织与职权，职官的设置、选任、品级、爵秩、考核、升迁、致仕以及官员违纪的惩罚等行政法规，但很少使用简牍中的行政法资料。[1] 栗劲的《秦律通论》，充分利用睡虎地秦墓竹简中极为丰富的秦律第一手资料，较为系统地阐述了法家学派的一般理论基础和有关刑法、诉讼法、行政法、经济法和民法的理论原则，其中的第七章"行政法规和行政管理"专门研究秦行政法，对行政组织法、官吏法、行政事务部门法都有涉及。[2] 闫晓君的《秦汉法律研究》，主要以张家山汉简《二年律令》的资料，研究秦汉的司法审判立法、刑事立法及计量法规等法律内容，其中有不少内容涉及秦汉职官职责和失职、渎职的处罚的立法。[3] 在张晋藩总主编的《中国法制通史》第二卷"战国秦汉"（徐世虹主编）里，其中第五章"秦朝的行政法规"、第十二章"两汉时期的行政组织法"、第十三章"两汉时期的官吏管理法"，利用睡虎地秦简和居延汉简的法律资料，对秦汉行政组织法、官吏法做了专门论述，其他各章也涉及行政事务立法。[4] 日本堀毅的《秦汉法制史论考》[5]、大庭脩的《秦汉法制史研究》[6] 也利用简牍中的法律资料研究秦汉法制史，内容主要涉及职官的管理立法。白钢主编的《中国政治制度史》中的第五章"秦汉政治制度"，对秦汉的决策制度、行政体制及运行机制、行政机构及其职能、司法和监察制度、军事制度、财政管理制度、人事管理制度都做了专门研究，涉及秦汉行政组织法，官吏法，行政事务部门法，行政运作过程的决策、执行、监督、奖惩等的立法，但很少使用简牍所见法律资料。[7] 安作璋、陈乃华的《秦

---

[1] 蒲坚：《中国古代行政立法》（修订版），北京：北京大学出版社，2008 年。

[2] 栗劲：《秦律通论》，济南：山东人民出版社，1985 年，第 341—404 页。

[3] 闫晓君：《秦汉法律研究》，北京：法律出版社，2012 年，第 77—92、193—330、34—47 页。

[4] 张晋藩总主编：《中国法制通史》（战国 秦汉卷），北京：法律出版社，1999 年，第 67—87、302—343、351—409 页。

[5] [日] 堀毅：《秦汉法制史论考》，北京：法律出版社，1988 年。

[6] [日] 大庭脩著，林剑鸣等译：《秦汉法制史研究》，上海：上海人民出版社，1991 年。

[7] 白钢主编：《中国政治制度史》，北京：社会科学文献出版社，2007 年，第 168—239 页。

汉官吏法研究》〔1〕，汪桂海的《汉代官文书制度》〔2〕、李振宏的《西汉官吏立法研究》〔3〕等，利用睡虎地秦简和居延汉简的法律资料研究秦汉的"官法"，具有人事行政部门法的性质。朱红林的《张家山汉简〈二年律令〉研究》〔4〕对张家山汉简《二年律令》做了深入的探讨和研究，具体内容包括刑事法规研究、经济法规研究、行政法规研究等，其中第四章是"行政法规研究"。高恒的《秦汉简牍中法制文书辑考》、李均明的《简牍法制论稿》〔5〕在研究简牍法制资料中也涉及行政组织法和官吏的立法。卜宪群的《秦汉官僚制度》、于振波的《简牍与秦汉社会》、杨振红的《出土简牍与秦汉社会》〔6〕等书，在利用简牍资料研究秦汉行政制度和社会经济制度中也都涉及了职官立法和行政事务立法。薛英群的《居延汉简通论》和英国鲁惟一的《汉代行政记录》，刘海年的《战国秦代法制管窥》和徐福昌的《睡虎地秦简研究》，谢桂华的《尹湾汉墓简牍和西汉地方行政制度》〔7〕等论著中，分别利用睡虎地秦简、居延汉简、尹湾汉简的法律资料研究秦汉政治、社会和经济制度，其中也都涉及职官立法和行政事务立法。下面拟就这一领域的研究现状分类作简要论述。

〔1〕　安作璋、陈乃华：《秦汉官吏法研究》，济南：齐鲁书社，1993 年。

〔2〕　汪桂海：《汉代官文书制度》，南宁：广西教育出版社，1999 年。

〔3〕　李振宏：《西汉官吏立法研究》，《中国史研究》，1992 年第 1 期；李振宏：《居延汉简与汉代社会》，北京：中华书局，2003 年，第 201－239 页。

〔4〕　朱红林：《张家山汉简〈二年律令〉研究》，哈尔滨：黑龙江人民出版社，2008 年。

〔5〕　高恒：《秦汉简牍中法制文书辑考》，北京：社会科学文献出版社，2008 年；李均明：《简牍法制论稿》，桂林：广西师范大学出版社，2011 年。

〔6〕　卜宪群：《秦汉官僚制度》，北京：社会科学文献出版社，2002 年；于振波：《简牍与秦汉社会》，长沙：湖南大学出版社，2012 年；杨振红：《出土简牍与秦汉社会》，桂林：广西师范大学出版社，2009 年。

〔7〕　薛英群：《居延汉简通论》，兰州：甘肃教育出版社，1991 年；［英］迈克尔·鲁惟一著，于振波、车今花译：《汉代行政记录》，桂林：广西师范大学出版社，2005 年；刘海年：《战国秦代法制管窥》，北京：法律出版社，2006 年；徐富昌：《睡虎地秦简研究》，台北：文史哲出版社，1993 年；谢桂华：《尹湾汉墓简牍和西汉地方行政制度》，《文物》，1997 年第 1 期。

第一节 秦汉行政组织法的研究

行政组织法是秦汉行政法的主体部分，简牍所见秦汉行政组织法的研究主要集中在职官立法的研究，不少学者利用简牍材料对秦汉职官立法进行细致入微的考察，出现了不少专门考察秦汉官制的论著。安作璋、熊铁基的《秦汉官制史稿》[1] 详细介绍了秦汉中央到地方官制的设置和演变情况，重点介绍了三公、上公、丞相、御史大夫、太尉、诸卿、中朝官、宫官等中央官制的设置和发展演变，附录中还涉及秦汉郎官、博士制度，同时对地方官制的设置、官吏的选用考课及各项制度也做了介绍，对秦汉官制做了较为系统而全面的论述，充分实现了简牍资料和传统文献的有机结合。卜宪群的《秦汉官僚制度》[2] 主要利用了尹湾汉简，以个案的方式对西汉东海郡的吏员设置及官吏升迁情况做了详细的考察，并且探讨了官僚制中的选官、考绩、监察制度，总结了自秦至汉包括农民起义政权的建制，剖析了三公九卿制度、皇权在官僚制中的作用和掌控，赐爵在官僚制形成中的作用，对官僚行政中枢的演变、秦汉官僚的类型以及秦汉官僚制度的行政运作也有所研究。于琨奇在《尹湾汉墓简牍与西汉官制探析》[3] 一文中利用尹湾汉墓所出简牍探讨了西汉官制问题：首先，对《尹湾汉墓简牍》一书中文字考释做了订补；其次，根据简牍有关东海郡下辖长吏名籍部分的内容，列表呈现了他们的姓名、籍贯、原任官职及任现职的原因，并分项进行统计与分析；最后探讨了《集簿》和《东海郡吏员簿》中有关行政区划名称、东海郡吏员统计数的差异以及部分官吏的秩级、职能、统属关系，并对郡太守属下少府机构的设置做了重点考察。阎步克在《〈二年律令·秩律〉的中二千石秩级阙如问题》[4] 中，通过辨析《二年律令·秩律》中有关汉初"二千石秩级"的材料，认为作为官阶的"中二千石"为后来所增，并非汉初所有。林剑鸣的《秦汉时代的丞相和

---

[1] 安作璋、熊铁基：《秦汉官制史稿》，济南：齐鲁书社，2007 年。

[2] 卜宪群：《秦汉官僚制度》，北京：社会科学文献出版社，2002 年。

[3] 于琨奇：《尹湾汉墓简牍与西汉官制探析》，《中国史研究》，2000 年第 2 期。

[4] 阎步克：《〈二年律令·秩律〉的中二千石秩级阙如问题》，《河北学刊》，2003 年第 5 期。

御史——居延汉简解读笔记》[1]，从居延汉简中的一件文书记载内容着手，探析文书所颁发对象——丞相和御史之间的关系，发现汉代皇帝诏书转发的顺序是先经过御史大夫再转丞相，由丞相"下当用者"。由此揭示出了秦汉官僚系统的一个重要奥秘：在秦汉时代的官僚系统中，丞相排在御史大夫之前，但事实上御史大夫负有对丞相监督和牵制之责；御史大夫的出现是君权和相权矛盾的产物，是为牵制相权、维护皇权而生。周振鹤在《西汉地方行政制度的典型实例——读尹湾六号汉墓出土木牍》[2]一文中认为，尹湾六号汉墓出土的简牍，是西汉地方行政制度的宝贵资料，既有东海郡郡县两级政府极为详尽的吏员配备情况，还有部分吏员的升迁、劳绩记录，具有重要的证史、补史作用。他在文中利用一、二号汉墓简牍，以表格的形式详细考察了两个方面的内容：一是由吏员配备推断乡、亭、里制度和县级行政区划的等第；二是由亭的数目推断县邑侯国幅员大小与吏员总数的变化及盐铁官的性质和盐官数目。谢桂华的《尹湾汉墓简牍和西汉地方行政制度》[3]分析了西汉地方行政建置，列举了太守府、都尉府、县邑侯国和盐铁官的吏员设置情况。臧知非《简牍所见汉代乡部的建制与职能》[4]一文认为，汉代的乡因辖区和人口分为不同级别，其性质是县政权的分支机构，行使民政、司法、社会治安、生产管理诸权，并负责征缴赋税，征发徭役。杨际平《汉代内郡的吏员构成与乡亭里关系——东海郡尹湾汉简研究》[5]一文，统计了汉代内郡太守、都尉府和县、侯国、邑的属吏设置情况，说明邮亭是独立于乡里之外的另一系统，规模比乡大，吏员却更少。此外，史云贵的《西汉侯国官制考述》[6]、曹旅宁的《张家山汉律职官的几个问题》[7]、高毅鸥的学位论文《西汉官吏数量研究》[8]

[1]　林剑鸣：《秦汉时代的丞相和御史——居延汉简解读笔记》，《兰州大学学报》，1983 年第 2 期。
[2]　周振鹤：《西汉地方行政制度的典型实例——读尹湾六号汉墓出土木牍》，《学术月刊》，1997 年第 5 期。
[3]　谢桂华：《尹湾汉墓简牍和西汉地方行政制度》，《文物》，1997 年第 1 期。
[4]　臧知非：《简牍所见汉代乡部的建制与职能》，《史学月刊》，2006 年第 5 期。
[5]　杨际平：《汉代内郡的吏员构成与乡亭里关系——东海郡尹湾汉简研究》，《厦门大学学报》，1998 年第 4 期。
[6]　史云贵：《西汉侯国官制考述》，《求索》，2002 年第 6 期。
[7]　曹旅宁：《张家山汉律职官的几个问题》，《南都学坛》，2006 年第 3 期。
[8]　高毅鸥：《西汉官吏数量研究》，山东大学硕士研究生学位论文，2007 年。

等都从不同角度对秦汉时期的官制进行探讨。黄海烈《里耶秦简与秦地方官制》[1] 一文，充分肯定了里耶秦简在研究秦地方官制方面的重要参考作用：一是里耶秦简印证了传统文献中有关秦地方官制记载的基本正确性；二是里耶秦简可补充订正传统文献记载的不足。杨宗兵在《里耶秦简县"守"、"丞"、"守丞"同义说》[2] 一文中，通过比较里耶秦简和张家山汉简，认为里耶秦简和张家山汉简中县之"守""丞""守丞"的职权范围和职责内容不同，查历史文献有关记载，与里耶秦简所记官制实际大相径庭。从里耶秦简本身文例分析，县之"守""丞""守丞"互见、无别。基于以上分析，可以认定：一是里耶秦简县之"守""丞""守丞"涵义相同，意指"长官"；二是秦时县一级的长官"守""丞""守丞"即行县令、长之实，却无县令、长之名。

第二节　秦汉行政权力运作法的研究

简牍所见秦汉行政权力运作机制的立法研究，主要表现在行政决策、执行、监督和奖惩行政过程的研究，集中在秦汉行政执行法的研究，而秦汉行政执行法的研究又主要集中在对行政文书运行的立法方面的研究。

秦汉行政文书，在简牍资料中多有表现。汪桂海的《汉代官文书制度》[3]，在前人研究的基础上，从功能、性质、结构程序、用语、抬头制度等不同方面对汉代官文书的特点，及汉代官文书的制作、用印、收发与启封、文书传递、保密禁伪、立卷、保存等制度都做了详尽的阐述。英国学者鲁惟一在《汉代行政记录》[4] 一书中，把发现于额济纳河流域的大约 700 枚木简文书分作两个部分进行研究：第一部分是对汉简中的史料进行分类研究，探讨了汉简的价值、文书的传递、汉代行政机构、汉代兵役组织和士卒生活；第二部分主要是对汉简史料的原文辨识和翻译以及作者的释读，这对两汉行政制度的研究有很大的参考价值。卜宪群在《秦汉公

---

〔1〕　黄海烈：《里耶秦简与秦地方官制》，《北方论丛》，2005 年第 6 期。

〔2〕　杨宗兵：《里耶秦简县"守"、"丞"、"守丞"同义说》，《北方论丛》，2004年第 6 期。

〔3〕　汪桂海：《汉代官文书制度》，南宁：广西教育出版社，1999 年。

〔4〕　[英] 迈克尔·鲁惟一著，于振波、车今花译：《汉代行政记录》，桂林：广西师范大学出版社，2005 年。

文文书与官僚行政管理》[1] 中，认为公文文书是秦汉行政管理极为重要的手段。秦汉时期各级官僚形成了以公文行事的行政运作规则：一是文书逐级下达和上呈；二是文书主发与签署制度非常完备；三是保留行书记录与回文。秦汉公文大体围绕着中央政府、州郡和县乡三个层次运转，包含着公文转呈、下达和批复三个核心环节。他的另一篇文章《简帛与秦汉地方行政制度史研究》[2]，以既往研究为基础，总结归纳了以简帛为中心的秦汉地方行政制度研究的学术史，并根据新材料对地方行政机构和职官设置提出了新的看法。范学辉的《秦汉地方行政运行机制初探》[3]，利用睡虎地秦简和居延汉简等简牍材料，结合传世文献，对秦汉时期政令下达、地方信息反馈等行政运行机制重要组成部分进行考察，认为秦汉时期中央对政令向地方传布采取了一系列措施，对地方信息的反馈也辟有多种渠道、多种形式，借以保证上令下达和下情上报的时效性、完整性和准确性。但因其行政机制中隐存着难以克服的痼疾，运行过程中不可避免地出现了许多问题。日本学者藤田胜久的《里耶秦简与秦代政府之运作》[4]，以简牍中的文书材料为中心，就公文书的传送处理方式、各级政府中的担当者以及记录员的作用展开讨论，考察秦代的郡县行政运作制度。彭浩《读张家山汉简〈行书律〉》[5] 一文，通过对简牍资料的考察，认为西汉文书传递方式有邮行、乘传马行、以次传行等三种。李均明《张家山汉简〈行书律〉考》[6] 一文也对简牍中的文书立法有深入的研究。

第三节 秦汉人事行政法的研究

秦汉时期行政法最大的特点就是"依法治官"，以维护国家行政机构

〔1〕 卜宪群：《秦汉公文文书与官僚行政管理》，《历史研究》，1997 年第 4 期。

〔2〕 卜宪群：《简帛与秦汉地方行政制度史研究》，《国学学刊》，2010 年第 4 期。

〔3〕 范学辉：《秦汉地方行政运行机制初探》，《文史哲》，1999 年第 5 期。

〔4〕 ［日］藤田胜久：《里耶秦简与秦代政府之运作》，《秦俑博物馆开馆三十周年国际学术研讨会暨秦俑学第七届年会会议论文》，2009 年。

〔5〕 彭浩：《读张家山汉简〈行书律〉》，《文物》，2002 年第 9 期。

〔6〕 李均明：《张家山汉简〈行书律〉考》，中国政法大学法律古籍整理研究所编：《中国古代法律文献研究》（第二辑），北京：中国政法大学出版社，2004 年。

的正常运行。简牍中有大量人事立法的资料，主要集中在对官吏的选用、考核、奖惩、待遇等管理环节的立法。严耕望的《中国地方行政制度史：秦汉地方行政制度》[1]，充分利用出土简牍和铭文、碑文等资料，结合传世文献记载，不仅对秦汉的行政区划进行了研究，而且对官吏上计、监察、任用途径、籍贯限制、秩绶等方面的立法做了详细而系统的研究。廖伯源的《简牍与制度——尹湾汉墓简牍官文书考证》[2] 一书，认为西汉东海郡属吏升迁除传统的荫任、富赀、纳赀、诏征、诏举、公卿举府掾属、举茂才、郡举孝廉、博士弟子甲科、军功10种途径外，因功升迁也是主要途径之一。廖伯源先生还对严耕望先生的"汉代官吏之任命有籍贯限制"之命题进行补证，并得出了侯的家丞及文学无籍贯限制，盐铁官有籍贯限制的新观点。邹水杰《东汉诏除郎初探——以荫任除郎与上计拜郎为中心》[3] 一文中，对东汉时期诏除郎的官职做了考察，指出诏除郎是在制度规定的拜郎之外，由皇帝临时特诏拜除的郎官。东汉官吏荫任子弟为郎非硬性规定的例拜，而是由于皇帝临时性的恩拜或特诏拜除，与西汉的任子制有异；皇帝从上计吏中拜郎与否，也全凭自己一时之兴，没有一个制度化的规定存在。因而东汉的荫任除郎与计吏拜郎，均为诏除郎。诏除郎体现了皇权在郎官外朝化过程中力图保持郎官家臣性质的努力，它的存在使三署中形成了诏除郎与孝廉郎的区分，其背后的根源则来自皇权与官僚政治的博弈。谢桂华在《〈二年律令〉所见汉初政治制度》[4] 一文中，通过对一条《贼律》的分析，反映出汉初朝廷与诸侯王国之间的殊死搏斗。谢桂华在《尹湾汉墓新出〈集簿〉考述》[5] 一文中说，《集簿》是郡国向朝廷呈报的上计簿，包括数十个项目的综合统计，填补了文献记载的空白。利用简牍材料对秦汉军功爵制进行研究的文章较多。朱绍侯先后发表了

[1] 严耕望：《中国地方行政制度史：秦汉地方行政制度》，上海：上海古籍出版社，2007年。

[2] 廖伯源：《简牍与制度——尹湾汉墓简牍官文书考证》，桂林：广西师范大学出版社，2005年。

[3] 邹水杰：《东汉诏除郎初探——以荫任除郎与上计拜郎为中心》，《南都学坛》，2012年第1期。

[4] 谢桂华：《〈二年律令〉所见汉初政治制度》，《郑州大学学报》，2002年第3期。

[5] 谢桂华：《尹湾汉墓新出〈集簿〉考述》，《中国史研究》，1997年第2期。

《西汉初年军功爵制的等级划分——〈二年律令〉与军功爵制研究之一》[1]、《吕后二年赐田宅制度试探——〈二年律令〉与军功爵制研究之二》[2]、《从〈二年律令〉看与军功爵制有关的三个问题——〈二年律令〉与军功爵制研究之三》[3]，从不同方面不同角度对《二年律令》中所反映的军功爵制问题进行了系统而深入的考察。李均明在《张家山汉简所反映的二十等爵制》[4]一文中，认为汉承秦制，在治安事务中以斩、捕罪人的多少拜赐爵，生捕为上，失职夺爵。关于爵位的继承关系，包括继承的爵级、继承人的顺序、继承的时间。有爵者享有法律特权，凡加害于高爵的刑事责任人须加刑，有爵者可按一定的条件减、免、赎刑罚，但犯不孝等有违伦理的罪行及执法犯法、官吏监守自盗等则不得以爵减免。秦汉行政法更多地规定了对秦汉官吏职务犯罪的惩处。王子今《汉初查处官员非法收入的制度——张家山汉简〈二年律令〉研读札记》[5]一文，对张家山汉简《二年律令》有关惩治官吏受贿和行贿行为的法律条文进行了研究，认为在官员选任时尽量选取廉士是国家杜绝官员非法收入、清除政治腐败的重要形式。孙家洲《汉代矫制研究》[6]一文对矫制罪名的等次划分、矫制立法出现的时间及原因、矫制罪行的惩治以及变通、矫制与儒家文化的关系等几个方面进行阐述，对矫制罪及其立法做了较为深入的探讨。孙瑞、钟文荣在《从张家山汉简〈二年律令〉看汉代处罚文书犯罪的特点》[7]一文中则对文书犯罪做了考证，认为张家山汉简《二年律令》有

[1] 朱绍侯：《西汉初年军功爵制的等级划分——〈二年律令〉与军功爵制研究之一》，《河南大学学报》（社会科学版），2002 年第 5 期。

[2] 朱绍侯：《吕后二年赐田宅制度试探——〈二年律令〉与军功爵制研究之二》，《史学月刊》，2002 年第 12 期。

[3] 朱绍侯：《从〈二年律令〉看与军功爵制有关的三个问题——〈二年律令〉与军功爵制研究之三》，《河南大学学报》（社会科学版），2003 年第 1 期。

[4] 李均明：《张家山汉简所反映的二十等爵制》，《中国史研究》，2002 年第 2 期。

[5] 王子今：《汉初查处官员非法收入的制度——张家山汉简〈二年律令〉研读札记》，《政法论坛》，2002 年第 5 期。

[6] 孙家洲：《汉代矫制研究》，法律文化研究杂志编辑部：《法律文化研究》（第四辑），2008 年第 1 期。

[7] 孙瑞、钟文荣：《从张家山汉简〈二年律令〉看汉代处罚文书犯罪的特点》，《法制与社会发展》，2012 年第 1 期。

对伪作制书、一般官文书，伪写、毁坏、遗失、盗窃玺印，更改文书传递方式、延误文书传递时间等违法行为进行处罚的律令条文。对文书犯罪的考察还有钟文荣的硕士学位论文《试论张家山汉简中对官文书违法行为的处罚》[1]、王凯旋《小议秦汉惩治官吏的立法》[2]，从行政立法的角度对秦汉时期惩治官吏的法律条文做了释读，认为秦汉以立法的形式对各级官吏在执行公务和履行职责、为政自律等方面的过失和犯法行为，制定了具体的惩戒措施和法律条文。还有胡仁智的《由简牍文书看汉代职务罪规定》[3]、姜建设的《从〈二年律令〉看汉律对渎职罪的处罚》[4] 等文章对职务犯罪立法的研究。

第四节　秦汉行政事务部门法的研究

秦汉以法律形式调整政府各行政事务部门之间的关系，制定了各级部门和官吏行政办事的"常守之法"，简牍中对各行政事务部门的立法多有反映。随着更多简牍史料、新思想的出现，秦汉行政法研究领域也渐趋拓宽，研究者几乎在行政事务各个方面都有所涉及。如，有学者对秦汉政府经济部门的立法进行研究。吴长谦《从云梦秦简看秦国经济的精确化管理》[5] 一文，通过云梦秦简的相关记载，对秦国精确化的经济管理方式作深入阐述，分析其成就和缺陷，认为秦国经济的精确化管理实现了管理领域的精细化、管理指标的精确化、度量衡制度的细密化、会计管理的初步缜密化和奖惩制度的细致化，但是秦国的精确化管理还带有很大的原始性和局限性，从而造成秦国经济管理过度精确化的弊端，为秦国经济的进一

〔1〕　钟文荣：《试论张家山汉简中对官文书违法行为的处罚》，吉林大学硕士研究生学位论文，2004 年。

〔2〕　王凯旋：《小议秦汉惩治官吏的立法》，《史学月刊》，2006 年第 6 期。

〔3〕　胡仁智：《由简牍文书看汉代职务罪规定》，《法商研究》，2001 年第 3 期。

〔4〕　姜建设：《从〈二年律令〉看汉律对渎职罪的处罚》，《史学月刊》，2004 年第 1 期。

〔5〕　吴长谦：《从云梦秦简看秦国经济的精确化管理》，《华北水利水电学院学报》，2006 年第 1 期。

步发展伏下危机。卜宪群《从简帛看秦汉乡里组织的经济职能问题》[1]
一文中，提到江陵凤凰山汉简是记录包括乡佐在内的乡里官吏征收赋税的
原始凭证，证明了乡啬夫等乡官里吏主收赋税、征发徭役管理的史实。诸
多出土简牍史料和传统文献相互印证，记载了国家设置乡里基层行政组织
以征收赋税，以及乡吏征收赋税时或假公济私，或贪婪残暴之事，正是他
们本身具有国家经济剥削职能的反映。为了保证经济来源不至于枯竭，秦
汉国家也采取了许多保护、扶植小农的经济措施，以保障国家经济收入来
源的稳定和维护社会正常经济秩序的运行。这些措施是由乡里行政组织来
具体实施的，乡里组织也是国家其他诸多经济措施的具体执行者，乡里组
织承担着处理乡里社会复杂经济事务的职能。作为封建国家政治权力结构
体系一个组成部分的乡里行政组织，其建立及其经济职能的行使，尽管是
封建国家政治权力在乡里经济领域中的体现与实施，但归根结底还是乡里
社会经济发展的产物。田赋制度也是秦汉学者关注的一个重点经济领域。
杨振红在《秦汉"名田宅制"说——从张家山汉简看战国秦汉的土地制
度》[2] 中，认为以爵位为标准的"名田宅制"在商鞅变法时已确立，并
作为基本的土地制度为其后的秦帝国和西汉王朝所继承。它的基本内容是：
以爵位划分占有田宅的标准，以户为单位占有田宅，田宅可以有条件地继
承、转让和买卖。国家通过爵位减级继承制控制田宅使长期积聚在少部分
人手中，并使手中不断有收回的土地，它和罚没田宅以及户绝田宅一起构
成国家授田宅的来源。汉文帝以后由于国家不再为土地占有立限，这套制
度名存实亡，"名田制"仅仅作为土地登记的手段而存在。朱红林的《从
张家山汉律看汉初国家授田制度的几个特点》[3]、臧知非的《西汉授田制
度与田税征收方式新论——对张家山汉简的初步研究》[4]，利用张家山汉
简从不同角度对秦汉时期的土地制度作深入探讨。关于汉代的户赋制度的

---

[1]　卜宪群：《从简帛看秦汉乡里组织的经济职能问题》，《史学月刊》，2008 年第
　　　3 期。

[2]　杨振红：《秦汉"名田宅制"说——从张家山汉简看战国秦汉的土地制度》，
　　　《中国史研究》，2003 年第 3 期。

[3]　朱红林：《从张家山汉律看汉初国家授田制度的几个特点》，《江汉考古》，
　　　2004 年第 3 期。

[4]　臧知非：《西汉授田制度与田税征收方式新论——对张家山汉简的初步研
　　　究》，《江海学刊》，2003 年第 3 期。

研究也很多。主要有于振波的《从简牍看汉代的户赋与刍稿税》[1]、朱德贵的《张家山汉简与汉代户赋制度新探》[2] 等文章。又如，有学者专门对秦汉军事部门的立法进行研究。黄今言《汉代军法论略》[3] 一文论述了简牍所见的秦汉军法。李方《张家山汉简〈二年律令〉有关汉代边防的法律》[4] 一文认为，出土的张家山汉简《二年律令》中保存了西汉初期守边者叛国、边防出入境、戍边、烽燧、邮亭驿传、紧急事变处置、边吏职责、禁止译讯人为诈伪八个方面的边防法律条文。上官绪智发表了一系列有关军队管理和军事制度的文章。他在《秦汉时期军费开支、筹措与管理问题研究》[5] 中对秦汉军费做了大致估算，认为秦汉时期的总兵力皆在100 万左右，每年军官俸禄、衣粮供给与转输费、军械及军马费等经常性费用达 30 余亿，非经常性费用更多，使国家长期积累的赋税枯竭。为保障军费，国家除了按常制征收算赋、口钱、更赋外，还有征收算缗钱、以訾征赋、赋外征调、盐铁官营、卖官鬻爵、轻贷于民等临时性措施。建立了完备的财务管理体制、财务上计制度、会计簿籍管理体系以及财务平衡调剂制度，对军费的正常收支起到有效的管理作用。他在《秦汉军队后勤保障发展的特点和历史作用》[6] 一文中说，秦汉时具有强有力的军队后勤保障，后勤领导体制已渐趋形成，从中央到地方乃至边防都有相应的机构和吏员，而且这些机构和官员分工合理，职责明确。朱德贵的《汉简与财政管理新证》[7] 中，利用简牍资料对两汉国家财政和帝室财政体制、两汉"田租税律"与征纳的物资形态、两汉边防军财务支出管理、两汉地方财政支出管理等财务行政立法问题进行了论证分析。还有学者对津关、医疗

---

[1] 于振波：《从简牍看汉代的户赋与刍稿税》，《故宫博物院院刊》，2005 年第2 期。

[2] 朱德贵：《张家山汉简与汉代户赋制度新探》，《学术论坛》，2006 年第 6 期。

[3] 黄今言：《汉代军法论略》，《江西师范大学学报》（哲学社会科学版），1990年第 4 期 "建校 50 周年" 专号。

[4] 李方：《张家山汉简〈二年律令〉有关汉代边防的法律》，《中国边疆史地研究》，2009 年第 2 期。

[5] 上官绪智：《秦汉时期军费开支、筹措与管理问题研究》，《南都学坛》，2005年第 6 期。

[6] 上官绪智：《秦汉军队后勤保障发展的特点和历史作用》，《秦汉研究》（第三辑），西安：陕西人民出版社，2009 年。

[7] 朱德贵：《汉简与财政管理新证》，北京：中国财政经济出版社，2006 年。

制度，及粮仓、档案等行政职能部门立法进行研究。日本大庭脩《关于张家山〈二年律令〉简中的津关令》、刘向明《从睡虎地秦墓简看秦代档案及用品库房管理的法律》、高荣《秦汉邮驿制度研究》等文章[1]，均对不同行政事务部门的立法做了细致的探讨。

第五节　秦汉行政法表现形式的研究

王旺祥在《西北出土汉简中汉代律令佚文分类整理研究》[2]一文中认为，简牍所见秦汉行政法内容表现形式主要有律、令、科、品、式等，体系比较完整，用多种形式规范各个行政机关和行政公务人员的行为。

律令是秦汉主要的行政法律形式，规定了国家机构及其行政运营方式等国家政治制度和公务人员的行政行为规范。邢义田先生在《治国安邦：法制、行政与军事》一书中用"律令代称秦汉行政遵循的一切法令规章"。[3]令是秦汉的行政规范，主要是行政的细则和政府的政令。徐世虹在《出土法律文献与秦汉令研究》一文中认为，令规定了国家有关部门和公务人员的行政准则。[4]律是秦汉刑事法律，规定对行政不服从令的违法犯罪行为进行处罚，也规定一些行政应当怎样做或不应该怎样做的基本准则。简牍中有大量的秦汉律、令，仅《睡虎地秦墓竹简》[5]一书就收录

---

〔1〕　[日]大庭脩：《关于张家山〈二年律令〉简中的津关令》，中国政法大学法律古籍研究所：《中日韩古代法律文献比较研究学术研讨会论文集》，2002年；刘向明：《从睡虎地秦墓简看秦代档案及用品库房管理的法律》，《兰台世界》，2006年第7期；高荣：《秦汉邮驿制度研究》，中山大学博士研究生学位论文，2006年。

〔2〕　王旺祥：《西北出土汉简中汉代律令佚文分类整理研究》，西北师范大学博士研究生学位论文，2009年。

〔3〕　邢义田：《治国安邦：法制、行政与军事》，北京：中华书局，2011年，第5页。

〔4〕　徐世虹：《出土法律文献与秦汉令研究》，王沛主编：《出土文献与法律史研究》，上海：上海人民出版社，2012年，第58—79页。

〔5〕　睡虎地秦墓竹简整理小组编：《睡虎地秦墓竹简》，北京：文物出版社，1990年。以下简称"《睡简》"，只注页码或篇目。

有秦律文 29 种,《张家山汉墓竹简〔二四七号墓〕》[1] 一书收录汉律文 27 种、津关令 1 种。简牍所见还有程、科、品、式、条等行政法的形式,是对律令的具体补充和细化。南玉泉在《秦汉式的种类与性质》一文中认为,科多指事项,品多与级次相关,式多为规范品物、文书、程序的规格和标准。[2] 在《居延新简——甲渠候官与第四燧》《敦煌汉简》[3] 等书中,有大量的律、令、科、品等行政法规佚文的原始记录。在这些各种形式的法典中有大量的行政法规:《内史杂》《司空》《尉杂》《属邦》《公车司马猎律》《秩律》及以各种职官命名的令是有关各级行政机关和机构设置、权力分配、职官配置、职权责任的法规;《置吏律》《除吏律》《除弟子律》《中劳律》《效》《牛羊课》《军爵律》《效律》《功令》《史律》等是有关官吏选任和考核的法规;《传食律》《金布律》《赐律》《田律》《禄秩令》等是有关官吏权利、待遇的法规;《行书令》《关津令》《行书律》《均输律》等是有关行政权力运作过程中决策、执行、监督的法规;《田律》《厩苑律》《仓律》《金布律》《关市》《傅律》《徭律》《钱律》《户律》《会计令》等是有关经济财务行政的法规;《屯表律》《戍律》等是有关军事行政的法规;《尉杂律》《捕盗律》《具律》《收律》等是有关治安司法行政的法规;《工律》《工人程》《均工》等是有关工业行政的法规;《盗律》《贼律》《捕亡律》《告律》《兴律》《徭律》《爵律》《功令》《击匈奴降者赏令(附科别)》等是有关行政奖惩的法规。简牍中的秦汉行政法主要体现在相关法律资料中,所以对秦汉行政法表现形式的研究集中在有关秦汉简牍法律资料的整理、汇编、分类及研究。

简牍中的法律史料在法制史研究中具有重要的作用,刘海年在《文物

〔1〕 张家山二四七号汉墓竹简整理小组编著:《张家山汉墓竹简〔二四七号墓〕》(释文修订本),北京:文物出版社,2006 年。以下简称"《张简》",只注页码或篇目。

〔2〕 南玉泉:《秦汉式的种类与性质》,中国政法大学法律古籍整理研究所编:《中国古代法律文献研究》(第六辑),北京:社会科学文献出版社,2013 年,第 194-209 页。

〔3〕 甘肃省文物考古研究所等编:《居延新简——甲渠候官与第四燧》,北京:文物出版社,1990 年。以下简称"《新简》",只注页码或篇目。甘肃省文物考古研究所编:《敦煌汉简》(上、下册),北京:中华书局,1991 年。以下简称"《敦简》",只注页码或篇目。

中的法律史料及其研究》中就指出：一是填补了某些断代法律史的空白，二是印证和充实了传世文献对有关事件的记载，三是订正和改正了传世文献中有关记载的失误与后人对某些问题的不正确结论和推断。[1] 简牍中的法律资料相当丰富，内容广泛，但是较为零散，缺乏系统。有不少学者注意到了这一问题，对简牍中的秦汉法律史料进行归纳、整理。最具代表性的研究成果有以下几种。一是李均明的《简牍法制论稿》[2]，李均明、刘军主编的《汉代屯戍遗简法律志》[3]，对涉及法制史的简牍文献资料进行了深入研究，汇集了秦汉至三国时期的大量律令条款及司法文书、司法书证等宝贵的史料，并对其作分类释读。书中对秦汉时期的刑法、诉讼法、民法、行政法及物权法均有所涉及，其中还专门对制约行政权和官吏职权、责任的一些法律史料做了释读。二是高恒的《秦汉简牍中法制文书辑考》[4]，该书主要利用简牍史料对秦汉的职官、啬夫、隶臣妾、私人奴婢、刑徒以及地方治安管理的制度、职官与措施等方面进行考证，兼及汉简中的律、令等文书的考论，重点对汉简中的法制文书进行辑录分类、注释考证，论述较为全面、深入。虽然书中只是利用简牍对当时的政治制度进行考证辨疑，但其中不少内容已接近行政法研究的方向。三是彭浩、陈伟、工藤元男主编的《〈二年律令〉与〈奏谳书〉：张家山二四七号汉墓出土法律文献释读》[5]，利用先进技术对张家山二四七号汉墓出土竹简《二年律令》和《奏谳书》重新进行释读，增补了若干新字，纠正了错误的释读，新发现了若干完整和残断的竹简，不仅补充了《二年律令》的相关律文，还增加了新的律条，也全面介绍了学界有关《二年律令》和《奏谳书》的研究成果，其中有不少内容涉及秦汉行政法，为秦汉行政法研究提供了原始的简牍资料。四是高敏的《漫谈〈张家山汉墓竹简〉的主要价值与作

[1]　刘海年：《文物中的法律史料及其研究》，《中国社会科学》，1987 年第 5 期。

[2]　李均明：《简牍法制论稿》，桂林：广西师范大学出版社，2011 年。

[3]　李均明、刘军主编：《汉代屯戍遗简法律志》，刘海年、杨一凡总主编：《中国珍稀法律典籍集成》甲编第二册，北京：科学出版社，1994 年。

[4]　高恒：《秦汉简牍中法制文书辑考》，北京：社会科学文献出版社，2008 年。

[5]　彭浩、陈伟、工藤元男主编：《〈二年律令〉与〈奏谳书〉：张家山二四七号汉墓出土法律文献释读》，上海：上海古籍出版社，2007 年。

用》[1]，从刍稿制度、土地制度、赐爵和租税制度等几个方面论述了《二年律令》的史料价值，这些制度也是秦汉部门行政法的主要内容。五是徐世虹《汉简与汉代法制研究》[2]，不仅指出了汉简中存在的法制史料，而且提出要加强汉律佚文的考释，从整体上对汉代行政部门法条文进行分类考释并做好文书的分类。六是李明晓、赵久湘《散见战国秦汉简帛法律文献整理与研究》[3] 一书，对睡虎地秦墓竹简、里耶秦简、张家山汉简、居延汉简、敦煌汉简、连云港尹湾汉简、长沙东牌楼东汉简等秦汉简牍中的法律文献进行全面收集和分类整理，其中有大量的秦汉职官、行政事务、行政过程等行政法律法规的资料。

在简牍所见秦汉行政法资料的研究中，对行政法文献性质的判定，学术界还存有争议。其争议主要集中在《为吏之道》是否是行政法文献。蒋健民早在 1997 年曾经发表《我国最早的行政法文献——〈为吏之道〉》[4] 一文，肯定了《为吏之道》是我国最早的行政法文献，它的产生和国家行政机构及官僚制度的运行息息相关。有学者对此提出否定的看法。周生春、韦光燕在《云梦秦简行政法文献新论》[5] 中提出，《为吏之道》并非法律文献，因此也不能看作行政法文献，它在性质上类似于早期形态的官箴书。同时，作者部分肯定了张晋藩在《中国行政法史》一书中的观点，将《秦律十八种》《效律》《秦律杂抄》《封诊式》中有关狱政官吏的条文看做行政法文献，但是不同意将《语书》和《法律答问》排除在外，认为这两者的部分条文也应归入行政法之列。秦简中的行政法规以政府职能部门和官吏行为规范为主要内容，其规定具体、详密，主要涉及财务、经济、行政，并以地方政府与低级官吏为主要对象，以惩罚为主要手段，具有形式多样、诸法合体等特点，其条文可按《周礼》中的治典、教

〔1〕 高敏：《漫谈〈张家山汉墓竹简〉的主要价值与作用》，《郑州大学学报》，2002 年第 3 期。

〔2〕 徐世虹：《汉简与汉代法制研究》，《内蒙古大学学报》，1992 年第 2 期。

〔3〕 李明晓、赵久湘：《散见战国秦汉简帛法律文献整理与研究》，重庆：西南师范大学出版社，2011 年。

〔4〕 蒋健民：《我国最早的行政法文献——〈为吏之道〉》，《中国行政管理》，1997 年第 8 期。

〔5〕 周生春、韦光燕：《云梦秦简行政法文献新论》，《浙江大学学报》，2005 年第 1 期。

典、政典、刑典和事典分为五类。而云梦秦简并非迄今为止我国发现的最早的法律文书。

第六节　秦汉行政立法思想的研究

　　秦汉时期的行政立法指导思想即是维护皇权，保障君主专制政体的正常稳固运转，对此很多学者的论述中都有所提及。张晓晓的《中国古代行政法与现代行政法的比较》[1] 认为，中国古代行政法皆立足于人治、君治的基础之上，是基于控制臣下、管理国家的需要而产生，目的是保障专制皇权的实现。卜宪群的《秦汉官僚制度》[2] 认为，秦汉官僚制度是王权和专制的产物，选官、任官及官员的考绩、升迁、除免，皆与此有关。日本学者广濑熏雄[3]也认为，"秦汉时代的律是皇帝通过制诏逐条制定出来的，秦汉时代律的制定程序与汉代制诏的程序完全相同，秦汉时代律和诏的本质完全相同"；"律令是高度维护中央集权统治的"。这就反映了秦汉立法源于保护皇权和专制体制的本质。还有作者对此做了专论，如安作璋、陈乃华《秦汉官吏法研究》[4] 一书中，在第八章和第九章专门论述了秦汉官吏法的阶级本质及其与当时上层建筑中的政治、思想、社会、道德诸领域（范畴）的相互关系，阐述了秦汉官吏立法的本质。雷戈在《为吏之道——后战国时代官僚意识的思想史分析》[5] 中分析，《语书》《为吏之道》等文书中强调法律有移风易俗、改造人心的作用，秦代已经具有了依法治官的思想，说明秦代官僚制度已经完全具备了适应皇权体制的自我意识和责任感；皇权制度经过精心的设计，把一切事物都纳入其中处理和解决。皇权制度和官僚制度经过人为操作而使双方达到了权力资源的最优配置以及统治效益的最大化。李文玲则在《儒家孝伦理与汉代行政法》[6]

---

[1]　张晓晓：《中国古代行政法与现代行政法的比较》，《山东工商学院学报》，2011 年第 1 期。

[2]　卜宪群：《秦汉官僚制度》，北京：社会科学文献出版社，2002 年。

[3]　[日] 广濑熏雄：《秦汉律令研究》，东京：汲古书院，2010 年。

[4]　安作璋、陈乃华：《秦汉官吏法研究》，济南：齐鲁书社，1993 年。

[5]　雷戈：《为吏之道——后战国时代官僚意识的思想史分析》，《首都师范大学学报》，2005 年 1 期。

[6]　李文玲：《儒家孝伦理与汉代行政法》，《求索》，2007 年第 7 期。

一文中，从伦理角度解读汉代行政法，认为汉代儒家的孝伦理与国家的法律实现了充分的融合，孝伦理全面法律化。表现在行政法领域，在官吏管理上以孝选拔官吏，对在职官吏是否行孝进行奖惩，要求官吏推行孝教并进行褒奖；在文化教育上确立《孝经》的经学地位，并将其作为全国性的教材，用诏令形式优抚老年，颁布养老令、高年赐王杖，以诏令形式奖励孝子等。崔永东《张家山汉简中的法律思想》〔1〕一文认为，汉律反映出儒家维护伦理价值、严于治吏和严刑重罚的法律思想，其中的严惩官吏司法和选官腐败、严惩官员摄取非法收入等都反映出职官立法思想。王健在《从〈为吏之道〉和秦刻石铭文看秦政中的伦理因素——"伦理与秦政"系列研究之一》〔2〕一文中谈到"秦代实行的法律中也贯彻了孝道伦理思想"，"可见臣道之伦理思想渗透到秦法律思想中，作为法律价值的目标"。

第七节　简牍与秦汉行政法研究的不足与思路

从上述总结可以看出，简牍与秦汉行政法的研究，随着简牍资料的不断出土和丰富，领域不断拓展，内容进一步深化，研究方法不断更新，成就喜人，进展迅速，但其中也有一些不足的地方，主要表现出以下几个方面：一是研究简牍所见秦汉行政法的内容单一。主要集中在秦汉法律制度和行政制度两个方面，仅涉及秦汉法律形式、刑罚、行政机构、职官设置、吏员升迁、任用管理等方面的行政组织法和官吏法，对财政、司法、军事、外交、社会治安、交通、民族等行政事务部门法的研究不足，对秦汉行政运作过程中的决策、执行、监督、奖惩等行政行为研究甚少，对秦汉行政法的表现形式、规范体系、基本内容和特点等领域均缺乏深入的认识，研究基本处于空白状态。二是缺乏对秦汉行政法的理论建构和系统性的研究。由于简牍史料较为零碎，受出土时间、简牍内容的时代和地域的限制，研究者"只见树木不见森林"，缺乏对秦汉行政法的整体把握，甚至形成错

---

〔1〕 崔永东：《张家山汉简中的法律思想》，《法学研究》，2003 年第 5 期；中国社会科学院简帛研究中心编：《张家山汉简〈二年律令〉研究文集》，桂林：广西师范大学出版社，2007 年。

〔2〕 王健：《从〈为吏之道〉和秦刻石铭文看秦政中的伦理因素——"伦理与秦政"系列研究之一》，《秦都咸阳与秦文化研究——秦文化学术研讨会论文集》，西安：陕西人民教育出版社，2001 年。

误的认识，对简牍所见秦汉行政法的历史价值、作用和地位认识不足。三是对简牍中的秦汉行政法资料挖掘不足、重视不够，简牍资料的个案研究多，整体研究少。简牍资料中有不少行政法方面的史料，但是在学术界从整体上利用简牍所见资料对秦汉行政法进行的研究却寥寥数篇，只是利用某一简牍资料进行单向研究，而没有全面利用各种简牍资料对秦汉行政法进行专题研究，足见从整体上研究秦汉行政法的相对薄弱。本书在简牍与秦汉行政法研究中的基本思路是：以马克思主义理论、中国特色社会主义理论、现代行政法理论为指导，广泛利用各种简牍法律文献中的行政法资料，从整体上研究秦汉行政法，全面展示秦汉行政法的内容，正确认识秦汉行政法的特点、地位和影响。一是改进研究方法，注重加强对简牍中的行政法资料的汇编、整理和释读。史料是历史研究的基础，只有首先对史料进行筛选、整理、汇编、释读，做到正确无误的引用，才能得出可靠的观点和结论。简牍中秦汉行政法的资料相当丰富，结合传世文献的记载，从繁杂的简牍法律条文和行政实践中下功夫去挖掘、整理、归类和释读，形成系统的简牍秦汉行政法文献。二是进一步拓展简牍中的秦汉行政法研究的内容，全面展示秦汉行政法的成就。秦汉行政法研究作为简牍研究的主要内容之一，要从法律制度和行政制度研究中独立出来。不仅要研究一般的官吏法、行政组织法、行政惩罚法、公文法，而且要研究简牍所见的行政决策法、行政执行法、行政程序法、行政监督法、行政奖励法、行政权利法、行政诉讼法，还要研究经济、军事、司法、外交、民族、教育等部门行政法；不仅要研究简牍以罪定刑的"律"中的行政法资料，还要重视令、格、式等行政法规里的行政法资料，也要研究简牍中的质询、请示、审批、汇报、举、劾、案、验、债务、簿籍等行政文书和行政记录中的行政法资料。三是特别要重视简牍中的秦汉行政法规范体系的研究。不仅要研究行政法规中对各级行政机构、行政官吏有权做出某种行为的授权性法律规范，还要研究行政法规中为各级行政机构、行政官吏和百姓规定必须做某种行为的义务性规范，也要研究行政法规中大量的各级行政机构、行政官吏不得做某种行为的禁止性规范，又要研究规定各级行政机构、行政官吏应该做某种行为的激励性规范，还要研究各级行政机构、行政官吏的利益保障规范。不仅要研究简牍中的行政法对行政质量的规范，还要研究行政法对行政效率的规范。不仅研究行政法对行政质量和效率的定性规范，还要研究行政法对行政质量和效率的定量规范。不仅研究行政法的行政实体规范，还要研究行政法的程序规范。四是从整体上利用简牍资料，对秦汉行政法的立法思想、内容、功能、特点、地位、作用进行研究，全面、科学地把握秦汉行政法的特点、历史地位和作用。秦汉行政法对后世的行政法产生了重大影响，但由于缺乏成文法典，我们无法对行政法从秦汉时期的初具规模到隋唐的高度完备这一历史过程作更深入的研究。今天大量简牍材料的出土，为我们研究这一时期行政法法律形态提供了可能。

本成果主要分为十章：第一章"简牍与秦汉行政法研究的学术史回顾与基本思路"，通过学术史的回顾，理清本书的研究思路。第二章"简牍中的秦汉行政组织法"，第三章"简牍中的秦汉公务员法"，这两章的行政组织和行政公务人员，是国家权力意志的体现者与实施者，是行政法的主体，是行政立法最重要的涉及对象。第四章"简牍中的秦汉行政决策法"，第五章"简牍中的秦汉行政执行法"，第六章"简牍中的秦汉行政监督法"，第七章"简牍中的秦汉行政奖励法"，第八章"简牍中的秦汉行政惩罚法"，这五章是对行政权力运作过程中决策、执行、监督、奖励、惩罚等权力行为的立法。第九章"简牍中的秦汉行政事务管理法"，是对行政事务部门的立法，包括军事、司法、治安、财务等权力行为的规范，同时也探讨了农业、工业与交通等行政事务管理法。第十章为"简牍中的秦汉行政法的特点、作用与地位"。

最后，需要说明研究过程中的两个问题：一是本书所谓的"秦汉行政法"，是秦汉在国家行政管理方面的各种法律规范，秦汉实际上并不存在与立法机关对称的行政机关，文中所言之"行政法""行政管理法""行政法规"均为部门法层面上的概念，而不同于现代法治背景下的行政法，现代行政法中所指的"行政"是在近代"三权分立"的理念之下确定的概念，指的是国家与公共事务的行政；二是由于受出土的简牍行政法资料的时代和空间的限制，所研究的法律文献是某一时期和某一地域的简牍资料，因此不可能全面展示秦汉行政法的基本情况，所以在研究过程中注重简牍行政法资料与传世文献记载的互证以及对传世文献的补缺、考异，特别重视把传世文献有记载而简牍中没有记载的行政法资料运用到研究当中，从而达到既重视简牍行政法资料的运用，又能够全面展示秦汉行政法内容的研究目的。

第二章　简牍中的秦汉行政组织法

秦汉确立了君主专制的中央集权政治体制，君主拥有国家一切政务的决定权，分官设职，职权责任分明，权力链清楚，分级负责，分权制衡，建立了较为完善的行政组织体系与合理的行政组织体制，既防止官吏擅权违法，又防止官吏玩忽职守，能够比较有效地行使国家的行政权力，组织管理国家行政事务，保障君主专制的中央集权行政体制的正常和有序运营。在简牍资料中虽然没有明确专门的行政组织法之名目，但睡虎地秦简《秦律十八种》中有以职能部门命名的法律，如《尉杂》《内史杂》《司空》《军爵律》《属邦》等。在张家山汉简《二年律令》的《秩律》中，记载了从中央到地方各级行政机构和官吏的配置情况。尹湾汉简中有东海郡行政组织吏员配置情况的实例。这些简牍法律资料不仅反映了秦汉有关行政组织的立法状况与规模，也反映了中国封建社会前期全国性的政权机构秦汉王朝的组织水平、管理水平以及实际政治效果。

第一节　秦汉职官分级

职官分级法是秦汉行政组织管理法的基础，是秦汉行政机构的职能、官员配置、权力分配、责任机制和人事管理的基础。简牍所见秦汉行政组织管理主要有三个要素：由职务、职责、职权等要素构成的行政职位，行政组织中代表国家行使权力的行政人员，行政组织中实行权力分配和责任机制的行政体制。而简牍所见秦汉职官分级是根据职官的工作职能性质、责任轻重、难易程度和所需任职资格条件等进行分级，划分为若干等级，称为"秩级"，用俸禄的额度作为官员等级的代表，代表官员的地位和资格，表示职务的权利和责任，具有浓厚的"职位分等"色彩，反映了中国古代官僚政治制度的特征和性质。与先秦以爵级标志官员品位等级的"品位分等"相比，秦汉职官分级是以"事"为中心，更加重视职位的职务、职责与职权、待遇、地位。"若干石"的秩级在战国就已出现，秦律《法律答问》有"宦及智（知）于王，及六百石吏以上，皆为显大夫"，[1]《仓律》《金布律》《传食律》都提到"有秩吏""斗食之吏"的待遇差别，只是秦代继承战国"重爵位"的余风，"往往有爵位、无官位，无爵位者始称官位，与汉代无官位则称爵位之风气不同"。[2] 所以，秦朝的职官虽然也以"若干石"划分秩级，但却以二十级爵制划定各级官吏的政治、经济待遇标准。如秦简《秦律十八种·传食律》规定，各地驿站供应往来官吏的伙食标准，分为三等：上造二级爵到佐、史以及卜、史、司御、寺（侍）、府等的官吏出差，"糲（粝）米一斗，有采（菜）羹，盐廿二分升二"，是下等伙食；不更四级爵到谋人三级爵，"粺米一斗，酱半升，采（菜）羹，刍稿各半石。宦奄如不更"，是中等伙食；官大夫六级爵到大夫五级爵，"食粺米半斗，酱驷（四）分升一，采（菜）羹，给之韭葱"，是上等伙食。[3] 秦朝的官职级别与爵级的对应关系大致是：第一级公士以下对应秩级五十石，是斗食之吏，包括佐、史等下级官吏；第二级上造至第六级官大夫对应秩级一百五十石至五百石，是县长、县丞等中级官吏；第七级公大夫到第十八级大庶长对应秩级六百石至二千石，是高级官吏，包括中央各部门的一把手和郡守、县令等；第十九级关内侯和二十级列侯是中央核心官吏，包括丞相、太尉、御史大夫、大将军等。[4]

　　张家山汉简《二年律令·秩律》不仅是28种律令中律文字数保存较多的一种律，而且其中的律文虽有残缺脱落，但从总体来看每条律文大多可以衔接起来，使我们大体上可以看出整个秩律的轮廓和构架，是我们目前所见到的有关汉代秩律的文本原型。它较为全面系统地记载了汉初上自朝廷公卿文武百官和宫廷官员及其属吏，下至汉廷直接管辖的郡、县、道直至乡部、田部等基层行政组织长吏和少吏，以及列侯、公主所封食邑的吏员名称和官秩级别，共分二千石、千石、八百石、六百石、五百石、四百石、三百石、二百五十石、二百石、百六十石、百廿石十一级，根据行政职能分工和权力大小，明确规定从中央到地方，包括朝廷各机构及郡、县、

---

〔1〕　《睡简》，第139页。

〔2〕　陈直：《〈汉书〉新证》，天津：天津人民出版社，1979年，第125页。

〔3〕　《睡简》，第60页。

〔4〕　张晋藩：《中国法制史》（第二卷），北京：法律出版社，1999年，第77页。

道乃至乡的各级官员的配置、称谓与秩级，先罗列职官名称，随后注以禄秩级，可以填补传世历史文献中官品制度的空白。张家山汉简《二年律令》中的《秩律》是汉代以后行政法《官品令》的最早蓝本，中国古代最早的行政法典传世文献《唐六典》中记载有唐代《官品令》，"官品"条云："周官九命，汉自中二千石至百石凡十六等，后汉自中二千石至斗石凡十三等。"唐杜佑《通典》卷十九《要略》说："魏秩次多因汉制，更置九品。晋、宋、齐并因之。"〔1〕晋有《官品令》，为晋令四十篇之一，日本浅井虎夫《中国法典编纂沿革史》有举，程树德《晋律考》有辑，张鹏一《晋令辑存》亦有考。自晋迄宋、齐、梁，各朝令的篇目皆有《官品令》，求其本源则是魏所定《官品令》，而魏的《官品令》却多因汉制，《秩律》就是汉制的《官品令》。因此，张家山汉简《二年律令》中的《秩律》是非常珍贵的《官品令》早期史料，对深入研究秦汉时期的职官、品级、秩禄和政区疆域等官僚政治制度，都具有重大的学术价值。

《二年律令·秩律》的顺序，无论是朝廷的公卿百官及其属吏，或者地方的长吏和少吏，亦不分外朝和内宫，基本上按官员的秩禄石数从高至低统一排列。如《秩律》首简（第 440—441 简）："御史大夫，廷尉，内史，典客，中尉，车骑尉，大仆，长信詹事，少府令，备塞都尉，郡守、尉，衞〈卫〉将军，衞〈卫〉尉，汉中大夫令，汉郎中、奉常，秩各二千石。御史，丞相、相国长史，秩各千石。"但也有个别例外，如《秩律》末简（第 471—472 简）："轻车司马、候、厩有乘车者，秩各百六十石；毋乘车者，及仓、库、少内、校长、髳长、发弩、衞〈卫〉将军、衞〈卫〉尉士吏，都市亭厨有秩者及毋乘车之乡部，秩各百廿石。李公主、申徒公主、荣公主、傅公 [主] 家丞，秩各三百石。"〔2〕即是其证。关于汉代的秩等，就是官品，据《汉书》卷十九上《百官公卿表》颜师古注，分为万石、中二千石、二千石、比二千石、千石、比千石、六百石、比六百石、四百石、比四百石、三百石、比三百石、二百石、比二百石、一百石，计十五等。〔3〕又同表县令、长条："百石以下有斗食、佐史之秩"，颜师古注："《汉官名

---

〔1〕 〔唐〕杜佑：《通典》，北京：中华书局，1988 年，第 481 页。

〔2〕 《张简》，第 69—80 页。

〔3〕 〔汉〕班固：《汉书》，北京：中华书局，1975 年，第 742 页。以下只注本书页码或卷数篇目。

秩簿》云，斗食月奉十一斛，佐史月奉八斛也。一说，斗食者，岁奉不满百石，计日而食一斗二升，故云斗食也。"[1] 如果再加上百石以下的斗食和佐史，共十七等。而据现存《秩律》有明确秩禄石数记载者，则仅分为二千石、千石、八百石、六百石、五百石、四百石、三百石、二百五十石、二百石、百六十石、百廿石，共十一等，显然与前者有较大的差别。这说明西汉初年吕后时期的张家山汉简《二年律令》中的《秩律》也只是初具规模，反映的是秦和西汉前期的官品等级，汉代中期以后有调整。又，传世文献《汉书》卷十《成帝纪》载阳朔二年（公元前23年）"夏五月，除吏八百石、五百石秩"。颜师古注引李奇曰："除八百就六百，除五百就四百。"[2] 和简牍《秩律》中载有"八百石"和"五百石"，可以互相印证。又同书卷一下《高帝纪下》载，十年"秋七月癸卯，太上皇崩，葬万年"，颜师古注曰："《三辅黄图》云高祖初居栎阳，故太上皇因在栎阳。十年太上皇崩，葬其北原，起万年邑，置长丞也。"[3]《秩律》第465、466简中载有"万年邑长、长安厨长，秩各三百石，有丞、尉者二百石"，对万年邑长和丞、尉的秩禄做了明确规定，简牍资料可补传世历史文献之缺失。

秦汉职官成为权力、责任、地位、待遇和声望的综合体，若干石的禄秩代表着官吏的等级，是官吏身份的标志。《秩律》是研究秦汉各级各类行政机构编制与官吏设置及管理体制的可信资料。从先秦"品位分等"标示身份的爵级到秦汉时期"职官分等"代表事类的秩级，反映了中国古代官阶制度发展的两个阶段，"体现了秦汉以吏治天下的政治精神"[4]。根据《二年律令·秩律》的规定，简牍所见秦汉的职官分级法主要有以下三个显著特点。

一、规定各级各类职位和官吏的名称、级别

从《秩律》的记载可以看出，秦汉法律对行政组织编制及官吏职位、级别、数量有明确的规定，各级政府内的官吏职位和级别的要求是根据政

---

[1] 《汉书》，第742—743页。

[2] 《汉书》，第312页。

[3] 《汉书》，第67—68页。

[4] 参看阎步克：《从秩律论战国秦汉间禄秩序列的纵向伸展》，《历史研究》，2003年第5期；《品位与职位——秦汉魏晋南北朝官阶制度研究》，北京：中华书局，2002年。

府的级别确定的。从中央到地方各级各类官吏职位和级别都有法律规定，这是配置官吏和分配权力的主要依据。各级政府的官吏职位和配置呈梯级分布，中央机构按职能划分，地方机构按地域划分，县道级政府官员的秩级大小有不同，分为千石、八百石、五百石等。各官署和职官级别设置皆呈梯级分布，官署越高级别也越高，以长官的级别最高，下属官吏的级别以此类推。各机构分工明确，各司其职，上级官吏对下级官吏拥有绝对的权威，级别甚严。（见表一）

表一　《二年律令·秩律》职官表[1]

官署	《二年律令·秩律》所见职官
相国、丞相	（1）丞相长史$_{441}$，相国长史$_{441}$（千石）
	（2）丞相长史正$_{444}$，丞相长史监$_{444}$（八百石）
御史大夫	（1）御史大夫$_{440}$（二千石）
	（2）御史丞或御史长史$_{441}$（千石）
奉常	（1）奉常$_{441}$（二千石）
	（2）外乐$_{449}$，长陵$_{450}$（八百石）
	（3）安陵$_{452}$，太卜$_{461}$，太史$_{461}$，太祝$_{461}$，都水$_{461}$，祠祀$_{462}$，太宰$_{462}$（六百石）
	（4）外乐、长陵的丞、尉$_{450}$（四百石）
	（5）安陵、太卜、太史、太祝、都水、祠祀、太宰的丞、尉$_{464}$（三百石）
	（6）太医$_{465}$，祝长$_{465}$，黄乡长$_{465}$，万年邑长$_{465}$（三百石）
	（7）太医、祝长、黄乡长、万年邑长的丞、尉$_{466}$（二百石）

---

[1]　参看黄怡君：《从张家山汉简〈二年律令·秩律〉谈汉初的尚书》，《史原》（台北）复刊第一期（总第二十二期），2010年，第1—62页。

官署	《二年律令·秩律》所见职官
郎中令	（1）汉郎中$_{441}$（二千石）
	（2）郎中司马$_{443-444}$（千石）
	（3）郎中司马丞$_{444}$（四百石）
卫尉	（1）卫尉$_{440}$（二千石）
	（2）卫尉司马$_{444}$（千石）
	（3）公车司马$_{449}$（八百石）
	（4）卫尉丞$_{444}$（六百石）
	（5）卫尉候$_{446}$（六百石）
	（6）卫尉司马丞$_{444}$（四百石）
	（7）公车司马丞、尉$_{450}$（四百石）
	（8）卫尉候丞$_{446}$（二百石）
	（9）卫尉士吏$_{471}$（百廿石）
太仆	（1）太仆$_{440}$（二千石）
	（2）中太仆$_{442}$（千石）
	（3）未央厩$_{449}$（八百石）
	（4）家马$_{462}$，右厩$_{463}$，寺车府$_{463}$（六百石）
	（5）中太仆丞、尉$_{442}$（五百石）
	（6）未央厩丞、尉$_{450}$（四百石）
	（7）家马、右厩、寺车府的丞、尉$_{464}$（三百石）
廷尉	（1）廷尉$_{440}$（二千石）
	（2）廷尉丞$_{444}$（六百石）
典客	（1）典客$_{440}$（二千石）
	（2）大行走士$_{460}$（六百石）
	（3）大行走士丞、尉$_{464}$（三百石）

续表

官署	《二年律令·秩律》所见职官
宗正	李公主家丞[472]，申徒公主家丞[472]，荣公主家丞[472]，傅公[主]家丞[472]（三百石）
治粟内史	（1）太仓治粟[449]，太仓[449]（八百石）
	（2）都水[461]（六百石）
	（3）太仓治粟、太仓的丞、尉[450]（四百石）
	（4）都水丞、尉[464]（三百石）
少府	（1）少府令[440]（二千石）
	（2）宦者[461]，中谒者[461]，太官[461]，寺工[461]，右工室[461]，都水[461]，御府[461]，御府监[461]，云梦[461]，大匠[462]，官司空[462]，居室[462]，西织[462]，东织[462]，内者[463]，永巷[463]，乐府[463]，内官[463]，上林骑[463]（六百石）
	（3）外乐丞、尉[450]（四百石）
	（4）宦者、中谒者、太官、寺工、右工室、都水、御府、御府监、云梦、大匠、官司空、居室、西织、东织、内者、永巷、乐府、内官、上林骑的丞、尉[464]（三百石）
	（5）太医[465]（三百石）
	（6）太医丞[466]（二百石）
	（7）未央宦者[466]，宦者监[466]，仆射[466]，未央永巷[466]，永巷监[466]，永巷[466]，未央食官[467]，食监[467]（在三百石之后，阙简，秩级不详）
中尉	（1）中尉[440]（二千石）
	（2）中尉丞[444]（六百石）
	（3）武库[461]（六百石）
	（4）中候[446]，骑千人[446]（六百石）
	（5）武库丞、尉[464]（三百石）
	（6）中候、骑千人丞[446]（二百石）
	（7）中司马[468]，骑司马[468]，中轻车司马[468]（阙简，秩级不详）

官署	《二年律令·秩律》所见职官
将作少府	（1）大匠[462]，东园主章[463]（六百石）
	（2）大匠、东园主章的丞、尉[464]（三百石）
詹事	（1）长信詹事[440]（二千石）
	（2）长信将行[442]，长信谒者令[442]（千石）
	（3）中厩[449]（八百石）
	（4）私府监[461]，长信掌衣[461]，长信詹事丞[462]，长信祠祀[462]，长信仓[462]，长秋中谒者[462]，长信尚浴[462]，长信谒者[462]，祠祀[462]，长信私官[462—463]，长信永巷[463]，永巷詹事丞[463]，詹事将行[463]，长秋谒者令[463]（六百石）
	（5）詹事、私府长[464]（五百石）
	（6）长信将行、长信谒者令的丞、尉[442]（五百石）
	（7）中厩丞、尉[450]（四百石）
	（8）私府监、长信掌衣、长信祠祀、长信仓、长秋中谒者、长信尚浴、长信谒者、祠祀、长信私官、长信永巷、詹事将行、长秋谒者令的丞、尉[464]（三百石）
	（9）詹事、私府丞[464]（三百石）
	（10）长信宦者中监[466]，长信永巷[466]，长信詹事私官长[467]，詹事祠祀长[467]，詹事厩长[467]（在三百石之后，阙简，秩级不详）
将行	（1）长秋中谒者[462]，长秋谒者令[463]（六百石）
	（2）长秋中谒者、长秋谒者令的丞、尉[464]（三百石）
内史	（1）内史[440]（二千石）
	（2）长安西市[458]，都水[461]，长安市[461]（六百石）
	（3）长安西市、都水、长安市的丞、尉[464]（三百石）
	（4）长安厨长[465—466]（三百石）
	（5）长安厨丞、尉[466]（二百石）

续表

官署	《二年律令·秩律》所见职官
车骑尉	（1）车骑尉$_{440}$（二千石）
	（2）车骑尉丞$_{444}$（六百石）
汉中大夫令	汉中大夫令$_{440-441}$（二千石）
卫将军	（1）卫将军$_{440}$（二千石）
	（2）卫将军长史$_{444}$（八百石）
	（3）卫将军候$_{446}$（六百石）
	（4）卫将军候丞$_{446}$（二百石）
	（5）卫将军士史$_{471}$（百廿石）
不明机构	（1）中傅$_{442}$（千石）及其丞、尉$_{442}$（五百石）
	（2）中发弩$_{445}$、枸（勾）指发弩$_{445}$、中司空$_{445}$、轻车$_{445}$（八百石）及其丞$_{445}$（三百石）
	（3）未央走士$_{460-461}$、诏事$_{461}$（六百石）及其丞、尉$_{464}$（三百石）
	（4）卒长$_{445}$（五百石）
	（5）它都官长$_{465}$（三百石）及其丞、尉$_{466}$（二百石）
	（6）六百石官的卫官$_{464}$、校长$_{464}$（百六十石）
	（7）☐室仆射$_{467}$、室仆射太官$_{467}$，未央食官$_{467}$、食监$_{467}$，长信[食]☐宦三$_{467}$，杨关$_{467}$，月氏$_{467}$，[关][中]司马☐☐[关][司]☐$_{468}$（阙简，秩级不详）
	（8）☐都官之稗官及马苑有乘车者$_{469-470}$（百六十石），有秩毋乘车者$_{470}$（百廿石）
郡守	（1）郡守$_{440}$（二千石）
	（2）郡司马$_{468}$，备盗贼$_{468}$（阙简，秩级不详）
	（3）郡尉$_{440}$（二千石）

续表

官署	《二年律令·秩律》所见职官
郡守	(4) 郡发弩$_{445}$，司空$_{445}$，轻车$_{445}$（八百石）（5）郡尉丞$_{444}$（六百石）
	(6) 郡候$_{446}$，骑千人$_{446}$（六百石）
	(7) 郡发弩、司空、轻车丞$_{445}$（三百石）
	(8) 郡候、骑千人丞$_{446}$（二百石）
	(9) 郡司马$_{468}$，骑司马$_{468}$（阙简，秩级不详）
县、道	(1) 县令/长$_{444}$（千石），县丞$_{444}$（四百石）
	(2) 县令/长$_{450}$（八百石），县丞$_{450}$、县尉$_{450}$（四百石），司空$_{450}$、田部$_{450}$、乡部$_{450}$（二百石）
	(3) 县、道令/长$_{464}$（六百石），县、道丞$_{464}$，县、道尉$_{464}$（三百石），田部$_{464}$、乡部$_{464}$（二百石），司空$_{464}$（百六十石）
	(4) 道长$_{465}$（五百石），道丞$_{465}$、道尉$_{465}$（三百石）
	(5) 黄乡长$_{465}$、万年邑长$_{465}$（三百石），县丞$_{466}$、县尉$_{466}$（二百石），乡部$_{466}$（百六十石）
	(6) 县有塞、城尉者，秩各减其郡尉百石$_{469}$，道尉$_{469}$（二百石）
	(7) 轻车司马、候、厩有乘车者$_{471}$（百六十石）；毋乘车者及仓、库、少内、校长、髳长、发弩，都市亭厨有秩者及毋乘车之乡部$_{471-472}$（百廿石）
备塞都尉	(1) 备塞都尉$_{440}$（二千石）
	(2) 备塞都尉丞$_{444}$（六百石）
不明机构	田部$_{468}$、乡部$_{468}$（二百石）

二、秩级的高低与职官的高低成正比

张家山汉简《二年律令·秩律》中的秩级序列共分十一级，与职官对照如下。

表二　《二年律令·秩律》秩级表

秩级	《二年律令·秩律》所见职官
二千石	（1）御史大夫$_{440}$（2）奉常$_{441}$（3）汉郎中$_{441}$（4）卫尉$_{440}$（5）太仆$_{440}$（6）廷尉$_{440}$（7）典客$_{440}$（8）少府令$_{440}$（9）中尉$_{440}$（10）长信詹事$_{440}$（11）内史$_{440}$（12）车骑尉$_{440}$（13）汉中大夫令$_{440-441}$（14）卫将军$_{440}$（15）郡守$_{440}$（16）郡尉$_{440}$（17）备塞都尉$_{440}$
千石	（1）丞相长史$_{441}$，相国长史$_{441}$（2）御史丞或御史长史$_{441}$（3）郎中司马$_{443-444}$（4）卫尉司马$_{444}$（5）中太仆$_{442}$（6）长信将行$_{442}$，长信谒者令$_{442}$（7）中傅$_{442}$（8）县令／长$_{444}$
八百石	（1）丞相长史正$_{444}$，丞相长史监$_{444}$（2）外乐$_{449}$，长陵$_{450}$（3）公车司马$_{449}$（4）未央厩$_{449}$（5）太仓治粟$_{449}$，太仓$_{449}$（6）中厩$_{449}$（7）卫将军长史$_{444}$（8）中发弩$_{445}$，枸（勾）指发弩$_{445}$，中司空$_{445}$，轻车$_{445}$及其丞$_{445}$（9）郡发弩$_{445}$，司空$_{445}$，轻车$_{445}$（10）县令／长$_{450}$
六百石	(1) 安陵$_{452}$，太卜$_{461}$，太史$_{461}$，太祝$_{461}$，都水$_{461}$，祠祀$_{462}$，太宰$_{462}$（2）卫尉丞$_{444}$（3）卫尉候$_{446}$（4）家马$_{462}$，右厩$_{463}$，寺车府$_{463}$（5）廷尉丞$_{444}$（6）大行走士$_{460}$（7）都水$_{461}$（8）宦者$_{461}$，中谒者$_{461}$，太官$_{461}$，寺工$_{461}$，右工室$_{461}$，都水$_{461}$，御府$_{461}$，御府监$_{461}$，云梦$_{461}$，大匠$_{462}$，官司空$_{462}$，居室$_{462}$，西织$_{462}$，东织$_{462}$，内者$_{463}$，永巷$_{463}$，乐府$_{463}$，内官$_{463}$，上林骑$_{463}$（9）中尉丞$_{444}$（10）武库$_{461}$（11）中候$_{446}$，骑千人$_{446}$（12）东园主章$_{463}$（13）私府监$_{461}$，长信掌衣$_{461}$，长信詹事丞$_{462}$，长信祠祀$_{462}$，长信仓$_{462}$，长秋中谒者$_{462}$，长信尚浴$_{462}$，长信谒者$_{462}$，祠祀$_{462}$，长信私官$_{462-463}$，长信永巷$_{463}$，永巷詹事丞$_{463}$，詹事将行$_{463}$，长秋谒者$_{462}$，长秋谒者令$_{463}$（14）长秋中谒者$_{463}$，长秋谒者令$_{463}$（15）长安西市$_{458}$，都水$_{461}$，长安市$_{461}$（16）车骑尉丞$_{444}$（17）卫将军候$_{446}$（18）郡尉丞$_{444}$（19）县、道令／长$_{464}$（20）郡候$_{446}$，骑千人$_{446}$（21）未央走士$_{460-461}$，诏事$_{461}$（22）备塞都尉丞$_{444}$

续表

秩级	《二年律令·秩律》所见职官
五百石	（1）中太仆丞、尉[442]（2）詹事、私府长[464]（3）长信将行、长信谒者令的丞、尉[442]（4）卒长[445]（5）道长[465]（6）县有塞、城尉者，秩各减其郡尉百石[469]
四百石	（1）外乐、长陵的丞、尉[450]（2）郎中司马丞[444]（3）卫尉司马丞[444]（4）公车司马丞、尉[450]（5）未央厩丞、尉[450]（6）太仓治粟、太仓的丞、尉[450]（7）外乐丞、尉[450]（8）中厩丞、尉[450]，县丞[444]，县尉[450]
三百石	（1）安陵、太卜、太史、太祝、都水、祠祀、太宰的丞、尉[464]（2）太医[465]，祝长[465]，黄乡长[465]，万年邑长[465]（3）家马、右厩、寺车府的丞、尉[464]（4）大行走士丞、尉[464]（5）李公主家丞[472]，申徒公主家丞[472]，荣公主家丞[472]，傅公［主］家丞[472]（6）都水的丞、尉[464]（7）宦者、中谒者、太官、寺工、右工室、都水、御府、御府监、云梦、大匠、官司空、居室、西织、东织、内者、永巷、乐府、内官、上林骑的丞、尉[464]（8）武库丞、尉[464]（9）私府监、长信掌衣、长信祠祀、长信仓、长秋中谒者、长信尚浴、长信谒者、祠祀、长信私官、长信永巷、詹事将行、长秋谒者令的丞、尉[464]（10）詹事、私府丞[464]（11）长秋中谒者、长秋谒者令的丞、尉[464]（12）长安西市、都水、长安市的丞、尉[464]（13）长安厨长[465—466]（14）未央的丞、尉[464]（15）它都官长[465]（16）郡发弩、司空、轻车丞[445]，司空[450]，县、道丞[464]，县、道尉[464]，道丞[465]，道尉[465]
在三百石之后，阙简，不知秩级	（1）未央宦者[466]，宦者监[466]，仆射[466]，未央永巷[466]，永巷监[466]，永巷[466]（2）长信宦者中监[466]，长信永巷[466]，长信詹事私官长[467]，詹事祠祀长[467]，詹事厩长[467]
二百五十石	司空[468]
二百石	（1）太医、祝长、黄乡长、万年邑长的丞、尉[466]（2）卫尉候丞[446]（3）太医丞[466]（4）中候、骑千人丞[446]（5）长安厨丞、尉[466]（6）卫将军候丞[446]，它都官丞、尉[466]（7）郡候、骑千人丞[446]，县丞[466]，县尉[466]，道尉[469]（8）司空[450]，田部[450]，乡部[450]

秩级	《二年律令·秩律》所见职官
一百六十石	（1）六百石官的卫官$_{464}$、校长$_{464}$（2）□都官之稗官及马苑有乘车$_{469—470}$（3）轻车司马、候、厩有乘车者$_{471}$，司空$_{464}$，乡部$_{466}$
一百二十石	（1）卫将军士吏$_{471}$（2）卫尉士吏$_{471}$，□都官之稗官及马苑有秩毋乘车者$_{470}$，轻车司马、候、厩毋乘车者及仓、库、少内、校长、髳长、发弩，都市亭厨有秩者及毋乘车之乡部$_{471—472}$
阙简，秩级不详	（1）中司马$_{468}$，骑司马$_{468}$，中轻车司马$_{468}$（2）☑室仆射$_{467}$，室仆射太官$_{467}$，长信食☑宦三$_{467}$，杨关$_{467}$，月氏$_{467}$，关中司马□□关司☑$_{468}$（3）郡司马$_{468}$，备盗贼$_{468}$（4）郡司马$_{468}$，骑司马$_{468}$

从《秩律》的秩级和职官对照来看，秩级的高低与职官的高低成正比，就是职位越高，要求的秩级也越高。二千石秩级是中央级三公九卿和郡级政府的一把手；一千石秩级要求的职位是三公九卿、郡级政府的二把手、重要县级政府的一把手；八百石秩级要求的职位是三公九卿的三把手、下属机构的一把手和次要县的一把手；六百石要求的秩级是三公九卿下属机构的二把手、郡级政府下属机构的一把手和一般县令的一把手；三百石秩级要求的职位是三公九卿下属机构的三把手，郡属机构的二把手，县政府的三把手，重要乡级政府、公主邑的一把手；二百石秩级要求的职位是部属机构的工作人员、县属机构的一把手和乡级政府的一把手；一百六十石到一百二十石要求的是县级、乡级政府的工作人员，是有级别的办事吏员。

三、职官分级的作用

秦汉职官分级在官吏管理中有重要的作用。秦汉官吏职位的品级即秩级可分为三个层次。一是六百石以上为高级官吏。秦律《法律答问》中称为"显大夫"："可（何）谓'宦者显大夫？'宦及智（知）于王，及六百石吏以上，皆为'显大夫'。"[1] 有优惠的政治经济特权，但对高级官吏

---

[1]《睡简》，第139页。

的要求也比较高，如《二年律令·杂律》："吏六百石以上及宦皇帝，而敢字贷钱财者，免之。"[1] 二是一百二十石以上为中级官吏。有级别的官吏简牍称为"有秩吏"。睡虎地秦简《仓律》《金布律》《法律答问》都提到"有秩吏"。三是一百二十石以下为低级官吏。简牍中称"斗食之吏"，又称"少吏"，为佐史（办事官员），有"令史""佐史""斗食"等称呼。《仓律》《金布律》《传食律》都提到"斗食之吏"的待遇差别。不同级别官吏的权力、责任、待遇有很大的不同，其任用、考核、奖惩等管理层级的要求都是不一样的。按照行政法规定，凡是担任某一职位的官吏，官吏本身的官品必须与某一职位要求的秩级一致，如果官吏的官品级别低而担任的职务要求级别高就只能称"守"某官，如果官吏的官品级别高而担任的职务要求级别低就只能称"行"某官。

（一）有秩吏

"有秩吏"应是一种简称，不是一个具体官名，传世文献和学术界大多认为"有秩"指百石以上的低级官吏。例如，睡虎地秦简《仓律》对"令有秩之吏，令史主"注释为："秩，俸禄。""有秩"，"指秩禄在百石以上的低级官吏"。[2] 尹湾汉简《集簿》有"令七人，长十五人，相十八人，丞四人，尉三人，有秩三十人，斗食五百一人，佐史亭长千一百八十二人"的记载。[3] 张家山汉简《二年律令·赐律》有"不更比有秩，簪袅比斗食，上造、公士比佐史"的记载，这里的"有秩"都位排在"斗食"之前，指秩级在百石以上的低级官吏。但也有不同意见，裘锡圭先生在《啬夫初探》中指出，"有秩作为一个专门名词"，"但是从另一些史料看，百石之吏与有秩似乎还有一定区别"。[4] 根据张家山汉简《二年律令·秩律》的有关记载，"有秩"应该是指秩级在一百二十石以上的官吏。张家山汉简《二年律令·秩律》中的秩级序列共分十一级，其中没有百石这一级，只有百廿石为最低级。"□都官之稗官及马苑"，"轻车司马、候、厩"，

---

[1] 《张简》，第33页。

[2] 《睡简》，第27页。

[3] 连云港市博物馆等编：《尹湾汉墓简牍》，北京：中华书局，1997年，第77页。下文简称"《尹简》"，只注页码。

[4] 裘锡圭：《啬夫初探》，中华书局编辑部编：《云梦秦简研究》，北京：中华书局，1981年，第233—234页。

"有秩毋乘车者，各百廿石"，[1] 这里的"有秩"就是指百廿石的官员。"有秩"得名于《秩律》，是《秩律》所有秩级中最低秩级的意思。"有秩"是官吏管理中的一把钥匙。

1. "有秩"是任用官吏的依据。睡虎地秦简《秦律十八种·置吏律》规定："官啬夫节（即）不存，令君子毋（无）害者若令史守官，毋令官佐、史守。"[2] 官啬夫不存在时，可以任命百石以上的令史代理其职务，但不能任命百石以下的佐史代理职务，担任每一种职务都有对应的秩级的要求。

2. "有秩"是官吏享受特权的依据。《秦律十八种·金布律》："都官有秩吏及离官啬夫，养各一人，其佐、史与共养；十人，车牛一两（辆），见牛者一人。都官之佐、史冗者，十人，养一人；十五人，车牛一两（辆），见牛者一人；不盈十人者，各与其官长共养、车牛，都官佐、史不盈十五人者，七人以上鼠（予）车牛、仆，不盈七人者，三人以上鼠（予）养一人；小官毋（无）啬夫者，以此鼠（予）仆、车牛。狠生者，食其母日粟一斗，旬五日而止之，别縶以段（假）之。"整理小组注释："养，做饭的人。"[3] 由此可知，京师都官诸官署的"有秩之吏"与都官所属机构的主管官吏，都可以配备有专职的炊事员和专用牛车等交通工具，而佐史低级官吏只能与长官"共养""共车"。法律规定"有秩吏"在经济待遇上比"月食者"高，《秦律十八种·仓律》规定，"月食者已致案而公使有传食，及告归尽月不来者"，应"止其后朔食，而以其来日致其食，有秩吏不止"，[4] 就是政府的办事人员已经按月领取粮食、因公出差已享受"传食"招待、休假到期至月底不返回的，都要依法停发其下月的口粮，直到回来的时候再行发给，而有秩的吏则不停发。"有秩吏"出差"传食"和请假都要照发俸禄，而"月食者"的佐史却不但不能享受"传食"，而且还要停发俸禄。张家山汉简《二年律令·史律》规定："五百石以下至有秩"就是秩级一百二十石的"有秩"以至五百石的官吏按任职年限可以

---

〔1〕《张简》，第80页。
〔2〕《睡简》，第56页。
〔3〕《睡简》，第37—38页。
〔4〕《睡简》，第31页。

减免"更役",〔1〕比"史、卜、佐"的特权要优惠得多,说明"有秩"享有减免徭役的特权。

3. "有秩"是官吏承担义务的依据。官秩越高权利越多,承担的义务也多,责任也越大。例如,睡虎地秦简《法律答问》:"有秩吏捕阑亡者,以界乙,令诣,约分购,问吏及乙论可(何)殹(也)?当赀各二甲,勿购。"〔2〕一般人捕获逃亡的人要受到官府奖励,但"有秩"之吏有捕获逃亡的人的义务,如果将捕获逃亡的人交给他人领取奖赏,要依法受到惩处。

(二)长吏和少吏

秦汉官与吏并无严格区分,按其秩阶分为长吏和少吏两个层次。传世文献《汉书》卷十九上《百官公卿表第七上》记载:"县令、长,皆秦官,掌治其县。万户以上为令,秩千石至六百石。减万户为长,秩五百石至三百石。皆有丞、尉,秩四百石至二百石,是为长吏。百石以下有斗食、佐史之秩,是为少吏。"〔3〕由此可知,长吏是指二百石以上的官吏,有一定的特权,可以称作"官",与二百石以下的少吏及百石以下的斗食、佐史有别,后者只能称作"吏"。

1. 长吏有印绶作为官员行使权力的凭证。传世文献《汉书》卷十九上《百官公卿表第七上》记载:"凡吏秩比二千石以上,皆银印青绶,光禄大夫无。秩比六百石以上,皆铜印黑绶,大夫、博士、御史、谒者、郎无。其仆射、御史治书尚符玺者,有印绶。比二百石以上,皆铜印黄绶。成帝阳朔二年,除八百石、五百石秩。绥和元年,长、相皆黑绶。哀帝建平二年,复黄绶。吏员自佐史至丞相,十三万二百八十五人。"〔4〕意即不同级别的官吏所佩戴的印绶不同,等级森严。故少吏伪造长吏印绶要受到法律处罚。秦简《法律答问》:"'侨(矫)丞令'可(何)殹(也)?"其意思是:什么叫作"矫丞令"?"为有秩伪写其印为大啬夫",〔5〕就是身为低级官吏"有秩"而伪造县丞的官印,冒充县令的命令,就是犯了"矫丞令"的罪。

2. 长吏与少吏的官秩不同,待遇也不一样。张家山汉简《二年律令·

---

〔1〕《张简》,第 82 页。

〔2〕《睡简》,第 125 页。

〔3〕《汉书》,第 742 页。

〔4〕《汉书》,第 743 页。

〔5〕《睡简》,第 106 页。

秩律》规定了诸郡县长吏与少吏的官秩，说明级别相差很远，待遇更不一样："秩各八百石，有丞、尉者半之，司空、田、乡部二百石。""秩各六百石，有丞、尉者半之，田、乡部二百石，司空及衞〈卫〉官、校长百六十石。""秩各三百石，有丞、尉者二百石，乡部百六十石。""田、乡部二百石，司空二百五十石。""毋乘车者，及仓、库、少内、校长、髳长、发弩……都市亭厨有秩者及毋乘车之乡部，秩各百廿石。"[1] 从以上简文可知，诸县之长吏，县令（长）、丞、尉之外，又有司空、田部、乡部等少吏，其秩分二百五十石、二百石、一百六十石及一百二十石凡四级。张家山汉简《二年律令·贼律》规定，老百姓殴打官吏要处以耐刑，殴打"有秩"以上的官吏要黥为城旦舂，但是长吏殴打少吏却不用此律，[2] 长吏的法律地位比少吏高，说明长吏对少吏拥有绝对的领导权。

3. 长吏与少吏的任用和管理不一样。长吏由中央和郡任命，少吏由长吏任命。根据传世文献记载，秦汉二百石以上为长吏，之下有百石、斗食、佐史之秩，即所谓少吏。廖伯源先生认为，汉初官吏，秩百石以下为少吏，即长吏之属吏，为长吏所辟除；百廿石以上为长吏，应是朝廷任命。后来郡县属吏自行辟除，皆在一百石以下，不复有秩一百二十石及一百六十石之官。长吏最低之秩乃定为比二百石。这是汉代地方官制的重大转变，"传世文献不言，因张家山汉简之出土而显露"。[3]

第二节　秦汉行政组织体系

在简牍所见行政法史料中，法律比较合理地规定了行政机关和行政机构的设置、职官的配备及其职能的划分，创立了中央和地方郡、县、乡三级制。中央政府主要以丞相（司徒）、御史大夫（司空）、太尉和诸卿为主干组成各级科层组织，丞相、御史代表中央政府。地方政府以郡、县、乡、里为主干，二千石官代表郡级政府，县道官（令长）代表县级政府，"乡部"的"有秩"或"啬夫"代表乡级政府，形成上下层层负责的关系。各

---

[1]　《张简》，第72—80页。

[2]　《张简》，第15页。

[3]　参看谢桂华：《〈二年律令〉所见汉初政治制度》，《郑州大学学报》，2002年第3期。

级政府的机构设置、官吏配置比较合理，分曹办事，权力制衡，政治、经济、文化、司法、治安的各项行政管理职能齐备，从而得以贯彻和执行国家的政令和法律。行政机构是行政的主体，是国家行政管理的保障。秦汉庞大的行政体系虽然不一定是基于行政法规建立的，却是适用行政法规的主体，而且行政机关的各个系统都有相应的行政法规作为自己组织活动的依据，这是行政职权责任问责和考核奖惩的依据。

一、中央行政机关与机构设置

秦汉中央行政机关是按行政工作性质和职能划分的，一般称"三公九卿"。"三公"是中国古代最尊显的三个官职的合称，指代说法不一，有说指司马、司徒、司空，也有说指太傅、太师、太保。西汉初承秦制辅佐皇帝治国者主要是丞相、太尉和御史大夫，从武帝时起，丞相、太尉和御史大夫也被称为"三公"。西汉时"九卿"是列卿或众卿之意，先秦文献中有"三公九卿"之说，武帝以后人们就把秩为中二千石一类的高官附会成古代九卿。丞相是百官之首，辅佐皇帝，日理万机，是最高中央行政执行机关，负责全国的行政管理工作。太尉主掌军事。御史大夫主管行政监察，协助丞相府处理全国政务。奉常（宗庙礼仪）、郎中令（皇帝警卫）、卫尉（皇家卫队）、太仆（皇家服务）、廷尉（全国刑狱）、典客（外交）、宗正（宗室事务）、治粟内史（钱粮货物）、少府（赋税徭役）等九卿，分管中央政府各类行政事务，分工明确，职责清楚，为中央具体的政务机关。秦汉中央政府体制和处理政务的工作程序已完全建立，但简牍史料对中央行政组织的记载较少。秦简中的中央官吏所见甚少，主要有以下行政机构：（1）内史：既不是掌管京师的行政长官，也不是国君的秘书，而是掌管全国财政的"治粟内史"；（2）廷尉；（3）司空：掌土木工程、刑徒；（4）典属邦（管理少数民族事务）。张家山汉简《二年律令·秩律》所见中央行政机构有：丞相、相国，御史大夫，廷尉，内史（太仓治粟、太仓中厩），典客，中尉，车骑都尉，太仆（下设未央厩、家马、车府），长信詹事（私府监、长信掌衣、长信祠祀、长信仓、长秋中谒者），少府（宦者、中谒者、太官、寺工、右工室、都水、武库、御府、大匠、官司空、西织、东织、东园主章、太医），卫将军，卫尉（下设郎中司马、公车司马、卫尉司马），中大夫，郎中令（下设郎中司马），奉常（外乐、太卜、太史、太祝、太宰）。下面就简牍史料所见择要述之。

（一）丞相、太尉、御史大夫

丞相、太尉、御史大夫称"三公"，是中央行政中枢机构。在云梦秦简出土的法律文书中，涉及这三种职官的极其罕见，而汉代法律文书中常有出现，张家山汉简《二年律令·秩律》中的"御史大夫""御史""丞相、相国长史"都是明证。《二年律令》记载汉代中央的政事都是由丞相和御史大夫共同完成，二者主要是主持全国的行政工作，是全国的政务中枢机构，参与中央行政决策，颁布律令，发布行政命令，贯彻执行中央政令，并接受中央和地方政府的行政请示和汇报，监督中央和地方各级政府政策法令的执行情况，但丞相和御史大夫各有分工，各司其职。

1. 丞相和御史

秦汉许多重大政务是由代表中央政府的两个部门丞相、御史共同处理的。据张家山汉简《二年律令》记载，像制定法律、设置官吏、司法案件的复审、对官吏行政和经济的监察等重大行政事务的决策与监督，都是由县道官上报二千石官，二千石官上报丞相、御史，最终由丞相、御史共同处理的。例如：

（1）县道官有请而当为律令者，各请属所二千石官，二千石官上相国、御史，相国、御史案致，当请，请之，毋得径请。径请者[者]，罚金四两。（《二年律令·置吏律》）[1]

（2）县道官守丞毋得断狱及瀔（谳）。相国、御史及二千石官所置守、叚（假）吏，若丞缺，令一尉为守丞，皆得断狱、谳狱，皆令监临庳庳（卑）官，而勿令坐官。（《二年律令·具律》）[2]

（3）丞相、御史及诸二千石官使人，若遣吏、新为官及属尉、佐以上征若迁徙者，及军吏、县道有尤急言变事，皆得为传食。（《二年律令·传食律》）[3]

（4）官为作务、市及受租、质钱，皆为缿，封以令、丞印而入，与参辨券之，辄入钱缿中，上中辨其廷。质者勿与券。租、质、户赋、圜池入钱县道官，勿敢擅用，三月壹上见金、钱数二千石官，二千石

〔1〕《张简》，第 38 页。

〔2〕《张简》，第 23 页。

〔3〕《张简》，第 40 页。

官上丞相、御史。(《二年律令·金布律》)〔1〕

（5）罪人狱已决，自以罪不当，欲气（乞）鞫者，许之。……二千石官令都吏覆之。都吏所覆治，廷及郡各移旁近郡，御史、丞相所覆治移廷。(《二年律令·具律》)〔2〕

（6）□□□发及斗杀人而不得，官啬夫、士吏、吏部主者，罚金各二两，尉、尉史各一两；而斩、捕、得、不得，所杀伤及臧（赃）物数属所二千石官，二千石官上丞相、御史。(《二年律令·捕律》)〔3〕

简（1）是丞相、御史制定律令的决策职权，也是参议朝政权和对下级官吏的监督权。凡是县道官有提请立法的议案，都要先向所属的上级领导二千石官提请，二千石官再上请相国、御史，相国、御史认真检查议案文书，认为可行，应该提请立法，才可以把提请立法的议案奏请皇上审批，不能越级提请立法，越级提请者，处以罚金四两。简（2）和简（3）是丞相、御史任免下级官吏的职权，就是人事权。简（2）是对县道官府的试守丞不能审判与结案定罪的法律规定，但律文中提到的相国、御史及二千石所设置的试守官吏、兼职官吏如缺少丞，则命令一名尉为试守丞，可以审判与结案定罪，这说明相国、御史及二千石有任免下级官吏的职权。简（3）是规定由邮传提供膳食和马匹草料的法律条文，但律文中提到的丞相、御史以及二千石官派人出差，假使派遣官吏、新任官员以及附属尉、佐以上或者迁徙者，以及军队官吏、县道因紧急公务为国家办事者，均可提供传食，说明相国、御史及二千石有使用下级官吏的权力。简（4）是丞相、御史拥有监督下级财政经济的职权。县道官府因从事手工业、市场贸易以及收受租金与抵押的钱、户赋税、园池税等工商管理税钱，不得私自使用，每季度要给二千石官上报金钱数目，二千石官再上报给丞相、御史。简（5）是丞相、御史拥有司法审判的职权。如对已经判决的案件进行重审，请求重审者要向县道官上状辞，县道官上报二千石官审核，二千石官再上报丞相、御史，丞相、御史重新审理断案。简（6）是丞相、御史拥有监督社会治安与处罚的职权。官吏捕杀盗贼，将捕获和斩杀、没有捕获和没有捕杀、赃物数量等情况上报二千石官，二千石官再上报丞相、御史，

---

〔1〕《张简》，第67页。
〔2〕《张简》，第24—25页。
〔3〕《张简》，第29页。

丞相、御史根据实际捕杀情况奖赏官吏。丞相与御史共同处理政务的情况，在关系到重要关口出入管理的张家山汉简《二年律令·津关令》[1]（以下简称《津关令》）中也表现得非常明显，也就是说举凡丞相有权处理之事，御史大夫均可过问。《津关令》有 23 条，都是以皇帝制书的形式发布的，其中三条制诏相国、御史，两条相国、御史请，五条相国上书、五条丞相上书，都是"丞相、御史以闻"。传世文献中也有记载，文帝十三年（公元前 167 年）废除肉刑，是经朝臣讨论后，由丞相张苍会同御史大夫冯敬上奏提出具体方案并付诸实施的。但是，丞相府和御史府的职能还是有区别的，各有分工，各司其职，互相制约。

2. 丞相府的职权

秦汉设置的丞相府，后改为司徒府，有时改为相国，或分置左右丞相，其长官是丞相，代替皇帝统师文武百官、辅佐皇帝、总理全国政务，既是全国最高行政执行机关，又是参与中央行政决策的机关。传世文献《汉书》卷十九上《百官公卿表第七上》中记载："相国、丞相，皆秦官，金印紫绶，掌丞天子助理万机。秦有左右，高帝即位，置一丞相，十一年更名相国，绿绶。孝惠、高后置左右丞相，文帝二年复置一丞相。有两长史，秩千石。哀帝元寿二年更名大司徒。武帝元狩五年初置司直，秩比二千石，掌佐丞相举不法。"[2]《后汉书》志第二十四《百官一》："司徒，公一人。本注：掌人民事……世祖即位，为大司徒。建武二十七年，去'大'。"[3]丞相总领百官，参议朝政，是全国的行政中枢。具体职权有：决策权、执行权和监督政策法令的贯彻落实权，选用、考课和黜陟、诛赏官吏的权力，财政经济、军事或边防、社会治安、司法等全国行政事务的管理权。其职能重点在行政、民政和财政的管理上，从上面列举《二年律令》中二府共同处理的政务中可以得到印证。但需要指出的是，简牍资料显示，在置官、案件复审、对官吏行政和经济的监督、行政监察等重大行政事务的处理中，都以丞相为主，御史大夫主要是负责署名、监督丞相的政务处理。张家山汉简《津关令》23 条中，其中有 5 条相国上书，5 条丞相上书，都是"丞

〔1〕《张简》，第 83—88 页。

〔2〕《汉书》，第 724—725 页。

〔3〕〔宋〕范晔：《后汉书》，北京：中华书局，1965 年，第 3560 页。以下只注本书页码或卷数篇目。

相、御史以闻"，在丞相、御史奏请和附议的八条中都是丞相排在第一位，丞相在处理行政问题时具有领衔上奏皇帝、提出行政决策方案权。居延汉简《永始三年诏书》是关于民政方面的决策简册（1973 年肩水金关遗址出土，日本学者大庭脩在其文章中对本诏书进行了研究），由丞相领衔上奏皇帝，御史附议，"丞相方进，御史臣光昧死言"。〔1〕《元康五年诏书》是由丞相提出议案，御史上奏皇帝，丞相下达执行的（《元康五年诏书》是居延汉简中著名的册书，是日本学者大庭脩的复原杰作，全部诏书由八条简牍组成，记录元康五年诏书的内容和下行的具体过程和时间，从中可见由长安发诏书到汉代居延边塞肩水都尉、肩水候官的时间），"御史大夫吉昧死言：丞相相上大常昌书言大史丞定言"（10·27），〔2〕"五月戊辰丞相光下少府、大鸿胪、京兆尹定□相承书从事，下当用者。京兆尹以□次传，别书相报，不报，重追之，书到，言"（E.P.T 48：56）。〔3〕传世文献中也有记载，如文帝二年（公元前 178 年）废除《收律》《相坐法》，就是经朝臣讨论后，由左右丞相周勃、陈平上奏文帝废除的。

3. 御史府的职权

御史府的长官是御史大夫，律文中常称御史，为副丞相，参政议政，协助丞相处理全国政务。据传世文献记载，秦始置御史大夫，为秦代最高的监察官，次于左、右丞相。西汉时沿置，御史大夫掌副丞相，故丞相、御史并称，丞相府和御史大夫府合称二府，凡军国大计，皇帝常和丞相、御史共同议决。汉文帝时御史大夫成为全国最高的法官和监察官。成帝绥和元年（公元前 8 年），去御史大夫，置大司空，哀帝时又把御史大夫改叫大司空，御史大夫已非法官，而与丞相、大司马合称三公。东汉光武帝刘秀于建武二十七年（51 年）去大司空的"大"字，改称司空，御史大夫的官属由御史台的长官中丞总领，御史中丞替代御史大夫而成为执法机构和监察机构的首脑人物。而御史大夫有接受章奏、起草诏书、监督丞相行政处理的权力，从汉武帝开始逐渐取代宫中尚书台的长官尚书令的职权。御史大夫是连接宫廷和外朝的纽带，比丞相更接近皇帝，相当于皇帝的秘书

---

〔1〕 伍德煦：《新发现的一份西汉诏书——〈永始三年诏书简册〉考释和有关问题》，《西北师大学报》（社会科学版），1983 年第 4 期。

〔2〕 谢桂华、李均明、朱国炤：《居延汉简释文合校》，北京：文物出版社，1987年，第 16 页。以下简称"《合校》"，只注页码或简文编号，如 10·27。

〔3〕 《新简》，第 135 页。

长和总监察长，群臣奏事均须由御史大夫向皇帝转达；皇帝下诏书，则先由御史起草。许多政事由皇帝直接下诏给御史大夫具体办理，不需丞相过问。御史大夫所司之权重在司法行政，依法对行政工作进行监察监督。大凡司法、监察、行政信息的收发、决策的制定和审议、下达等行政事务是其主要职责，皇帝可利用御史大夫督察和牵制丞相，对丞相府的行政决策和执行进行监督。御史大夫偏重于执法或纠察，不仅可劾奏不法的大臣，而且还可奉诏收缚或审讯有罪的官吏。传世文献中也有记载，如《汉书》卷八十三《朱博传》记载，"置御史大夫，位次丞相，典正法度，以职相参，总领百官，上下相监临"。[1] 御史府的执法和监察权后来逐渐转归御史台（兰台），御史台成为中央最高行政监察机关。据简牍所见行政法资料，记载御史大夫的职权如下：

（1）单独上奏。

张家山汉简《二年律令·津关令》："一、御史言，越塞阑关……制曰：可。""□、御史请诸出入津关者……制曰：可。"[2] 这是御史大夫单独上奏皇帝，并得到皇帝批准的例证。御史大夫主要职能是制定法令，这两条都是新制定的津关令，御史大夫在其职权范围之内单独上奏皇帝，并得到皇帝批准。

（2）代丞相上奏。

丞相若有事要向皇帝请示，则必须通过御史大夫上奏皇帝，丞相提出的议案要由御史大夫上奏皇帝，说明御史大夫对丞相提出的决策议案具有审议权，对丞相的行政决策具有监督权。张家山汉简《津关令》中对此有很多记载："相国上内史书言，请诸詐（诈）袭人符传出入塞之津关……与同罪。御史以闻。制曰：可。""相国上中大夫书……相国、御史以闻。制曰：可。""丞相上备塞都尉书……丞相、御史以闻，制曰：可。"[3] 还有《津关令》中第九条、第十二条、第十六条、第二十一条、第二十二条等，或是丞相、御史共同上奏，或是由"御史以闻"。日本学者大庭脩曾利用出土的居延汉简复原了元康五年（公元前61年）的一份诏书，内容是关于在这一年夏至日前后五天中休兵，不听政事，夏至之日官民共同举行更

[1]　《汉书》，第3405页。

[2]　《张简》，第83、84页。

[3]　《张简》，第84、85、88页。

水火活动之事。这里最引人注目的是，在御史大夫接受丞相提出的议案上
奏皇帝的文中，关于活动的具体实施计划是由御史大夫提出而不是由丞相
提出，大概因为这件事是建章立制，属于御史大夫的职权。同时，御史大
夫并不是只起到起草文书的作用，对不合理的诏令还有权拒绝接受，这在
传世文献中也得到印证。如《汉书》卷四十二《周昌传》记载，周昌任御
史大夫后，刘邦欲废太子立赵王如意，周昌庭争之强，盛怒曰："陛下欲废
太子，臣期期不奉诏。"〔1〕

（3）秉承皇帝旨意，直接办理政务。

简牍所见秦汉许多政事是由皇帝直接下诏给御史大夫具体办理，这些
政事大多与律令制度的制定和执行、政务的监督与监察有关。《津关令》
中很多条诏令开头都是"制诏御史"，不需丞相过问，这是御史大夫起草
文书职能的体现。武威汉简《王杖十简》有"制诏丞相御史"，武威汉简
《王杖诏书令册》有"制诏御史曰"。〔2〕《元康五年诏书》是居延汉简中著
名的册书，此诏书下达程序是："御史大夫吉下丞相"，"丞相相下车骑将
军、将军、中二千石、二千石、郡大守、诸侯相"（10·30）。〔3〕《永光五
年案验失亡传信册》是悬泉置汉简中比较重要的完整册书之一，其下达程
序是："御史大夫弘移丞相、车骑将军、将军、中二千石、二千石、郡大
守、诸侯相"，这是对"孝文庙事已，以传信予御史属泽钦，钦受忠，传信
置车，笭中道随亡，今写所亡传信副移如牒"的御史丢失传信正本一事所
下的督察命令，是御史的职责。（Ⅱ0216②:867）〔4〕为奉中央命令办理行
政事务的官吏安排招待是御史大夫的职责，出土文书中"以次为驾，当舍
传舍"，即提供车马交通工具和食宿，都是御史大夫发布的行政命令。例如：
"建平四年五月壬子，御史中丞臣宪，承制诏侍御史曰：敦煌玉门都尉忠之

---

〔1〕 参看王惠英：《从〈二年律令〉看汉初丞相与御史大夫的关系》，《徐州师范
　　 大学学报》，2004 年第 3 期。

〔2〕 中国科学院考古研究所、甘肃省博物馆编：《武威汉简》，北京：文物出版
　　 社，1964 年；郝树声：《武威"王杖"简新考》，《简牍学研究》（第四辑），
　　 兰州：甘肃人民出版社，2004 年，第 105－116 页。

〔3〕 《合校》，第 16 页。

〔4〕 中国文物研究所胡平生、甘肃省文物考古所张德芳编撰：《敦煌悬泉汉简释
　　 粹》，上海：上海古籍出版社，2001 年，第 29 页。下文简称"《悬简》"，只
　　 标页码或简文编号，如 I 0112②: 18。

官，为驾一乘传，载从者。御史大夫延下长安，承书以次为驾，当舍传舍，如律令。六月丙戌，西。"（Ⅰ0112②:18）[1] 中央任命的玉门都尉上任途中经过悬泉置，由悬泉置提供车马粮草和食宿，这条行政命令是由御史府决定并发布的。这在传世文献中也有反映，如《史记》卷六十《三王世家》记载："御史大夫汤下丞相，丞相下中二千石，二千石下郡守、诸侯相，承书从事下当用者，如律令。"[2] 说明皇帝诏书下发顺序是先经过御史大夫再转丞相，由丞相"下当用者"。所以清王先谦引沈钦韩说："是时未有尚书，则凡诏令御史起草，付外施行，御史大夫为长，故径下相国也。"[3]

4. 太尉的职权

太尉，最高军政长官，汉武帝更太尉为大司马，不常置，负责管理全国军事事务，但平时没有军权，所掌只不过是军政管理权而已，战时也要听从皇帝的命令，而且要有皇帝的符节才能调动军队。简牍中很少有关于太尉的资料。

5. "三公"的下属机构和属官配置

（1）丞相府属官

传世文献卫宏《汉旧仪》卷上记载，汉武帝时期丞相府的属吏有 362 人，其中中史 20 人，少史 80 人，属 100 人，属吏 162 人，规定的府员人数众多。张家山汉简《二年律令·秩律》规定："御史，丞相、相国长史，秩各千石"；"丞相长史正、监，卫将军长史，秩各八百石"。[4] 丞相、相国的属官有长史和长史正、监，后成为将军属官，相当于丞相的秘书长，协助丞相处理全国政务，"众史之长"，"职无不监"，[5] 无疑是丞相府的行政总管和得力助手。秦汉出土简牍文书中有丞相史的记载，例如："地节二年六月辛卯朔丁巳，肩水候房谓候长光：官以姑臧所移卒被兵本籍，为

〔1〕《悬简》，第 38 页。

〔2〕〔汉〕司马迁：《史记》，北京：中华书局，1959 年，第 2111 页。以下只标注本书页码或卷数篇目。

〔3〕〔清〕王先谦补注：《汉书补注》（上册）卷一下《帝纪第一下》，北京：书目文献出版社，1995 年，第 28 页。

〔4〕《张简》，第 69、70 页。

〔5〕〔元〕马端临：《文献通考》卷四十九《职官三》，北京：中华书局，1986 年，第 452 页。

行边兵丞相史王卿治卒被兵。以校阅亭隧卒被兵，皆多冒乱不相应，或易处不如本籍。今写所治亭别被兵籍并编。移书到，光以籍阅具卒兵，兵即不应籍，更实定此籍，各实弩力石射步数，令可知。"（7·7A）〔1〕 这是中央丞相府派丞相史到边疆检查边防军务的文书。

（2）御史府属官

《二年律令》中有"御史丞或御史长史（千石）"。传世文献记载有二丞，一是中丞，"受公卿奏事，举劾按章"，二是御史丞。设置不同的御史，诸如府玺御史、治书御史、监军御史等分别监察不同的行政工作。睡虎地秦墓竹简《秦律十八种》有"岁雠辟律于御史"（《尉杂》）。〔2〕 里耶秦简"御史问直络裙程书"中记载，"御史丞去疾：丞相令曰举事可为恒程者□上帬（裙）直"（8-153、8-159、8-155、8-152），〔3〕 都说明御史主管法律制度，负责政务执行的监察工作。传世文献《汉旧仪》卷上云："御史，员四十五人，皆六百石，其十五人衣绛，给事殿中，为侍御史，宿庐在石渠门外。二人尚玺，〔四人〕持书给事，〔三〕人侍〔前〕，中丞一人领，余三十人留寺，理百官事也，皆冠法官。"〔4〕 张家山汉简《奏谳书》案例十八"复狱"就是记载一起秦王政二十七年（公元前220年）二月十七日御史府下达到南郡府，要求复审攸县令庫等犯人错案的命令。〔5〕 由此可知，御史的分工很广泛，可以说其主管监察的行政事务比较繁杂，地位也比较低，秩禄仅六百石；但御史在皇帝身边办事，都是皇帝的亲信，代表皇权监察百官，监督司法审判工作。

（二）九卿：按职能划分的行政办事机构

九卿为中央三公府之下负责具体政务的办事机关，主要有太常、少府、光禄勋、卫尉、太仆、廷尉、大鸿胪、宗正、大司农，分别拥有郊庙社稷、皇室服务、宾客外交、宫廷禁卫、皇帝交通、司法审判、礼仪制度、皇族宗室、财政经济等各项行政事务的处理权。上述众多的行政办事机构和部

---

〔1〕《合校》，第11页。

〔2〕《睡简》，第64页。

〔3〕 陈伟主编：《里耶秦简牍校释》（第一卷），武汉：武汉大学出版社，2012年，第93页。下文简称"《里简》"。

〔4〕〔汉〕卫宏：《汉旧仪》，〔清〕孙星衍等辑，周天游点校：《汉官六种》，北京：中华书局，1990年，第32页。

〔5〕《张简》，第103—105页。

门在传世文献《汉书·百官公卿表》《后汉书·百官志》《汉官仪》等都有简单记载，在简牍出土文献资料中记载很少，主要依据《二年律令·秩律》，现择要述之如下。

1. 廷尉

廷尉是全国最高司法审判行政机关，据《二年律令·秩律》载，设置廷尉（二千石）为长官，廷尉丞（六百石）为副长官，负责国君指定办理的案件和处理地方司法机关依审判程序移送来的疑难案件。

《秦律十八种》中《尉杂》律："岁雠辟律于御史。"[1]"尉"就是指廷尉，拥有最终司法判决权。《尉杂》是关于廷尉职务的各种法律规定，要求有关官署每年都要到御史府校对刑律。

《二年律令·置吏律》规定："受（授）爵及除人关于尉。都官自尉、内史以下毋治狱，狱无轻重关于正；郡关其守。"注释说，两个"尉"，"疑指廷尉"。[2] 凡是拜爵和任命官吏都要报告廷尉，廷尉对人事组织工作还有监督权。中央职能部门的长官只有廷尉和内史（治粟内史）有判决刑狱的权力，凡是有狱案都要移交廷尉的属官廷尉正判决。

张家山汉简《奏谳书》，郡级政府判决的疑难案件都要上报中央廷尉最终判决。《居延新简》有"德妻疑德廛罪，神爵二年十一月丁卯，廷尉定国有□"（E.P.T 2: 14），[3] 这是举书的抄件，"德"应该是中央和边疆大吏，"廛罪"即有罪，由廷尉直接受理。

2. 内史

从秦汉简牍资料看，秦汉时期的内史是从周时国君秘书性质的职官演变为掌管全国财务行政的中央行政办事机构。《二年律令·秩律》设置内史为长官，秩二千石。云梦秦简中《厩苑律》《仓律》《金布律》《均工》《效律》《内史杂》《法律答问》都涉及中央内史机构。秦及汉初的内史除了掌治京师，还负责全国的农田管理和财务行政管理工作。而"治粟内史"，后更名"大司农"，在当时可能仅负责掌管谷物，监管农田方面的事务。简牍有记载大司农及其属官管理农田事务、调拨国有财物的文书："七月癸亥，宗正丹、郡司空、大司农丞，［承］书从事，下当用者。以道次

---

[1]《睡简》，第64页。
[2]《张简》，第37页。
[3]《新简》，第3页。

传，别书相报，不报者，重追之。书到言。"（E.P.T 50:48）[1] "守大司农光禄大夫臣调昧死言：守受簿丞庆，前以请诏使护军屯食，守部丞武☒以东至西河郡十一、农都尉官二，调物钱谷漕转粜，为民困乏，愿调有余给不☒。"（214·33A）[2] "□司农五官丞□。"（131·21）[3] 这里的"大司农丞""守大司农""农都尉官""司农五官丞"都是大司农的官吏。所以内史不应该是"治粟内史"的省称，而是管理全国农田事务和财务行政方面的中央高级官员。

（1）内史的主要职能

一是全国禾稼、刍稿数额等粮谷收支账目要申报内史。

全国地方政府收缴的田赋谷物饲草，都要立即登记造册，上报内史，以便于内史掌握全国田赋所入数额。凡谷物收获的年份、种类都要在账目详细列出。官吏年终上计时要把仓库出纳账目上报中央内史。睡虎地秦墓竹简《秦律十八种·仓律》记载："入禾稼、刍稿，辄为廥籍，上内史。刍稿各万石一积，咸阳二万一积，其出入、增积及效如禾。"[4] 就是规定，全国地方政府收缴的田赋谷物饲草，都要立即登记造册，建立账簿，上报内史。《仓律》规定，地方政府还要把粮食"已获上数"、使用的分配计划，如多少用来酿酒、多少用来招待客人，"到十月牒书数，上内（史）"，就是在十月以前以书面的形式报告给中央内史。《效》规定，"至计而上廥籍内史"，[5] 就是仓库收支账簿、会计核算与实物盘点的报告于年终要与计簿一起上报内史，以便于内史掌握全国田赋的收支数额。

张家山汉简《二年律令·田律》记载，"官各以二尺牒疏书一岁马、牛它物用稿数，余见刍稿数，上内史"，[6] 就是地方主管部门的官吏将统计出来的一年内所辖马牛等牲畜所用刍稿数额和剩余刍稿数额上报中央财政部门内史。《二年律令·置吏律》规定，"其受恒秩气稟，及求财用年输，郡关其守，中关内史"，[7] 就是说县道官的计簿、财务收支定额、需

---

[1] 《新简》，第155页。

[2] 《合校》，第337页。

[3] 《合校》，第215页。

[4] 《睡简》，第27页。

[5] 《睡简》，第95页。

[6] 《张简》，第44页。

[7] 《张简》，第37页。

求用度预算和上交数额都要上报给郡和中央财务部门内史。

二是调配和监督全国各官署的财物收支。

睡虎地秦墓竹简《金布律》规定，"县、都官以七月粪公器不可缮者"，就是每年地方政府对官有器物要核效，对坏的每年要修缮，不可用的要销毁，但都必须上交中央国库"大内"，"其金及铁器入以为铜。都官输大内"，还要及时向内史请示报告，"求先买（卖），以书时谒其状内史"，[1] 全国各官署要把不能使用的公物（处理）和需要补充的财务（预算）上报内史。睡虎地秦墓竹简《内史杂》规定，"都官岁上出器求补者数，上会九月内史"，[2] 要求地方各官府在一年的九月把需要补充公用器物的预算报告内史。

（2）内史所辖主要机构

大内是内史下设的主管全国金钱物资之官，为治粟内史属官。《秦律十八种·金布律》规定："其金及铁器入以为铜。都官输大内，内受买（卖）之"，"以书时谒其状内史"。[3] 这就是说都官上缴国库的不能用的金属器物不但上报内史，还要上报中央物资管理机构大内。《秦律十八种·金布律》："已禀衣，有余褐十以上，输大内，与计偕。"[4] 就是供应国家工作人员的衣服有剩余的，要与"计"账一起上报大内。太仓是内史下设管理全国粮仓的机构，为治粟内史属官。据张家山汉简《二年律令·秩律》，设太仓治粟（八百石）为长官，太仓的丞、尉（四百石）为副长官。《秦律十八种·厩苑律》规定："内史课县，大（太）仓课都官及受服者。"[5] 太仓考核都官的仓库粮食收支情况。《秦律十八种·仓律》："县上食者籍及它费大（太）仓，与计偕。都官以计时雠食者籍。"[6] 各县领取口粮的名册和领取其他费用的账簿都要在年终上计时报告太仓。

3. 司空

司空这个机构，周代就有，但《汉书》卷十九上《百官公卿表第七上》没有记载，只在宗正下设"都司空令丞"，如淳注之曰："律：司空主

---

〔1〕《睡简》，第 40 页。

〔2〕《睡简》，第 62 页。

〔3〕《睡简》，第 40 页。

〔4〕《睡简》，第 41 页。

〔5〕《睡简》，第 24 页。

〔6〕《睡简》，第 28 页。

水及罪人。"[1] 根据简牍资料，秦简中有《司空律》，中央司空，又称邦司空，《二年律令·秩律》只在中央少府设有秩级为六百石和三百石的"官司空"一职，里耶秦简律令文书中最常见的是"县司空"。司空主管土木工程，主要是修筑城垣，监督地方郡县修筑的工程质量。司空所用的劳动力主要是刑徒，还有徭夫、戍卒，所以主管刑徒、徭夫和戍卒，征发、调遣刑徒、徭夫和戍卒修筑土木和水利工程。

《秦律十八种·徭律》规定，司空负责征发徭役修建土木工程，工程所用劳动力是由司空和匠人一起估算出来的，估算不真实要以"不察"论罪。若工程质量出现问题，如城墙一年内倒塌、损坏，司空及主持工程的官吏都要负责任。[2] 睡虎地秦简《秦律杂抄》："非吏殴（也），戍二岁；徒食、敦（屯）长、仆射弗告，赀戍一岁；令、尉、士吏弗得，赀一甲。军人买（卖）廪所及过县，赀戍二岁；同车食、敦（屯）长、仆射弗告，戍一岁；县司空、司空佐史、士吏将者弗得，赀一甲；邦司空一盾。军人廪所、所过县百姓买其廪，赀二甲，入粟公；吏部弗得，及令、丞赀各一甲。廪卒兵，不完善（缮），丞、库啬夫、吏赀二甲，法（废）。"[3] 这条应该属屯戍律，规定征发到边防屯戍的戍卒的管理者为司空，若屯戍时间不及时上报，县司空、邦司空都要连坐。《秦律杂抄》还规定，县司空只能使用戍卒从事与防务有关的劳动，否则要受惩罚。[4] 司空还负责劳动工具的管理、保存、修缮、借出等，保管不善，一并负有连带责任。司空的属官主要有工师，为主管手工作坊质量的管理机构，同时负责传授技能，监管、考核产品质量。《秦律杂抄》规定，工师按上级下达的生产计划生产产品，如果不是本年度应生产的产品，又没有朝廷的命书要求生产这一产品，官员却擅自下令制作，工师和丞各罚二甲。[5]

4. 奉常

奉常，后改为太常，主要职掌宗庙朝廷的祭祀礼仪、陵邑的行政及全国的教育文化。《二年律令·秩律》中设奉常即太常为长官，秩二千石，

---

[1]《汉书》，第731页。
[2]《睡简》，第47页。
[3]《睡简》，第82页。
[4]《睡简》，第90页。
[5]《睡简》，第83—84页。

太常丞为副长官，秩一千石。下设很多附属机构，都有独立的职掌，设令为长官，丞、尉为副长官。属官主要有：（1）长陵令（八百石）；（2）长陵丞、尉（四百石）；（3）安陵，太卜，太史，太祝，都水，祠祀，太宰令（六百石）；（4）安陵、太卜、太史、太祝、都水、祠祀、太宰的丞、尉（三百石）；（5）太医，祝长，黄乡长，万年邑长（三百石）；（6）太医、祝长、黄乡长、万年邑长的丞、尉（二百石）。简文中有御史大夫吉昧死言："丞相相上大常昌书言，大史丞定言：元康五年五月二日壬子日夏至，宜寝兵，大官抒井，更水火，进鸣鸡。谒以闻，布当用者。臣谨案：比原泉御者、水衡抒大官御井，中二千石、二千石令官各抒别火。"（10·27）[1]这是御史大夫上奏汉宣帝请求批准礼仪制度，由太常提出议案，说明太常主管全国的礼仪制度。

5. 郎中令

郎中令，后改光禄勋，主要职掌有三：一是掌宫殿掖门户；二是统帅三署郎，保卫天子；三是侍从天子，参与谋议。《二年律令·秩律》中设汉郎中，即郎中令为长官，秩二千石。属官有：（1）郎中司马，秩千石；（2）郎中司马丞，秩四百石。简牍有"臣请免其所荐用在宫司马殿中者光禄勋卫"的记载。（E.P.T 65: 301）[2]

6. 卫尉

卫尉，职掌"宫门卫屯兵"，就是皇宫禁卫兵司令。《二年律令·秩律》中设卫尉为长官，秩二千石，卫尉丞（六百石）为副长官。属官有：（1）卫尉司马（千石），（2）卫尉司马丞（四百石），（3）公车司马令（八百石），（4）公车司马丞、尉（四百石），（5）卫尉候（六百石），（6）卫尉候丞（二百石），（7）卫尉士吏（一百二十石）。

7. 太仆

太仆，"掌舆马"，主管天子出行仪仗队和军国之用的马政。《二年律令·秩律》中设太仆为长官，秩二千石。下属机构均设令为长官，丞、尉为副长官。属官主要有：（1）中太仆（千石），（2）中太仆丞、尉（五百石），（3）未央厩（八百石），（4）未央厩丞、尉（四百石），（5）家马、右厩、寺车府（六百石），（6）家马、右厩、寺车府的丞、尉（三百石）。

---

[1]《合校》，第16页。

[2]《新简》，第439页。

8. 典客

典客，后改为大鸿胪，"掌诸侯归义蛮夷"，即掌管边疆少数民族事务和诸王列侯朝聘之礼。《二年律令·秩律》中设典客为长官，秩二千石。下设有：（1）大行走士（六百石），（2）大行走士丞、尉（三百石）。

9. 宗正

宗正，掌皇族事务。《二年律令·秩律》中宗正下设有：李公主家丞、申徒公主家丞、荣公主家丞、傅公主家丞（三百石）。

10. 少府

少府主管山海池泽的税收，以供皇室所需财物，是皇室的财政总管。《二年律令·秩律》中设少府令为长官，秩二千石。其下属机构众多，分别设令为长官，丞、尉为副长官。主要属吏有：（1）外乐（八百石），（2）外乐丞、尉（四百石），（3）宦者、中谒者、太官、寺工、右工室、都水、御府、御府监、云梦、大匠、官司空、居室、西织、东织、内者、永巷、乐府、内官、上林骑（六百石），（4）宦者、中谒者、太官、寺工、右工室、都水、御府、御府监、云梦、大匠、官司空、居室、西织、东织、内者、永巷、乐府、内官、上林骑的丞、尉（三百石），（5）太医（三百石），（6）太医丞（二百石），（7）未央宦者、宦者监、仆射、未央永巷、永巷监、永巷、未央食官、食监，在三百石之后，阙简，不知秩级。少府机构庞大，吏员众多，传世文献记载有十六官令丞，其中掌文书的尚书，后来发展为尚书台，成为中央主管全国行政的中枢。

11. 中尉

中尉，后更名为执金吾，"掌徼巡京师"，率禁兵保卫京城和宫城的官员，相当于京城卫戍区司令，其所属兵卒也称为北军。《二年律令·秩律》中设中尉为长官，秩二千石，中尉丞（六百石）为副长官。下设有：（1）武库（六百石），（2）武库丞、尉（三百石），（3）中候、骑千人（六百石），（4）中候、骑千人丞（二百石），（5）中司马、骑司马、中轻车司马，阙简，秩级不详。简牍有记载执金吾的文书有："诏所名捕平陵长蘁里男子杜光，字长孙，故南阳杜衍☑……多□，黑色，肥大头，少发，年可卅七八，□□□□五寸□□□杨伯初亡时，驾騩牡马，乘阑辇车，黄车茵，张白车蓬，骑騩牡马，因坐役使流亡□户百廿三，擅置田监史不法不道，丞相、御史□、执金吾家属，所二千石奉捕。"（183·13）[1] 这是命令执金吾逮捕犯人的文书。

12. 将作少府

将作少府，职掌宫室、宗庙、陵寝等的土木营建，秩二千石。《二年律令·秩律》中将作少府下设有：（1）大匠、东园主章（六百石），（2）大匠、东园主章的丞、尉（三百石）。

13. 詹事

詹事，"掌皇太后宫"，是后宫总管。《二年律令·秩律》中设长信詹事（二千石）为长官，所属官吏有：（1）长信将行、长信谒者令（千石），（2）长信将行、长信谒者令的丞、尉（五百石）。下设有：（1）中厩（八百石），（2）中厩丞、尉（四百石），（3）私府监、长信掌衣、长信詹事丞、长信祠祀、长信仓、长秋中谒者、长信尚浴、长信谒者、祠祀、长信私官、长信永巷、永巷詹事丞、詹事将行、长秋谒者令（六百石），（4）私府监、长信掌衣、长信祠祀、长信仓、长秋中谒者、长信尚浴、长信谒者、祠祀、长信私官、长信永巷、詹事将行、长秋谒者令的丞、尉（三百石），（5）詹事私府长（五百石），（6）詹事私府丞（三百石），（7）长信宦者中监、长信永巷、长信詹事私官长、詹事祠祀长、詹事厩长，在三百石之后，阙简，不知秩级。

14. 将行

将行，掌皇后宫中事务。汉景帝时改为大长秋。颜师古注引应劭曰："皇后卿也。"《二年律令·秩律》中将行下属有：（1）长秋中谒者、长秋谒者令（六百石），（2）长秋中谒者、长秋谒者令的丞、尉（三百石）。

15. 车骑尉

车骑尉，即车骑都尉，典京师兵卫，掌宫卫，是战车部队的统帅。《二年律令·秩律》中设有车骑尉（二千石）为长官，车骑尉丞（六百石）为副长官。

16. 汉中大夫令

秦光禄勋属官有中大夫，汉武帝太初元年（公元前104年）改名光禄大夫，掌论议。《二年律令·秩律》中设汉中大夫令（二千石）为长官，多由武人担任，有临时奉命领兵的职能，下属若干中大夫。

---

[1] 《合校》，第294页。

17. 卫将军

卫将军，总领京城各军，是防卫部队的统帅，后与骠骑将军、车骑将军皆开府（即设将军府），置官属，掌握禁兵，预闻政务。《二年律令·秩律》中设卫将军（二千石）为长官，卫将军长史（八百石）为副长官。下属有：（1）卫将军候（六百石），（2）卫将军候丞（二百石），（3）卫将军士吏（一百石）。

18. 不明机构

《二年律令·秩律》中设置机构不明的中央职官有：（1）中傅（千石）及其丞、尉（五百石），（2）中发弩、枸（勾）指发弩、中司空、轻车（八百石）及其丞（三百石），（3）未央走士、诏事（六百石）及其丞、尉（三百石），（4）卒长（五百石），（5）它都官长（三百石）及其丞、尉（二百石），（6）六百石官的卫官、校长（百六十石），（7）☒室仆射、室仆射太官、未央食官、食监、长信 食 ☒宦三、杨关、月氏、 关 中 司马 □□ 关 司 ☒（阙简，秩级不详），（8）□都官之稗官及马苑有乘车者（百六十石）、有秩毋乘车者（百廿石）。

二、地方行政机关与机构设置

地方行政机关是按地域划分的，分郡、县二级政府，郡设守、尉、监，县设令、尉、监，行政、军事、监察三权分立，各有属吏。基层政权有乡、里、什伍，组成遍及全国各地的行政统治网络。

（一）州

州是中央派出地方的监察机构，不是一级地方行政机构。汉武帝分全国为十三部（州），各置部刺史一人，后通称"刺史"，总隶于御史中丞。刺史巡行郡县，以"六条"问事。《汉官典职仪》概括为"省察治状，黜陟能否，断治冤狱"，对地方政事，实无所不包。刺史秩六百石，所察之对象则为二千石之太守。州的职能主要是通过巡视制度，对所属部中郡县发布文书，指导和监督地方郡县行政工作。但是西汉后期以后，州拥有了转发文书的行政权力，原直下郡国的文书要经过州中转，这是州由单纯的监察机构向行政机构转化的标志。秦汉简牍中州转发文书的实例较多，如"凉州刺史柳使下部郡太守、属国农都尉"（E.P.T 54：5），[1] "大司空罪

---

[1] 《合校》，第301页。

别之州牧，各下所部如诏书"（E.P.F 22: 67）；[1]"凉州刺史超使告部汉阳从史忠等移郡国、太守、都尉"（《甘肃甘谷汉简》第47），都是刺史向所"部"即管辖区域内郡及政府发布中央的文书，"如诏书""如宗正府书律令"就是按照命令和律令处理政务，要求"明察吏"，"严教官属，谨以文理遇百姓，务称明诏厚恩"。[2]简牍中也有州独立下发而非转发的文书，如"□以来刺史书"（E.P.T 50: 182B），[3]应当即刺史所下之文书。简牍所见有州刺史上呈中央的文书，如"□九月刺史奏事簿录"（E.P.T 51: 418B），[4]这可能是刺史岁终向中央奏事的文书。

（二）郡级政府：侯国、都尉府

郡是地方最高一级行政机构，在秦是先设县后设郡，秦统一以后郡才普遍设置。《汉书·百官公卿表》记载："郡守，秦官，掌治其郡，秩二千石。有丞，边郡又有长史，掌兵马，秩皆六百石。"[5]郡设置郡守（秩级二千石）为长官，代表地方郡级政府，负责一郡的政务，成为中央和地方联系的枢纽，对上向中央请示与报告一郡政务的情况，对下向地方传达中央的政令并发布决策指令，对县级政府政令的执行情况进行指导和监督。

1. 郡级政府的职能

郡级政府对上执行中央的政令，对下监督地方县的行政工作。《后汉书》志第二十八《百官五》记载："凡郡国皆掌治民，进贤劝功，决讼检奸。"[6]据张家山汉简《二年律令》记载，郡的职能齐备，主要是管理辖区民政、财政、经济、干部人事、司法治安、交通、文化教育等各方面的行政事务。下面就简牍所见资料择要分述。

一是行使司法职能。郡级政府拥有司法审判的职权。对已经判决的案件要求重审，请求重审者要向县道官上状辞，县道官上报二千石官，经二千石官审核，"书其气（乞）鞫，上狱属所二千石官，二千石官令都吏覆

〔1〕《合校》，第482页。

〔2〕李均明、何双全编：《秦汉魏晋出土文献散见简牍合辑》，北京：文物出版社，1990年，第8页。

〔3〕《新简》，第183页。

〔4〕《新简》，第207页。

〔5〕《汉书》，第742页。

〔6〕《后汉书》，第3621页。

之"(《具律》),[1] 然后上报中央丞相、御史批准重新审理断案。"县道官所治死罪及过失、戏而杀人，狱已具"，"上狱属所二千石官。二千石官令毋害都吏复案"(《兴律》),[2] 就是由二千石官和郡丞重新审理后，再指示县道官办案。"都官自尉、内史以下毋治狱，狱无轻重关于正；郡关其守。"(《置吏律》)[3] 就是都官自廷尉、内史以下不能审理案件，案件无论轻重都要上报廷尉正，郡要报告郡的长官郡守，强调郡守的司法职能。代理的令、长、丞若办理案件有失误，实际的令、长、丞不在职及病者都要负连坐责任，"唯谒属所二千石官者，乃勿令坐"(《具律》)，但只要报告郡守二千石官，就可以免除连坐之罪。张家山汉简《奏谳书》有"淮阳守行县掾新郪狱"，记载了淮阳太守对新郪县案件的重审过程。

二是管理财政经济职能。郡守负责组织管理全郡的农业、手工业生产，管理辖区内县道的财政收支。张家山汉简《二年律令》规定，县道官府对"租、质、户赋、园池入钱"(《金布律》)，就是因从事手工业、市场贸易以及收受租金与抵押的钱、户赋税、园池税等工商管理税钱，不得私自使用；"三月壹上见金、钱数二千石官"，就是每季度要给二千石官上报金钱数目，接受郡级政府的监督。秦汉计簿又称"集簿"，是地方县令长向郡国守相、郡国守相向中央汇报一岁所治理地区的赋税审定指标及实际征收与支出情况的书面汇总报告，其中的主要内容是地方政府管辖区域内的户口、垦田、钱谷等财务收支的会计账簿核算报告，是会计账簿的一种。《置吏律》规定，"县道官之计各关属所二千石官"，就是县道官的计簿必须上报郡守；"其受恒秩气禀，及求财用年输，郡关其守"，[4] 就是县道官每一年财政收入和行政费用支出、上缴财物数额的财政预算也要上报郡守。《行书律》规定："诸狱辟书五百里以上，及郡县官相付受财物当校计者书，皆以邮行。"[5] 这条律令是说，郡县上报财务收支的校簿、计簿要以邮驿送达。郡守负责辖区内征派赋役。《徭律》规定："兴□□□□为□□□□及发繇（徭）戍不以次，若擅兴车牛，及繇（徭）不当繇（徭）

---

[1] 《张简》，第 24 页。
[2] 《张简》，第 62 页。
[3] 《张简》，第 37 页。
[4] 《张简》，第 37 页。
[5] 《张简》，第 47 页。

使者，罚金各四两。都吏及令、丞时案不如律者论之，而岁上繇（徭）员及行繇（徭）数二千石官。"〔1〕这条律文是说，不按法定的顺序征发徭役、戍守边塞，或者擅自征发车牛，以及不让应该服徭役的人服徭役，要各判处罚金四两的处罚。郡级政府的监察官都吏及县令丞不按法律规定及时核查的要依法论处，每年要将应该服徭役的人数以及已实际服徭役的人数上报郡守二千石官。

三是管理干部人事职能。郡守有任免、使用和奖惩辖区内下级官吏的职权。张家山汉简《二年律令·具律》律文中提到，相国、御史及二千石所设置的试守官吏、代理官吏若缺少丞，则可以命令一名尉为试守丞，负责审判与结案定罪，说明除相国、御史外，郡守二千石官也有任免试守官吏、代理官吏、试守丞等下级官吏的职权。《传食律》是规定由驿站提供膳食和马匹草料等传食的法律条文，律文中提到，"诸二千石官使人，若遣吏、新为官及属尉、佐以上征若迁徙者"，就是二千石官派人出差，假使派遣官吏、新任官员以及附属尉佐以上或者迁徙者，均可提供传食，说明郡守二千石官有使用下级官吏的权力。《捕律》规定，"斩、捕、得、不得、所杀伤及臧（赃）物数属所二千石官"，就是县道官逮捕捉拿盗窃罪犯的数量和缴获赃物的数目都要上报郡守，作为奖惩官吏的依据，说明郡守拥有赏罚官吏的职权。《置吏律》规定，县道官"受（授）爵及除人关于尉"，就是说县道官授爵位和任用官吏要报告郡尉，说明郡尉也有一定的人事权。郡每年接受县的"上计"，考核县级官吏，尹湾汉简的《集簿》文书，就是东海郡的上计文书。《尹湾汉墓简牍》中的《东海郡下辖长吏名籍》《东海郡吏员簿》《东海郡下辖长吏不在署、未到官者名籍》《东海郡属吏设置簿》等名籍文书，充分反映了太守对全郡官吏的人事管理权。

四是管理社会治安职能。张家山汉简《二年律令·捕律》规定："发及斗杀人而不得，官啬夫、士吏、吏部主者，罚金各二两，尉、尉史各一两；而斩、捕、得、不得、所杀伤及臧（赃）物数属所二千石官，二千石官上丞相、御史。"〔2〕就是说，官吏捕杀盗贼，要将捕获和斩杀、没有捕获和没有捕杀、赃物数量等情况上报二千石官，说明郡守二千石官拥有治安赏罚权，监督地方社会治安情况。

---

〔1〕《张简》，第65页。
〔2〕《张简》，第29页。

2. 郡属官吏

据《汉书》卷十九上《百官公卿表》和《后汉书·百官志》记载，郡级机构吏员仅有郡守、郡丞、郡尉，以下吏员则完全失载。传世文献的汉律佚文也有一些郡府吏员配备的规定，如《史记》卷五十三《萧相国世家》索隐引如淳曰："律，郡卒史、书佐各十人。"[1] 又如，《史记》卷一百二十《汲郑列传》集解引如淳曰："律，太守、都尉、诸侯内史，史各一人，卒史、书佐各十人。"[2] 但尹湾汉简《东海郡吏员簿》记载的府属吏员人数，太守府为"太守一人，丞一人，卒史九人，属五人，书佐十人，啬夫一人，凡廿七人"；都尉府为"都尉一人，丞一人，卒史二人，属三人，书佐五人，凡十二人"。[3] 与汉律相比，府属吏员数基本相当，都尉府属吏员数相差则较大。《二年律令·秩律》中记载，郡设有郡守（二千石）为长官，二千石官代表地方郡级政府。下属官吏有郡司马、备盗贼（阙简，秩级不详）、郡尉（二千石）、郡尉丞（六百石）。而郡候、骑千人（六百石），郡候、骑千人丞（二百石），郡发弩、司空、轻车（八百石），郡发弩、司空、轻车丞（三百石），郡司马、骑司马（阙简，秩级不详）等郡属吏，都不见于传世文献。简牍所见汉初朝廷任命的郡属官吏，比传世文献记载多出很多。

（1）郡丞

郡丞，郡的第二把手，主管审判案件，签发行政文书，与郡守共同负责政务。秦郡置守、尉、监，没有郡丞。汉郡府设有丞，边郡称为长史。而里耶秦简有"尉曹书二封，丞印"［J1(16)3］之文，[4] 这二封署丞印发往县邑的文书，似可补秦郡丞记载之缺。张家山汉简《奏谳书》高祖七年条中有"南郡守强、守丞吉"，尹湾汉简中有东海郡太守丞一人，《居延新简》中有"张掖太守良，长史威，丞宏"（E.P.T 52∶99），[5] 说明秦汉郡都设有丞，与郡守共同负责郡级行政管理。

---

〔1〕《史记》，第 2014 页。

〔2〕《史记》，第 3105 页。

〔3〕《尹简》，第 77 页。

〔4〕王焕林：《里耶秦简校诂》，北京：中国文联出版公司，2007 年，第 118 页。下文简称"《校诂》"，只注简号、页码。

〔5〕《新简》，第 234 页。

（2）郡司马

司马是郡太守属下的中级军官，主要负责领兵。郡置郡兵，以司马为军官，若郡兵为骑兵，则郡司马称郡骑司马。传世文献有少量相关记载，简牍中则有关于郡司马的大量记载，里耶秦简有"嘉手。以洞庭司马印行事"［J1(9)8 背］，《二年律令·秩律》中记载有"郡司马"，郡司马的地位低于郡尉。

（3）郡尉

郡尉，原称"尉"，景帝二年（公元前 155 年）改，又称"郡都尉"，也称"部都尉"，简牍中常称"都尉府"，是地方郡级政府的最高军事长官，主要职责是维护社会治安和边防安全。郡级政府实行行政、军队、司法监察三权分立。《汉书》卷十九上《百官公卿表》记载，秦汉均置郡尉，"掌佐守、典武职甲卒"。简牍所见秦郡尉简称"尉"，里耶秦简有"尉"［J1(9)1 正、J1(9)1 背］、"洞庭尉"、"叚（假）尉"，还有"尉曹"［J1(16)3］的记载，与《后汉书》中所记尉曹的职能相合。张家山汉简有"郡尉"，居延汉简则称"都尉"。

都尉的属吏有丞、千人、司马。都尉丞：《汉书》卷十九上《百官公卿表》说，都尉有丞，秩六百石。都尉广泛见于居延汉简和尹湾汉简等汉简中，常与其丞并列签署公文，可见都尉丞是佐助都尉处理日常军务之官。都尉的属官还有千人、司马，是都尉所统领军队中的武官，主要负责领兵，率领军队屯驻地方要津，有丞和令史等属吏。

都尉的下属机构是候望系统。障塞候：都尉把自己的辖区划分为几个候望地段，一般驻守在障中，称"障候""塞候"，又称为"候官"，相当于县级政府。除边塞外，候官在中央和内地应该也有设置。候官的首长称作"候"，相当于县令长，主要管理边塞，负责边防安全，不治理民政。候丞是候的副职，佐助候处理日常政务，尉助丞处理军务。候有掾、士吏、令史等属吏。令史是主管文书的小吏，掾可能是令史的长官，士吏为派驻到下级负责监督各部工作的官吏，与部候长级别相同。塞候属吏有塞尉，负责治安，塞尉属下管签署文书的官吏还有尉史。部候：候和塞尉分别统管几个部，称为部候。部的长官叫候长，主要职能是管理所部各燧，对所部各燧有实际的领导权力，拥有公乘爵位的候长者占绝大多数，秩比二百石，月俸钱一千二百，相当于乡级政府，东汉简中有时也称之为"有秩候长"。候长可以代行塞尉之职。在部中由候或塞尉派驻来的士吏，是督察该部执行蓬火制度情况的，与候长地位相等。候长属吏有候史，为部的副长官，月俸六百钱，大约也是文书小吏。候史不一定与候长一起驻在各部治所，很多时候是驻在所属某燧，主理一燧或数燧事务；在候长空缺或休假不在署时，则由候史代理其职。候史职责主要是协助候长处理部内事务，包括起草部内各种文书、记录日迹、循行、检查守御器和监督管理吏卒等。据《居延新简》"候史广德坐罪行罚檄"（E.P.T 57: 108A）记载，候史广德因未能循行部内、对下属进行检查督促而被都吏弹劾，被杖责五十。[1]候史则是部候文书的起草者，实际上是候长的秘书，但是候史与候长之间并不是一般的属吏与主官的关系，在上级部候下发的指令文书中候长与候史往往并列，共同对边防安全负责。例如，"尉、士吏、候长、候史惊（警）戒、便兵"（206·26），[2]"殄北、甲〔渠〕候长缥、未央候史包、燧长畸等……各循行部界中"（278·7A、B），[3]"士吏、候长、候史循行"（159·17，283·46），[4]虽然内容不尽相同，但均将候长与候史同时并列，显示出候史对候长的监督制约作用。燧：各部的大小不同，每部候长统辖数所燧，又可以称坞，所领士卒少则十几人，多则几十人。燧的头领叫燧长，又可称坞长，地位与内地的亭长相当，月俸六百钱，身份仍具有庶民性质，属于吏的身份，不同于普通戍卒。燧名前多冠以候官之名。燧长的下属有燧史、助吏、伍百。燧史和文字工作有关。助吏职掌不详，或许是燧长的副职。伍百又称五伯，为五人之长，因为古代士兵五人共一户灶，故又称户伯、火伯。燧长只不过是一个边防经验比较丰富、有一定文化水平和办事能力的役吏而已。各燧情况由部（候长）汇总，定期向上汇报。

（4）郡都吏与督邮

郡都吏与督邮都是郡级政府的监察官。都吏，《史记》和《后汉书》都没有提到，在《汉书》中也仅一见，卷四《文帝纪》云："两千石遣都吏循行，不称者督之。"如淳曰："律说：都吏，今督邮是也，闲惠晓事，即为文无害都吏。"[5]简牍中保存有都吏的大量记载。据张家山汉简《二

---

[1] 《新简》，第345页。
[2] 《合校》，第321页。
[3] 《合校》，第468页。
[4] 《合校》，第262页。
[5] 《汉书》，第113页。

年律令·兴律》规定，对县道官审理过的死罪及因过失、戏而杀人案件，"二千石官令毋害都吏复案"，就是郡守要派监察官都吏进行再次审理。《具律》规定，对县道官上报"气（乞）鞫者"，"二千石官令都吏覆之"，就是郡守派遣都吏对要求重审的案件进行再次审理，这两条律文都是郡都吏对司法审判工作的监督检查，并没有参与案件的判决。《效律》规定，郡所属县长吏出现免、徙等情况时，"二千石官遣都吏效代者"，就是郡守命都吏前往该属县核查物资，向新任长吏交代，这是对离任的审计监督。因此，都吏是二千石长官随时因事派遣出去检查核实行政工作、行使监督监察功能的郡府属吏。汉简里有关都吏巡行的记载较多。例如，"且遣郡吏循行，问吏卒凡知令者，案论尉丞、令丞以下毋忽，如律令"（1365）；[1]"且遣都吏循行廉察"（10·40）；[2]"都吏当行塞"（E.P.T 52: 384）。[3]郡守派遣专职的都吏不定期循行属县，能够有效监督属县对律令的执行情况，更能收到良好的监察效果。在西汉一代，都吏都是存在的，但未见到有关督邮的记载，而进入东汉再也找不到都吏的影子，取而代之的是督邮。《后汉书》志第二十八《百官五》郡守条注云"其监属县，有五部督邮"，督邮的职能是在郡辖区内分部监察属县官吏。[4]

　　3. 郡属机构

　　简牍为研究秦汉郡府、都尉府属吏提供了行政法方面的新材料。

　　郡诸曹。传世文献中并未见秦代的功曹及曹的记载，汉代郡守、尉府"皆置诸曹掾史"，"诸曹"是汉代行政组织机构的泛称。《云梦秦简·语书》载："发书，移书曹，曹莫受，以告府，府令曹画之。其画最多者，当居曹奏令、丞，令、丞以为不直，志千里使有籍书之，以为恶吏。"[5]这说明郡府的文书是由诸曹处理的。里耶秦简载："卅四年十月以尽四月吏曹以事筭。"[J1(9)982][6]说明秦代郡县行政机构中已经设曹。郡政府分曹

〔1〕　吴礽骧等释校：《敦煌汉简释文》，兰州：甘肃人民出版社，1991年，第142页。以下简称"《敦简》"，只注页码或编号。

〔2〕　《合校》，第18页。

〔3〕　《新简》，第254页。

〔4〕　参看姜维公：《汉代郡域监察体制研究》，《社会科学辑刊》，2007年第6期。他认为，汉代郡域监察长官督邮是由汉初的都吏发展而来的。

〔5〕　《睡简》，第15页。

〔6〕　《校诂》，第118页。

处理政事，诸曹是郡下设的职能部门，包括功曹、五官掾、都吏、督邮掾、主簿、记室等 18 种。严耕望在《中国地方行政制度史：秦汉地方行政制度》一书的"郡府组织"和"县廷组织"篇章中，广泛收罗文献及部分金石、简帛资料，对两汉郡国属吏有详细的论述，最后得出结论："是汉代官司分职多以曹为名也。"[1] 尹湾汉墓出土的西汉东海郡《集簿》《东海郡吏员簿》表明，东海郡郡级机构吏员为太守、都尉、丞、卒史、属、书佐、啬夫。丞以上为长吏，卒史以下为少吏。其中卒史与属秩百石，书佐、啬夫不及百石。郡太守府和都尉府中均设有"用算佐"，不见以往任何记载。陈梦家依据居延汉简，结合碑刻、文献等材料，认为二府属吏有"阁下"与"诸曹"两大系统，阁下（办公室）包括掾、史、属、守属、卒史、令史、啬夫、佐等 27 种属吏。

郡小府啬夫。尹湾汉墓《集簿》和《东海郡吏员簿》中，太守府设有小府啬夫一人，说明西汉的郡太守有属于自己的独立财政系统，小府的生产资料营运与管理当由小府啬夫负责，这弥补了传世文献史料记载的缺失。

郡司空。郡司空主管土木工程，主要是修筑城垣，监督县修筑的工程质量。《二年律令·秩律》中记载其下属官吏有：（1）郡发弩、司空、轻车（八百石），（2）郡发弩、司空、轻车丞（三百石）。司空的级别不低，应该是县级，属于郡直管的部门负责人。睡虎地秦简《秦律杂抄》中就出现了大量的司空，涉及"邦司空"和"县司空"两级，县司空隶属于邦司空，邦司空应该是郡司空而非国司空。《里耶秦简牍校释》的作者就认为："邦司空应即郡司空。"[2] 宋杰先生也考证了秦确实设有郡司空，由此得出结论，司空是秦汉郡县政府的组成机构，秦汉律中的邦司空是指郡司空，对县司空具有一定的管辖权，也负有一定的连带责任。[3]

郡国特种官。郡国特种官是指盐官、铁官、工官、都水官。传世文献《后汉书》志第二十八《百官五》记载："本注曰：凡郡县出盐多者置盐官，主盐税。出铁多者置铁官，主鼓铸。有工多者置工官，主工税物。有

〔1〕 严耕望：《中国地方行政制度史：秦汉地方行政制度》，上海：上海古籍出版社，2007 年，第 117 页。

〔2〕 《里简》，第 224 页。

〔3〕 宋杰：《秦汉国家统治机构中的司空》，《历史研究》，2011 年第 4 期。

水池及鱼利多者置水官，主平水收渔税。在所诸县均差吏更给之。置吏随事，不具县员。"[1] 尹湾汉简记载东海郡有下邳、朐二铁官和伊卢盐官及北蒲、郁州盐官别治，并有完整的吏员设置情况。盐铁官吏的管理、考核由郡担任，其编制也在郡吏员总数之中。

4. 诸侯王国

诸侯王国是郡级行政机构。传世文献《后汉书》志第二十八《百官五》："皇子封王，其郡为国，每置傅一人，相一人，皆二千石。本注曰：傅主导王以善，礼如师，不臣也。相如太守。其长史，如郡丞。"[2] 汉初立诸王，王国设太傅、丞相、御史大夫及诸卿，皆秩二千石，百官皆如朝廷。中央只为王国置丞相，其御史大夫以下皆自置。诸侯王在封域内权力极大，财政经济自主，自己任命属吏，有与中央分庭抗礼之势。至景帝时平定吴、楚七国之乱，遂令诸王不得治民，令内史主治民，改丞相曰相，省御史大夫、廷尉、少府、宗正、博士官。武帝时期出台了左官律、附益法、阿党法等行政法规，限制诸侯王的权力，改汉内史、中尉、郎中令之名，而王国如故，员职皆为朝廷所署，不得自置。至成帝时省内史治民，更令相治民，太傅但曰傅，王国的相只等同于郡守。关于王国的简牍资料所见甚少。

（三）县级政府

秦汉县级政府是郡下管理一个县级行政区域事务的政府行政组织机构的总称，是中央政府、郡级政府与乡里政府联系的纽带，是秦汉整个国民经济和社会发展的基础行政区域，是地方基层行政运作中的一个重要环节。简牍所见县级政府包括四种类型：县、侯、邑、道。县就是县政府，侯就是诸侯国，列侯所食县为侯国，邑是公主所食汤沐地区，道是主管少数民族地区的县。县、邑、道设令、长为最高行政长官，有千石、四百石、三百石之不同级别，简文中又称"县啬夫"，或"大啬夫""啬夫"，法律赋予领导全县一切工作的权力，负责一县的行政、司法、经济等各方面的事务。设丞为令、长的辅佐，主要工作是签署文件、管理财务和审理案件。县级政务由令、丞共同完成，共同承担责任，是县、道的行政长官，简文中称为"县道官"，为县级政府的代称。

---

[1]《后汉书》，第 3625 页。

[2]《后汉书》，第 3627 页。

1. 县级政府的职能

传世文献《后汉书》志第二十八《百官五》记载："每县、邑、道，大者置令一人，千石；其次置长，四百石；小者置长，三百石；秩次亦如之。本注曰：皆掌治民，显善劝义，禁奸罚恶，理讼平贼，恤民时务，秋冬集课，上计于所属郡国。"[1] 由此可知，县级政府上承郡国，主要管理所辖区域的民政和治安等。据张家山汉简《二年律令》记载，县的职能齐备，主要是负责辖区民政、财政、经济、干部人事、司法治安、交通、文化教育等各方面的行政事务。下面就简牍所见资料分述之。

一是管理田宅户籍的职能。田宅户籍是征发赋税徭役的依据，简牍所见律令中规定了县级政府对田宅户籍的管理制度。《二年律令·户律》规定，"恒以八月令乡部啬夫、吏、令史相杂案户籍"，[2]"案户籍"就是核实、检查户籍，每年由县令史等官吏与乡里吏一起登记核查田宅户籍，这说明汉代户籍是由县与乡、里共同核查并建档保存。《二年律令·户律》规定："田宅当入县官而詑（诈）代其户者，令赎城旦，没入田宅。""诸不为户，有田宅，附令人名，及为人名田宅者，皆令以卒戍边二岁，没入田宅县官。"[3] 这说明田宅的授收是由县里负责。田宅簿籍也是由县里保管，《二年律令·户律》规定，"民宅园户籍、年细籍、田比地籍、田命籍、田租籍"等田宅户地租年籍券书等文书形成后，要加盖县令、丞、官啬夫的印章，统一保管，正本藏乡，副本藏于县廷或个人。户籍的迁徙职权在县而不在乡，各乡间的年籍移动需要通过县审批。里耶秦简中，都乡为了获取启陵乡所迁移来的十七户人的年籍而撰写的文书，就是通过迁陵县丞批转的。《户律》还明确规定，县级政府对乡里吏、吏主违反移徙田宅户籍律令者进行处罚：如果有迁徙变动户籍者，"辄移户及年籍爵细徙所，并封"，就是将其户籍以及年龄、籍贯、爵位等详细情况移文到所迁徙的地方，并一起用印封缄。若有"留弗移，移不并封，及实不徙数盈十日"等情况，经办官吏判处罚金四两，户口所在地的里正、里典知情不报，与之同罪。乡部啬夫、主管官吏以及核实户籍者没有发现，判处罚金一两。

二是征发租税徭役职能。简牍所见秦汉行政法规定县级政府对地租、

---

[1]《后汉书》，第 3622—3623 页。
[2]《张简》，第 54 页。
[3]《张简》，第 53 页。

户赋、工商税等租赋税实行定额征收，作为征收的法律依据。《二年律令·田律》规定："县道已垦（垦）田，上其数二千石官，以户数婴之，毋出五月望。"〔1〕这是规定地方政府每年要上报可耕田数目和户籍数目，以便核算上交租税定额。还规定每顷土地应缴纳刍稿税的数额。在睡虎地秦墓竹简《秦律十八种·田律》中就有规定："入顷刍稿，以其受田之数，无垦（垦）不垦（垦），顷入刍三石、稿二石。"〔2〕这是说秦朝刍稿税的征收是按照受田之数，每顷征收刍三石、稿二石。《二年律令·田律》规定："入顷刍稿，顷入刍三石；上郡地恶，顷入二石；稿皆二石。"这是说汉朝刍稿税的征收是按照实际耕田之数征收，每顷征收刍三石、稿二石。刍稿税除留足本县之用外，其余折算成钱上交国库，"令顷入五十五钱以当刍稿。刍一石当十五钱，稿一石当五钱"（《田律》）。《二年律令》规定户赋的数额，卿以下爵位（卿，爵位在左庶长以上），官吏级别即秩级比千石的低级官员要征收户赋，"五月户出赋十六钱，十月户出刍一石"，就是一年分两次按户缴纳赋钱，"足其县用，余以入顷刍律入钱"。（《田律》）"［卿］以上所自田户田，不租，不出顷刍稿"（《户律》），这是规定凡是卿以上的高官免除征收刍稿税。《秦律十八种·金布律》和《二年律令·金布律》都规定，县级政府征收矿产税。私人制作卤盐、井盐，县征税额是"官取一，主取五"。《金布律》还规定，县级政府对市租、质钱、户赋、园池入钱也要严格登记，不但将各项收入所得之钱存于缿中并加以封缄，"封以令、丞印而入"，还要造册作账，制成三联式契券，将其中券存于县廷。县对所没收的财物，"令狱史与官啬夫、吏杂封之，上其物数县廷"（《二年律令·收律》），就是由狱史、官啬夫及吏一起封存起来，将财物及登记财物数额的簿籍上缴县廷。县级政府征收商业租税，"市贩匿不自占租，坐所匿租臧（赃）为盗"（《二年律令·□市律》），就是商人如不以实申报营业数额，隐瞒上缴税额，要以坐赃为盗罪论处，县令、丞也要受到处罚。

　　县级以下地方基层政权的职能部门征收的租赋钱物和支出的账簿都要上报县级政府，县级政府负责国有财物的管理，设仓库保管，少内是集中保管货币和财物的机构。睡虎地秦简《秦律十八种》规定，"禾、刍稿彻

〔1〕《张简》，第 42 页。

〔2〕《睡简》，第 21 页。

（撒）木、荐，辄上石数县廷"（《田律》），[1] 就是说谷物和刍稿等国有财务入仓库，应及时向县政府报告粮草石数。主管粮仓的也要随时把存积的数量上报县厅，《秦律十八种·仓律》规定："禾、刍稿积索（索）出日，上赢不备县廷。出之未索（索）而已备者，言县廷，廷令长吏杂封其廥，与出之，辄上数廷；其少，欲一县之，可殹（也）。"[2] 就是仓库的粮草出尽的时候，应向县政府报告多余或不足的情形。如果没有出尽而数额已足，应报告县廷，由县廷命令长吏会同仓吏封仓、记账并参与出仓，报告县廷所出数量；若余数较少，可整体称量。

三是司法审判职能。简牍所见县级政府是秦汉一级审判机构，具有司法审判的功能。睡虎地秦简《封诊式》爰书中有大量县吏参与治狱的记载。张家山汉简《二年律令》中对县道官"听告""捕""系治""劾人""鞫狱""断狱""讞""治论""覆治"等多项司法职权都有明确规定。县道官令、长、丞有断狱权，对"死罪""过失杀""戏而杀人"案件有初审权，对非死罪案件有终审权。《二年律令·兴律》规定，县道官初审判定的死罪，"上狱属所二千石官"，要上报郡守复审才能终审判决。汉代法律关于县道官断狱资格有三条规定。其一是县道官试用之丞或者代行丞者不具备断狱资格，"县道官守丞毋得断狱及濖（讞）"（《二年律令·具律》）。其二是中央各部门自廷尉和内史以下没有断狱权，"都官自尉、内史以下毋治狱"（《二年律令·置吏律》），也就是只有廷尉和内史与县令丞一样有断狱权。其三是真令、长、丞需要为自己擅离官署而致守丞及令、长代行断狱失误承担责任，"其守丞及令、长若真丞存者所独断治论有不当者，令真令、长、丞不存及病者皆共坐之"（《二年律令·具律》）。[3]

四是干部人事管理职能。简牍所见秦汉行政法规定，县级政府有干部人事管理的职能。《秦律十八种·内史杂》中就有"官啬夫免，□□□□□□□其官亟置啬夫。过二月弗置啬夫，令、丞为不从令"的规定，[4] 就是县道官的属吏官啬夫免职，要在两个月以内任命新啬夫，否则县令、丞就是违反法令。还有"除佐必当壮以上，毋除士五（伍）新傅"的规定，

---

[1]《睡简》，第21页。

[2]《睡简》，第27页。

[3]《张简》，第23页。

[4]《睡简》，第62页。

就是任命佐史必须是壮年以上的人，不准任命刚傅籍而没有爵位的人。《秦律十八种·置吏律》中还规定，"其有死亡及故有夬（缺）者"要及时任命，县令长"不得除其故官佐、吏以之新官"，官啬夫如不在，要由"令史守官"（啬夫），说明县对下属官吏有任免权。[1] 里耶秦简 J1(8) 157 正面、背面记载了迁陵丞对启陵乡要求设置里典和邮人文书的批复。《二年律令》中也有县道官"受（授）爵及除人关于尉"（《置吏律》）的规定，就是说县级政府授予爵位和任用官吏都要上报廷尉，说明县级政府有管理干部的人事职能，县对都官及所辖吏员有各种考核奖惩的权力。但是县级政府只能任命百石以下的属吏，百石以上的只能置"守官"。

五是社会治安管理职能。县级政府参与调查处理盗贼、不孝、婚姻家庭矛盾、财产纠纷、传染病、火灾等问题，具有维护各项社会治安的职能。《二年律令·捕律》规定："盗贼发，士吏、求盗部者，及令、丞、尉弗觉智（知），士吏、求盗皆以卒戍边二岁，令、丞、尉罚金各四两。令、丞、尉能先觉智（知），求捕其盗贼，及自劾，论吏部主者，除令、丞、尉罚。一岁中盗贼发而令、丞、尉所（?）不觉智（知）三发以上，皆为不胜任，免之。群盗、盗贼发，告吏，吏匿弗言其县廷，言之而留盈一日，以其故不得，皆以鞫狱故纵论之。"[2] 这说明县政府负责报告本辖区发生盗贼，以便于及时组织人力抓捕盗贼，若报告不及时或不知道发生盗贼，要依法惩处，以此维护社会的稳定。

六是财政经济管理职能。县级政府负责管理财务收支，都要建立账簿，登记钱谷收支情况，出入有籍账记录，上报郡和中央财政部门。这在秦简行政法资料中就有一些记载，而汉简行政法资料中记载的更多更具体。《秦律十八种·仓律》规定："入禾稼、刍稿，辄为廥籍，上内史。"[3] （这里"廥籍"，就是仓籍。）谷物、刍稿出入仓，都要依法记入仓的簿籍，上报内史。《二年律令·田律》规定："官各以二尺牒疏书一岁马、牛它物用稿数，余见刍稿数，上内史。"[4] 就是县官每年要把马牛用的刍稿数目和剩余的刍稿数目上报中央内史。钱币入库也要严格登记账簿，《秦律十八种·

---

[1]　《睡简》，第56页。
[2]　《张简》，第28页。
[3]　《睡简》，第27页。
[4]　《张简》，第44页。

金布律》记载，"官府受钱者，千钱一畚，以丞、令印印"，"出钱，献封丞、令，乃发用之"，[1] 就是要求凡县级政府收入、支出钱币，主办官吏要检查识别其真伪，登记存放，与主管官员丞、令共同查封和开封。县级政府编制的财政账簿和计簿都要上报郡级政府。《秦律十八种·仓律》说："县上食者簿及它费大（太）仓，与计偕"，"到十月牒书数，上内［史］"。[2]《秦律十八种·金布律》载："已稟衣有余褐十以上输大内，与计偕。"[3] 一县的长官应当在年终将本县的各项粮食支出情况，连同一年的财务核算报告"计簿"一起上报中央。《二年律令·金布律》中也曾提到"与计偕"，则是指将衣物支出情况，随同年度财物核算报告"计簿"一起向中央呈报。《二年律令·置吏律》规定，"县道官之计，各关属所二千石官"；[4]《二年律令·行书律》规定，"郡县官相付受财物当校计者书，皆以邮行"。[5] 以上"计"与"簿"并用，"簿"报国家财务主管部门，是财物收支的账簿，应是"计簿"的凭证。"计簿"上报行政机关，用于考核各级行政机关官吏的政绩，主要是对国家财物收支情况的报告，是财物的会计核算报告。县道官不能把国有财物借给私人，罪名为"私自假借公物"："诸有叚（假）于县道官，事已，叚（假）当归。弗归，盈二十日，以私自叚（假）律论。"（《二年律令·盗律》）[6] 县级政府有管理行政费用的职能。《二年律令》规定，县级政府为官吏办公事的公务活动安排饮食，丞相、御史及二千石官派遣出差的官吏、新上任官员及其下属尉、佐以上征调任他职者，或者迁徙没有马者，以及军队官吏、郡县道官有特别紧急的国家大事需要上报者，必须由县驿站供应马车草料和膳食费用。（《传食律》《置吏律》）

七是劝课农桑的职能。《秦律十八种·田律》中的《月令》片段和悬泉汉简中的泥墙题记西汉元始五年（5年）《四时月令诏条》二七二号，[7] 是县政府指导农业生产的纲领性文件，规定农业生产生活要以"四时"为

---

[1]《睡简》，第35页。
[2]《睡简》，第28页。
[3]《睡简》，第41页。
[4]《张简》，第37页。
[5]《张简》，第44页。
[6]《张简》，第19页。
[7]《悬简》，第192—199页。

基础，人事活动要遵循自然时序，对自然资源开发利用要"以时禁发"
"用养结合"，以保护农业生态系统和保护林木资源、动物资源、水资源。
秦律《田律》规定："雨为澍（潴），及诱（秀）粟，辄以书言澍（潴）
稼、诱（秀）粟及粮（垦）田畼毋（无）稼者顷数。稼已生后而雨，亦辄
言雨少多，所利顷数。早（旱）及暴风雨、水潦、螽（蠡）虫、群它物伤
稼者，亦辄言其顷数。近县令轻足行其书，远县令邮行之，尽八月□□
之。"〔1〕这是县级政府负责向上级报送农作物生长情况和自然灾害情况。
又规定："入顷刍稿，以其受田之数，无粮（垦）不粮（垦），顷入刍三
石、稿二石。"〔2〕这是乡里缴纳的刍稿数，要按其田亩数上报县级政府。
以上均说明县级政府有指导农业生产、劝课农桑的职能。

2. 县级政府的属吏

传世文献《后汉书》志第二十八《百官五》对县级政府的属吏有简略
的记载，县、邑、道设置丞、尉为属吏。侯国设置相主管行政，家丞、庶
子、行人、洗马、门大夫等为属吏。四夷国王、率众王、归义侯、邑君、
邑长，都设置丞为辅佐。〔3〕简牍所见有不少新的县属吏名称，尹湾简牍中
的"牢监"应为县廷属吏，云梦秦简中有"邦司空""县司空"，里耶简中
有"阳陵司空"，属县司空，这些都是传世文献所没有记载的，可补传世
文献之缺失。在《二年律令·秩律》中，规定县级政府的属吏为三个层
级：县令、长是县内科层制结构中的第一层，分千石、八百石、六百石、
五百石、三百石五级，作为最高行政长官全权管理县内行政工作。县丞、
县尉是县内科层制结构中的第二层，分四百石、三百石、二百石三级，都
由朝廷任命，配合县令工作，各自主管县某方面行政工作。县司空、田部、
乡部、卫官、校长、县塞、城尉、道尉、都官的稗官、仓、库、少内、校
长、髳长、发弩、士吏等职官是县内科层制结构中的第三层，皆在三百石
到一百二十石之间，分管各类具体行政事务。〔4〕尹湾汉墓简牍中的《东海
郡吏员簿》《东海郡下辖长吏名籍》开列东海郡所辖各县（侯国、邑）各色

〔1〕《睡简》，第 19 页。
〔2〕《睡简》，第 21 页。
〔3〕《后汉书》，第 3630－3632 页。参看卜宪群：《西汉东海郡吏员设置考述》，
　　《中国史研究》，1998 年第 1 期。文中对县令、长、相、丞、尉及其属吏的设
　　置情况已有详论。
〔4〕《张简》，第 69－80 页。

吏员数有固定顺序："令"（或"长"，若为侯国则为"相"）——"丞"——"尉"——"有秩"（先"官有秩"，后"乡有秩"）——"令史"——"狱史"——"啬夫"（先"官啬夫"，后"乡啬夫"）——"游徼"——"牢监"——"尉史"——"佐"（先"官佐"，次"乡佐"，再次"邮佐"）——"亭长"。如果是侯国，接下去开列"侯家丞"——"仆""行人""门大夫"——"先马""中庶子"。令、长、丞、尉，皆具石数，明其为"长吏"；"有秩"以下皆不具石数，明其为"少吏"。令分千石、六百石两档；长与相分四百石、三百石两档；丞与尉分四百石、三百石、二百石三档。丞、尉的石数随令、长、相而定，且保持一定级差。县（侯国、邑）、令（或长、相）、丞为必设，尉则大县二人，小县一人，或不设。郡县少吏多选用本郡人，然太守文学卒史则多选用他郡人。[1] 现将简牍所见秦汉县级政府属吏的主要职能分述如下。

一是县丞。丞是令、长的辅佐，主要职能是签署文书、管理财务经济和审理案件。《后汉书》志第二十八《百官五》本注曰："丞署文书，典知仓狱。"里耶秦简记载阳陵县"守丞"，仅在秦始皇三十三年（公元前 214年）四月上旬就出现了三个，这说明县丞不止一人，甚至有两人三人四人。县丞的下属有狱丞，秩二百石，传世文献没有记载，而在《居延汉简合校》18·4 有"狱丞从事"，140·4A 有"阳翟邑狱守丞"，140·1B 有"阳翟狱丞"的记载。县丞的主要职能如下：

第一，签署文书。秦简《封诊式》中，"封守爰书"是根据"某县丞某书"，"黥妾爰书"中说"丞某告某乡主"。汉简中县级政府发布的文件都是由县令和县丞共同发布的。例如，里耶秦简就有这样的记载："□□迁陵守丞敦狐告都乡主：以律令从事。/逐手。" ［J1(16)9 背面〕[2] 这份文书是由迁陵县丞下达都乡长官，依据相关律令条文处理启陵乡上报的都乡十七户迁来的移民没有移交登记年龄、户籍的行政文书。再如，居延汉简中要求按律令过关津的文书是由县丞签发的："觻得丞彭移肩水金关、居延县索关。书到，如律令。"（15·19）[3] 这是汉代觻得县级政府一个叫彭的丞为义成里崔自当到居延地区从事商业活动办理的发往平级肩水金关、居

---

〔1〕 《尹简》，第 77—84 页。

〔2〕 《校诂》，第 116 页。

〔3〕 《合校》，第 24 页。

延县的过关证明。

第二，审讯案件。在秦简《封诊式》、张家山汉简《奏谳书》中，县级各类案件都是由县丞审理。例如《奏谳书》有"七年八月己未江陵丞言"，就是江陵县丞审理的案件。《二年律令·具律》规定"县道官守丞毋得断狱及瀔（谳）"，也就是说试守的县丞不能审判案件定罪，只有正式任命的县丞才有审判案件的权力。

第三，主管财政经济。睡虎地秦简《秦律十八种》记载："□□□□□不备，令其故吏与新吏杂先冡（索）出之。其故吏弗欲，勿强。其毋（无）故吏者，令有秩之吏、令史主，与仓□杂出之，冡（索）而论不备。杂者勿更；更之而不备，令令、丞与赏（偿）不备。"（《仓律》）〔1〕财政支出现失误，主官令史受到处罚，主管领导的县令、丞也要连坐。《仓律》《金布律》《司空律》也有县丞管理经济行政的律文，县内的户籍行政、财政收支账目都要由县丞签字。《秦律十八种》规定："官府受钱者，千钱一畚，以丞、令印印。不盈千者，亦封印之。钱善不善，杂实之。出钱，献封丞、令，乃发用之。百姓市用钱，美恶杂之，勿敢异。"（《金布律》）〔2〕县官府收受和支出钱的财务文书，不仅有令的印和签字，而且还要有丞的签字和封印。《二年律令》规定："民宅园户籍，年细籍、田比地籍、田命籍、田租籍，谨副上县廷，皆以筐若匣匮盛，缄闭，以令若丞、官啬夫印封，独别为府，封府户；节（即）有当治为者，令史、吏主者完封奏（凑）令若丞印，啬夫发，即杂治为。"（《户律》）〔3〕田园户籍的保存要有令和丞的签字和封印。工商租税收入的钱也要有令、丞的签字和封印："官为作务、市及受租、质钱，皆为柘，封以令、丞印而入。"（《金布律》）〔4〕

二是县尉。县尉管理一县军务，主要职能是征发戍卒、培训军官，负责地方防务与社会治安。《后汉书》志第二十八《百官五》本注曰"尉主盗贼"，就是主管抓捕盗贼。尹湾简牍反映东海郡并不是每个县都设有县尉，其38个县邑侯国中有13个就没有设尉。其中关于尉大县二人、小县

---

〔1〕《睡简》，第27页。

〔2〕《睡简》，第35页。

〔3〕《张简》，第54页。

〔4〕《张简》，第67页。

一人的记载，并不是绝对的。从东海郡的实际看，所谓大县和小县是指地域的大小，而不是县令长的秩次高低。没有设尉的县邑侯国，尉的职能由尉史、游徼、亭长等担任。睡虎地秦简《秦律杂抄》有"县尉时循视其攻（功）及所为，敢令为它事，使者赀二甲"。[1] 里耶秦简中J1(8)133正面有"迁陵司空□（得）、尉乘……卒算（算）簿"；J1(8)157正面有"谒令、尉以从事，敢言之"；J1(16)5背面有"三月丙辰，迁陵丞欧敢告尉"；J1(16)6正面有"洞庭守礼谓县啬夫、卒史嘉、叚（假）卒史谷、属尉"。[2]《二年律令》中有不少县尉的记载。县尉的主要职能有五项：

第一，管理地方治安武装，任用士吏和发弩啬夫等下级军官。若任用军官不符合律令，训练治安武装没有效果，就要受到处罚。例如，"除士吏、发弩啬夫不如律，及发弩射不中，尉赀二甲"（《秦律杂抄·除吏律》）。[3]

第二，负责地方治安。"盗铸钱"是重大的刑事案件，《二年律令·钱律》"盗铸钱及佐者，弃市"，"尉、尉史、乡部、官啬夫、士吏、部主者弗得，罚金四两"。[4] 就是私自铸钱的要杀头，基层乡里和县尉都要连坐受罚金四两的处罚。《二年律令·捕律》规定，县内发生盗贼和杀人等刑事案件，"令、丞、尉弗觉智（知）"，就是县尉若不知道，要负连带责任，"令、丞、尉罚金各四两"；"一岁中盗贼发而令、丞、尉所（？）不觉智（知）三发以上，皆为不胜任，免之"。[5] 捕拿盗贼是县尉带队，若盗贼没有抓到，不但主办人员要依法治罪，而且县尉、尉史也要连坐处罚，"官啬夫、士吏、吏部主者，罚金各二两，尉、尉史各一两"（《捕律》）。[6]

第三，处理民事财产纠纷。《二年律令·置后律》是秦汉的继承法，包括继承爵位政治权利和财产、住宅田地经济权利。有关财产继承的纠纷，是由县尉负责管理的，如果不按法律规定继承而出现不属实的情况，县尉、尉史作为主管官员，应以"不审"罪处罚金四两；应当置后而拖延十天不置后的，也要判处罚金四两。例如《二年律令》规定："□□□ 不 审，尉、尉 史 主 者 罚 金 各 四 两。当置后，留弗为置后过旬，尉、尉

---

[1]《睡简》，第90页。

[2] 参看黄海烈：《里耶秦简与秦地方官制》，《北方论丛》，2005年第6期。

[3]《睡简》，第79页。

[4]《张简》，第35页。

[5]《张简》，第28页。

[6]《张简》，第29页。

史 主 者 罚 金 各 □ 两 。"（《置后律》）[1]

第四，征发戍卒，管理戍卒。《秦律杂抄》规定，对戍卒不按规定时间屯戍，"徒食、敦（屯）长、仆射弗告，赀戍一岁；令、尉、士吏弗得，赀一甲"。[2]《戍律》规定："同居毋并行，县啬夫、尉及士吏行戍不以律，赀二甲。"[3] 就是征发兵役，同一家不能出两人，县啬夫、尉及士吏"行戍不以律"，要受"赀两甲"的处罚。

第五，监管地方安全防务建设。县尉要监督筑城工程的质量和进程，依法使用戍卒，处罚违背法律的工程主持者。《秦律杂抄》规定，"令戍者勉补缮城，署勿令为它事"，就是命令戍卒全力修城，不准做其他事务；"县尉时循视其攻（功）及所为"，就是县尉要经常巡视工程，有敢叫戍卒做其他事务的、私自役使戍卒的人应"赀二甲"。

三是县司空。简牍所见秦汉县设有职能部门司空。里耶秦简有司空 [J1(8)133 正]、司空主 [J1(8)133 背]、司空守 [J1(8)134 正] 等名称。睡虎地秦简中，出现了大量的"县司空"，例如，《秦律杂抄》有"县司空、司空佐史、士吏将者弗得，赀一甲"的记载。[4] 宋杰先生指出县司空的职掌为"掌管水利、土建工程，役使罪犯劳作，并负责徭役征发和追缴逋贷等事务"。[5] 简牍所载秦汉县司空主要有两个职能，一是管理县土木工程等徭役，一是管理大量刑徒，从事劳役。里耶秦简 J1(9)1－12 的文书，都是阳陵县"司空腾"管理刑徒和"居赀赎债"的事务。县司空是县政府的组成机构，与乡是同级的机构，完全不存在互相隶属的关系。《二年律令·秩律》规定"司空、田、乡部二百石"，可知，田、乡部和司空同是县下属机构。因此，秦汉地方郡、县政府中均设有司空机构，但乡中并没有司空的设置。

四是县少内。少内是县级政府掌管全县财政和储藏钱财的机构，又称为"府中"，设啬夫为长、佐史为辅。《法律答问》记载："'府中公金钱私贰贷用之，与盗同法。'可（何）谓'府中'？唯县少内为'府中'，其它

[1]　《张简》，第61页。
[2]　《睡简》，第82页。
[3]　《睡简》，第89页。
[4]　《睡简》，第82页。
[5]　宋杰：《秦汉国家统治机构中的司空》，《历史研究》，2011年第4期。

不为。"〔1〕 挪用少内的金钱要按盗窃公款之罪论处。县、都官的少内有权追缴、保管官吏拖欠官府的债务。《秦律十八种》规定:"县、都官坐效、计以负赏(偿)者,已论,啬夫即以其直(值)钱分负其官长及冗吏,而人与参辨券,以效少内,少内以收责之。"(《金布律》)〔2〕 这是说县、都官在核验财物或会计核算中犯罪而应赔偿的,经判处后,县令长应将赔偿钱数分摊给官长和群吏,并发给每人一个木券,以便向少内缴纳。再如,"令少内某、佐某以市正贾(价)贾丙丞某前,丙中人,贾(价)若干钱。丞某告某乡主"(《封诊式》),〔3〕 县少内以现实价格折算封存、没收罪犯的钱财,这说明少内负责县钱财管理。

3. 县级政府的下属行政办事机构

秦汉县级政府按职能划分办事机构,传世文献《后汉书》志第二十八《百官五》记载:"各署诸曹掾史。本注曰:诸曹略如郡员,五官为廷掾,监乡五部,春夏为劝农掾,秋冬为制度掾。"〔4〕 简牍所见主要办事机构有仓、库、田、工、亭、厩等,设有长官啬夫及丞、佐史等官吏,由县令丞任命。《秦律十八种·置吏律》规定:"县、都官、十二郡免除吏及佐、群官属。"〔5〕 县令、丞监督检查各办事机构的工作,对各官署违法行政负有连带责任。《睡虎地秦墓竹简·效律》规定:"计用律不审而赢、不备,以效赢、不备之律赀之,而勿令赏(偿)。官啬夫赀二甲,令、丞赀一甲;官啬夫赀一甲,令、丞赀一盾。""其它冗吏、令史掾计者,及都仓、库、田、亭啬夫坐其离官属于乡者,如令、丞。尉计及尉官吏节(即)有劾,其令、丞坐之,如它官然。司马令史掾苑计,计有劾,司马令史坐之,如令史坐官计劾然。"〔6〕 这条律令反映出县令、丞对所属行政机构及在各乡设立的分支机构拥有领导与监督权,一旦行政出现违法失职,要负连带责任。

一是仓。县仓又称都仓,是县负责征收、保管和分配粮食、饲料、种子的机构。简牍所见仓律对秦汉仓的组织机构职责及管理办法都有具体规定。从中央到地方、从京城到城镇都设有粮仓,粮仓在业务上归中央内史

---

〔1〕 《睡简》,第 101 页。

〔2〕 《睡简》,第 39 页。

〔3〕 《睡简》,第 154 页。

〔4〕 《后汉书》,第 3623 页。

〔5〕 《睡简》,第 56 页。

〔6〕 《睡简》,第 75—76 页。

管理，由县行政代管，对其监督检查，并负有连带责任。睡虎地秦简《秦律十八种·仓律》规定："入禾稼、刍稿，辄为廥籍，上内史。"〔1〕就是县仓要随时向中央经济管理的机构内史报告征收保存和分配粮食饲料的情况，到年终要把全部收支账目上报内史。县监督指导仓的工作，对仓的管理负有责任，对仓粮的封存，除了仓啬夫、佐、史、禀人负责登记外，县令长、县丞、仓啬夫、乡啬夫等还要用印章封存，由多人共同负责。《仓律》又规定："入禾仓，万石一积而比黎之为户。县啬夫若丞及仓、乡相杂以印之，而遗仓啬夫及离邑仓佐主禀者各一户以气（饩），自封印，皆辄出，余之索而更为发户。"〔2〕仓的收支粮食都按县政府的指令，并且有令史参加收支工作，每年县要把从仓支出的粮草上报中央粮仓行政管理机构太仓，太仓是内史的下属机构，要接受太仓的审计。"县上食者籍及它费大（太）仓，与计偕。都官以计时雠食者籍。"（《仓律》）〔3〕粮仓也要随时把存积粮草的多少上报县厅，《仓律》规定："禾、刍稿积索（索）出日，上赢不备县廷。出之未索（索）而已备者，言县廷，廷令长吏杂封其廥，与出之，辄上数廷；其少，欲一县之，可殹（也）。廥才（在）都邑，当□□□□□□□者与杂出之。"〔4〕若仓中粮草出纳多和少时，县令要派人去核实处理。

二是库。县库，又称都库，长官为库啬夫，是负责兵器生产和储存的军用物资机构。"禀卒兵，不完善（缮），丞、库啬夫、吏赀二甲，法（废）。"（《秦律杂抄》）〔5〕这条法律规定，县里供应士卒兵器质量不好，县丞、库啬夫、吏都要处以"赀二甲"，而且终身不能再做官。《臧（藏）律》规定："臧（藏）皮革橐（蠹）突，赀啬夫一甲，令、丞一盾。"〔6〕府库保存兵器皮革不善，出现蛀蚀、穿孔等，库啬夫、令、丞都要受到处罚。这说明库啬夫统属县令、丞，一道管理县级兵库。

三是田。田是管理全县农事的机构，又称大田、都田，主官为田啬夫，下有佐史。《里耶秦简》中就有"田官守敬敢言之"［J1(9)981］的记载，

---

〔1〕《睡简》，第27页。
〔2〕《睡简》，第25页。
〔3〕《睡简》，第28页。
〔4〕《睡简》，第27页。
〔5〕《睡简》，第82页。
〔6〕《睡简》，第83页。

张家山汉简《秩律》有"司空、田、乡部"的记载。由此可知，田部与乡部并列，二者都是乡一级的机构，其秩级都为二百石，各行其责。乡部以下辖若干里，每里设里正（或称典）、监门等；田部以下对应乡部设有田典。根据《睡虎地秦墓竹简·效律》的记载，田啬夫有"都田啬夫"和"离乡啬夫"的区别，律文中的"都仓、库、田、亭啬夫"是都仓啬夫、都库啬夫、都田啬夫、都亭啬夫的略称，分别是县级各行政部门的长官。都田啬夫就是设在县治的田啬夫，而离官啬夫就是设在各乡的田啬夫。《秦律十八种》《二年律令》都有《田律》规定田官的职责，具体如下。

第一，授田、按亩征收田赋和地租。睡虎地秦简《法律答问》有"部佐匿者（诸）民田"，"部佐为匿田"，[1] 这里的"部佐"应是田啬夫之佐，属于乡级农田事务管理官员。田亩是征收租赋的依据，若隐瞒田亩数量就是"匿田罪"，要依法惩处派驻在乡负责征收赋税的田官部佐。

第二，管理农业和畜牧业。法律规定，县级政府向中央上报农田开垦数目、自然灾害情况、保护耕牛等，都应该是县田官的职责。《秦律十八种·田律》规定，驾车牛马的饲料，过期两个月没有领取或发送的，都截止不再领发，但是"禀大田而毋（无）恒籍者"，就是向大田领取而未设固定账目的，按其领取凭证所到日期发给，不得超过凭证的规定。《二年律令·田律》规定，民户按田亩交纳的刍稿税是上缴到县级政府的，刍稿以县为单位结算并储存于县，那么领取牛马饲料也应当在县级所属机构。简文中的"大田"即田官，指的应该是县一级官署。《厩苑律》有田官考核耕牛的法律规定：每年县里对乡里的耕牛进行考核，成绩优秀的赏赐田啬夫，成绩低劣的申斥田啬夫。《秦律杂抄·牛羊课》规定，养育母牛羊不能繁殖的，"赀啬夫、佐各一盾"，就是要对田啬夫、佐处以罚赀的惩罚。《秦律十八种·田律》规定，"百姓居田舍者毋敢酤（酤）西（酒）"，如果田啬夫、部佐不能禁止百姓滥用粮食酿造酒，就是犯了"不从令"的罪。[2] 张家山汉简《二年律令·户律》规定，民间发生代户和买卖田宅的行为，"乡部、田啬夫、吏留弗为定籍"，如果乡部和田啬夫等不及时履行更籍手续，"盈一日，罚金各二两"。这里的田啬夫是设置于乡一级管理农田事务的官员。这些都说明田官是管理县乡农业、畜牧业的机构，主要

---

[1] 《睡简》，第 130 页。

[2] 《睡简》，第 22 页。

是为农业生产服务。

四是亭。县亭，又称都亭，是负责维护地方治安、管理市场、担任邮传等工作的管理机构。传世文献《后汉书》志第二十八《百官五》有"亭有亭长，以禁盗贼。本注曰：亭长，主求捕盗贼，承望都尉"的记载。[1]秦汉时期在驿道、关津、街道、市场都设有亭，亭既受县政府领导，又直接受郡政府都尉的领导。乡亭既受乡政府领导，又受县亭的领导。《睡虎地秦墓竹简·效律》："其它冗吏、令史掾计者，及都仓、库、田、亭啬夫坐其离官属于乡者，如令、丞。"[2]县都亭长官对"离官属于乡者"有违法行为负连带责任。都亭的离官当是设在乡的分支亭。亭的长官是亭长，又称亭啬夫，下设若干亭卒。掌管捕捉盗贼的叫作"求盗"，里耶秦简中有亭中之吏"求盗"[J1(16)5背]等的记载。睡虎地秦简《秦律杂抄》载："捕盗律曰：捕人相移以受爵者，耐。求盗勿令送逆为它，令送逆为它事者，赀二甲。"[3]"求盗"的任务就是抓捕盗贼，不能任命他干其他事情。《法律答问》规定："求盗盗，当刑为城旦，问罪当驾（加）如害盗不当？当。"[4]求盗若自己盗窃，就是知法犯法，要处以城旦之刑。亭长在所辖区内发现案情抓捕盗贼，要立即报告县廷。睡虎地秦简《封诊式》就有两则县亭报告案情的文书：一是"盗马爰书"，市南街亭求盗捆送偷盗马和衣物的盗贼到县廷；二是"群盗爰书"，某亭校长、求盗送男子丁首级一个、具弩两具、箭二十支到县廷。亭长也可以担任其他差事，居延汉简就有居延县令派亭长为官府买马的记载："遣亭长王丰以诏书买骑马酒泉。"（170·3A）[5]尹湾汉简《集簿》记载，东海郡下设亭688个，有亭卒2970人。

五是工官。工官，又称为工室，是管理全县手工业作坊的机构。长官称作啬夫，下设工师、曹长若干。县有生产各种制品的工官，县令、县丞要对工官生产的产品质量负责。睡虎地秦简《秦律杂抄》规定："省殿，赀工师一甲，丞及曹长一盾，徒络组廿给。省三岁比殿，赀工师二甲，丞、曹长一甲，徒络组五十给。非岁红（功）及毋（无）命书，敢为它器，工师及丞赀各二甲。县工新献，殿，赀啬夫一甲，县啬夫、丞、吏、曹长各

〔1〕《后汉书》，第3624页。

〔2〕《睡简》，第75页。

〔3〕《睡简》，第89页。

〔4〕《睡简》，第94页。

〔5〕《合校》，第271页。

一盾。"〔1〕 就是县工官生产的产品质量经检验被评为下等，不仅工官的啬夫、工师、曹长要受到惩罚，而且县啬夫、县丞要承担领导监督不力的连带责任。这说明工官直接受县令、县丞的领导。

4. 县级政府吏员

一是都官。都官也与县道官同一级别，设令长为长官，丞为副长官。张家山汉简《二年律令·具律》有"及诸都官令、长、丞行离官有它事，而皆其官之事也"，其中"都官令、长"当指中央派驻地方与县同级官署的官员。《二年律令·秩律》中有"太医、祝长及它都官长，黄（广）乡长"，"秩各三百石"的记载，其中的"太医、祝长及它都官长"说明中央各官署的官长都可以泛称为"都官长"。《二年律令·置吏律》中有"都官自尉、内史以下毋治狱"，规定都官自廷尉、内史以下不能断案，说明都官包括中央官署的廷尉、内史。根据尹湾汉简中"二都官"记载，可以推论都官为中央派驻地方的经营机构，为内史的属官。因此，都官既具有中央一级机关的含义，还指中央各官署列卿所属的诸官署的官长及派出驻扎在地方、秩级在六百石以上的官吏，代表中央行政机关主管某一区域，分别处理农工牧、交通运输、盐铁冶铸、建筑等各种具体专业行政事务，有察举百官犯法和管理账籍的职责。设在地方的都官及其附属机构称为"离官"，设在京师的都官称为"中都官"，简称"都官"。从职能业务上讲，都官隶属中央有关部门，中央政令由上级下达，但在行政管理上，都官及离官的口粮俸禄等由所在地县供应，接受所在地县的监督和检查。《秦律十八种·仓律》载："宦者、都官吏、都官人有事上为将，令县贰（贷）之，辄移其禀县，禀县以减其禀。已禀者，移居县责之。"〔2〕 都官为朝廷办事人员，但到地方为朝廷办事，由所在县发放口粮，并登记造册，年终上报中央太仓，接受县级政府的监督。

二是啬夫。啬夫是秦汉简牍行政法中常见的官职名称，但不是一个专门的官职名称，而是指掌管某一地区、某一部门、某一方面行政事务的主事官吏，其下常设有辅佐之吏，称为"佐史"，在官僚体制中具有重要地位。虽然一般啬夫的品秩都比较低下，是低于一百二十石以上的"有秩之吏"，属于少吏之列，但可享受"有秩之吏"的待遇，可配置一名炊饮者。

〔1〕《睡简》，第83—84页。
〔2〕《睡简》，第30页。

战国时有些国家的县邑之长或称啬夫。秦啬夫名目繁多，秦律称县令长为啬夫、县啬夫和大啬夫，还有不少作为都官和县属机构主管官吏的官啬夫。都官的附属机构离官的主管官吏称作离官啬夫。县所属机构的长官统称官啬夫；此外有田啬夫，掌管全县的耕地和农事；有司空啬夫，负责全县的土木工程和刑徒；有亭啬夫，主管全县有关亭的事务；又有仓啬夫、库啬夫、发弩啬夫等。例如《睡虎地秦墓竹简·效律》规定："同官而各有主殹（也），各坐其所主。官啬夫免，县令令人效其官，官啬夫坐效以赀，大啬夫及丞除。县令免，新啬夫自效殹（也），故啬夫及丞皆不得除。"[1]官啬夫是官府的啬夫，大啬夫、故啬夫、新啬夫都是指县令长。这条律令规定，在同一个官署任职的官吏，各有主管的行政事务，各个官吏只对自己主管的行政事务承担责任。若官府的啬夫被免职，县令有责任派人对官啬夫的财务账目进行核查，如果核查中能够发现问题并对官啬夫进行处罚，则可以免除对大啬夫（县令）和丞的处罚。若县令被免职，新任啬夫（县令）自行清查，如果发现前任官啬夫行政财务有问题，则不能免除对故啬夫（原县令）和丞的处罚。乡级行政长官称作"乡啬夫"。秦时已经设置了乡啬夫一职，里耶秦简是"乡啬夫"一词最早见于记载的材料，简J1(9)984背面有"乡啬夫以律令从事"。乡啬夫还可以简称为"乡夫"，如里耶秦简T1(8)157有"启陵乡夫敢言之"。乡啬夫又称"乡部啬夫"，为汉所继承。《二年律令·户律》中有"恒以八月令乡部啬夫"，"乡部啬夫身听其令"之语。汉代的县令、长已不再称啬夫，官啬夫有逐渐减少的趋势，乡啬夫的记载则较常见。乡啬夫主管一乡诉讼和赋税徭役。据《后汉书》志第二十四至第二十八《百官志》本注所载，大乡的啬夫由郡置，称为"有秩啬夫"，省称"有秩"；小乡的啬夫由县任命，径称"啬夫"；与县等级相当的某些官署的属官之长，如其品秩是少吏，也常称为啬夫，如上林令所属的"虎圈啬夫"、掖庭令所属的"少内啬夫"和"暴室啬夫"等。秦汉律文对官啬夫的任免有具体规定。一是官啬夫不可常缺不补。《秦律十八种·内史杂》规定，县"官啬夫免"，令、丞应"亟置啬夫"。[2]二是任命有才能、有地位的人担任官啬夫。《秦律十八种·置吏律》规定，"官

---

〔1〕《睡简》，第72页。

〔2〕《睡简》，第62页。

啬夫节（即）不存，令君子毋（无）害者若令史守官"。[1] 三是官啬夫不能任用自己的故吏。《置吏律》规定："啬夫之送见它官者，不得除其故官佐、吏以之新官。"[2]

三是令史。秦汉简牍所见行政法中，令史是史的一种，是从事各种具体工作的泛称。县级政府有令史若干人，是斗食之吏，有比佐史更高的地位，在中央公府和地方政府的属吏系统中占有重要的地位，被称为"少吏"。在史书记载中，主要有公府令史和县令史，对其职责权限语焉不详，只说"主典文书"；在出土简牍中，令史不仅设在公府和县政府中，而且在县邑侯国和都官及都官别治、都尉府、候官、关津等县级政府中，无一不有令史一职，其职权也远远超过"主典文书"，而是分别主典文书档案、司法审判、财政经济和干部人事等各种具体行政事务，与长吏一样承担行政责任，既负责各类文书的拟订和上传下达，又依法处理各类具体政务，在"文书行政"和"律令行政"的秦汉时期，对提高行政管理的质量和效率起到了比较重要的作用。然而，学术界对秦汉令史的专门研究甚少。[3]

令史在秦汉吏制体系中占有重要的地位，主要表现在以下三个方面。

其一，令史在秦汉各级政府设置广泛、名目不同。《睡虎地秦墓竹简》中有许多关于秦县政府令史的记载，特别是在《封诊式》中有关县政府令史的记载最集中，通篇出现 14 处之多，如墓主下喜就曾先后担任过安陆令史和鄢令史的职务。在《敦煌汉简》《居延汉简》《居延新简》中有大量关于汉代公府令史、县政府令史、将军府令史、关津令史、候官令史的记载。江陵张家山汉简《二年律令》和《奏谳书》的出土，对秦汉令史一职做了法律上的规定。《尹湾汉墓简牍》在县邑侯国和都官及都官别治中，无一不设有令史。所以，令史的设置不只是在县政府，而主要是设在主制文书的县级基层政权。令史在县级政府主要有令史、主官令史、斗食令史、工官令史、候官令史、属官令史、郭候令史、守令史，盐官、铁官、工官、都水官的令史等名目。关于令史的秩级俸禄，千人是比千石，司马是千石，

[1] 《睡简》，第 56 页。

[2] 《睡简》，第 56 页。

[3] 关于秦汉令史的研究，仅有刘向明《从出土秦律看县"令史"一职》（《齐鲁学刊》，2004 年第 3 期），刘向明《从睡虎地秦简看县令史与文书档案管理》（《中国历史文物》，2009 年第 3 期），刘晓满《秦汉令史考》（《南都学坛》，2011 年第 4 期）三篇专论的文章。

县令长是千石到四百石，候官是六百石，"候"的长官候官也可以被视为涵盖比六百石到千石秩次的县级基层政权的"令"级官吏，陈直认为："候官相当于县令长，候长相当于乡官，隧长相当于亭长。"[1] 因此，设置令史的机构都是千石到四百石的县级基层政权，令史则可以理解为县级基层政权中掌管文书的"令"级高级属吏。而且县级基层政权都负责具体的行政工作，拟订各类文书，上报和下达文书，所设令史也是主典文书，而出土的简牍所见令史的职能也正是负责文书的制作和传递。由此可见，从中央到地方除了州郡、乡里和部燧之外，其他有负责文书拟订和传递的县级基层机构都设有属吏书记官令史，主管各类文书的拟订、收发和保管，承办各种具体行政工作。陈梦家说："汉简二府文书签署，有卒史、书佐而无令史，候官则有令史而无卒史、书佐（县令亦然）。"[2] 可见秦汉时期从中央到地方，令史的设置是相当普遍的。

其二，令史在秦汉属吏中设置数量多，秩次高，列名在前，责任较大。令史是县级政府中设置最多的属吏。《尹湾汉墓简牍·集簿》载：海西令史四人，下邳令史六人，郯令史五人，兰陵令史六人，朐令史三人，襄贲令史六人，戚令史四人，费令史四人，即丘令史四人，厚丘令史四人，利成令史三人，况其令史四人，开阳令史四人，缯令史四人，司吾令史三人，平曲令史四人，□□令史四人，合乡令史三人，承令史三人，昌虑令史四人，兰旗令史三人，容丘令史四人，良成令史四人，南城令史四人，阴平令史四人，新阳令史三人，东安令史三人，平曲侯国令史三人，建陵令史三人，山乡令史三人，武阳令史二人，都平令史二人，鄯乡令史三人，建乡令史三人，□□令史三人，建阳令史三人，都阳侯国令史二人，伊卢盐官令史一人，北蒲盐官令史一人，郁州盐官令史一人，下邳铁官令史三人，□铁官令史一人。[3] 敦煌汉简和居延汉简所见的军事指挥系统千人府、校尉府和候官也有大量令史的记载："千人丞一人，令史四人"（《敦煌汉简》997），"令史三人，并居第二隧"（《合校》89·18），"给令史三人七月积三月奉"（《合校》104·35、326·12），"出粟二十一石一斗二升，

[1] 陈直：《居延汉简研究》，天津：天津古籍出版社，1986年，第116页。
[2] 陈梦家：《汉简所见太守、都尉二府属吏》，《汉简缀述》，北京：中华书局，1980年，第98页。
[3] 《尹简》，第79—81页。

给食驿令史三人一月□□"（《新简》E.P.T 59: 253），"车师已校候令史敞、相、宗、禹、福置诣田所"（《悬简》Ⅱ0215③: 11），由上可知。令史在县级政府的设置多者 6 人，少者 1 人，一般为 3－4 人。李解民先生对《尹湾汉墓简牍》的研究认为："引人注目的是，令史在属吏中，无论人数，还是地位，颇显突出。县邑侯国和都官及都官别治，无一不有令史，多者 6 人，少者 1 人，一般为 3－4 人，总共 144 人，是斗食少吏里最多的。"〔1〕 这个结论应该不单指县邑侯国和都官及都官别治设置令史的数量，而且适用于从中央到地方所有县级政府令史设置的数量。令史在属吏序列中排名在前。在县级文书签署简文中，有令史单独署名的，有属、令史共同署名的，有少史、令史共同署名的，有令史、尉史共同署名的，有掾、令史、尉史共同署名的，除少数有掾署名的排在第一以外，令史都排在第一位，其次是尉史、佐史、候史。尹湾汉简《集簿》和《东海郡吏员簿》中记载了县级政府官吏排名，县政府的长吏令、丞、尉之后属吏排名有四种情况：官有秩一人，乡有秩四人，令史四人，狱史三人，官啬夫三人；令史四人，狱史二人，官啬夫二人，乡啬夫八人；令史四人，狱史二人，官啬夫二人，乡啬夫五人；令史四人，狱史一人，乡 啬 夫七人，游徼三人，牢监一人。侯国的长吏相、丞、尉之后属吏排名有四种情况：令史三人，狱史二人，乡啬夫二人，游徼二人，牢监一人，尉史一人；令史二人，乡啬夫一人，游徼一人，尉史一人，官佐三人，亭长三人，候家丞一人；令史二人，乡啬夫一人，游徼一人，尉史一人，官佐四人，亭长六人；令史三人，狱史二人，乡啬夫二人，游徼二人。盐官长、丞之后属吏的排名是令史一人，官啬夫二人，佐二人。铁官长、丞之后属吏的排名是令史三人，官啬夫五人，佐九人，亭长一人。〔2〕 不论是县级政府的令丞尉、令丞，还是长丞、相丞、相丞尉，都必设属吏令史，并且在属吏中除三个大县令史前有"乡有秩"外，令史都排在第一位，其次是狱史、官啬夫、乡啬夫、游徼、牢监、尉史、官佐、亭长、候。《秦律十八种·置吏律》规定，"官啬夫节（即）不存"，令史可以担任"守官啬夫"，就是临时代理官啬夫，而不能让佐、史担任。这充分说明令史地位高于狱史、尉史、官佐等

---

〔1〕 李解民：《尹湾汉墓 6 号木牍所书其它文字初探》，中国社会科学院简帛研究中心编：《简帛研究》（第三辑），南宁：广西教育出版社，1997 年，第 411 页。

〔2〕 《尹简》，第 77－84 页。

佐史属吏。令史在县级政府工作中与县令、丞一样担负明确的责任。若县级行政工作失误，"部主者各二甲，令、丞、令史各一甲"（188·1），[1] 就是行政事务的具体经办者及其直接领导的"部主者"处罚两甲，而间接主管以及负有监管责任的上级令、丞、令史要处罚一甲。张家山汉简《二年律令·津关令》规定，"越塞阑关"，"吏卒主者弗得，赎耐；令、丞、令史罚金四两"。[2]《二年律令·户律》载："恒以八月令乡部啬夫、吏、令史相杂案户籍"，"留弗移，移不并封，及实不徙数盈十日，皆罚金四两"，"乡部啬夫、吏主及案户者弗得，罚金各一两"。[3] 以上说明，在秦汉的县级政府中，令史与令、丞一样承担责任。

其三，令史有一定的政治、经济待遇。令史一般为公乘和上造的爵位。张家山汉简《二年律令·赐律》规定："公乘比六百石"，"上造、公士比佐史"，[4] 就是说公乘和上造要分别享受官吏秩次六百石和佐史一样的待遇。《赐律》还规定，"赐吏酒食"，"斗食令史肉十斤，佐史八斤，酒七［升］"。[5] 除以上待遇外，公乘和上造还分别给予二十顷和两顷的土地、二十个和两个宅基地。令史有一定的俸禄，主要是钱和谷。简牍论及令史俸禄待遇，如"尚书臣昧死以闻。制曰：可。购校尉钱人五万，校尉丞、司马、千人、候，人二万，校尉史、司马、候丞，人二万，书佐、令史，人万"（《悬简》87—89C：11），[6] "出钱九百以给令史□□九月奉，八月丙戌□□□取"（《新简》E.P.T 50：157），[7] "出赋钱二千七百，给令史三人七月积三月奉"（《合校》104·35、326·12）。[8]

秦汉令史的重要地位决定了其在行政管理中具有多种重要职能。关于秦汉令史的职能，睡虎地秦墓竹简整理小组认为"职掌文书等事"。高恒

---

〔1〕 刘信芳、梁柱编著：《云梦龙岗秦简》，北京：科学出版社，1997年，第35页。以下称"《龙简》"，只注页码。

〔2〕《张简》，第83页。

〔3〕《张简》，第54页。

〔4〕《张简》，第49页。

〔5〕《张简》，第50页。

〔6〕《悬简》，第1页。

〔7〕《新简》，第162页。

〔8〕《合校》，第175页。

认为，令史从事各种具体工作，主要是参与清点粮食，做各项司法工作等。[1] 这些都不够全面，从传世文献看，每县令史都不止一人，基本的职能是"掌案文簿"，就是主管各类文书和档案，参与具体政务的处理，对吏民的奏书进行文字校对并兼有弹劾官吏职能。从出土简牍法律文献看，在县级基层政权中令史的基本职能没有变，主要是负责文书的起草、收发、传递和保管，主管和审核财务经济收支账目，参与和监督司法审判工作并弹劾违法失职官吏，追究行政责任。

其一，主典文书档案工作。《后汉书》志第二十四《百官一》记载，令史的主要职责是"典曹文书"。秦汉简牍行政法资料记载，令史负责起草、受理和保管文书，在文书中多有令史署名，如"守令史禹"（《合校》7·7B），"掾林令史谭尉史临□"（《新简》E.P.T 4: 81），"掾谭、令史嘉"（《新简》E.P.F 22: 38B）。同时，令史负责接收和邮发上级与下级的文书，并详细记录收发日期，妥善保管，简牍常见用语有"封""发"等，例如"十二月丁酉令史弘发"（《合校》136·43），"令史弘封"（《合校》142·34）。

其二，主管和审核财务经济收支账目。据秦汉简牍行政法记载，令史有管理财务经济的职能，主要表现在参与户籍和仓库的管理、记录财务收支账目、购买和保管财物、发放俸禄、审计财务簿籍等。张家山汉简《二年律令·户律》有"恒以八月令乡部啬夫、吏、令史相杂案户籍，副臧（藏）其廷"的记载，就是县令史与乡部官吏共同统计和核校本地户籍，上报县廷，由令史负责户籍存档保管。云梦秦简《秦律十八种》有"令有秩之吏、令史主，与仓□杂出之"的记载，说明令史有管理仓库出纳的职责。

其三，参与并监督司法审判工作，弹劾违法失职官吏。秦汉令史参与司法审判活动，在睡虎地秦简《封诊式》中，有关令史的记载就出现14处之多，都是令史参与县司法活动的记录。其中令史多是调查案件的真假，为审判准备取证材料，保证司法文书的真实性，属于验问工作。张家山汉简《奏谳书》中县级政府负责审理司法案件的是令长、丞和狱史，而令史参与司法审判，主要也是验问工作，是对司法审判的一种监督。秦汉令史弹劾违法失职官吏属行政监督，令史是县级政府的书记官，对下级官吏为政的优劣都记录在案，这成为他们监督和弹劾官吏的重要依据。

---

[1] 高恒：《秦汉简牍中法制文书辑考》，北京：社会科学文献出版社，2008年，第18页。

　　四是尉史。秦汉简牍所见尉史广泛存在于地方行政系统的县和边郡军事系统的候官之中，其秩比佐史，地位较低。传世文献《汉书·百官公卿表》及《后汉书·百官志》都没有记载，只有《史记》卷一百一十《匈奴列传》司马贞《索隐》注"雁门尉史"引如淳的说法，称："律，近塞郡皆置尉，百里一人，士史、尉史各二人也。"[1] 其中尉史居于雁门郡武州塞之烽燧中，以"行徼"为职责。在出土简牍文献中，尉史主要见于张家山汉简《二年律令》、居延汉简、尹湾汉简《东海郡吏员簿》和西北汉简。在地方行政系统中尉史与令史一样，应是县吏。张家山汉简《二年律令》中的尉史常与令、丞、尉连称，也是县吏。《居延汉简合校》简 334·46 载，"河南平阴尉史君阳里公乘魏圣年☐"，尉史魏圣是平阴县吏。尹湾汉简《东海郡吏员簿》中的尉史，明确排在诸县吏员序列之中。西北汉简中候官公文签署"尉史"者，非常常见，而太守、都尉府公文却未见有"尉史"署名者。有些公文虽不能明确判断发文单位，但署名中尉史常与令史连称，表明在边郡军事系统中其应属于县级单位如候官、司马而非直属于都尉。陈梦家说："尉史、士吏与令史都是候官的属吏。"[2] 薛英群说："尉史、令史、士吏均为候官属吏。"[3] 陈直认为："候官相当于县令长，候长相当于乡官，隧长相当于亭长。"[4] 尉史直接跟随县尉从事捕盗等事务。张家山汉简《二年律令》载：

　　　　（1）☐☐☐☐发及斗杀人而不得，官啬夫、士吏、吏部主者，罚金各二两，尉、尉史各一两。[5]

　　　　（2）盗铸钱及佐者，弃市。同居不告，赎耐。正典、田典、伍人不告，罚金四两。或颇告，皆相除。尉、尉史、乡部、官啬夫、士吏、部主者弗得，罚金四两。[6]

　　　　（3）☐☐☐不审，尉、尉史主者罚金各四两。[7]

---

〔1〕《史记》，第 2905 页。

〔2〕陈梦家：《汉简所见居延边塞与防御组织》，《汉简缀述》，北京：中华书局，1980 年，第 49 页。

〔3〕薛英群：《居延汉简通论》，兰州：甘肃教育出版社，1991 年，第 300 页。

〔4〕陈直：《居延汉简研究》，天津：天津古籍出版社，1986 年，第 116 页。

〔5〕《张简》，第 29 页。

〔6〕《张简》，第 35 页。

〔7〕《张简》，第 61 页。

（4）当置后，留弗为置后过旬，尉、尉 $\boxed{史}\boxed{主}\boxed{者}\boxed{罚}\boxed{金}\boxed{各}\boxed{□}\boxed{两}$ 。[1]

这些律令规定县尉在抓捕盗贼、维护治安、处理民事纠纷中如果出现失误时，尉史都要受到连坐，追究责任，说明尉史是属于"尉"的治安系统官吏，主要职责是协助县尉维护社会治安。简牍材料证明在秦汉也存在与尉无关的尉史，尉史跟令史为候官签署文书，具有负责收发粮俸，签署、封发文书等行政事务的职能。这种例子在汉简中很多，例如，居延汉简就有尉史收发俸禄："令史弘取付尉史强"（《合校》33·1、103·2）。尹湾汉简《东海郡吏员簿》记述东海郡 38 个县邑侯国无一例外都有尉史，但其中有 13 个县级行政单位没有县尉。卜宪群说："这些没有设尉的县与侯国，皆有尉史、游徼、亭长，甚至设有尉史两人，尉的职能似应由他们担任了。"[2] 于琨奇则认为尉史不是与尉直接对应，而是"协助游徼维持乡间治安"之吏，属于尉、丞之下的军、警、政系统。[3] 这些解释仍是将尉史视作与治安有关之吏。其实，尹湾汉简《东海郡吏员簿》中部分县"有尉史而无尉"的现象正说明，直属县廷以辅佐令史处理文书为职的尉史在内郡与边郡同样普遍存在。

五是士吏。士吏是县尉、塞尉（候官）下的属吏，武官，属县治安系统的官吏，由候官派往诸部，代表候官监督诸部候长的工作。秦在县令、县尉之下已经有士吏，《秦律杂抄》就有"（县）令、（县）尉、士吏弗得（不察觉），赀一甲"的记载，士吏将军粮发给了不应该供应粮食的官吏且没有发现，要与县令、县尉一样受到失职的处罚。在云梦秦简《戍律》也有"县啬夫、尉及士吏行戍不以律，赀二甲"的记载。[4] 这都说明秦代的士吏位在县令、县尉之下。《秦律杂抄·除吏律》又说"除士吏、发弩啬夫不如律"，"尉赀二甲"，[5] 尉对任用士吏不当要负责任，说明士吏就是尉的下级官吏。《二年律令·捕律》规定，县级政府所辖之内发生盗贼，士吏"弗觉智（知）"，就是不知道，要受到处罚；"斗杀人而不得"，就

---

[1] 《张简》，第 61 页。

[2] 卜宪群：《秦汉官僚制度》，北京：社会科学文献出版社，2002 年，第 321 页。

[3] 于琨奇：《尹湾汉墓简牍与西汉官制探析》，《中国史研究》，2000 年第 2 期，第 46 页。

[4] 《睡简》，第 89 页。

[5] 《睡简》，第 79 页。

是追捕盗贼不力，没有抓到盗贼，士吏都要受到"罚金四两"的处罚。《钱律》规定，县内发生"盗铸钱"的重大刑事案件，而士吏没有抓到案犯，要受到"罚金四两"的处罚。这说明士吏的职能主要是维护社会治安，而且位在县令、县丞、县尉、官啬夫之后，应该属于下一级负责治安的县吏。张家山汉简《奏谳书》有"士吏贤"奉命追捕盗贼，因受贿没有抓到，受到司法的审判，这说明士吏以追捕盗贼为职责，否则就是失职，要受到法律处罚。《额济那汉简》编号 99ES16ST1:1 至 99ES16ST1:8 共八枚简，是一份关于士吏职能的完整行政规范，李均明认为其主要是责成士吏要立即执行被指派的工作。[1] 简文如下：

> 专部士吏典趣辄（99ES16ST1:1）
>
> 告士吏、候长、候史〔毋〕坏亭隧外内。（99ES16ST1:2）
>
> 告候、尉：赏，仓吏平斗斛，毋侵。（99ES16ST1:3）
>
> 扁书胡虏讲〔购〕赏，二亭扁一，毋令编币绝。（99ES16ST1:4）
>
> 察数去署吏卒：候长三去署，免之；候史、隧长五去，免；辅、广士卒数去，徙署三十井关外。（99ES16ST1:5）
>
> 察士吏、候长、候史多省卒给为它事者。（99ES16ST1:6）
>
> 告隧长、卒谨昼夜候，有尘若警块外谨备之。（99ES16ST1:7）
>
> 察候长、候史虽毋马禀之。（99ES16ST1:8）[2]

这七条规范所指的工作，用现代话来说大致如下：一是告知士吏、候长、候史，必须保持亭燧内外的建筑及防御设施完好无损坏；二是告知塞候、塞尉，要求仓吏经常测校用于衡量奖赏的斗斛容器是否合乎标准，不要侵夺受赏者的利益；三是把"胡虏讲〔购〕赏"的赏格，以扁书的形式公布，每两个亭一个"扁"，要保证扁书的编绳不会破损；四是纠察多次擅自离开岗位（去署）的官吏和士卒，如果是候长累计三次去署，即免去他的职位，候史、燧长累计五次擅离岗位，即免去他的职位，戍卒累计多次"去署"，即徙调往三十井的塞外执行工作；五是检核那些滥用省卒（指各地抽调来劳作的戍卒）来从事指令以外工作的士吏、候长和候史；六是告知燧长、燧卒必须日夜候望，观察敌人的动静，若塞外有尘烟异动，

---

〔1〕　李均明：《额济纳汉简"行政条规"册论考》，中国秦汉史研究会第十届年会暨国际学术讨论会论文，内蒙古呼和浩特市，2005 年 8 月 1 至 5 日。

〔2〕　孙家洲：《额济纳汉简释文校本》，北京：文物出版社，2007 年，第 5 页。

立即做好烽火警备；七是查核候长、候史没有马匹而冒领饲料的非法行为。这七条规范大概是候官责成边塞各部士吏监督候长、燧长以及塞候、塞尉、仓吏执行相关职责，以及监控物资的有效使用和合理发放。士吏并非诸部之长，他代表候官管理诸部，对诸部有监督权，有"备盗贼"的职责。例如简牍记载："居延肩水里上造，年卌六岁，姓匽氏，除为卅井士吏，主亭燧候望、通烽火、备盗贼为职。"（《合校》456·4）〔1〕说明被派到卅井任士吏的上造匽氏，"主亭燧候望、通烽火、备盗贼"，这正是士吏的基本职责。"功令第卌五：候长、士吏皆试射，射去埻帚、弩力如发弩，发十二矢，中帚矢六为程，过六矢，赐劳十五日。"（《合校》45·23）。〔2〕这条功令是规定每年秋天都要对士吏、候长、燧长等士卒、官吏进行射箭的考核，不达标将受到惩罚。这说明士吏是塞尉属吏，由候官派来监督候长、燧长的工作，一旦有警，和候长、燧长、戍卒并肩作战，也和前线士卒一起参加秋试。

（四）乡里地方基层政权

秦汉简牍中的行政法规定，国家的各项政策法令要通过乡里组织来实施，由乡里向编户齐民传达执行各级政府的文书政令。简牍中有"明白大扁书乡市里门亭显见处"，"令民尽知之"，"都乡啬夫宫以廷所移甲渠候书召：恩诣乡，先以证财物"（《新简》E.P.F 22:1）的记载，〔3〕说明乡里具有传达和执行上级政府政令的职能。张家山汉简《二年律令·秩律》中有乡吏的秩次记载，从二百石至一百六十石、一百二十石不等。〔4〕

1. 乡的行政职能

秦汉简牍所见的乡又称乡部，简称部，设在县治所在地的乡称为都乡，他乡称为离乡，乡又称邑，长官叫作啬夫，下设佐史。传世文献《后汉书》志第二十八《百官五》记载："乡置有秩、三老、游徼。本注曰：有秩，郡所署，秩百石，掌一乡人；其乡小者，县置啬夫一人。皆主知民善恶，为役先后，知民贫富，为赋多少，平其差品。三老掌教化。凡有孝子顺孙，

---

〔1〕 《合校》，第568页。

〔2〕 《合校》，第79页。

〔3〕 《新简》，第475页。

〔4〕 参看张信通：《秦汉乡里制度和管理研究》，河南大学硕士研究生学位论文，2007年；卜宪群：《秦汉之际乡里吏员杂考——以里耶秦简为中心的探讨》，《南都学坛》，2006年第1期。

贞女义妇，让财救患，及学士为民法式者，皆扁表其门，以兴善行。游徼掌徼循，禁司奸盗。又有乡佐，属乡，主民收赋税。"[1] 乡级政权的主要行政职能有三项。

其一，管理户籍制度与田宅。户籍是国家征收赋税和征发徭役的依据，秦汉法律赋予乡管理户籍的职权。《二年律令·户律》规定，"乡部、啬夫、吏、令史相杂案户籍"，就是说户籍的核实与登记是由乡政府来完成的，户籍的正本在乡存档，副本藏在县廷，若户籍核实申报有遗漏，"乡部啬夫、吏主及案户者弗得"，就要处以"罚金各一两"。里耶秦简 J1（16）9 正面记载，秦始皇二十六年（公元前 221 年）五月二十日，启陵乡向迁陵县丞汇报：经核查，启陵乡迁往都乡的相关户籍已经移交过去，启陵乡没有相关户籍，无法查出移民的年龄。这说明乡级政府是核实与登记户籍、年龄的主要责任者。居延汉简记载，永始五年（公元前 12 年）闰月己巳朔丙子，北乡啬夫忠给县里汇报所开乡民取传的身份证明（《合校》15·19），[2] 说明乡政府负责户籍的管理，也是《户律》中"有徙移者，辄移户及年籍爵细徙所"法律规定的反映。宅园田籍与户籍密切相关，因此也由乡级政府管理。张家山汉简《二年律令·户律》规定，乡级政府汇总统计的每户宅园田亩、田租簿籍，由乡政府保存正本，要录制副本上报县廷保存，县令、县丞、啬夫都要用印封存，不按规定的要处罚金四两。百姓如果想按遗嘱分田宅财物，在立遗嘱时乡部啬夫要亲自去听遗嘱，办理券书，并记入户籍，作为分田宅财物的依据。所分田宅还要立户。若乡部啬夫在给百姓办理遗嘱时故意刁难，不给办理券书，也不记录在户籍，不按律令办理，要判处罚金一两。如果没有在官府登记而冒充他人户籍取代他人田宅、出卖田宅以牟利，乡部啬夫、官吏稽留不登记并封存田籍和户籍，满一天各处罚金二两。[3] 这两条律文说明乡级政府不但管理户籍，而且管理每户宅园田亩、田租簿籍，以便征收租税和征发徭役。

其二，负责土地管理和租赋徭役征派。秦汉简牍所见乡政府依律令授田。张家山汉简《二年律令》规定："□□廷岁不得以庶人律未受田宅者，乡部以其为户先后次次编之，久为右。久等，以爵先后。有籍县官田宅，

〔1〕《后汉书》，第 3624 页。

〔2〕《合校》，第 24—25 页。

〔3〕《张简》，第 54 页。

上其廷，令辄以次行之。"（《户律》）〔1〕 这条律令是说，没有接受田宅的户，乡部啬夫要按照立户时间的先后依次造册，没有授田的户，若立户时间相等，依爵位的高低编排次序，上报县廷，县将按照乡部编排的次序授田。秦汉乡级政府有征收赋税的职权，睡虎地秦简《效律》《仓律》都有规定。"入禾仓，万石一积而比黎之为户。县啬夫若丞及仓、乡相杂以印之，而遣仓啬夫及离邑仓佐主禀者各一户以气（饩），自封印，皆辄出，余之索而更为发户。"〔2〕 禾是县政府征收的田赋，在入仓的时候由县行政主管令丞、乡行政主管乡啬夫共同封存，说明乡政府对征收赋税是负有责任的。其他简牍也有乡级政府征收赋税的资料。

其三，处理乡里各类具体行政事务。简牍所见秦汉地方基层具体行政事务，如治安维护、案件调查、民事纠纷、自然环境保护、农田水利交通等，乡都要负责处理。

一是公共交通事务管理。《二年律令》规定："田广一步，袤二百卌步，为畛，亩二畛，一佰（陌）道；百亩为顷，十顷一千（阡）道，道广二丈。恒以秋七月除千（阡）佰（陌）之大草；九月大除道口阪险；十月为桥；修波（陂）堤，利津梁。虽非除道之时而有陷败不可行，辄为之。乡部主邑中道，田主田道。道有陷败不可行者，罚其啬夫、吏主者黄金各二两。"（《田律》）〔3〕 这是乡级政府主管部内交通道路的修治，若桥梁关津坏了因修建不及时而影响交通，乡部啬夫要罚黄金二两。

二是社会治安管理。《二年律令》规定：

（1）贼燔城、官府及县官积 <u>冣</u> （聚），弃市。贼燔寺舍、民 <u>室</u> <u>屋</u> <u>庐</u> <u>舍</u> 、积 <u>冣</u> （聚）， <u>黥</u> 为城旦舂。其失火延燔之，罚金四两， <u>责</u> （债）所燔。乡部、官啬夫、吏主者弗得，罚金各二两。（《贼律》）〔4〕

（2）盗铸钱及佐者，弃市。同居不告，赎耐。正典、田典、伍人不告，罚金四两。或颇告，皆相除。尉、尉史、乡部、官啬夫、士吏、部主者弗得，罚金四两。（《钱律》）〔5〕

〔1〕 《张简》，第52页。
〔2〕 《睡简》，第25页。
〔3〕 《张简》，第42页。
〔4〕 《张简》，第8页。
〔5〕 《张简》，第42页。

（1）是盗贼故意焚烧城邑、官府及官府积聚的粮草都要处以弃市之刑。盗贼故意焚烧官舍、百姓房屋以及集聚的粮草，处以黥刑；房屋有失火被烧毁的，要处罚金四两。乡部啬夫、官啬夫、主管官员不能抓住纵火者，要各处以罚金二两。这说明乡级政府对消防安全负有连带责任。（2）是私自铸钱及帮助私自铸钱的要弃市，里典、田典、同伍不告发的要处以罚金四两，县尉、尉史、乡部、官啬夫等不能抓获盗铸钱者要处以罚金四两。这是乡级政府对地方私铸钱的重大刑事案件负有连带责任。

三是司法管理。乡官参与司法活动，郡县办理狱案都要由乡级政府协助调查。《二年律令》规定："诸欲告罪人，及有罪先自告而远其县廷者，皆得告所在乡，乡官谨听，书其告，上县道官。廷士吏亦得听告。"（《具律》）[1]这就是说乡级政府有权接受诉讼并上报县级政府。睡虎地秦简《封诊式》、张家山汉简《奏谳书》记载有不少案例。（1）查封资产。例如："封守　乡某爰书：以某县丞某书，封有鞫者某里士五（伍）甲家室、妻、子、臣妾、衣器、畜产。甲室、人：一宇二内，各有户，内室皆瓦盖，木大具，门桑十木。妻曰某，亡，不会封。子大女子某，未有夫。子小男子某，高六尺五寸。臣某，妾小女子某。牡犬一。几讯典某某、甲伍公士某某：'甲党（倘）有【它】当封守而某等脱弗占书，且有罪。'某等皆言曰：'甲封具此，毋（无）它当封者。'即以甲封付某等，与里人更守之，侍（待）令。"[2]这是乡级政府根据县丞的指示查封犯罪人家室财产的报告书，并与里人一起看守，请示县政府作出处理。（2）讯问案情。例如："亡自出　乡某爰书：男子甲自诣，辞曰：'士五（伍），居某里，以乃二月不识日去亡，毋（无）它坐，今来自出。'问之□名事定，以二月丙子将阳亡，三月中逋筑宫廿日，四年三月丁未籍一亡五月十日，毋（无）它坐，莫覆问。以甲献典乙相诊，今令乙将之诣论，敢言之。"[3]这是乡级政府对辖区内逃避徭役的犯罪人所写的犯罪案情报告书，作为上级判案的依据。（3）调查案情。"黥妾　爰书：某里公士甲缚诣大女子丙，告曰：'某里五大夫乙家吏。丙，乙妾殹（也）。乙使甲曰：丙悍，谒黥劓丙。'讯丙，辞曰：'乙妾殹（也），毋（无）它坐。'丞某告某乡主：某里五大

〔1〕《张简》，第22—23页。
〔2〕《睡简》，第149页。
〔3〕《睡简》，第163页。

夫乙家吏甲诣乙妾丙，曰：'乙令甲谒黥劓丙。'其问如言不然？定名事里，所坐论云可（何），或覆问毋（无）有，以书言。"[1] 这是县丞命令乡级政府官吏对疑难案情进行调查，并以书面的形式回复，作为判案的依据。

2. 里的行政职能

传世文献《后汉书》志第二十八《百官五》记载："里有里魁，民有什伍，善恶以告。本注曰：里魁掌一里百家。什主十家，伍主五家，以相检察。民有善事恶事，以告监官。"[2] 五家为伍，十伍为里，里有门，里主事者称为典，叫作里典，伍长称为伍老，主要职能是监督人民，负有连带责任。尹湾汉简《集簿》所见，东海郡共有 266 290 户，设置 2534 个里，平均每里约 105 户，与传世文献"一里百家"大致相当。简牍所见行政法资料中有里正、田典的记载。睡虎地秦简《厩苑律》："以四月、七月、十月、正月肤田牛。卒岁，以正月大课之，最，赐田啬夫壶酉（酒）束脯，为旱（皂）者除一更，赐牛长日三旬；殿者，谇田啬夫，罚冗皂者二月。其以牛田，牛减絜，治（笞）主者寸十。有（又）里课之，最者，赐田典日旬；殿，治（笞）卅。"整理小组注释："里，秦乡村基层政权单位。田典，疑为里典之误。秦里设里正，见《韩非子·外储说右下》，简文作里典，当系避秦王讳而改。"[3] 张家山汉简《户律》："有为盗贼及亡者，辄谒吏、典。田典更挟里门籥（钥），以时开；伏闭门，止行及作田者；其献酒及乘置乘传，以节使，救水火，追盗贼，皆得行，不从律，罚金二两。"[4] "数在所正、典弗告，与同罪。"[5] 整理小组注释："正、典，里正、田典。"由此看来，里正、田典都是存在的。此条律文规定了里正、田典的职掌，如管理公共事务、维持治安、掌管里门钥匙、定时开启门户、掌握基层户籍报告等。里耶秦简有"里典"[J1(8) 157 正]、"典"[J1(8) 157 背]、"里佐"[J1(16) 2]等记载，秦时里的长官，即非称里正，又非称里魁，而称为里典，并有佐官，下辖大约 27 户，由县令、尉任免。从简牍材料来看，秦汉里典的主要职责是维护治安，征发徭役，其次是管理农业生产、征收租税、管理人口等也应是其基本职责。

---

[1] 《睡简》，第 155 页。

[2] 《后汉书》，第 3625 页。

[3] 《睡简》，第 22—23 页。

[4] 《张简》，第 51 页。

[5] 《张简》，第 54 页。

一是掌握户籍。如果里中出现隐瞒户籍者，里典都要严惩。《秦律杂抄》规定："匿敖童，及占癃（癃）不审，典、老赎耐，百姓不当老，至老时不用请，敢为酢（诈）伪者，赀二甲；典、老弗告，赀各一甲；伍人，户一盾，皆罨（迁）之。"（《傅律》）〔1〕里典、伍老隐瞒成年儿童及申报废疾不确实的要处以"赎耐"之刑。百姓不应免老而免、应免老而不免，申请弄虚作假的罚赀两甲；里典、伍老知情不报告的罚赀一甲，一律处以流放之刑。张家山汉简《二年律令》规定："尝有罪耐以上，不得为人爵后。诸当揬（拜）爵后者，令典若正、伍里人毋下五人任占。"（《置后律》）〔2〕就是处以耐刑以上的罪人不能作为他人爵位的继承人，那些应当受爵位的继承人，里典、伍里人不少于五人担保，这说明里典对爵位的继承也负有责任。而且，里也是户口统计的基础单位，在居延汉简档案《戍卒名簿》的籍贯登记中均见里名，诉讼状辞中也规定"皆曰名、爵、县、里、年、姓、官禄"，作为诉讼活动必须要说明的事项，这也证明里在户籍管理中的作用。

二是征发徭役。里根据上级命令征发徭役，若摊派徭役不均要受处罚。睡虎地秦简《法律答问》："可（何）谓'遝事'及'乏繇（徭）'？律所谓者，当繇（徭），吏、典已令之，即亡弗会，为'遝事'；已阅及敦（屯）车食若行到繇（徭）所乃亡，皆为'乏繇（徭）'。"〔3〕"遝事""乏繇"都是指不按里典规定的时间服徭役、逃避徭役，是犯罪行为，要受到严惩。张家山汉简《二年律令》规定："兴□□□□为□□□□及发□繇（徭）戍不以次，若擅兴车牛，及繇（徭）不当繇（徭）使者，罚金各四两。"（《繇律》）〔4〕对不按次序征发徭役及不应当征发徭役而征发者都要处以罚金四两。

三是维护治安。里中发生任何危害社会治安的犯罪行为，里典、伍老都要向上级报告。睡虎地秦简《封诊式》中"厉（疠）爰书""经死爰书"两条材料反映了里典与乡或县之间的报告情形，这两个里中分别发现疑为"疠"的里人和"经死"的里人，里典以"告"的形式把这种情况向

---

〔1〕《睡简》，第 87 页。
〔2〕《张简》，第 61 页。
〔3〕《睡简》，第 132 页。
〔4〕《张简》，第 65 页。

上报告。里中居民有什么事情也要向里典和伍老汇报，《二年律令·户律》规定，伍老对伍内"有为盗贼及亡者，辄谒吏、典"，就是伍中一旦发生"盗贼及亡"的事件时，他们要尽快去向里典报告。

四是办理案件。里典在查封罪人家产时必须在场，而且对查封情况负责任。睡虎地秦简《封诊式》的封守文书中就有"凡讯典某某、甲伍公士某某：'甲党（倘）有【它】当封守而某等脱弗占书，且有罪'"的记载，[1]"脱弗占书，且有罪"指里典查封犯罪人的东西有遗漏而没有登记入册就是犯罪。里典还协助上级勘验犯罪现场，如"死经""穴盗"等爰书。

3. 伍的行政职能

秦汉户籍制度规定，同居为户，五户为伍，无爵位的农民户主称士伍，同伍连坐，就是同伍之间应相互监督、相互纠举，一户犯罪，同伍受罚，从而加强对人民的管理，维护地方治安。秦汉简牍中有关于伍的组织行政职能和失职连坐的责任制规定。睡虎地秦简的法律规定：

（1）贾市居列者及官府之吏，毋敢择行钱、布；择行钱、布者，列伍长弗告，吏循之不谨，皆有罪。（《秦律十八种·金布律》）[2]

（2）冗募归，辞曰已备，致未来，不如辞，赀曰四月居边。军新论攻城，城陷，尚有栖未到战所，告曰战围以折亡，叚（假）者，耐；敦（屯）长、什伍智（知）弗告，赀一甲；罪伍二甲。[《秦律杂抄·敦（屯）表律》][3]

（1）市场中的商贾和官府的官吏都不准对铜钱和布匹两种货币有所选择，有选择使用的，伍长不告发，吏检查不严，都有罪，要受到处罚。（2）隐瞒、包庇逃避兵役，不参加战争的士兵，伍人知道而不报告，罚赀两甲。此外，与里典一样，伍老如隐瞒申报十五岁以上成童与残疾人，户籍作假，也要处以相应刑罚。可见，秦律规定伍长对同伍之内发生违法乱纪的行为要负连带责任。张家山汉简《二年律令》继承了秦律对伍人连带责任的规定。《捕律》规定，伍人在追捕盗贼时不尽力，要受"戍边二岁"的处罚；若奋力杀贼，为国捐躯，要按律安置后代。《津关令》规定，出入关津的人员名籍要经过伍人审核后上报县政府，方可通行，若出关津五日不返回，

---

[1] 《睡简》，第149页。

[2] 《睡简》，第36页。

[3] 《睡简》，第88页。

伍长不报告的，官吏不举劾的，要按"越塞令"论处。《置后律》规定，处以耐刑以上的罪人不能作为他人爵位的继承人，那些应当受爵位的继承人，里典、伍里人不少于五人担保。这说明汉代对同伍犯罪之人也负有连坐责任。

第三节　秦汉行政组织体制

行政组织体制是国家行政组织内部各层级之间、各部门之间的权责配置关系和结构体系等各种制度规范的总和，是行政组织结构的灵魂和核心，而不同的行政组织内含或连带着不同的行政责任。秦汉简牍行政法规定，行政机关在组织体制上实行统一领导、分工负责的层级管理体制，上级行政机关领导下级行政机关，下级对上级负责，服从上级并向上级报告工作。行政组织内部机关和机构各层次之间各司其职、各负其责，权责明确，合理配置行政立法权、决策权、组织权、人事权、命令权、执行权、监督权、奖励权、处罚权、司法权、财政权等各项行政权力，根据权力的大小决定责任的轻重，实行权责统一、权责一致和权责同步，保证行政组织机关和机构正常科学的运作，调动行政人员及各方面的积极性，更好地发挥行政组织机关和机构的职能，提高行政的质量和效率。

一、行政组织上级与下级机关之间的权力分配与责任划分

秦汉简牍中的行政法规定，从中央到地方行政组织实行中央政府、郡级政府、县级政府（包括乡里基层政权）三级行政组织管理体制，确立了三级政府之间的权责关系，就是行政组织中各层级之间的纵向等级关系，上下层级之间领导与被领导的垂直关系，实行集权制与分权制相结合的体制，上下级机关合理划分权力，做到权责明确，共同负责，既防止下级政府不作为、失职，又防止下级政府擅权而胡作为、乱作为。上级机关是行政组织的行政主体，具有决策与发布命令的权力，有统一指挥和控制下级的权力，拥有立法权、命令权、给付权、奖励权、征用权、检查权、处罚权、司法权、监督权。下级机关是行政相对人，服从上级机关领导，根据上级机关的指令处理政务，接受上级监控，拥有行政执行权、申请权、汇报权、参与权、知情权、受保护权、受益权、陈述申辩权、抵制违法权、接受监督权、行政救济权等，但在执行行政公务时在合理的职权范围内可

以自行处理政务，严惩下级擅权，限制下级权力，维护上级权威。

秦汉简牍中上级对下级的领导权，主要表现在上级拥有对下级的行政审批权、决策权、发布命令权、监督权、奖惩权。据张家山汉简《二年律令》记载，像法律制定、官吏设置、司法案件复审、对官吏行政和经济的监察等重大行政事务的决策、执行与监督，都是由县道官上报郡级二千石官，郡级二千石官再上报中央丞相、御史，实行逐级申报，下级接受上级审批和监督，这是上级对下级的限权，也是上级的领导权。主要有：

1. "县道官有请而当为律令者，各请属所二千石官，二千石官上相国、御史，相国、御史案致，当请，请之，毋得径请。径请者 [者]，罚金四两。"（《二年律令·置吏律》）[1] 这里的"请"就是申请、请示。这是中央丞相、御史制定律令的决策职权，也是参议朝政权和对下级官吏的监督权。凡是县道官有提请立法的议案，都要先向所属的上级领导二千石官提请，二千石官再上请相国、御史，相国、御史认真检查议案文书，认为可行，应该提请立法，才可以把提请立法的议案奏请皇上审批，实行逐级申请和审批，不能越级提请立法，越级提请者，处以罚金四两。

2. "租、质、户赋、园池入钱县道官，勿敢擅用，三月壹上见金、钱数二千石官，二千石官上丞相、御史。"（《二年律令·金布律》）[2] 这是中央丞相、御史拥有监督下级财政经济的职权。因从事手工业、市场贸易以及收受租金与抵押的钱、户赋税、园池税等工商管理税钱要上交县道官，不得私自使用，要逐级上报，三个月要给二千石官上报金钱数目，二千石官再上报给丞相、御史。

3. "罪人狱已决，自以罪不当，欲气（乞）鞫者，许之。……二千石官令都吏覆之。都吏所覆治，廷及郡各移旁近郡，御史、丞相所覆治移廷。"（《二年律令·具律》）[3] 这是丞相、御史拥有司法审判的职权。对已经判决的案件要求重审，请求重审者要逐级上报复审，向县道官上呈状辞，县道官上报二千石官审核，二千石官上报丞相、御史，丞相、御史重新审理断案。

4. "□□□□发及斗杀人而不得，官啬夫、士吏、吏部主者，罚金各

---

[1] 《张简》，第38页。

[2] 《张简》，第67页。

[3] 《张简》，第24—25页。

二两，尉、尉史各一两；而斩、捕、得、不得、所杀伤及臧（赃）物数属所二千石官，二千石官上丞相、御史。"（《二年律令·捕律》）[1] 这是中央丞相、御史拥有监督社会治安与处罚的职权。官吏捕杀盗贼，将捕获和斩杀、没有捕获和没有捕杀、所杀伤及赃物的数量等情况上报二千石官，二千石官上报丞相、御史，丞相、御史根据实际捕杀情况奖惩官吏。

　　基层政权县通过文书的"杂案"和保管对基层乡里政权的田宅户籍实施监控与管理，乡里政权接受上级县级政府的监督，上下级间责任划分比较清楚，互相配合，互相制约。每年由乡、里吏完成具体的赋税征收，土地宅园的授受、测量，人口年龄的登记等等，户籍及各类宅园田地租、年籍、券书等正本藏于乡级政府。但县级政府的令史等官吏要参与各类文书的具体制定过程，通过所谓"杂案"，就是监督检查，实施管理乡里田租赋税和田宅户籍的权力。而且这些田宅户籍文书制定后要封闭起来，加盖县令或丞、官啬夫的印章，在县官府中收藏，副本藏于县廷。张家山汉简《二年律令》规定："恒以八月令乡部啬夫、吏、令史相杂案户籍，副臧（藏）其廷。有移徙者，辄移户及年籍爵细徙所，并封。"（《户律》）[2] 说明汉代继承了秦的制度，乡里所编造的户籍由县里核查并存档保存。"田宅当入县官而诪（诈）代其户者，令赎城旦，没入田宅。""诸不为户，有田宅，附令人名，及为人名田宅者，皆令以卒戍边二岁，没入田宅县官。"（《户律》）[3] 乡里田宅的授受由县负责监督和指导，乡里的田宅簿籍也由县里保管。"民宅园户籍、年细籍、田比地籍、田命籍、田租籍，谨副上县廷，皆以筐若匣匮盛，缄闭，以令若丞、官啬夫印封，独别为府，封府户；节（即）有当治为者，令史、吏主者完封奏（凑）令若丞印，啬夫发，即杂治为；臧（藏）府已，辄复缄闭封臧（藏），不从律者罚金各四两。"（《户律》）[4]

　　秦汉下级政府拥有一定自主权，主要表现在下级有行政执行权、汇报权、申请权、受保护权等自主权利，对本级政府负全责。汉代中央政府以监察为主要手段监控制约地方政府。地方郡县拥有极大的权力，有一定自

〔1〕《张简》，第 29 页。

〔2〕《张简》，第 54 页。

〔3〕《张简》，第 53 页。

〔4〕《张简》，第 54 页。

主权，可以自行选任官吏，正确行使自己的职权，对主管行政工作负责；若本级政府主管工作出现问题，要依法追究责任，同时也要连带追究上级政府的责任，就是下级政府工作失误，上级政府也要连坐。上级对下级要担负责任，在法律上制定了"监临部主"之法。《汉书》卷二十三《刑法志第三》记载，汉武帝颁布了"见知故纵、监临部主"之法。颜师古注："见知人犯法不举告为故纵，而所监临部主有罪并连坐也。"[1] 这就是说上级长官对管辖范围之内的下级主管官吏负有"监临"的责任，下级主管官吏对部内属吏出现的违法问题，也要承担连带责任，而具体的罪名常常被冠以"见知故纵"，即不及时举报。"监临"与"部主"连用，主要指上级长官和主管官吏对下级负有监管责任。据《汉书》卷九十《酷吏传》记载，汉武帝时期制定的"沉命法"就体现出"监临部主"之法的精神。"沉命法"规定："群盗起不发觉，发觉而弗捕满品者，二千石以下至小吏主者皆死。"颜师古注引应劭曰："沉，没也。敢蔽匿盗贼者，没其命也。"王先谦补注引沈钦韩曰："与之相连俱死为沉命也。"[2] 就是说从郡、县到乡、亭、里各级政权的上级领导、主管官吏，在辖区之内隐匿发生盗贼一律处以死罪。"监临部主"相当于唐律"监临主司"，《唐律疏议》卷二十四《斗讼律》"监临知犯法不举劾"条，疏义曰："'监临'，谓统摄之官。'主司'，谓掌领之事及里正、村正、坊正以上。"[3] 这里"监临"就是负责监管的上级领导，"主司"就是主管部门的领导，指直接负有领导责任的官吏，负有领导、监督之责或主管某项行政工作的职责，对其下属违法失职要依法举劾，不举劾的要追究其责任。《睡虎地秦墓竹简》和《二年律令》的许多律文中，在"吏主"之前都列有令、丞、尉等上级领导官吏，如《秦律十八种·司空》有"所弗问而久繫（系）之，大啬夫、丞及官啬夫有罪"，[4] 就是说县令、丞和职能部门官啬夫要同时承担责任。又如，《二年律令·捕律》记载，有关官吏对县内"盗贼发"，"弗觉智（知）"，士吏、求盗要处以戍边二岁的惩罚，令、丞、尉要处以罚金各四两，这里的令、丞、尉显然也是因其处于上级"监临"之位而承担领导连

---

[1] 《汉书》，第1101页。

[2] 《汉书》，第3662—3663页。

[3] 刘俊文点校：《唐律疏议》，北京：法律出版社，1999年，第484页。

[4] 《睡简》，第51页。

带责任。再如，《秦律十八种·金布律》规定，"县、都官坐效、计以负赏（偿）者，已论，啬夫即以其直（值）钱分负其官长及冗吏，而人与参辨券，以效少内，少内以收责之"，[1] 这条律文反映出处于上级的官长需要分担啬夫应支付的钱数，承担连带责任。总之，秦汉行政法中作为"监临部主"的令、丞、尉等官长是上级领导，对下级行政失职、渎职、不作为负有连带责任。

二、行政机关与行政机构内部之间的权力分配与责任划分

秦汉简牍中的行政法规定，行政机关和行政机构内部之间实行首长负责制与集体分工负责制相结合的制度，各级行政组织的法定最高行政决策权归一个行政首长执掌，做到权力集中，责任明确，但法定的某项行政事务权往往由几个机构分掌，或由两个以上的官吏集体执掌，实行分权制衡，分工合作，共同负责。这样既防止事权不统一，政府权力涣散，又防止官吏专权独裁，行政工作不能正常运营。

一是各级政府内部职官设置上实行分权制衡。中央政府设丞相、太尉、御史大夫，郡级政府设太守、丞、尉、监，县级政府设令丞、尉、监，行政权、军政权、司法监察权三权相对分立，各司其职，互相制约。

二是行政组织的权力结构比较合理，功能健全，形成了相对独立的决策、咨询、执行、监督系统，每个系统由多种机关和机构参与，这就是互相制衡。（1）决策系统。秦汉国家的最高决策权在皇帝，但皇帝总是与丞相商议政事，丞相府是中央最高行政决策机构。《后汉书》志第二十四《百官一》注引应劭曰："国每有大议，天子车驾亲幸其殿。"[2] 决策的结果要上奏皇帝批准。御史府长官御史大夫为丞相之副手，协助丞相参与决策。西汉成帝以后，将丞相府的行政决策权一分为三，建立了以大司徒、大司马、大司空为三公的行政中枢决策体制，而内廷的机构尚书台负责起草诏书，对三府的决策进行监督。决策的制约监督机制越来越强，逐渐实现程序化、制度化。[3]（2）咨询系统。秦汉设置的中央建言咨询机构主要有"侍中、大夫、博士、议郎，以言语为职，谏诤为官"（《潜夫论·考绩

---

〔1〕《睡简》，第 39 页。
〔2〕《后汉书》，第 3560 页。
〔3〕 刘太祥：《秦汉中央行政决策体制研究》，《史学月刊》，1999 年第 6 期。

第七》），[1] 是专职的咨询人员，对中央军国大政的决策可以无所顾忌地畅所欲言，为决策提供方案，审议决策方案，纠正决策失误，集思广益，保证了决策质量。（3）执行系统。秦汉中央最高行政执行机关一分为三，丞相（司徒）府、御史（司空）府和太尉府分管行政、军政和监察行政工作，行政事务机关九卿分别隶属于三公府，地方行政执行机关是郡、县、乡、里四级政府，行政命令大多由制令机关御史大夫寺（尚书台）发到三公府，三公府下达到郡，郡下达到县，县下达到乡、里，逐级贯彻执行，各行其是，各负其责。各级行政执行工作相对独立，行政执行机关的长官也参与行政决策，若认为决策违背法令，可以拒绝执行。（4）监督系统。秦汉建立了以中央御史大夫、地方部刺史为主的独立于行政之外的监督监察系统，直属皇帝领导，通过巡视和上计制度，检查行政执行工作的质量和效率，专职弹劾、起诉违法失职官吏。

三是秦汉行政组织内部实行层级制和职能制相结合。层级制是行政组织纵向分为若干层次，职能制是行政组织横向划分若干部门。不同层次的不同部门各有不同的权力，根据权力划分不同责任，官吏谁主管谁负责。把官吏分为领导与"部主者""吏主者""吏部主者"，所负责任是不同的，主办官吏、主管官吏负主要责任，上下级连坐，共同负责。秦汉简牍中的行政法规定，各个机构各司其职，各负其责，"官各有辨，非其官事勿敢为，非所听勿敢听"（《二年律令·置吏律》），不是自己职能主管的事情不能办，不是自己职能所管的命令不能听，只对自己主管的行政事务负责，这就是主要官吏责任制。各级政府的领导对本级行政机关及组成部门和领导、下级行政机关和领导、行政工作人员负有领导责任，下级部门和主办行政事务的官吏负有主办责任，凡是参与行政事务处理的官吏，不论上级还是下级都负有连带责任。"监临部主"之法中，负责"监临"的就是上级领导，"部主"就是部门主管的领导，负有领导、监督之责或主办某项工作，对其下属官吏违法失职要依法举劾，不举劾的要追究责任。"主"在秦汉时期可视为行政事务主要负责人的代称，主是主管，法律规定有职权，根据职权划分责任，有责任就与利益挂钩，依法进行奖惩。

"主"的责任担当，主要表现在三个方面。（1）表现为设官立职时的

---

[1] 〔汉〕王符著，〔清〕汪继培笺，彭铎校正：《潜夫论笺校正》，北京：中华书局，2014年，第85页。

职权要求上。居延新简的"令吏×劾"（E.P.T 68：81—102）是对候长王褒行政违背律令的检举揭发文书，所得的结论是"案褒，典主而擅使丹乘用驿马为虏所略得，失亡马。褒不以时燔举，而举堠上一苣火、燔一积薪。燔举不如品约[1]，不忧事边"。[2] 这封举劾文书，列举的罪状都是候长王褒违背"典主"主管职责而犯的罪行。（2）表现在法律对"主"主办行政事务过程中违法失职的责任追究上。主要有失职、违反律令等方面的犯罪行为，诸如"弗得""弗知""弗觉""不告""弗为"等失职罪名，都要担负责任，受到处罚。违反律令的罪名有"道有陷败不可行者""假借公器不以律"等行为，"吏主者"都要担负责任，受到处罚。（3）表现在对行政事务主要负责人行政违法的处罚力度上。《睡虎地秦墓竹简·效律》规定："同官而各有主殹（也），各坐其所主。"[3] 可见法律规定了官吏各有其上级主管领导，如果违法主管官吏一定要连坐，即要处罚主管领导。法律对"主"的行政事务主要负责人处罚最重，要承担主要责任，是第一责任人，而且"主"的主管官吏的责任要连坐到上级监管领导和下级主办人员。有两种情形：（1）只处罚直接主管或经办的"吏主"，而不追究其上下级的责任。如"市贩匿不自占租，坐所匿租臧（赃）为盗，没入其所贩卖及贾钱县官，夺之列。列长、伍人弗告，罚金各一斤。啬夫、吏主者弗得，罚金各二两"（《二年律令·□市律》）。[4] 这里的"吏主者"就是主管官吏；"啬夫"就是官啬夫，应该是主办部门的长官，但二者承担的责任大小是一样的，也应列入主管官吏。这说明对有些行政违法失职，要处罚部门主管或经办的"吏主"，只有"吏主"承担责任，而不追究其上下级的责任。（2）"吏主"的责任连坐到上级领导和承办官员，但"吏主"是主要责任人，处罚最重。秦汉行政法中通常把"吏主"像官啬夫这样的某项行政事务部门的直接主办领导和主办官吏视为主要责任人，而其下的小吏和其上的县令、丞、尉则视为次要责任人，因而简文中的处罚规定常分为两个部分进行表述。如"漆园殿，赀啬夫一甲，令、丞及佐各一盾，徒络组各廿给。漆园三岁比殿，赀啬夫二甲而法（废），令、丞各一

---

[1]　品约，指《塞上烽火品约》。全品约共七十条。见《居延新简》E.P.F 16：1—17。

[2]　《新简》，第460—461页。

[3]　《睡简》，第72页。

[4]　《张简》，第44—45页。

甲"。[1] 这条律文规定，当部门主办长官官啬夫被处以"赀二甲"的财产刑罚时，上级主管领导县令、丞则一般被处以"赀一甲"；当部门主办长官官啬夫被处以"赀一甲"的财产刑罚时，上级主管领导县令、丞和其他下级主办的官吏佐史一般各被处以"赀一盾"。在汉初行政法中，对负监临之责的上级主管的处罚仍以财产刑罚为主，但对直接责任者"吏主"的处罚则根据行政事项的重要程度而体现出轻重不同的处罚方式。如张家山汉简《二年律令·捕律》规定，"官啬夫、士吏、吏部主者"等"吏主"因"斗杀人而不得"被罚金二两，而尉和尉史只被罚金一两。盗贼发而"弗觉智（知）"，则主办官吏士吏、求盗要"以卒戍边二岁"，而上级主管领导令、丞、尉仅罚金四两；令、丞、尉如果能发觉盗贼而去追捕，就可以免于处罚，但仍然要处罚"吏部主者"。这里对"吏主"的处罚要远重于"监临部主"。

秦汉政府对仓库的管理也体现出集体与个人负责相结合的责任机制。粮仓的官啬夫、佐、史、禀人对粮食的出入和保管都要承担职责，同时粮仓上级主管行政部门的首长、佐史也担负监督检查的责任。粮食入仓，工作人员过秤，都要登记入账立簿"禾若干石，仓啬夫某、佐某、史某、禀人某禾若干石"，由县令、县丞与仓啬夫、佐、史、禀人共同负责封存，如果数量不足，要共同赔偿和受处罚，这体现了集体负责的责任原则。睡虎地秦简《秦律十八种·仓律》规定：禀人发放粮食或多或少均由个人负责，"出禾，非入者是出之，令度之，度之当堤（题），令出之。其不备，出者负之；其赢者，入之"，[2] 仓库出禾的禀人如果不是过秤的禀人，必须再过一遍秤，与"题识"的品种数量完全相等，就可以发放，如果再出现不足，就由个人负责赔偿。这就是把集体责任与个人责任结合在一起。如果仓库管理的官吏有更换，办理交接时，"啬夫免而效，效者见其封及堤（题），以效之，勿度县"，只要见到集体封存的"题识"，就不必再过秤称量，但对仓库自己封存的粮食则要重新称量，"唯仓所自封印是度县"。如果是仓库官吏大换班，"仓啬夫及佐、史，其有免去者"，新仓啬夫，新佐、史主廥者，"必以廥籍度之，其有所疑，谒县啬夫，县啬夫令人复度及与杂

---

〔1〕《睡简》，第 84 页。

〔2〕《睡简》，第 25 页。

出之。禾赢，人之，而以律论不备者"，(《秦律十八种·效》)[1] 就是要根据账簿记载重新称量，有问题的话，上报县啬夫解决。对仓库的粮草管理，如"有赢、不备"而不请示，及赔偿不足、假装赔偿，一律按盗窃罪论处，"禾、刍稿积廥，有赢不备，而匿弗谒，及者（诸）移赢以赏（偿）不备，群它物当负赏（偿）而伪出之以彼（贩）赏（偿），皆与盗同法"(《睡虎地秦墓竹简·效律》)。[2] 县令丞知情而不治罪，也要依法论处，"大啬夫、丞智（知）而弗罪，以平罪人律论之，有（又）与主廥者共赏（偿）不备"(《秦律十八种·效》)。[3] 这都体现出集体负责与个人负责的责任制原则。

　　总之，秦汉简牍中的行政组织法规定的组织体系比较严密，行政组织体制比较完备，从中央到地方的行政（机关）机构编制法定，纵向层级比较清楚，横向职能比较齐全，官员配置比较合理，分权制衡，权责明确，反映了我国封建社会前期全国行政机构的行政组织水平。从中央到地方实行三级政府负责制，层级分明，中央统郡，郡统县，县辖乡，上下级之间表现出垂直权力关系，各司其职，各负其责，互相制约与协调，形成了自上而下比较严密的行政组织体系和组织体制。各级政府内部设置的机构，功能比较齐全，有决策、执行、咨询、监督、办事、派出等机构，职能较为广泛，有管理经济、政治、社会等机构。各级行政机关和机构内部人员配备也比较合理，互相制衡，权责分明。从中央到地方的官员配置，有的官员是某一级所独有的，有的是各级共同的，如果按性质职能划分，可分为不同类型的官吏，有长官，有副职，有判官，有办事官吏，有秘书等层次。就简文所见，职官包括中枢之官（如丞相、御史大夫及其下属）、宫廷之官（如中车府令）、地方之官（如郡守、县令等）、军事治安之官（如太尉、都尉、县尉等）、王侯（分封之诸侯王）之官、监察之官（如刺史、都吏等）、管理财政经济之官（如治粟内史、大司农、少内、少府等）、司法之官（如廷尉、郡丞、县丞等）、生产之官（如工官、铁官等）、民族事务之官（如典属国），涉及政治、经济、文化、司法、治安等各个系统。政府内部一般只设长官一人，副长官 1—2 人，均设有总判政府事务的官、负

---

[1] 《睡简》，第 58 页。
[2] 《睡简》，第 73 页。
[3] 《睡简》，第 59 页。

　　责监察的官、分判各类政务的官，分权制约，互相配合。秦汉简牍中的行政组织法，在一定程度上保障了国家机器的正常有序运转，对社会经济的发展、民族的交流、文化的发展等方面均起到了有利的作用。

第三章　简牍中的秦汉公务员法

行政公务人员在秦汉时期就是称为"官吏"，是代表行政机关与机构依法处理行政公务的行政管理主体，他们的行政管理素质与水平是政府行政质量和效率的保障。简牍中的秦汉行政法特别重视对行政公务人员的选拔、管理、监督、赏罚等的法制建设，制定了比较完备的关于各级官吏的权利、义务、责任、任用、考核、奖惩的法律制度，促使官吏履职尽责、享受权利、承担义务，从法律上保障官吏在国家政权有序高效的运行中发挥正常作用，体现"以法治吏"的精神。

第一节　秦汉行政公务人员的权利

行政公务人员的权利是指法律对行政公务人员可以享有某种权益或者可以做出某种行为的许可和保障。秦汉简牍行政法规定了行政公务人员的权利范围，包括政治权利、经济权利、法律权利等。具体来讲，秦汉官吏享有的法定权利主要有取得俸禄、减免租税徭役、占有土地、荫子孙、减轻刑罚及享有舆服、饮食、休假和致仕权等，从而充分调动行政公务人员的工作积极性。

一、行政公务人员的政治特权

秦汉简牍中的行政法规定，行政公务人员的政治权利主要体现在代表行政机关行使行政职权，包括行政决策权、执行权、监督权、奖惩权、人事权、财政经济权、社会治安权等各级各类行政职权。在行政组织中各个职位法定的职权是行政公务人员所应享有的重要政治权利，也是行政公务人员在执行公务过程中由国家授予的必要权利和必要工作条件。秦汉行政公务人员在执行公务时所具有的法定政治权利，代表了国家的意志，用国家强制力保证行政公务人员职权的行使。但是，行政公务人员对行政职权的行使必须在法律规定的范围内，不得超越法定的权限，更不得滥用职权。

二、行政公务人员的经济特权

行政公务人员的经济特权是行使政治权利的物质保障。简牍中的秦汉行政法规定了不同行政级别的官吏有不同的经济特权，主要有俸禄、传食、衣服等与工作和生活密切相关的衣食住行等方面的基本经济保障。

（一）俸禄

秦汉俸禄是按照行政公务人员不同的官品秩级发放的，分为俸钱和谷物两项。官吏发放谷物，按"石"表示秩级，按月发放，领取的谷物以"斛"表示。比如"万石"的官吏，"一万石"表示官品秩级，每月领取的俸禄是 350 斛。传世文献中也有记载一些有关汉律俸禄的佚文，《汉书·成帝纪》注引如淳曰："律：丞相、大司马、大将军奉钱月六万，御史大夫奉月四万也。"[1]《汉书·宣帝纪》注引如淳曰："律：百石俸月六百。"[2]《史记·汲郑列传》集解引如淳曰："律：真二千石，俸月二万；二千石，月万六千。"[3]《史记·外戚世家》索引引如淳曰："《汉律》：真二千石俸月二万。"[4] 但《汉书·百官公卿表》颜师古注，《后汉书·百官公卿表》李贤注、刘昭注，两汉吏员俸禄记载不一。一般来讲，六百石俸禄 70 斛，四百石 50－45 斛，比四百石 45－40 斛，三百石 40 斛，比三百石 37 斛，二百石 30 斛，比二百石 27 斛，百石 16 斛，斗食 11 斛，佐吏 8 斛。汉代简牍中关于俸禄的资料比较多。陈梦家《两汉所见俸例》一文，根据传世文献和简文相结合，理清了两汉俸例的变化。[5] 日本永田英正《居延汉简研究》第一部第二章"居延汉简的集成二"中，把居延汉简中的官俸资料定名为《吏受俸名籍》，理清了官吏俸钱的来源、俸钱数、支付物、支付方式、领取过程等问题。[6] 张家山汉简《二年律令·赐律》规定，对没有

〔1〕《汉书》，第 329 页。

〔2〕《汉书》，第 263 页。

〔3〕《史记》，第 1984 页。

〔4〕《史记》，第 3110 页。

〔5〕 陈梦家：《两汉所见俸例》，《文物》，1963 年第 5 期。收入《汉简缀述》，北京：中华书局，1980 年。

〔6〕［日］永田英正著，张学锋译：《居延汉简研究》，桂林：广西师范大学出版社，2007 年，第 159 页。

做官的以及宫中内侍根据爵位比照不同级别的官吏给付禄米多少：关内侯以上比照二千石，卿比照千石，五大夫比照八百石，公乘比照六百石，公大夫、官大夫比照五百石，大夫比照三百石，不更比照有秩，簪袅比照斗食，上造、公士比照佐史。[1] 在出土的简牍资料中，主要记载的是地方公务人员的俸禄，《居延汉简·建武三年居延都尉吏奉册》（E.P.F 22：70－75）就记载了建武初窦融在河西地区颁布的官吏俸禄规定：居延都尉每月谷60石，居延都尉丞每月谷30石，居延令每月谷30石，居延丞每月谷15石，居延左右尉每月谷15石。[2] 张家山汉简《秩律》有关于官吏品级禄秩的专门规定。

（二）衣食

云梦秦简《秦律十八种·金布律》和张家山汉简《二年律令·赐律》都根据官吏秩级和爵位规定了供应衣服、棺材和寿衣、酒和副食的标准。《二年律令·赐律》规定：五大夫以上赏赐锦制作的表，公乘以下赏赐没有花纹的缦表，都是用帛做的里；司寇以下赏赐麻布做的表、里。二千石官吏死于工作岗位上，赏赐上衣、短袄、棺材及官服上下衣；郡尉，赏赐上衣、棺材及官服下衣。一千石至六百石官吏死在工作岗位上，所在县赏赐棺材及官服上衣；五百石以下至丞、尉的官吏死在工作岗位上，所在县赏赐棺材。同时还对所赐衣服的用料也有具体规定：赏赐上衣者六丈四尺、衣物的饰边五尺、棉絮三斤，短衣二丈二尺、衣物的饰边一丈、棉絮二斤，裤二丈一尺、棉絮一斤半，大被子五丈二尺、衣物的饰边二丈六尺、棉絮十一斤。这是对行政公务人员赐衣的标准。[3]《二年律令·赐律》规定国家公务人员的副食供应标准，大概官吏秩级一百石给与十二斤肉、一斗酒；斗食令史给与十斤肉，佐史给与八斤肉、七升酒。二千石官吏给与较精的粟米、精稻米、黏稻各九升，醋、酱各二升，介（芥）酱一升；一千石至六百石的官吏，给与粮食十八升，醋、酱各一升；五百石以下官吏，给与粮食九升，酱半升。[4] 传世文献《后汉书·舆服志》对汉代不同级别官

〔1〕《张简》，第49页。

〔2〕 参看罗庆康：《汉代俸禄制度的特点》，《湖南师大社会科学学报》，1987年第1期；［日］若江贤三：《试论东汉半钱半谷的俸禄制》，《中国史研究》，1989年第2期。

〔3〕《张简》，第48页。

〔4〕《张简》，第50页。

吏的车舆、服饰冠带、印绶有相当详细的等级权利规定。《汉书》卷五《景帝纪》记载景帝的诏令:"夫吏者,民之师也。车驾、衣服宜称。吏六百石以上,皆长吏也。亡度者或不吏服,出入闾里,与民亡异。令长吏二千石车朱两輠,千石至六百石朱左輠。车骑从者不称其官衣服,下吏出入闾巷亡吏体者,二千石上其官属,三辅举不如法令者,皆上丞相御史请之。"[1]居延汉简记载了不同级别官吏在不同场合的服饰颜色的法律规定:"律:御史大夫□□□从吏民非宿卫,从官列侯以上,□□得衣绛青□卮黄,得□☑□□□□绛衣以□,嫁女得衣绛□。其昏礼,□□□□□□□□吏三百石以上☑,□得衣铜,□五未参韦□及绀纯黄,出□□□□□□名上练□宿卫、从官□。"(E.P.T 52: 120)[2]

(三)出行配置服务人员、交通工具和安排食宿

睡虎地秦简《秦律十八种·金布律》对都官与离官长官及属吏的生活待遇规定,"都官有秩吏及离官啬夫",每人配给专门做饭者一人,他们的佐、史和他们一起使用;每十人分配牛车一辆,看牛的一人。《秦律十八种·传食律》中有以国家公务人员的爵位为标准供应饭食的法律规定:爵为大夫、官大夫以上的,按其爵级规定供应饭食;爵为不更到谋人的,每餐粺米半升,有菜羹,供应刍稿各半石;爵为上造以下到官府中没有爵位的佐、史以及卜、史、司御、寺、府等,每餐粝米一斗,有菜羹。张家山汉简《二年律令》中的《传食律》有以官品秩级为标准供应公务人员饭食人数的法律规定:二千石的官吏不超过十人,一千石到六百石的官吏不超过五人,五百石以下到二百石的官吏不超过二人,二百石以下的官吏不超过一人。不是官吏的随从人员按爵位比照官吏秩级提供膳食,卿以上比照千石,五大夫以下到官大夫比照五百石,大夫以下比照二百石。《传食律》的内容还见于敦煌悬泉汉简,具体到每天的用鸡数量。

(四)分配土地,免除租税和刍稿

张家山汉简《二年律令·户律》规定,根据行政公务人员秩级和爵位分配土地和宅基地。一是土地:关内侯95顷,大庶长90顷,驷车庶长88顷,大上造86顷,少上造84顷,右更82顷,中更80顷,左更78顷,右庶长76顷,左庶长74顷,五大夫25顷,公乘20顷,公大夫9顷,官大夫

---

[1]《汉书》,第149页。

[2]《新简》,第237页。

7 顷，大夫 5 顷，不更 4 顷，簪袅 3 顷，上造 2 顷，公士 1.5 顷，公卒、士五（伍）、庶人各 1 顷，司寇、隐官各 50 亩。二是宅基地：彻侯 105 宅，关内侯 95 宅，大庶长 90 宅，驷车庶长 88 宅，大上造 86 宅，少上造 84 宅，右更 82 宅，中更 80 宅，左更 78 宅，右庶长 76 宅，左庶长 74 宅，五大夫 25 宅，公乘 20 宅，公大夫 9 宅，官大夫 7 宅，大夫 5 宅，不更 4 宅，簪袅 3 宅，上造 2 宅，公士 1.5 宅，公卒、士五（伍）、庶人 1 宅，司寇、隐官 0.5 宅。卿以上免除租税和刍稿。

三、行政公务人员的法律特权

秦汉简牍中的行政法规定，行政公务人员有用职位和爵位为自己和亲属减免刑罚的权利。睡虎地秦简《法律答问》规定在官府做事的吏享有免于起诉的权利："吏从事于官府，当坐伍人不当？不当。"[1]《秦律十八种》有根据军功赏赐的爵位免除亲属刑事处罚的规定："欲归爵二级以免亲父母为隶臣妾者一人，及隶臣斩首为公士，谒归公士而免故妻隶妾一人者，许之，免以为庶人。"（《军爵律》）[2] 张家山汉简《二年律令》规定可以用爵位和职位赎减刑罚："上造、上造妻以上，及内公孙、外公孙、内公耳玄孙有罪，其当刑及当为城旦春者，耐以为鬼薪白粲。公士、公士妻及□□行年七十以上，若年不盈十七岁，有罪当刑者，皆完之。☑杀伤其夫，不得以夫爵论。吕宣王内孙、外孙、内耳孙玄孙，诸侯王子、内孙耳孙，彻侯子、内孙有罪，如上造、上造妻以上。"（《具律》）[3]

四、行政公务人员的休假权利

秦汉简牍中的行政法规定，行政公务人员有休假的权利，主要有常休假，"五日一休沐"。汉代公务员五天放假一次，每次放假一天。边关士吏是集中长休。例如："第二十八隧长张骏休二十日。"（E.P.T 65:136）"第二十五隧卒鲍永休三十日。"（E.P.T 65:323）张家山汉简《二年律令·置吏律》载："吏及宦皇帝者、中从骑，岁予告六十日；它内官，卅日。吏官

---

〔1〕《睡简》，第 129 页。

〔2〕《睡简》，第 55 页。

〔3〕《张简》，第 20—21 页。

去家二千里以上者，二岁壹归，予告八十日。"[1] 这里的"予告"就是休假。《二年律令》有"归休若罢官而有传者，县舍食人、马如令"（《传食律》），[2] "归休"也是休假，官吏归休有更为具体的待遇，即可以享受传食。"告"和"宁"这两种方式简牍中都有记录，据尹湾汉墓木牍五的统计，"告"的详细原因没有记录，"即丘长范常十一月四日告"，可能是事假，但"宁"的原因及对象都有具体记录，"襄贲左尉陈褒十一月廿日兄死宁"，可能是丧假。居延汉简中还有告病文书即病假的具体实例，如"即日病头痛"（《合校》283·7）、"甲渠候官病书"（《合校》26·22），说明病假与告宁文书是不同的。汉简中还有大量"以令取宁"的记录，如"甲渠候长愿以令取宁，即日遣书到"（《合校》160·16），说明汉代官吏"取宁"是有律令依据的。

第二节　秦汉行政公务人员的义务

行政公务人员的义务，就是法律对行政公务人员做出一定行为或不得做出一定行为的约束和限制。秦汉简牍中的行政法规规定，行政公务人员必须履行依法行使职权、忠实执行国家公务、不得滥用权力的义务，否则要追究责任。具体来讲，其法定主要的义务有遵守法律、执行职务、接受监督、服从命令、忠于职守、廉洁奉公、维护国家利益等。

一、遵守法律，服从命令

秦汉简牍中的行政法规定，国家行政公务人员在行使职权、处理行政事务中要遵守法律，就是要按照律令办理行政事务。云梦秦简《为吏之道》中"敬上勿犯"，"犯上弗智（知）害"，都是教育官吏要服从命令。《秦律十八种·内史杂》："县各告都官在其县者，写其官之用律。"[3] 要求各机关按法律执行职务。在律文中常见"如律""如令""如律令"："增积如律令"（《秦律十八种·仓律》），"购如律"（《秦律十八种·盗律》），"如厩律"（《秦律十八种·仓律》），"如厩律"（《秦律十八种·

---

[1] 《张简》，第38页。
[2] 《张简》，第40页。
[3] 《睡简》，第61页。

内史杂》），"购之如律"（《二年律令·捕律》），"赏如律"（《二年律令·钱律》），"赎如律"（《二年律令·捕律》），"食马如律"，"县舍食人、马如令"（《二年律令·传食律》），"写移如律令"，"当舍传舍，从者如律令"，"以次为驾，如律令"，"下当用者，如律令"，"代罢如律令"，"警备如律令"，"移过所如律令"，"过河津关如律令"，"听书从事如律令"，"毋留如律令"，"毋忽如律令"，"毋失期如律令"，"毋令缪如律令"等，都是要求国家公务人员遵守法律，按照律令办理行政事务。[1] 在律文中常见"以律""以令"："以律禀食"（《秦律十八种·仓律》），"以律食之"（《秦律十八种·仓律》），"其出入钱以当金、布，以律"（《秦律十八种·金布律》），"以律禀衣"（《秦律十八种·金布律》），"受者以律续食衣之"（《秦律十八种·属邦》）。国家公务人员如在行使职权、处理行政事务中"不从律""不从令""不如律""不如令"，就构成犯罪，要"以律论之"，追究责任，严惩不贷，充分体现出国家公务人员有遵守法律的义务。睡虎地秦简《内史杂》："非史子殴（也），毋敢学学室，犯令者有罪。"[2] 《法律答问》："律所谓者，令曰勿为，而为之，是谓'犯令'；令曰为之，弗为，是谓'法（废）令'殴（也）。""法（废）令、犯令，迁免、徙不迁？迁之。"[3] "郡县除佐，事它郡县而不视其事者，可（何）论？以小犯令论。"[4] 法律规定要以令的规定去行政，令不让做的就不做，如果违令去做的就要"以律论之"，追究法律责任。"有不从令者有罪"（《秦律十八种·田律》），"不从令者赀一甲"（《秦律十八种·关市》），"上造以上不从令，赀二甲"，"除士吏、发弩啬夫不如律，及发弩射不中，尉赀二甲"（《秦律杂抄》），"不从律者，以鞫狱故不直论"（《二年律令·具律》），"不从律，罚金二两"（《二年律令·户律》），"以犯令律论吏主者。减舂城旦月不盈之禀"（《秦律十八种·仓律》），"不如令者，皆以律论之"（《秦律十八种·金布律》），"而以律论其不备"（《秦律十八种·效》），"以平罪人律论之"（《秦律十八种·效》），"计用律不审而赢、不备，以效赢、不备之律赀之，而勿令赏（偿）"（《睡虎地秦墓竹简·效律》），"留者以律

---

〔1〕 刘太祥：《简牍所见秦汉律令行政》，《南都学坛》，2013 年第 4 期。
〔2〕 《睡简》，第 63 页。
〔3〕 《睡简》，第 126 页。
〔4〕 《睡简》，第 127 页。

论之"(《秦律十八种·行书》),"匿及弗归,盈五日,以律论"(《二年律令·贼律》),"其不自言,盈廿日,亦以私自假律论"(《二年律令·盗律》),"皆以鞫狱故纵论之"(《二年律令·捕律》),"擅为传出入津关,以传令阑令论"(《二年律令·津关令》),"舍亡人律论之"(《二年律令·亡律》),"以匿罪人律论"(《二年律令·亡律》),"皆以越塞令论之"(《二年律令·津关令》),"田不从令者论之如律"(《云梦龙岗秦简》194)。[1]《秦律杂抄·除吏律》:"为(伪)听命书,法(废)弗行,耐为侯(候);不辟(避)席立,赀二甲,法(废)。"[2] 以上都是说官吏如不按照律令行政,不听从命令,就要受到严重的刑事处罚。

二、执行职务,忠于职守

秦汉简牍中的行政法规定,国家公务人员必须忠于职守,尽职尽责。云梦秦简《为吏之道》:"一曰中(忠)信敬上",指忠于国家、忠于职守是官吏的五种善政之一;"四曰受令不偻",指接受任官的命令而不立即执行职务就是为政五失之一。《法律答问》:"廷行事吏为诅伪,赀盾以上,行其论,有(又)废之。"[3] "吏为诅伪",就是指官吏行政欺诈,要免除官职,永不叙用。汉律中的诈伪行政,如"铸作伪金","诸谋盗铸钱,颇有其器具未铸者","诸谍(诈)伪自爵、爵免、免人者","证不言请(情),以出入罪人者,死罪","译讯人为谍(诈)伪,以出入罪人,死罪","为伪书者"等,都处以"黥为城旦春"之刑。《法律答问》:"啬夫不以官为事,以奸为事,论可(何)殹(也)?当罨(迁)。"[4] "不以官为事",就是不执行职务,要处以流放的刑罚。《秦律杂抄·除弟子律》:"故大夫斩首者,罨(迁)。"[5] 就是大夫不得在阵前斩首,否则要被流放。《二年律令·置吏律》规定:"官各有辨,非其官事勿敢为,非所听勿敢听。"[6] 就是官吏各有其法律规定的职责,不是职责规定的行政事务不

---

[1] 《龙简》,第 41 页。
[2] 《睡简》,第 80 页。
[3] 《睡简》,第 107 页。
[4] 《睡简》,第 107 页。
[5] 《睡简》,第 81 页。
[6] 《张简》,第 37 页。

能做，不是职责规定的行政命令不能执行。传世文献《汉书·景帝纪》记载有"二千石各修其职令"："其令二千石各修其职，不事官职耗乱者，丞相以闻，请其罪。"[1] 汉代行政法规定，擅权，失职，"越官而有功"，都要受到处罚。官吏滥用和超越职权行政要依法追究责任。汉律对官吏"擅赋敛""擅兴徭""擅移狱""擅发兵""擅出界"与擅自增加劳绩年数等擅自违法行政的行为，都严惩不贷。张家山汉简有"擅赋敛者，罚金四两，责所赋敛偿主"（《二年律令·杂律》），"诸使而传不名取卒、甲兵、禾稼志者，勿敢擅予"（《二年律令·置吏律》）等规定。[2]《二年律令·贼律》规定，保卫边防城池的将士，如不坚守工作岗位，谋反，投降卖国，或遇到盗贼"不坚守而弃去之若降之"，都要处以死刑。居延新简E.P.T 68:6记载，按照律令的规定，冯匡因软弱不任吏职被免除职务；又据简E.P.F 22:253，确有"第十士吏冯匡，斥免缺"的记载，说明冯匡确实是因不胜任而以令斥免的。

三、廉洁奉公，不谋私利

云梦秦简《语书》中，"良吏"必须有"公心"，不谋私利，严禁贪赃枉法。《为吏之道》要求官吏，"凡治事，敢为固，谒私图，画局陈弈（其）以为矱"，[3] 就是管理政务要像下棋一样，反复思考，谨慎行事。《秦律十八种·置吏律》："啬夫之送见它官者，不得除其故官佐、吏以之新官。"[4] 调任他职的官吏不能任命自己的故吏。已经任命的官吏必须立即到任处理政事，"所不当除而敢先见事，及相听以遣之"，对不应该任命的官吏而胆敢提前到任处理政务的，要"以律论之"。《秦律杂抄》规定，自佐、史以上官吏利用职权，"令市取钱焉，皆迁（迁）"，就是经商谋利，要处以流放之刑。张家山汉简《二年律令·盗律》："受赇以枉法，及行赇者，皆坐其臧（赃）为盗。罪重于盗者，以重者论之。"[5] 这条律令规定，官吏贪赃枉法，收受贿赂，要按照盗窃罪从严从重处刑。官吏如贪污

---

〔1〕《汉书》，第151页。
〔2〕《张简》，第33、37—38页。
〔3〕《睡简》，第173页。
〔4〕《睡简》，第56页。
〔5〕《张简》，第16页。

浪费国家的财产，价值达到十金就要被判处死刑。

第三节　秦汉行政公务人员的责任

秦汉行政公务人员享有优厚的待遇，负有应该履行的义务，对自己不履行义务的行为要担负责任，受到法律处罚。秦汉简牍中的行政法规规定，对违法失职行政公务人员主要追究三种责任：一是行政责任，就是官吏不履行义务而又没有触犯刑律，可不经过司法机关和法律程序，而由行政机关做出的一种处罚，或叫行政处分，有谇、赀、免、废；二是刑事责任，职务犯罪要处以重刑；三是民事责任，官吏因违法失职造成重大经济损失的，有经济赔偿的责任。

一、行政责任

行政责任就是指官吏不履行行政职责，但又没有触犯刑律，可不经司法机关和法律程序，而直接做出行政处分。最轻的处罚是训斥（谇）。对各种行政过失，如粮仓管理中有鼠洞等都要训斥。稍重的处罚是罚款，秦律称作"赀"，汉律叫"罚金"。如损失官府物资的，秦律规定，"过二百廿钱以到千一百钱，赀啬夫一盾"（《效律》）。[1] 张家山汉简《二年律令》罚金适用的行政犯罪罪名很多，有以下犯上、任人不廉、盗窃、学业不精、打架斗殴等罪。例如《贼律》规定，"挢（矫）制，害者，弃市；不害，罚金四两"。[2] 较重的处罚是免职，简文中称为"免"，就是撤销职务。张家山汉简《二年律令·捕律》规定，一年当中县令、丞、尉对"盗贼发"三次以上而"不觉智（知）"，就是不胜任其职，就要免职。免官之后仍有机会复职。最重的处罚是免职后永不叙用，简文中称作"废"，就是剥夺担任官吏的权利。《除吏律》有"任废官者为吏"，就是任用"废官"为官吏，要受到"赀二甲"的处罚。

二、刑事责任

刑事责任就是官吏因在行政活动中利用职权犯罪，或因事触犯刑律，

---

[1]《睡简》，第71页。
[2]《张简》，第9页。

要处以刑罚。一是磔、腰斩、弃市、枭首等死刑，主要用以处罚给国家利益造成重大损失的谋反及大逆不道和失职渎职等严重行政犯罪行为。例如张家山汉简《二年律令·盗律》，"以城邑亭障反"即谋反罪，"守城邑亭障"，敌人攻城时不坚守岗位、临阵脱逃或投降，"皆要斩"。二是徒刑，有城旦舂、鬼薪白粲、隶臣妾、司寇、候等形式，是剥夺犯罪人自由、强制劳役的刑罚，主要用于处罚官吏诬告、欺诈和失职渎职等行政犯罪行为。例如，《法律答问》规定，"通一钱"，即行贿、受贿达到一个铜钱，就要"黥为城旦"。[1] 再如，《二年律令》规定："告不审及有罪先自告，各减其罪一等，死罪黥为城旦舂……"（《告律》）[2]

三、民事责任

民事责任就是官吏因行政违法造成国家财产损失而应负的赔偿责任。（1）官吏因自身失职行为直接造成国家重大经济损失的，不但要追究行政责任，还要追究赔偿责任。例如，《秦律十八种·效》规定，会计报销了不应报销的开支，"过六百六十钱以上"，不但赀官啬夫一甲，还要"复责其出也"，就是要赔偿多报销的部分。《工律》规定，官吏借出公物未及时收回，借者逃亡或死亡，要负赔偿公物的责任。（2）官吏不是因自身失职行为直接造成国家经济损失的，不负行政责任，只赔偿经济损失。《秦律十八种·金布律》："百姓叚（假）公器及有责（债）未赏（偿），其日蹆以收责之，而弗收责，其人死亡"，"令其官啬夫及吏主者代赏（偿）之"，[3] 就是借出官物未及时收回，而借者死亡或犯罪无法追回，可不负行政责任，但当事人和主管官吏要负赔偿责任。张家山汉简《二年律令·杂律》有"擅赋敛者，罚金四两，责所赋敛偿主"，私自征收赋税的不但要追究行政责任，还要担负赔偿责任。

第四节　秦汉行政公务人员的选任

秦朝自商鞅变法就建立了官吏选任制度，卫宏《汉旧仪》卷下载：

---

〔1〕《睡简》，第 137 页。
〔2〕《张简》，第 26 页。
〔3〕《睡简》，第 38 页。

"至秦始皇帝灭诸侯为郡县，不世官，守、相、令、长以他姓相代，去世卿大夫士。"[1] 废除官吏世袭制，推行任命制。秦简律文中有《置吏律》《除吏律》《除弟子律》《效律》四篇专门有关官吏选任的法规。张家山汉简《二年律令》继承了秦的《置吏律》《效律》等，新制定了《爵律》《秩律》《史律》等官吏选任的专门法规，创建了一套行之有效的官吏选任制度，行政公务人员选任有广泛的途径、严格的条件、多种的形式和严密的程序，以法令为准绳，规范官吏选任方式，明确选任官吏的责任，确保了官吏有较高的素质。

一、选拔途径

秦汉依法建立和发展了以察举、考试为主体，以荐举、辟署、征召、军功、纳赀、任子等为辅助的多种官吏选拔制度。

（一）察举

就是经过考察后进行荐举，是在先秦乡举里选制度基础上发展起来的选官制度，由丞相、诸侯王、公卿和郡国守相按皇帝下诏指定举荐的科目要求考察和荐举人才。应举者按不同的科目，在京城的太常寺或公车司马署等处进行考试。考试由皇帝出题策问，或由丞相、御史二府及九卿策试，根据对策成绩高下分别授官或作为郎官候补。察举的科目繁多，主要有孝廉、茂才、察廉、光禄四行，有贤良方正、贤良文学、明经、明法、至孝、有道、敦厚、尤异、治剧、勇猛知兵法及明阴阳灾异等各科。后来规定岁举的科目以孝廉、茂才为主，并且规定了主要长官每年荐举的数目。

1. 孝廉就是孝子廉吏，意在举孝子，察廉吏。孝廉多出任郎官、县长吏，升任尚书、侍中、郡守、刺史，甚至官至三公，是汉代出仕为官的主要途径。汉武帝元朔元年（公元前 128 年），就依法规定了不察廉不举孝所应承担的责任与惩罚，史称"惩不举孝廉令"："不举孝，不奉诏，当以不敬论。不察廉，不胜任也，当免。"[2] 察举的孝廉，还要经过官府的考试。《后汉书》卷六十一《左雄传》载，东汉顺帝阳嘉元年（132 年），尚书令左雄对察举之孝廉制度进行改革，向皇帝建议："请自今孝廉年不满四十，

---

[1] 〔汉〕卫宏：《汉旧仪》，〔清〕孙星衍等辑，周天游点校：《汉官六种》，北京：中华书局，1990 年，第 51 页。

[2] 《汉书》，第 167 页。

不得察举，皆先诣公府，诸生试家法，文吏课笺奏，副之端门，练其虚实，以观异能，以美风俗。有不承科令者，正其罪法。若有茂才异行，自可不拘年齿。"〔1〕 就是对察举的人才例行在三公之府进行考试，儒生考师传经学，官吏考公牍文书。再在端门进行面试考察，审核查实是否符合真实情形。以考试的成绩选取官吏，凡违背考试规定者，依法治罪。顺帝采纳了左雄考试选官制度的建议，"于是班下郡国"，就是将这个建议作为诏令下达到各郡国执行，这就是隋唐科举考试制度的萌芽。官府对地方官察举孝廉的考试采取严格的审查制度，严惩地方官察举非其实的做法，从而堵塞了察举制的漏洞，如"济阴太守胡广等十余人，皆坐谬举免黜"，"自是牧守畏栗，莫敢轻举"。〔2〕

2. 茂才，又称秀材，是对有特殊才能官吏的选拔，通过地方官员发现人才并推荐到中央。但在才能的认定上要高于"孝子廉吏"，既重德又重才，常常是在通经学、察孝廉的基础上再举为茂才，特别重视某一方面的特殊才能，如博学、节义、善战等。例如尹湾汉墓简牍《东海郡下辖长吏名籍》有以"秀材"升迁县令的记载："戚令，丹杨郡句容□道，故杨州刺史从事史，以秀材迁。""襄贲令，北海郡淳于王贺，故青州刺史从事史，以秀材迁。"〔3〕

3. 贤良，又称贤良方正、贤良文学，是皇帝颁布诏令察举天下匡补时政、问民疾苦、忠言极谏等贤良人才，为皇帝治国理政出谋献策，又称"诏举"。皇帝对中央和地方察举的贤良要亲自下策书出题考试，亲自阅览。贤良方正参加的考试称为"对策"，汉代最为出名的是汉武帝根据董仲舒的"贤良对策"，确定了"罢黜百家，独尊儒术"的儒教政策。皇帝的策试不是资格考试，而是学识测试，就是通过对当时政治得失、局势政务的策论来测试贤良的学识、见解和处理政事能力。策试成绩入高第的，一般被任命为议论或言谏之官，也有出任县令长者，例如盖宽饶"举方正，对策高第，迁谏大夫"。尹湾汉墓简牍《东海郡下辖长吏名籍》记载："司吾长沛郡萧刘奉上故孝者，以宗室子举方正除。""临沂长鲁国鲁丁武，故

---

〔1〕 《后汉书》，第 2020 页。
〔2〕 《后汉书》，第 2020 页。
〔3〕 《尹简》，第 86 页。

相守史，以举方正除。"〔1〕

4. 明经，就是明习经学，秦朝就有此科。汉代察举中的明经科，是最重要的特科之一。"经"，原指先秦经典，自从汉武帝尊崇儒学，"经"就专指儒家经典。明经科把通经的多少作为选拔官吏的条件，被举者要熟习经学。西汉时举明经科不按人口，东汉章帝元和二年（85 年）开始，以人口多少定举荐数，后来又加上年龄限制，年五十至七十岁才有资格入太学，如同博士弟子一样深造学习。被察举明经的人，不论是青年才俊的白身，还是品行优秀的官吏，都要经过太常主持的与博士弟子一样的"射策"考试。其方法是主考官将有关经学的疑难问题写在简策上，按照难易程度分为甲乙两科或甲乙丙三科，列置而不显露题目，应试者任意选取简策解释论答，中甲科者为郎中，中乙科者为掌故。汉代许多名臣，如孔安国、贡禹与韦贤、韦玄成父子皆以明经科入仕，先后位居宰相。重经之风一直延续到隋唐时期的科举考试，唐代的明经科试帖经，也是以通经比例决定等第。察举制度实际是一种自下而上的荐举制度，以"德行"作为考察和推荐官吏的主要标准，辅之以"策试"和"考试"，以检验所推荐官吏的学识和才能，还特别重视所选拔官吏的行政实践能力，废除了先秦世卿世官的世袭制，在选官制度上是一大进步。汉代行政法律规定，对官吏察举茂才孝廉要认真核实，以选拔德才兼备之人，若非其人还要追究责任，"有非其人，临计过署，不便习官事，书疏不端正，不如诏书，有司奏罪名，并正举者"。〔2〕

（二）征辟

征，征召，是皇帝采取特征和聘召的方式，选拔"吏民有明当时之务，习先圣之术者"，以及在当时社会上声明德望著于世者，朝廷为他们提供特殊待遇，"县次续食，令与计偕"。〔3〕征召是一种比较尊荣的仕途，被征召的人在汉代称为"征君"，沿途地方官负责迎送，有时还用公家的车马直接迎进朝廷。辟亦称辟署、辟除、辟举、辟召等，是主要长官聘任属吏的制度。汉代规定，二千石以上的长官可以"自辟掾属"，直接作为百石

---

〔1〕《尹简》，第 89 页。

〔2〕〔汉〕应劭：《汉官仪》卷上，〔清〕孙星衍等辑，周天游点校：《汉官六种》，北京：中华书局，1990 年，第 125 页。

〔3〕《汉书》，第 164 页。

官吏，百石以上的官吏再报中央核准。辟署分为中央长官辟署和地方长官辟署两种途径。在中央公府辟署的掾属升迁最快，如《后汉书》卷二十五《鲁恭传》载，东汉的鲁恭"在公位，选辟高第，至列卿郡守者数十人"。〔1〕按规定，中央长官辟署掾属不限地域，可在全国范围内选用人才，地方长官则只能在其管辖范围内辟署。征辟的标准类似察举，要求被选用者必须是有"才能操守者"，一般还需要经过一定的考试。

（三）其他途径

除察举与征辟两种主要选拔途径之外，秦汉还有其他选拔官吏的途径，诸如荐举、任子、军功、计吏、上书、博士弟子和国子、技艺、纳赀等。这些选官途径一方面是作为主要选官方式的补充，另一方面则是为了适应当时某种政治形势的需要。

1. 荐举，有私人荐举和官府荐举之分。私人荐举是臣属以个人名义向君主举荐人才，官府荐举是以官府的名义向君主举荐人才。这两种方式均为察举制的补充。荐举带有一定的保举性质，被举荐的人如果犯法，荐举人要负连带责任。

2. 任子，是勋臣子弟依靠父兄的官秩和功劳被保任为官的方式。《汉书》卷十一《哀帝纪》注引应劭曰："任子令者，《汉仪注》：吏二千石以上视事满三年，得任同产若子一人为郎。"〔2〕规定二千石以上的高级官吏可以享有保举权，根据任官年限可以保举兄弟或儿子一人为郎官，后来发展到保举家人、族人，既不限制视事三年，又不完全限制官秩，退休致仕的官僚也可以享受这种待遇。

3. 功劳，就是秦汉按照"功绩"（即业绩）和"劳资"（即资历）选拔官吏。秦在商鞅变法后，即有按军功大小赏给爵位和官职的制度，主张奖励耕战，"以功授官予爵"，"以功劳行田者"。另据《韩非子·定法》《史记索隐·鲁仲连列传》《商君书·境内》以及《荀子·议兵》的记载，战国时期的秦国实行二十等爵制，其军士立军功后授予官爵，还可授予土地、住宅、除庶子以及役隶乡里的特权。汉代"军功多用超等，大者封侯卿大夫，小者郎"，〔3〕有以六郡良家子从军、积功而为将帅的著名人物，

---

〔1〕《后汉书》，第882页。
〔2〕《汉书》，第336页。
〔3〕《汉书》，第1159页。

如李广、赵充国、傅介子、甘延寿、冯奉世等。在居延汉简《功令》《北边絜令》中，有对官吏考核优秀和实际考勤日数的法定优惠日数予以"赐劳"的记载。尹湾汉简记载的"功"是指功绩，"劳"是对除军功以外官吏在官府机构中的服务水平和工作能力表现的量化表达。"功"与"劳"是有区别的，"劳"是官吏的任职时间要累积一定时日而获得"积劳"，"功"则是"积劳"达到一定数量才能得到奖励。居延汉简中有大量的《功劳案》《功劳墨将名籍》《阀阅簿》等档案，记载了官吏"中劳"岁月日数和"能书会计治官民颇知律令"等履职表现。官吏"功"积累到一定程度就可以获得迁补，尹湾汉简《东海郡下辖长吏名籍》记载了109位官吏升迁的案例，其中就有因"功"升迁者70人，"约占迁除总数的60%以上"，因"功"升迁的人数多，比例大。[1] 这种按功劳选拔官吏的途径，其目的在于激励官吏勤职尽责，克己奉公，体现了秦汉时期选拔官吏以能力为本位、注重业绩的原则。

4. 上书，是因循战国时期游说君主的习俗而形成的一种自荐式入仕制度。在汉代，吏民可以直接上书至公车司马（皇宫南阙门），由大臣评判上书内容当否，然后报请皇帝，"高者请丞相、御史；次者中二千石试事，满岁以状闻；下者报闻，罢"。[2] 许多人以这种方式进入仕途，《汉书》卷六十五《东方朔传》记载，仅汉武帝时，"四方士多上书言得失，自衒鬻者以千数"。[3]

5. 博士弟子和国子，指学校培养的人才通过考试合格入仕的一种途径。西汉"武帝立五经博士，开弟子员，设科射策，劝以官禄"。[4]《汉书》卷七十八《萧望之传》："望之以射策甲科为郎。"颜师古注曰："射策者，谓为难问疑义书之于策，量其大小署为甲乙之科，列而置之，不使彰显。有欲射者，随其所取得而释之，以知优劣。"[5] 考试则有学童、博士

---

〔1〕 参见卜宪群：《秦汉官僚制度》，北京：社会科学文献出版社，2002 年，第 335 页。丁光勋：《西汉〈东海郡下辖长吏名籍〉研究》，《档案学通讯》，2006 年第 6 期，第 15—18 页。

〔2〕 〔宋〕司马光：《资治通鉴》卷二十五"汉宣帝地节三年"，北京：中华书局，1956 年，第 810 页。

〔3〕 《汉书》，第 2841 页。

〔4〕 《汉书》，第 3620 页。

〔5〕 《汉书》，第 3272 页。

弟子、明经、明法等区别，合格者分别授予官位。中央主管教育礼仪的行政部门太常寺对太学博士弟子的考试方式，据《汉书》卷八十八《儒林传》记载，是按照立法程序，根据太常和博士的集议提出方案，由丞相奏请皇帝批准，并确定为法令制度。丞相公孙弘乃请曰："为博士官置弟子五十人，复其身。太常择民年十八以上仪状端正者，补博士弟子。郡国县官有好文学，敬长上，肃政教，顺乡里，出入不悖，所闻，令相长丞上属所二千石。二千石谨察可者，常与计偕，诣太常，得受业如弟子。一岁皆辄课，能通一艺以上，补文学掌故缺；其高第可以为郎中，太常籍奏。即有秀才异等，辄以名闻。其不事学若下材，及不能通一艺，辄罢之，而请诸能称者。……请选择其秩比二百石以上及吏百石通一艺以上补左右内史、大行卒史，比百石以下补郡太守卒史，皆各二人，边郡一人。先用诵多者，不足，择掌故以补中二千石属，文学掌故补郡属，备员。请著功令。它如律令。制曰：可。"[1]"请著功令"就是编入功令律法中，成为具有法律效力的选官考试法规，制曰"可"，就是皇帝批准了这个选官考试法规。

6. 技艺，即以一技之长而入仕。汉武帝刘彻"博开艺能之路，悉延百端之学，通一伎之士，咸得自效，绝伦超奇者为右，亡所阿私"，[2]使许多持有体力、方术、音乐、杂技等本领的人得以入仕。

7. 纳赀，即用资财和金钱而得官。秦入粟拜爵，开纳赀取官的先河，这种做法在两汉时期也相当普遍，在国家财政困难时政府经常卖爵，特别困难时也兼卖官，以解决财政危机。

秦汉官吏选拔途径多见于传世文献的记载，简牍资料中相对较少。只有尹湾汉简《东海郡下辖长吏名籍》记载，东海郡长吏升迁超过了100人。其中以"举秀材"升迁3人，以"孝廉"迁1人，由"察廉"升迁15人，因"诏除""请诏"升迁5人，由"捕群盗优异"以及"捕格不道者"升迁11人，因"功"升迁65人，以"功次升迁"者6人以及其他原因升迁的5人等。[3]东海郡长吏迁除的情况，不能简单用察举制度来概括，西汉初期察举制度是官吏入仕做官的主要途径，但不是所有的地方长吏都有机会察举入仕。尹湾汉墓简牍中有许多因"功""功次"迁除的记载，说明

〔1〕《汉书》，第3594页。

〔2〕《史记》，第3224页。

〔3〕《尹简》，第89—95页。

以功劳荐举也是官吏选拔的重要途径之一。

二、任用条件

秦汉简牍中的行政法对国家行政公务人员的出身、学识和能力等任职条件有明确的规定。传世文献《汉旧仪》记载："故令丞相设四科之辟，以博选异德名士，称才量能，不宜者还故官。第一科曰：德行高妙，志节清白。二科曰：学道行修，经中博士。三科曰：明晓法令，足以决疑，能案章覆问，文中御史。四科曰：刚毅多略，遭事不惑，明足以照奸，勇足以决断，才任三辅剧令，皆试以其能，然后官之。"〔1〕这是丞相府选用官吏的标准，称为"丞相故事"，具有法律效力。其选拔条件，可概括为道德、学识、律令和能力四个方面。

1. 具备专业能力。

秦汉因能而授官，任官的首要条件是担任该职务的能力，就是要具备做事的知识和能力。居延汉简中有对"不胜任""软弱不任""贫急软弱不任职"者"斥免可补"，及各种行政考课"中程""不中程""不如律"之记载，是对吏员能力的具体要求。如果官吏不具备任职的能力，就要被罢职。《二年律令·捕律》中如果在官吏管辖区域内发生盗贼，有三次以上"不觉知"，"皆为不胜任，免之"，"不胜任"是没有任职的能力，就要被免职。《二年律令·置吏律》规定："有任人以为吏，其所任不廉、不胜任以免，亦免任者。其非吏及宦也，罚金四两，戍边二岁。"〔2〕如果被推荐任用的人不廉洁或不胜任工作，不仅被推荐的人要被罢免，而且举任者也要被罢免。睡虎地云梦秦简《语书》指出，"不胜任"是对管辖区域内吏民犯法奸私的行为及各种陋习等不能及时察觉。汉简所说的"不胜任"，实际就是对管内的社会治安状况，或豪强大姓强大难治，或民不堪租赋徭役负担而铤而走险等情形，具体责任人即主管官吏不能及时发觉，或发觉而不能有效整治。"不胜任"就是失职，没有履行职责的能力，所以就要被免职。《汉书》卷九十《酷吏传》记载，尹赏诫其子为官吏，要"追思其功效"，积极进取，"一坐软弱不胜任免，终身废弃无有赦时，其羞辱甚

---

〔1〕〔汉〕卫宏：《汉旧仪》，〔清〕孙星衍等辑，周天游点校：《汉官六种》，北京：中华书局，1990年，第37页。

〔2〕《张简》，第36页。

于贪污坐臧（赃）"，[1] 说明当时对于官吏"不胜任"的卑视，超过了贪官污吏。对"能不宜其官"，就是能力不适宜、干不好本职工作的官吏，要依法调离其职位。《汉书》卷八十三《薛宣传》就记载，薛恭不适宜在"多盗贼"的频阳县任职，"未尝治民，职不办"，薛宣"以令奏"，调薛恭到"谨朴易治"的粟邑任职，这就是按照法定的程序调离"不宜其官"的官吏。在汉代简牍资料中也有此类情形，如"甲渠当曲燧长□里公乘张札，年卅七，能不宜其官，换为殄北宿苏第六燧长，代徐延寿"（E.P.T 51:63）。[2]《秦律杂抄·除吏律》规定，县尉任用士吏、发弩啬夫"不如律"，不具备任职能力，要被处以"赀二甲"的惩罚；"发弩啬夫射不中"，处以赀二甲，还要免职；"驾驺除四岁，不能驾御"，教者要被处以赀一盾之罚，还要免职。[3] "史卜"之类的吏员，也要经过官府的培养与选拔，具备一定的专业能力之后，才能被任用。《秦律十八种·内史杂》规定："令敕史毋从事官府。非史子殹（也），毋敢学学室，犯令者有罪。" "下吏能书者，毋敢从史之事。" "侯（候）、司寇及群下吏毋敢为官府佐、史及禁苑宪盗。"[4] 就是说法律规定，不是"史"之子不能到官府学习，不经过官府培训学习的"史"之子也不能到官府任佐、史之职。《二年律令·史律》规定，要定时考核史、卜、祝学童的专业知识，根据学识和能力任用史、卜、祝，"史、卜、祝学童学三岁"，"试史学童以十五篇，能风（讽）书五千字以上，乃得为史"。"课大史，大史诵课，取冣（最）一人以为其县令史"。"风（讽）书史书三千字，诵卜书三千字，卜六发中一以上，乃得为卜，以为官□"。而对考核后达不到业务要求的还要实施处罚，"不入史、卜、祝者，罚金四两"。[5] 张家山汉简《奏谳书》记载，按令的规定："狱史能得微难狱，上。"[6] 咸阳县丞上呈举荐优秀人才，能处理疑难案件，具有办事能力，可以提拔为卒史。

---

〔1〕《汉书》，第 3675 页。

〔2〕《新简》，第 176 页。

〔3〕《睡简》，第 79 页。

〔4〕《睡简》，第 63 页。

〔5〕《张简》，第 80—81 页。

〔6〕《张简》，第 111 页。

2. 具有良好道德。

秦汉简牍中的行政法规定，官吏必须具备忠诚守信、廉洁奉公的良好道德。睡虎地云梦秦简《语书》中提到"良吏""事无不能也"。秦律《为吏之道》规定了作为官吏的基本道德标准："凡为吏之道，必精絜（洁）正直，慎谨坚固，审悉毋（无）私，微密纤（纤）察，安静毋苟，审当赏罚。严刚毋暴，廉而毋刖。毋复期胜，毋以忿怒央（决）。宽俗（容）忠信，和平毋怨，悔过勿重。兹（慈）下勿陵，敬上勿犯，听间（谏）勿塞。"〔1〕新公布的岳麓秦简《为吏治官及黔首占梦书》，对官吏的道德素质提出了恭敬、礼让、忠信的要求，与《为吏之道》基本一致，就是要忠心正直，廉洁奉公，遵纪守法，奖赏"五善"，贬黜"五失"，严禁"五过""六殆"，坚守"五则"。要求官吏从政必须恪尽职守，严格遵守"十毋、八不、四勿"等道德禁令。"十毋"为"审悉毋私"，"安倩（静）毋苟"，"厰（严）刚毋暴"，"廉而毋佾""毋悔其（期）胜"，"毋忿怒以央（决）"，"禾（和）平毋怨"，"毋行可悔"，"毋穷穷、毋岑岑、毋衰衰"，"毋喜富、毋恶贫"。"八不"为"中不方、名不章、外不圆"，"临财见利、不取苟富"，"临难见死、不取苟免"，"欲富太甚、贫不可得"，"欲贵太甚、贱不可得"，"断割不别"，"强良不得"，"君子不病"。"四勿"为"悔过勿重"，"慈下勿陵"，"敬上勿犯"，"听谏勿塞"。〔2〕《秦律十八种·行书》记载："行传书、受书，必书其起及到日月凤莫（暮），以辄相报殹（也）。书有亡者，亟告官。隶臣妾老弱及不可诚仁者勿令。"〔3〕对选用一个传递公文的吏要求具备"诚仁"的道德素质。汉代皇帝下诏选拔人才的科目"孝廉""贤良方正"等都是对官吏的道德规范要求。元帝规定选拔官吏要有"四行"，即"质朴、敦厚、逊让、有行义"，是道德品行的要求。光武帝刘秀选拔官吏要求必须"德行高妙，志节清白"，也是道德修养的要求。张家山汉简《二年律令》中，为维护皇权和皇帝尊严，要求下级必须忠诚于上级，规定了对皇帝欺谩、诋欺、诬罔罪，非议诏书、毁先帝罪，怨望诽谤政治罪，废格诏书罪，不敬、不大敬、不孝罪等各类罪行的严惩条例，

---

〔1〕《睡简》，第167页。

〔2〕朱汉民、陈松长编：《岳麓书院藏秦简》（壹），上海：上海辞书出版社，2010年，第187—191页。

〔3〕《睡简》，第61页。

这些都是对官吏政治道德的规定。

3. 具备一定的文化素质。

秦汉简牍中的行政法规定，官吏必须具备一定的文化知识和文化素质，主要包括三个方面。秦汉治国行政的特色是儒家与法家思想杂糅，所以任用官吏的条件首先是要明习经学，这在选拔官吏时就有要求，所有选拔的方式都要考儒家经典，如孝廉要"试家法"，贤良方正、明经、博士生员也要考经学。其次是官吏必须精通律法，这是依法行政的基本能力要求。秦代通过"以吏为师"而"明法律令"。睡虎地云梦秦简《语书》说："凡良吏明法律令，事无不能殹（也）；有（又）廉絜（洁）敦悫而好佐上；以一曹事不足独治殹（也），故有公心；有（又）能自端殹（也），而恶与人辨治，是以不争书。恶吏不明法律令，不智（知）事，不廉絜（洁），毋（无）以佐上，緰（偷）随（惰）疾事，易口舌，不羞辱，轻恶言而易病人，毋（无）公端之心，而有冒柢（抵）之治，是以善斥（诉）事，喜争书。"〔1〕把是否"明法律令"作为评价"良吏"和"恶吏"的标准。居延汉简中记载边境基层官吏功劳的《功劳墨将名籍》常见"颇知律令"之语，就是指行政管理的官吏要掌握一定的法律知识，熟悉律令法规，有依法行政的能力。再就是要求能书会算。"能书"指能以隶书写公文，能熟练地制作公文、写作文章和书写文字；会算，指会计算，简文中称为"会计"，具有一定的计算统计能力，这是基层官吏处理政务活动的基本文化素质要求。学者邢义田曾探讨汉代边塞士卒的军中教育，他认为"能书""会计""知律令"三项是考课候长、燧长的标准。如，"张掖居延甲渠塞有秩士吏公乘段尊，中劳一岁八月廿日，能书、会计、治官民、颇知律令"。(57·6)〔2〕这位甲渠塞有秩士吏段尊很明显是一位百石的士吏，在一次考课中，被评定为"能书、会计、治官民、颇知律令"，他是边塞亭燧中负责领导行政的官员，所以对文书、计算及律令都要熟习，具备一定的文化素质。

4. 具有一定的身份和资历。

出身和资历是任官时优先考虑的条件之一，某种程度上反映了官吏的学识水平和为政能力。秦汉简牍中的行政法规定，担任官吏具有明确的身份和资历要求。

---

〔1〕《睡简》，第 15 页。

〔2〕《合校》，第 100 页。

第一，严禁任用"废官"、罪犯和故吏。《秦律杂抄》规定："任法（废）官者为吏，赀二甲。"[1] 就是受到"废官"处罚的人不能再进入官僚队伍。《秦律十八种·内史杂》有"令赦（赦）史毋从事官府"的规定，"赦史"，就是犯过罪而经赦免的史不能再在官府任职；还有"下吏""侯（候）、司寇"等被判处过徒刑的人不准在官府任职的规定。《秦律十八种·置吏律》规定，县啬夫调到其他机构任职，"不得除其故官佐、吏以之新官"，就是不能任用原来的属官佐、吏担任新机构的职务，严禁任用门生故吏。

第二，具有一定出身、功劳和秩级。睡虎地秦简《秦律十八种·内史杂》规定，任用"佐"吏，"必当壮以上"，就是年龄必须在三十岁以上，"毋除士五（伍）新傅"，不能任用没有爵位的人担任。秦汉简牍中的行政法规定，"功"和"劳"是官吏任职的主要条件。尹湾汉简《东海郡下辖长吏名籍》记载东海郡升迁的 109 个长吏中就有 70 人是因功而升迁，说明官吏任用有"劳绩"的要求。《二年律令·史律》规定："史，……殿者勿以为史。三岁壹并课，取寂（最）一人以为尚书卒史。"[2] 就是在考核中得到"最"即优秀的史才能升任"尚书卒史"，得到"殿"即差的史则不能升职。"吏备（惫）罢、佐劳少者，毋敢壹（擅）史、卜"，就是官吏功劳少和不尽职尽责的，不能擅自为"史、卜"。"史、卜受调书大史、大卜而逋、留，及壹（擅）不视事盈三月，斥勿以为史、卜"，官吏调任职务逃跑、逗留或擅自不处理政务超过三个月，均要受斥责，不得任现职。[3]《秦律十八种·置吏律》规定，"官啬夫节（即）不存"，低级官吏佐史不能代理官啬夫的职务，只有级别高的令史才能代理官啬夫的职务，说明官吏任用还有秩级的要求，行政职务的职级与官吏秩级的级别要求一致。传世文献《汉书·儒林传》也有记载："请选择其秩比二百石以上及吏百石通一艺以上补左右内史、太行卒史，比百石以下补郡太守卒史，皆各二人，边郡一人。"[4] 就是任用明经人才为府郡属吏佐史，不仅要求被任用者"通一艺以上"，而且秩级还有比二百石、比百石、百石的要求，被任用者

---

〔1〕《睡简》，第 79 页。

〔2〕《张简》，第 81 页。

〔3〕《张简》，第 82 页。

〔4〕《汉书》，第 3594 页。

的秩级与府郡属吏佐史的职级要求一致。居延汉简记载："延城甲沟候官第三十队（燧）长、上造范尊，中劳十月十桼日，能书会计，治官民，颇知律令，文，年三十二岁，长桼尺五寸，应令。居延阳里，家去官八十里。属延城部。"（E.P.T 59: 104）[1] 这是说范尊符合律令规定的燧长任职条件，也说明任用官吏的出身、功劳和秩级都有律令规定，是依法任命的。

第三，有籍贯限制。汉代自武帝开始，刺史不用本州人，郡守、国相等不用本郡国人，县令长包括丞尉在内的县长吏不但非本县人，且非本郡人，但以临近郡国为多。[2] 东汉时实行"三互法"，对官员的任用又增加了籍贯和亲属范围的限制。传世文献《后汉书》卷六十《蔡邕传》载："初，朝议以州郡相党，人情比周，乃制婚姻之家及两州人士不得对相监临，至是复有三互法，禁忌转密，选用艰难。幽、冀二州，久缺不补。（李贤注：三互，谓婚姻之家及两州人不得交互为官也。谢承《书》曰'史弼迁山阳太守，其妻巨野薛氏女，以三互自上，转拜平原相'是也。）"[3] "三互法"就是本地人不得为本地长官，目的是防止这些人在家乡徇私舞弊；婚姻之家不得相互监临，兄弟子侄及有婚姻戚属关系的，不得在一个部门或地区为官，如果选在一个部门或地区为官，其中一人要申明回避。东汉时已经没有本郡国人士回任本郡国长官的事例，据尹湾汉简《东海郡下辖长吏名籍》记载，有籍贯可考的县长吏 130 人中，无有一人为东海郡出身，均来自临近诸郡国。

秦汉实行重农抑商政策，行政法还规定商人不能为官，汉代文帝、景帝都有颁布相关诏令。

三、任用方式

秦汉时期官吏的任用方式是多种多样的，传世文献记载的主要有守、拜、领、录、平、兼、行、假、试、权、知、监、参、掌、典、署、督、护、待诏等。第一，待诏。为汉代的候补官制度，待诏人员有待诏于金马门、公车、殿中、黄门、宦者署的，也有待诏于丞相、御史二府的。在官署听候

---

[1]　《新简》，第 366 页。

[2]　严耕望：《中国地方行政制度史：秦汉地方行政制度》，上海：上海古籍出版社，2007 年，第 357 页。

[3]　《后汉书》，第 1990 页。

补官，有时也承担本署内的一些事务。第二，试守。传世文献《后汉书》卷六《顺帝纪》载："令郡国守相视事未满岁者，一切得举孝廉吏。"注："汉法，视事满岁始得举。"[1] 试用有一定的期限，一般是以一年为限，多者长达三年。试用期间，俸禄稍低于实授官，没有察举权。试用期满以后，称职者转为实职，称为"真除"或"实授"；不称职的则罢归。第三，拜授。经过拜授的官员即为正式任命的实官。拜有召拜、征拜、策拜等区别，召拜是皇帝特召，征拜是由外官转入朝官，策拜是任命重要大臣。授有铨授、敕授、制授、特授等区别，铨授是尚书台吏部曹任命低级官吏，敕授是报请皇帝批准任命中级官员，制授是皇帝批准任命较高级的官员，特授是皇帝直接任命高级官员。第四，兼领。在某些官位缺员或某些重要的事务需要重臣负责的时候，多采用这种任命方式。兼和领都表示身有两职以上，但内容和含义完全不同。兼是兼职，可以低官假行，也可以高官判带、同级互兼，以避免因官位缺员时耽误工作。领则是主管，有一定的实际权力，能够起到主要负责人的作用，如领尚书事、领城门兵、领盐铁事等。第五，参知。有些重要的职事，任命参知去参加共同议事，这样做一是为了加强行政力量，使工作更加严谨完善，二是为了相互牵制。知有参知、兼知、权知、总知的区别，议有参议、专议、领议的区别。

官吏任用方式不同，其地位和权限也不同。秦汉简牍中的行政法规定，官吏的任用形式主要有除、调、补、迁、真、守、假、平、领、录、兼、行、督等。官吏试用期间为"守"，任命一年以后才称"真"，两者享有的权利待遇是不一样的。例如，张家山汉简《二年律令·具律》规定，"县道官守丞毋得断狱及瀻（谳）"，就是守丞没有断狱权。《居延汉简释文合校》有"守游徼徐成"（299·21）、"守啬夫延年"等守官的记载，说明乡级政府就有守官之制。"假"，代行其官职。"行"，由本官摄行他官之事，有低级摄行高一级职务，也有高级摄行低一级职务。"兼"是以本官兼任他官，但兼官的范围比较广。如张家山汉简《奏谳书》有"假卒史"，即代行卒史之职。除、调、迁、补、授，均为任命、任用官吏。"除"，指任用官和吏，不包括初任官吏者；"补"，官吏有缺的任用；"迁"，官吏有功绩，从较低级的职位升任高级的职位，如《居延新简》有"迁缺"（E.P.T 31：18）。

---

[1] 《后汉书》，第 251 页。

四、任用程序

秦汉简牍中的行政法规定，官吏任用有一定的程序。据传世文献记载，秦汉以不同方式任用的官吏在任用的程序上有所区别。由皇帝直接任用的，称为特简、特任、特选、特拜、特召、召拜、征拜等，一般适用于比较高级的官员。由官吏主管部门任命的，称为选、授、补、除、拜等。在西汉官吏任用归丞相、御史二府主管，在东汉官吏任用由尚书台主管，或报皇帝批准，或交朝廷集议，或行文各级官府，对进入官秩等级的都要备案。由主要长官任命的，称为召辟、征辟、辟署、命等。一般下级掾属由主要长官批准，本官府备案；高级僚佐要报中央核准备案，有些还要由中央任命。高级官员必须经皇帝亲自核准；中级官员必须由主管部门核查备案，报请皇帝批复才能任命；低级官吏主要长官虽然有辟署权，但进入官级品秩等，也必须报请中央官吏行政主管部门批复，不得越级逾限，违者要受到严厉的处罚。据简牍资料所见，秦汉官吏的任用一般要经过下面三个程序。

1. 保举推荐

秦汉简牍中的行政法规定，任用官吏一般要经过现任官吏的保举。《史记》卷七十九《范雎蔡泽列传》记载："秦之法，任人而所任不善者，各以其罪罪之。"[1] "任"就是保举，被保举的人犯了错误，保举者也要受到处罚。张家山汉简《二年律令·置吏律》规定："有任人以为吏，其所任不廉、不胜任以免，亦免任者。其非吏及宦也，罚金四两，戍边二岁。"[2] 这条律文对保举的官吏"不廉、不胜任"负有连带责任者的惩罚力度是很大的，是官吏的就要免职，不是官吏的处以"罚金四两"，与诸如"偷盗""强取人质""丢失官印""矫制"等犯重罪者判刑、轻者"罚金四两"的处罚相同。睡虎地秦简在《法律问答》中特别对此做出解释，不仅被保举者犯罪，保举者应该连坐，保举者犯罪也要牵连被保举者，被保举者如已迁官，就不再对原保举者的犯罪负连带责任。

2. 及时任命

秦汉简牍中的行政法规定，官吏必须由相应的行政机构及其负责人任命，中央高级官吏、派出机构都官、郡县行政长官由朝廷任命，各级政府

---

〔1〕《史记》，第 2417 页。

〔2〕《张简》，第 36 页。

内的官吏都由行政长官任命，并且发布任命文书，没有经过任命的就是违法行为，要追究责任。任命时，上级还要下达任命书，官吏接到任命书，才具有法律效力，具备了担任行政职位的条件。《秦律十八种·置吏律》规定"所不当除而敢先见事，及相听以遣之"，"以律论之"，就是对没有接到任命书即到职任官的要追究刑事责任，以律治罪。简牍中有大量的任免文书，例如："建武五年五月乙亥朔壬午，甲渠守候博谓第二燧长临，书到，听书牒署从事，如律令。掾潭。第二燧长史临，今调守候长真官到，若有代罢。万岁候长何建，守卅井尉。"（E.P.F 22: 247A－249）〔1〕 这是东汉光武帝建武五年（29年）五月县级政府甲渠守候官对下属官吏候长、士吏、燧长的任免文书，发往所在行政机构，要求按律令执行。"建昭二年三月癸巳朔丁酉，敦煌太守强、长史章、守部候修仁行丞事，告史敞，谓效谷，今调史监置如牒，书到，听与从事。如律令。"（Ⅱ0216②: 243）〔2〕 这是西汉元帝建昭二年（公元前37年）敦煌郡太守强、长史章、守部候修仁行丞事，下达调史监领遮要置的任免文书，发往效谷县执行。同时，秦汉简牍中的行政法也规定，要按规定时间任命官吏，不能拖延。睡虎地云梦秦简《秦律十八种·置吏律》规定，"以十二月朔日免除，尽三月而止之"，〔3〕就是从十二月初一到第二年的三月底是县、郡、都官任免属吏的时间。对于临时有特殊原因出现官位空缺的情形要及时填补，超过两个月不补缺的，要追究主管官吏的责任。《秦律十八种·内史杂》有"官啬夫免，□□□□□□□其官亟置啬夫。过二月弗置啬夫，令、丞为不从令"的记载。还规定："苑啬夫不存，县为置守，如厩律。"〔4〕 中央直属的厩苑主管官吏如出现空缺，县应该指定代理职务的官吏。律法又规定，被任命的官吏接到任命书，要按时赴任，履行职责。例如《秦律十八种·置吏律》规定，"除吏、尉，已除之，乃令视事及遣之"，就是说官吏如已经任命就要及时赴任就职，若不及时就职，就要追究责任，按律治罪。

3. 颁印为凭

秦汉时期上级任命官吏，不仅要建立人事档案，还要授以官印，作为

---

〔1〕《新简》，第493页。
〔2〕《悬简》，第69页。
〔3〕《睡简》，第56页。
〔4〕《睡简》，第62页。

任官的凭证。《汉书》卷十九上《百官公卿表第七上》记载："凡吏秩比二千石以上，皆银印青绶，光禄大夫无。秩比六百石以上，皆铜印墨绶，大夫、博士、御史、谒者、郎无。其仆射、御史治书尚符玺者，有印绶。比二百石以上，皆铜印黄绶。成帝阳朔二年除八百石、五百石秩。绥和元年，长、相皆黑绶。"[1] 这规定了不同职位、不同官品秩级所颁发的印绶的材质、形制和颜色是不一样的。睡虎地秦简《法律答问》中记载："'侨（矫）丞令'可（何）殹（也）？为有秩伪写其印为大啬夫。""盗封啬夫可（何）论？廷行事以伪写印。"[2] 这是盗用令丞印、官啬夫印的罪名，凡是伪造县令丞、官啬夫印的要依法惩处。《法律答问》还记载："亡久书、符券、公玺、衡赢（累），已坐以论，后自得所亡，论当除不当？不当。"[3] "公玺"就是官印，官印丢失，即使后来找到，也不能免除丢失官印的处罚。张家山汉简《二年律令·贼律》规定："伪写皇帝信玺、皇帝行玺，要（腰）斩以匀（徇）。""伪写彻侯印，弃市；小官印，完为城旦春□。"[4] "亡印，罚金四两，而布告县官，毋听亡印。"[5] 对伪造官印者要处以刑罚，对丢失官印者则施以行政处罚并布告全县不准再使用丢失的官印，这同时也说明官印是行政权力的象征，是各级官吏行政的凭证，关系重大。

第五节 秦汉行政公务人员的考绩

秦汉制定了《上计律》《功令》《考功法》《牛羊课》《邮书科》等关于考绩的行政法规，规定了行政公务人员考绩的机构、条件、形式，并逐渐形成了有时间、有标准、有奖惩、梯次分明、分工明确的较为完整的考课体系，通过奖勤罚懒，激励官吏勤职尽责，提高行政效率。

一、考核形式多样

秦汉简牍中的行政法规定，对官吏的考绩实行一年一考，三年课殿一

---

〔1〕《汉书》，第 743 页。

〔2〕《睡简》，第 106 页。

〔3〕《睡简》，第 127 页。

〔4〕《张简》，第 9 页。

〔5〕《张简》，第 15 页。

次。考核形式主要有"课殿最""上计"和"效"三种。

1. 课殿最

课殿最是上级领导对下级属吏行政工作的考核。秦律《厩苑律》中的"牛羊课"规定了考课的时间和标准，用奖其功而赐劳若干的考核方式，将官吏考核称为"课"，实行"殿""最"二级，是平时对官吏工作的评比检查，这些都为汉代所继承。《秦律十八种·厩苑律》规定："以四月、七月、十月、正月肤（胪）田牛。卒岁，以正月大课之，最，赐田啬夫壶酉（酒）束脯，为旱〈皂〉者除一更，赐牛长日三旬；殿者，谇田啬夫，罚冗皂者二月。其以牛田，牛减絜，治（笞）主者寸十。有（又）里课之，最者，赐田典日旬；殿，治（笞）卅。"〔1〕这条律文规定，每季度都要对耕牛进行评比检查，称为"小课"，每年年终进行耕牛"大课"。"最"就是优秀者，赏赐财物和"劳资"三十天，免除更役；"殿"就是成绩差者，要受到斥责或笞刑。《秦律杂抄》中有关于马牛及各种生产部门的评比考核，"马劳课殿""省殿""县工新献殿""县园殿""采山重殿"等考核成绩差者，要受到处罚。传世文献《汉书》卷七十五《京房传》引晋灼注有"考功课吏法"："令丞尉治一县，崇教化亡犯法者辄迁。有盗贼满三日不觉者，则尉事也。令觉之，自除，二尉负其罪。"〔2〕这是考课一县的治安状况，没有发生盗贼的县令、丞、尉考为优秀，要升迁；盗贼发生三天而县主管治安的尉不知道的，要受到惩罚，如果县令先知道，可免其罪，县尉则要受到处罚。

2. 上计

上计是秦汉一年一度对各级行政机构长官的政绩考核，主要是通过审查每年的账簿来考核财政收支和财物出入情况，考察各级官吏的施政状况。秦的上计，一年一次。上计不仅要将地方上各方面的情况进行登记造册，而且还要将有关物品一并送上，在史书中称之为"与计偕"，即与上计簿使偕同前往。汉代的上计考课，大体上承袭秦制。从中央到地方各级行政机构逐级上报，县令长于年终将该县编制的计簿（亦名"集簿"）上报郡国，郡国再编制成郡的计簿上报中央，层层接受上级考核，根据治绩并参照官吏德行来衡量各级官吏是否称职。简牍所见，《秦律十八种·仓律》有

---

〔1〕《睡简》，第22页。

〔2〕《汉书》，第3161页。

"县上食者簿及它费大（太）仓，与计偕"，[1]《金布律》有"已禀衣，有余褐十以上，输大内，与计偕"，[2] 这里的"计"就是计簿。汉代颁布了专门的法规《上计律》，其文虽佚，但根据沈家本《历代刑法考·汉律撫遗》卷十八的辑佚，尚有"上计吏""上计簿""岁尽遣吏上计""计文断于九月""正月旦朝贺见属郡计吏""御史大夫敕上计丞长史""计偕""月计日计"等条，[3] 可知《上计律》规定详细，涵盖内容丰富。张家山汉简《二年律令》中《收律》《田律》等多处律文记载反映了当时计簿的情况，如《置吏律》规定："县道官之计，各关属所二千石官。"

3. 效

效，又称"校"，即核验，就是对行政工作进行检查和核实，是行政考核的一种形式。秦简律文称为"校""效"，汉简律文又作"拘校"，具体办法是对原始行政记录进行核验，通过账账核对和账物盘点，勾检稽失。这是上级以实物清点为依据，核校（检查）下级上报的簿籍，监督国有财物行政的一种制度，最终财务审查核验的结果称为"校簿""效簿"。睡虎地秦简和张家山汉简都有《效律》，是关于县和都官物资账目管理核验的法律规定，主要是对主管经济部门管理的考核，考核对象包括粮食、皮革、官有器物的"赢"或"不备"等。睡虎地秦简《效律》规定："为都官及县效律：其有赢、不备，物直（值）之，以其贾（价）多者罪之，勿赢（累）。官啬夫、冗长皆共赏（偿）不备之货而入赢。"[4]"计用律不审而赢、不备，以效赢、不备之律赀之，而勿令赏（偿）。"[5] 这是对都官和县进行核效检查，如果物资有不足，要按法律规定处罚，由主管官吏共同赔偿损失。对于"计脱实及出实多于律程""计校相缪（谬）"，就是若会计账目多出实有数且超过了法律规定的限度，"校簿"与会计账目不一致，有关官吏就要根据错误数字的大小与多少进行赔偿，并受到相应惩罚。《二年律令·效律》规定，县道官新旧交接或离任时，"二千石官遣都吏效代者"，即郡守会派都吏去该属县做财物清点与账目核算，根据核校的结果进

---

[1]《睡简》，第 28 页。

[2]《睡简》，第 41 页。

[3] 沈家本：《历代刑法考》（下册），北京：商务印书馆，2011 年，第 691—696 页。

[4]《睡简》，第 69 页。

[5]《睡简》，第 75 页。

行奖惩。

二、考核评定标准及其量化

秦汉简牍中的行政法对官吏的考核内容和评定标准，不仅十分重视官员是否存在行政不作为的情形和表现，而且对考核标准进行具体量化，以利于操作。

首先是清正廉洁、忠于职守的统一政治标准。秦律中"廉"的含义更侧重于忠于职守、刚正不阿、有原则性。睡虎地云梦秦简《为吏之道》规定以"五善"与"五失"考核官吏："吏有五善，一曰中（忠）信敬上，二曰精（清）廉毋谤，三曰举事审当，四曰喜为善行，五曰龚（恭）敬多让。五者毕至，必有大赏。吏有五失，一曰夸以迣，二曰贵以大（泰），三曰擅裚（制）割，四曰犯上弗智（知）害，五曰贱士而贵货贝。"[1] 其中，"夸以迣""贵以大（泰）"，便是指官吏夸耀自诩、浮躁虚伪、奢靡过度，却不务实事，懈怠无功。"五善""五失"是考核官吏的统一政治标准。

其次是具体业绩的量化标准。秦汉简牍中的行政法规定考核官吏具体业绩的标准不仅明确，而且做到具体量化。考核的主要标准"上计簿"是量化的，"各计县户口垦田，钱谷出入，盗贼多少"，编制集（计）簿。尹湾汉墓出土的东海郡《集簿》不仅有简单的数字，且间有说明，仅仅700字却涵盖了东海郡的行政建置和吏员配备、农业经济、民政、财政等各方面的内容和22个项目的综合统计。每年终东海郡上报中央内史"计簿"的内容非常具体，如一年全郡收入总计266 642 506钱，支出总计145 834 391钱。粮食收入506 637石，支出412 581石。[2] "课殿最"中的考核标准也是量化的。睡虎地秦简《秦律十八种·厩苑律》规定："今课县、都官公服牛各一课，卒岁，十牛以上而三分一死；不【盈】十牛以下，及受服牛者卒岁死牛三以上，吏主者、徒食牛者及令、丞皆有罪。内史课县，大（太）仓课都官及受服者。"[3] 这条律令规定，每年对县和都官所管公牛的考课是按所养牛死亡多少为标准划定不同官吏的责任、确定赏罚的。关于"邮书课"的量化标准，张家山汉简《二年律令·行书律》规定，邮人行书"不中程"，

---

[1] 《睡简》，第168—169页。

[2] 《尹简》，第77—78页。

[3] 《睡简》，第24页。

超过期限的要求，按滞留的天数处罚："不中程半日，笞五十；过半日至盈一日，笞百，过一日，罚金二两。"[1] 考核官吏业绩的功、劳计算以数量的形式表示出来，因而在一定程度上能够反映官吏的能力和水平。秦汉在考察官吏时就根据每个官吏政绩的好坏而确定劳绩"得多少算"或"负多少算"，也就是因尽职而加若干分或因失职而减若干分。例如："尽五月以☒九月都试，骑士驰射最。率人得五算半算☒。"（E.P.T 52: 783）[2] 意思是说，某队骑士在都试时，驰射成绩为"最"，平均每人得五个半筹算的劳绩。劳是对业绩的量化，根据业绩优劣可赐劳或夺劳。根据汉代"功令第卅五"的规定："士吏、候长、蓬隧长，常以令秋试射，以六为程，过六赐劳，矢十五日。"（《合校》285·17）[3] 即秋射时要根据射箭成绩，予以赐劳或夺劳，一次发射十二支箭，中六射者为合格，"以六为程，过六赐劳，矢十五日"，"过六，若不帝六矢，赐夺劳各十五日"（E.P.T 56: 337）。[4] "不中程百里，罚金半两；过百里至二百里，一两；过二百里，二两。不中程车一里，夺吏主者劳各一日；二里，夺令□各一日。"（E.P.S4T 2: 8）[5] "不中程"即不符合法律规定，有关人员要负其责、受其罚，其形式就是夺劳。居延汉简《北边絜令》规定，边郡军吏的劳绩是一日当一日半，每月记劳四十五日。官吏赐劳是以边防工作的辛苦程度为条件，而秋射比武大赛是以技艺水平为条件，二者分别以官吏工作的难度和能力为奖励条件。汉简"功劳案"中的考核项目是按官、爵、功、劳、能书会计、治官民颇知律令、文或武等标准，以功劳为主要依据，功劳的计算也是根据具体业绩，是量化的标准。如玉门千秋燧长、敦煌武安里公乘吕安汉"除功一、劳三岁九月二日。其卅日父不幸死，宪定功一、劳三岁八月二日"（1186A、B），[6] 吕安汉因父死而回家料理丧事三十天，于是在统计劳绩时就予以扣除。功劳的获得是来源于对具体业绩的评定，折合成年月日计算，积劳为功，因功升迁。《秦律杂抄·中劳律》规定："敢深益其劳岁数者，赀一甲，弃

〔1〕《张简》，第 46 页。
〔2〕《新简》，第 277 页。
〔3〕《合校》，第 481 页。
〔4〕《新简》，第 330 页。
〔5〕《新简》，第 554 页。
〔6〕《敦简》，第 122 页。

劳。"[1] 擅自增加自己劳资年数的，罚一甲，并取消其劳资。劳资是以年月日计算的，考核优秀的要赐"劳"。《秦律十八种·军爵律》有"从军当以劳论及赐"，即从军有劳绩，应授爵位和赏赐，可知从军也要计劳绩，积劳绩若干可以得到升迁。对业绩中不能用数量表示的其他行政事务，也要通过一定的标准换算成分数（算）计算。例如简文："次吞隧长长舒：卒四人，一人省，一人车父在官已见，二人见。堠户厌破不事用，负二算；堠坞不涂塓，负十六算；木长椎二柄长，负二算；反笥一币，负二算；直上蓬干柱柜木一解随，负三算；天田埒八十步不涂，不负一；县索三行一里卅六步币绝不易，负十算；积薪槀皆不塓，负八算；县索缓一里，负三算。凡负卅四算。"（E.P.T 59:6）[2] 这是一个相当完整和详细的考课记录，既包括对燧卒的考勤，也包括对烽燧设施的检验。值得注意的是其中的"天田埒八十步不涂，不负一"这句话，天田是在边防线一带铺的沙土，一旦有人偷越边境，就会在上面留下痕迹，"埒"是边界，"不涂"即没铺好沙土。"天田不涂"是一种失职行为，尽管不足以负一算，也应受到某种轻罚。如果此简是奖罚记录，就不应该只记罚款数目而不记录一般过失的处理情况；而如果此简是考绩评分簿，就完全有理由只记评分结果，而不必记录对各种过失的惩罚情况了。

三、考核体系严密，程序严格

秦汉简牍中的行政法规定，从中央到郡、县各部门长官考核其属吏，上级对下级逐级考核，认真负责，程序严格，形成了比较严密的考核体系。张家山汉简《二年律令·金布律》明确规定，"租、质、户赋、园池"等工商租税要上缴到县级政府保管，不得私自挪用，每季度要把金钱数目上报郡，郡再上报到中央。《二年律令·置吏律》规定，县道官的计簿、财务收支定额、需求用度预算和上交数额都要上报郡，郡上报中央财务主管部门内史。睡虎地秦简《秦律十八种·仓律》规定，"入禾稼、刍，辄为廥籍，上内史"，"县上食者籍及它费大（太）仓"。《效律》规定"至计而上廥籍内史"。这些向上级呈报的计簿和籍簿都是上级考核官吏的依据。各级政府对上计的资料要认真检查，保证其真实性。例如，"□长丞拘校，必

---

[1] 《睡简》，第 83 页。

[2] 《新简》，第 358—359 页。

得事实。牒别言，与计偕，如律令"（E.P.T 53:33A），[1] "拘校"就是"钩校"，也就是校对、核算。由简文可知，郡府命令所属地方基层、各县对上计文书要认真核对。郡国财政收支情况要及时上报中央财政部大司农，《后汉书》志第二十六《百官三》记载，"郡国四时上月旦见钱谷簿"。[2] 郡府上报集簿时，还要做出明细账目，作为附件一并呈上，以备郡府复查、审核。如"府书：移赋钱出入簿，与计偕。谨移应书一编"（35·8A），[3] 这就是要根据郡府命令，随计书一并呈上《赋钱出入簿》。上级派遣巡视人员考课地方官吏，睡虎地秦简《语书》中说："今且令人案行之，举劾不从令者，致以律。"[4] 部刺史巡行郡国"录囚徒，考殿最"，对郡国的政绩材料上计簿进行核实；全国最高监察官御史大夫也要"察计簿"（《汉书·宣帝纪》），即对上计簿察其虚实；尚书台的三公曹则负责官吏的考课，正如蔡质《汉仪》所说，尚书"典天下岁尽集课事"；中央三公府只负责对郡国长官进行考核，最后上奏皇帝批准。

四、考课有一定的公正性

一是公开举行。中央对郡国守相的考核均采用会议的形式，公开举行评议，主考官提出问题，受考者根据实绩回答，以防偏私。二是重视舆论监督。汉代考核还非常重视民众舆论对官吏的评价，皇帝常派大使出巡，"举谣言"与"行风俗"，评价官吏的政绩。三是考核失误要追究责任。若考核不以实绩，就要反坐其罪。如，大司空宋弘"坐考上党太守无所据"而被免官（《后汉书》卷二十六《宋弘传》）；[5] 众利侯郝贤在任职上谷太守时因为上报"戍卒财物，上计谩"，[6] 就是上计簿弄虚作假，被免官。四是考核成绩不好要受到问责。《汉书》卷六十《杜周传（附子延年传）》载，杜延年以故九卿外任北地太守，"治郡不进"（颜师古注曰："比于诸郡，不为最也"），"上以玺书让延年"。[7] 这说明考核不为

〔1〕《新简》，第282页。
〔2〕《后汉书》，第3590页。
〔3〕《合校》，第55页。
〔4〕《睡简》，第13页。
〔5〕《后汉书》，第905页。
〔6〕《汉书》，第647页。
〔7〕《汉书》，第2665页。

"最"也要受到问责，体现了考课有一定的公正性。

从秦汉简牍中的行政法来看，秦汉对官吏的管理有一定的法律化、制度化的趋势，具有以下两个显著特点。

一是选官途径广泛，形式多样。面向社会各个阶层选官，不论身份和地位，也不论财富和资历，只以法定的德行、学识、能力和功劳为衡量人才的标准。既重视道德修养，又讲究文化素质，还注重实干才能；既为平民百姓开辟了凭借通经明术、博学多闻的学识才华入仕的途径，也为在行政实践中有能力、功劳突出的人才提供了入选的通道。而且选拔官吏的方法是综合使用推荐、面试、聘任、考试等多种形式，特别是把考试作为选拔官吏的必要程序，以检验官吏的学识才能，这在一定程度上体现了公平竞争、择优入仕、不拘一格的选拔人才原则。《汉书》卷八十八《儒林传》对汉代选拔官吏制度有这样的评价："公卿大夫士吏，彬彬多文学之士矣。"[1]

二是权责清楚，考核严格，优胜劣汰。行政法规定了对官吏违法失职的责任追究，对官吏遵纪守法、功绩突出的表彰，奖勤罚懒，把职权、责任、义务、利益有机统一起来。有职就有权，有权就有责，有责就要考核，有考核就要奖惩，有奖惩就有利益得失，从而保障了官吏行政的权威性，促使官吏勤职尽责、履行义务，充分发挥其聪明才智，提升官吏的行政素质和履职的积极性，增强官僚队伍的活力，比较有力地保障了国家政权的有效运行。《汉书·循吏传》记载，汉代官吏儒通文法，讲究事功，循吏辈出，政绩卓著，特别是出现了一批"所居民富，所去见思，生有荣号，死见奉祀"的良吏。[2]

---

[1]《汉书》，第 3596 页。
[2]《汉书》，第 3624 页。

第四章　简牍中的秦汉行政决策法

　　行政决策是行政管理活动的中心，只有决策以后才能付诸执行。秦汉确立了集权专制制度，皇帝拥有国家最高行政决策权。但这并不意味着皇帝一人治理国家。皇帝为了保证自己最高决策权的正确行使，用行政法规定了决策者、决策权利、决策条件、决策内容、决策程序，主要形成了兼听独断的决策体制、决策请示制度、决策审议制度、决策批准制度、决策命令的传达制度等，集思广益，并力图选择最佳的方案予以实施，从而用法律制度保证重大决策不发生或少发生失误，弥补皇帝专断所带来的缺失，推动国家机器的正常运转。秦汉简牍中行政法的决策制度有以下几个基本特点。[1]

第一节　秦汉行政决策体制

　　秦汉建立了相应的决策体制，设置决策机构和人员，明确地规定了决策者和参与决策者的职责权限，形成了一套自上而下较为严密的兼听独断的决策体制。兼听独断决策体制是就决策权限、决策责任而言，"兼听"是广泛听取各个行政机构官吏的意见，集思广益，"独断"是行政长官独立决策，对事务拍板定案。在秦汉简牍所见行政法资料中表现为各级行政长官拥有决策权，同时有其他部门参与，共同商议决策，实行首长负责与集体负责相结合，既互相配合，又互相制约，互相监督，既要保证行政长官独立决策，又要兼听其他官吏的意见，从而从组织机构上保证了行政决策的质量和效率。

---

〔1〕　参看刘太祥：《秦汉中央行政决策体制研究》，《史学月刊》，1999 年第 6 期。
　　　文中有对文献记载的秦汉决策制度的全面研究。

一、中央行政决策体制

秦汉的中央最高行政决策权在皇帝，同时中央建立了完整、垂直的行政决策权力组织体系，丞相受皇帝的旨意，参与行政决策或主持有关官吏参加的集议决策会议，并将决策讨论的结果上奏皇帝批准后，由皇帝颁布诏书执行。秦和西汉初年，中央设丞相为丞相府之长官，是正宰相，凡军国大政，皇帝总要与丞相商议，对丞相的意见也比较尊重。据《后汉书》志第二十四《百官一》注引蔡质《汉仪》说，丞相"府有四出门，随时听事……国每有大议，天子车驾亲幸其殿"，[1]《后汉书》卷四十六《陈宠传（附子忠传）》记载，"汉典旧事，丞相所请，靡有不听"。[2] 御史府长官御史大夫为副宰相，协助丞相参议决策。凡军国大政都由丞相和御史大夫共同管理，无论选举、按吏、捕盗贼，全是二府共管。如，《汉书》卷七十六《赵广汉传》载，京兆尹赵广汉有罪，"事下丞相、御史案验甚急"。[3] 凡政务决策，皆由丞相和御史大夫主持百官会议讨论议定，然后上奏皇帝取旨。传世文献《史记》卷六十《三王世家》载，丞相庄青翟和御史大夫主持集体讨论决策会议；《汉书》卷二十三《刑法志》又载，丞相张苍、御史大夫冯敬曾主持废除肉刑一事的决策讨论会议。丞相在主持百官讨论决策之后，领衔奏请皇帝。《史记》卷五十六《陈丞相世家》载，在太尉周勃和朱虚侯刘章除诸吕之后，立代王刘恒为帝，右丞相"陈平本谋也"。《汉书》卷四《文帝纪》载，自代王入京，又是丞相陈平领衔拜请代王即位："臣谨请阴安侯、顷王后、琅邪王、列侯、吏二千石议，大王高皇帝子，宜为嗣。愿大王即天子位。"[4] 即使在中朝形成之后，掌朝政实权的霍光与群臣联名奏请废昌邑王刘贺，尚书令读奏章的开头仍说"丞相（杨）敞等议"，[5] 表明丞相仍为主持决策会议者。

简牍所见资料表明，秦汉许多重大政务由丞相、御史两府互相制衡，代表中央政府共同决策，经皇帝批准后颁布诏书执行。例如，张家山汉简

〔1〕《后汉书》，第 3560 页。

〔2〕《后汉书》，第 1565 页

〔3〕《汉书》，第 3204 页。

〔4〕《汉书》，第 108 页。

〔5〕《汉书》，第 2940 页。

《二年律令》中《捕律》《置吏律》《金布律》的律文记载，地方行政部门对奖惩官吏、制定律令、财政经济等重大行政事务的决策，都要上报中央丞相、御史两府，由丞相、御史共同决策。这一情形在关系到重要关口出入管理的《津关令》中也表现得非常明显。《津关令》共有 23 条，其中三条制诏相国御史，两条相国御史请，五条相国书，五条丞相上书，都是"丞相、御史以闻"，一条相国御史请，两条相国议、御史以闻，也就是说举凡丞相有权决策之事，御史大夫均可参与，丞相、御史两府互相制约，共同决策。决策的制定都是以皇帝制书的形式发布的，说明皇帝拥有最终决策权。

西汉末年，又建立了以大司徒、大司马、大司空为三公的行政中枢决策体系，共同对皇帝负责，即所谓"分职授政""以考功效"。行政决策权一分为三，三公各自独立行使决策权。《汉书》卷八十三《朱博传》载，九卿何武建言："宜建三公官，定卿大夫之任，分职授政，以考功效。"[1]就是让三公各自发挥其作用，同时三公又互相制衡，共同做好行政工作。《后汉书》志第二十四《百官一》"太尉"条说："凡国有大造大疑，则与司徒、司空通而论之；国有过事，则与二公通谏争之。"[2]

秦汉建立了较为畅通的信息渠道和比较严密的信息传递程序，信息主管部门御史府和尚书台通过提供决策信息和起草皇帝诏令，参与中央行政决策，并对丞相行政决策权进行监督。西汉初年，御史府是全国的信息总汇处，负责信息的上传下达。副丞相御史大夫的属官御史中丞受理全国各地呈报的政治、军事、经济等各种动态信息。《汉书》卷十九《百官公卿表》说，御史大夫的主要属官御史中丞"在殿中兰台，掌图籍秘书"，"受公卿奏事，举劾按章"。皇帝决策的诏书，须先交御史大夫寺起草诏令。在文书信息传递过程中，宫廷内还设有尚书负责其事。《唐六典》卷一《尚书都省》说，秦代"天下之事皆决丞相府，置尚书于禁中，有令、丞掌通章奏而已。汉初因之"。[3] 所谓"掌通章奏"，大概是各类奏请、言事文书送入宫内后，先由御史中丞接收，检查是否有违法之处，然后经尚书送

---

[1]　《汉书》，第 3404—3405 页。

[2]　《后汉书》，第 3557 页。

[3]　〔唐〕李林甫等撰，陈仲夫点校：《唐六典》，北京：中华书局，1992 年，第 6 页。

交皇帝审批，在审批之后下达有关部门，主要由丞相府、御史府执行。御史大夫寺起草的诏令，也要由尚书送皇帝阅定，盖玺印后尚书予以登记封印，再下达御史府发往全国。《汉书》卷五十二《灌夫传》载，窦婴上书称，曾受景帝遗诏，藏在家中，"书奏，案尚书，大行无遗诏……乃劾婴矫先帝诏书"。[1] 汉武帝时尚书虽仍然担任传递、保存文书之事，但已可以对收到的文书先进行评议，提出初步的决策方案或处理意见。到了昭、宣帝以后，尚书的权力进一步扩大，负责各类文书的上奏与下达，尚书台就成了信息总汇之处，而御史大夫寺的职能转变为专司监察百官。凡中央和地方官吏的奏章都要通过尚书才能上达皇帝，并且尚书有拆发阅读奏章之权。东汉尚书在端门接受官员奏章，而奏章的开头必云"臣某奏事尚书"。汉蔡邕《独断》也说："群臣有所奏请，尚书令奏之。"[2] 起草诏令的权力也转归尚书，《后汉书》志第二十六《百官三》说，尚书令"掌凡选署及奏下尚书文书众事"，[3] 形成了非经尚书起草，诏令下达便无效的制度。如，《后汉书》卷三十三《周章传》载，殇帝死后，司空周章"密谋闭宫门……劫尚书，废（邓）太后于南宫"。[4] 周章之所以要劫尚书，就是因为只有尚书起草和下达诏令，方能废除邓太后。由此可见，尚书台逐渐外化为行政决策中枢，参与行政决策，侵夺了丞相的决策权，而内廷的侍中可以对尚书的决策进行监督。

秦汉设置中朝官为皇帝决策提供智力支持，并负责审议决策方案。在宫廷内设置的中朝官主要有太中大夫、中大夫、谏大夫、光禄大夫等诸大夫，有侍中、中常侍、散骑常侍等诸常侍，还有议郎、给事中和博士等，"以言语为职，谏诤为官"，史称"言谏官"，又称为"议臣"，其主要职能是"顾问应对"，为帝王决策提供咨询。《后汉书》志第二十五《百官二·光禄勋》说："凡大夫、议郎皆掌顾问应对，无常事，唯诏命所使。"[5] 应劭《汉官仪》说大夫"职在言议"。诸大夫皆属九卿之一的光禄勋，是帝王的高级顾问，《文献通考》卷六十四《职官考十八》说，光禄大夫

---

[1] 《汉书》，第 2392 页。

[2] 〔清〕永瑢、纪昀等编纂：《文渊阁四库全书》，台北：台湾商务印书馆，1986 年，第 850—878 页。

[3] 《后汉书》，第 3596 页。

[4] 《后汉书》，第 1158 页。

[5] 《后汉书》，第 3577 页。

"银章青绶，掌议论，属光禄勋，门外特施，行马以旌别之，无常事，唯顾问应对，诏命所使，无员"。[1] 博士设在九卿之一太常卿，据西晋司马彪《后汉书》志第二十五《百官二》注说，博士"国有疑事，掌承问对"，"有大事则与中二千石会议"，[2] 就是可以参加行政决策会议。"凡大夫议郎皆掌顾问应对，无常事，唯诏令所使。"[3] 侍中、散骑常侍、中常侍等侍从天子，出入禁中，"赞导众事，顾问应对"，"献可替否"，属九卿之一的少府。《后汉书》志第二十六《百官三》引蔡质《汉仪》说，侍中、常侍"仰占俯视，切问近对，喻旨公卿"。[4] 给事中是秦朝所设，为加官，主要加在大夫、博士、议郎之上，"掌顾问应对，位次中常侍"。秦汉的中朝官是帝王顾问官，多为加官，无员，无机构，无常事，无印绶，出入禁中，侍从帝王，专职为帝王出谋划策，参加丞相或御史大夫主持的群臣决策会议，对决策方案进行审议，对由以丞相为首的朝廷官员构成的外朝行政决策进行监督。

在遇到军国大政需要决策时，秦汉帝王总是亲自或委托宰相主持召开有关官吏会议，进行集体讨论，集思广益，为决策提供依据，这就是集议制度。集议是帝王决策的必经程序，据《资治通鉴》卷二十六载，汉宣帝神爵元年（公元前 61 年），"（赵）充国（屯田）奏每上，辄下公卿议臣"。[5] 据《东汉会要》卷二十二《职官四·集议》载，东汉帝王也多把需要决策的政事"下公卿详议"，"诏下公卿朝臣议"，"诏公卿、博士、朝臣议"，"事下公卿议"，"召百官议朝堂"等。根据决策的内容、范围、参加人员和决策地点、历史阶段的不同，集议主要分为廷议、朝议、中外朝议、二府议、三府议、有司议等类型。秦汉最主要的集议形式就是以丞相为首的公卿大臣会议，又称"外朝议""公卿议"，参加人员是以丞相为首的政府官员，上至三公，下至六百石的议郎、谏大夫、博士。《汉书》卷七十七《刘辅传》注引孟康曰："丞相以下至六百石为外朝也。"据《汉书》卷六十八《霍光传》、卷七十三《韦玄成传》载，朝廷举行的朝议，除了丞相、御史大夫和二千石诸卿参与外，尚有大夫、博士、议郎参加会议，

〔1〕〔元〕马端临：《文献通考》，北京：中华书局，1986 年，第 576 页。

〔2〕《后汉书》，第 3572 页。

〔3〕《后汉书》，第 3577 页。

〔4〕《后汉书》，第 3593 页。

〔5〕〔宋〕司马光：《资治通鉴》，北京：中华书局，1956 年，第 854 页。

甚至待诏也参加朝廷举行的公卿决策会议。《汉书》卷五十八《公孙弘传》说公孙弘任博士时，"待诏金马门"，"每朝会议，开陈其端，使人主自择"。[1] 汉武帝把严助、主父偃、朱买臣、东方朔等人擢为中大夫，加上给事中等称号，让他们到宫中承明殿值班，随时被召见，为政道提供咨询，参加公卿大臣决策会议，公开讨论公卿决策的优劣，为帝王决策服务。这些人即作为内朝官的一部分。此外，内朝官还有辅佐帝王的司马、将军、侍中、常侍、散骑、诸吏等，在昭、宣帝时形成了内朝集议制度。一般属朝廷机密的军政大事先在省中诸殿由内朝官集议，提出决策方案，然后交丞相执行，有时候中外朝还要合议，实际是对以丞相为首的外朝决策的一种制约。《汉书》的《王嘉传》《萧望之传》中都有帝王把事情交与中朝讨论的事例。《后汉书》卷六十一《黄琼传》载，元嘉元年，"桓帝欲褒崇大将军梁冀，使中朝二千石以上会议其礼"。[2]《后汉书》卷三《章帝纪》载，建初四年（79 年），章帝"下太常、将、大夫、博士、议郎、郎官及诸生诸儒会白虎观，讲议《五经》同异"，[3] 这就是白虎观会议。参加白虎观会议的就有尚书、侍中李育，大鸿胪光禄大夫、五官中郎将魏应，郎官杨终，侍中、骑都尉淳于恭，司徒、太尉兼卫尉丁鸿，博士、议郎、光禄勋、侍中鲁恭，侍中、奉车都尉、太常桓郁，左中郎将、侍中、领骑都尉贾逵等人，汉章帝亲自参加。秦汉中央兼听独断的决策体制，在一定程度上防止了公卿大臣之蒙蔽，由帝王"独断"，从而有效地维护了君主专制中央集权制度，保障了君主专制行政机器的正常运转。

二、地方行政决策体制

地方郡守是一郡之长，号称"二千石官"，主管郡内政务；郡丞协助郡守处理政务，对中央负责。守、丞是郡级政府的主要责任人，对奖惩官吏、制定律令、财政经济等重大行政事务的决策都由守、丞共同完成。例如，张家山汉简《二年律令·具律》规定，司法审判中对已经判决但要求重审的"气（乞）鞫者"，县道官府接受他们的请求后，将重审案情上报二千石官郡守，"二千石官令都吏覆之"，就是派遣郡政府的监察官重新审

---

〔1〕《后汉书》，第 2618 页。
〔2〕《后汉书》，第 2035 页。
〔3〕《后汉书》，第 138 页。

理断案，由郡守最后做出决策。《二年律令·置吏律》规定，"县道官之计，各关属所二千石官。其受恒秩气禀，及求财用年输，郡关其守"，[1]就是县道官财政会计报告都要上报郡守，由郡守、郡丞共同决策。张家山汉简《奏谳书》第十六《录囚》记载，新郪县复审决定的案件，上报淮阳郡守、丞审批决定。[2]

　　地方县令、长为县级最高行政长官，简文中又称县啬夫，或大啬夫、啬夫，法律赋予他们领导全县一切工作的权力，负责一县行政、司法、经济等各方面的事务。县丞是县令长的辅佐，县丞的主要工作是签署文件、管理财务和审理案件。县级政务由令、丞共同决策，共同承担责任。睡虎地秦简记载：上级每年考课县官牛，"十牛以上而三分一死；不【盈】十牛以下，及受服牛者卒岁死牛三以上，吏主者、徒食牛者及令、丞皆有罪"（《厩苑律》）；[3]考核县仓粮食的出纳有"赢"或"不备"，"令令、丞与赏（偿）不备"（《仓律》）；官府受出钱者，"以丞、令印印"（《金布律》）；县所属各官府因管理不善而发生损坏或火灾，主管官吏有罪，"大啬夫、丞任之"（《内史杂》）；县属机构的长官啬夫被免职后超过两个月不任命新的，"令、丞为不从令"（《内史杂》）；"计用律不审而赢、不备"，官啬夫要受处罚，令丞负连带责任（《效律》）。《秦律杂抄·除弟子律》规定："蓦马五尺八寸以上，不胜任，奔挚（絷）不如令，县司马赀二甲，令、丞各一甲。"[4]这些法律条文规定县级政府对官吏任用考课、财政经济收支、军用物资供应、社会治安等行政事务负有连带责任，按责权统一的原则，县令、丞共同拥有这些方面的决策权。《二年律令·具律》规定，只有县令、丞才有资格决断狱政，"县道官守丞毋得断狱及瀙（谳）"，就是代理令、丞没有司法决策权，但是县尉为守丞可以审判定罪。"其守丞及令、长若真丞存者所独断治论有不当者，令真令、长、丞不存及病者皆共坐之"，[5]就是如果守丞司法决策出现失误，真令、长、丞都要连坐。《二年律令·置吏律》载："都官自尉、内史以下毋治狱，狱无轻重关于

---

〔1〕《张简》，第 37 页。
〔2〕《张简》，第 99 页。
〔3〕《睡简》，第 24 页。
〔4〕《睡简》，第 81 页。
〔5〕《张简》，第 23 页。

正；郡关其守。"〔1〕这条律文规定，都官只有行政长官廷尉、内史才有司法审判决策权。

简牍所见的行政决策命令，权责十分清楚，由行政长官和主办官吏共同负责，政府机构、起草人、审核人、长官都要亲笔签字，在一定程度上体现出了兼听独断的决策体制特点。例如，1973年甘肃省居延考古队在居延肩水金关遗址出土了三枚木牍，内容为一份逐验文书，其释文如下：

> 甘露二年王月己丑朔甲辰朔（此字衍），丞相少史充、御史守少史仁，以请诏有逐验：大逆无道故广陵王胥御者惠同产弟、故长公主盖卿大婢外人，移郡太守，逐得试知。外人者，故长公主大奴。千秋等曰：外人，一名丽戎，字中夫，前太子守观奴婴齐妻，前死，丽戎从母捐之，字子文，私男弟偃居主马市里。弟，捐之姊子，故安道侯奴，材取不审县里男子，子涁，为丽戎壻，以牛车就载籍田仓为事。始元二年中，主女孙为河间王后，与捐之偕之国。后丽戎、涁徒居杌偕弟，养男孙丁子沱。元凤元年中，主死，绝户，奴婢没入诣官，丽戎、涁俱亡。丽戎脱籍，疑变更名字，远走绝迹，更为人妻，介罪民间，若死，毋从知。丽戎亡时可廿三四岁，至今年可六十。所为人：中壮，黄色，小头，黑发，隋面，枸颐，常戚额如频状，身小长，诈庑少言。书到，二千石遣毋（无）害都吏，严教属县官、令，以下啬夫、吏、正、匕、老，杂验问乡里吏民，赏取婢及免婢以为妻，年五十以上，形状类丽戎者，问父母昆弟，本谁生子，务得请实，发生从迹。毋督聚烦扰民，大逆同产当坐。重事，推迹未穷，毋令居部界中不觉。得者书言白报，以邮亭行驿长安传舍。重事，当奏闻，必谨审之，毋留，如律令。
>
> 六月，张掖太守毋适、丞勋敢告部都尉、卒人，谓县，写移书到，趣报，如御史律令，敢告卒人/掾伹，守卒史禹、置佐财。
>
> 七月壬辰，张掖肩水司马阳以秩次兼行都尉事，谓候、[城尉]，书到，虔索部界中，毋有，以书言，会月廿日，如律令/掾遂、守属况。
>
> 七月乙未，肩水候福谓候长广、候史□写移书到，虔索部界中，

---

〔1〕《张简》，第37页。

毋有，以书言，会月十五日，须报府，毋□□如律令/令史。[1]

这是一份由皇帝决策，由中央丞相、御史下达到地方的文书，实际是一份诏书。地方各级政府都对下级如何执行诏书做出了决策，提出了明确的要求：一是按要求时间完成，二是以律令办事，三是写出执行情况的书面报告。而且，各级政府的决策都是由长官或长官与副长官共同发布的，张掖郡由太守和丞、肩水都尉由都尉、肩水候由候发布执行命令，这说明各级政府的行政长官是决策的第一责任人。同时，各级政府下达的行政决策命令还需要主典文书官吏的签署，这说明起草决策命令的官吏对决策亦负有责任。

第二节　秦汉行政决策与信息

一、行政信息是决策方案的依据

秦汉行政决策方案的提出都是以层层上报行政信息为依据，从实际行政工作信息中找出问题，提出决策的问题和方案。例如，甲渠候官"劾移狱"（E.P.T 68∶1－12）的决策就是以其属官令史提供的信息为依据的。负责监督检查法律执行情况的属官令史提出检举揭发其部属官吏士吏"软弱不任吏职"的"状辞"，主管机关甲渠候官于是对被举劾者移送审判机关居延狱做出追究责任的决策议案"劾章"。又如"元康五年诏书"中御史大夫吉"昧死言"的决策方案是根据"丞相相上大常昌书，言大史丞定言"的行政信息决定的。"元康五年五月二日壬子日夏至，宜寝兵，大官抒井，更水火，进鸣鸡"（《合校》10·27），[2] 规定夏至要做的事情有寝兵、抒井、更水火、进鸣鸡。"寝兵"，就是停止军事演练。全国都要"抒井，更水火"，即清理水井、炉灶，重新取火。汉代人认为夏至阳气极盛，阴气萌芽，此时不可妄动，所以要"寝兵"休息。"更水火"也称为"改火"，应与古代的卫生习俗有关，主要在除去毒素，维护健康。而"进鸣鸡"的用意较难解，可能是"阳出则鸡鸣"，和夏至时令有相合之处。总

---

[1] 李明晓、赵久湘：《散见战国秦汉简帛法律文献整理与研究》，重庆：西南师范大学出版社，2011年，第305页。

[2] 《合校》，第16页。

之，做这些事都是要顺应夏至的节气，可以和阴阳、除灾气，因为西汉时期非常注重阴阳时令和政治的关系。"永始三年诏书"中丞相方进、御史臣光"昧死言"中提出的决策议案是根据"对问上计弘农大守丞□"提供的行政信息确定的，大致是说，由于气候条件差，农产品遭灾，而富人则放高利贷，盘剥老百姓，因此奏请废除"贷钱它物律"，不许还息与贷者，违者则按另一奏文处理。[1]

二、行政信息上传制度

秦汉简牍中的行政法规定了行政信息上传的制度，为各级政府的行政决策提供依据。汉代下级在贯彻执行上级下达的政策法令和办理行政事务时，要及时准确地向上级汇报行政信息，请示上级审批和监督，为上级决策和调整决策提供依据。据曲阜孔庙元嘉三年（153 年）《奏置百石卒史碑》载，鲁国相上书中央司徒、司空府为孔子庙置百石卒史一人，是为郡国人事安排请示中央决策；宋洪适《隶释》中樊毅《请复华山下民租田口算碑》载，弘农太守上书尚书请求免除华山下十里以内民租田口算，是为郡国经济请示中央决策。[2] 汉简《建武三年候粟君所责寇恩事》文书中就有司法信息上报郡府的记载：

> 又借牛一头以为犍，因卖，不肯归以所得就直牛，偿不相当廿石。书到，验问，治决言。前言解，廷邮书曰：恩辞不与候书相应，疑非实。今候奏记府，愿诣乡爰书是正。府录：令明处，更详验问，治决言。（E.P.F 22：29—31）[3]

这是县级政府在审判案件时，认为寇恩的供词与候官的司法文书不一致，候官已上报都尉府，请求核实决策，并到乡级政府进一步调查取证上报的司法行政信息。

张家山汉简《二年律令》规定，县道基层政府请求对垦田、户籍、田租籍制定律令，或对犯人判处死刑，上报会计簿籍，以及"租、质、户赋、园池入钱"等经济、司法、财政行政事务，都必须及时上报郡守，郡守再

〔1〕 伍德煦：《新发现的一份西汉诏书——〈永始三年诏书简册〉考释和有关问题》，《西北师大学报》（社会科学版），1983 年第 4 期。
〔2〕 许同莘：《公牍学史》，北京：档案出版社，1989 年，第 40—43 页。
〔3〕 《新简》，第 477—478 页。

上报中央，逐级请示和审核，以保证行政信息的真实可靠和及时上传，对稽缓或迟留上报和违法上报不真实行政信息的官吏要依法追究责任。《二年律令》相关记载有：

（1）县道已豤（垦）田，上其数二千石官，以户数婴之，毋出五月望。（《田律》）[1]

（2）恒以八月令乡部啬夫、吏、令史相杂案户籍，副臧（藏）其廷。有移徙者，辄移户及年籍爵细徙所，并封。留弗移，移不并封及实不徙数盈十日，皆罚金四两；数在所正、典弗告，与同罪；乡部啬夫、吏主及案户者弗得，罚金各一两。（《户律》）[2]

（3）气（乞）鞫者各辞在所县道，县道官令、长、丞谨听，书其气（乞）鞫，上狱属所二千石官，二千石官令都吏覆之。都吏所覆治，廷及郡各移旁近郡，御史、丞相所覆治移廷。（《具律》）[3]

（4）县道官之计，各关属所二千石官。其受恒秩气禀，及求财用年输，郡关其守，中关内史。受（授）爵及除人关于尉。都官自尉、内史以下毋治狱，狱无轻重关于正；郡关其守。（《置吏律》）[4]

从上列四则简文可知，对经济、司法、财政等行政信息的上报，法律都规定了上报时限和质量要求，当报不报、稽留不报、违法上报、上报失真都要依法惩处。这为行政决策提供了真实可靠的依据和法律保障。特别是在发生较大的自然灾害时，地方官员必须随时上报受灾情形，以便中央采取必要的赈济措施。《秦律十八种·田律》就有各县定期上报农田受害和受益面积的规定："雨为澍（澍），及诱（秀）粟，辄以书言澍（澍）稼、诱（秀）粟及豤（垦）田暘毋（无）稼者顷数。稼已生后而雨，亦辄言雨少多，所利顷数。早（旱）及暴风雨、水潦、虫（螽）蚀、群它物伤稼者，亦辄言其顷数。近县令轻足行其书，远县令邮行之，尽八月□□之。"[5] 澍，春天的及时雨，这里规定，下了及时雨，禾稼抽穗，应立即书面报告受时雨、抽穗的农田顷数以及已开垦而没有种禾稼的农田顷数。禾稼生长以后下了雨，也要报告雨量多少和受益的农田顷数。对旱灾、暴

---

[1]　《新简》，第42页。

[2]　《新简》，第54页。

[3]　《张简》，第24—25页。

[4]　《张简》，第37页。

[5]　《睡简》，第19页。

风雨、水涝、蝗虫等其他各种伤害禾稼的灾害，也要报告农田顷数。距离近的县，文书由轻快的人步行送递；距离远的县，文书由驿站传送，必须在八月底以前送到。这样的规定，有利于上级政府及时了解全国各地农业生产受到自然环境影响的状况，掌握农田受益和受害的面积，为年终征收地税和"上计"决策做好准备。武威汉简中的律文，也要求"吏部中有蝗虫、水火，比盗贼。不以文移，耐为司寇"。[1] 此外，仓储状况、调兵等重大经济、军事信息，也必须随时向中央请示。如《秦律十八种·仓律》载，"入禾稼、刍稿，辄为廥籍，上内史"；《汉书·景武昭宣元成功臣表》载，"元狩二年，坐为上党太守发兵击匈奴不以闻，免"；等等。地方征收租税、仓储状况等地方经济行政信息也必须随时向中央报告，如《秦律十八种·仓律》载，仓库收到粮食和刍稿都要记入账簿，上报中央最高财政机构内史。张家山汉简《奏谳书》诸多案例反映，地方郡政府要将审理不了的县道奏谳文书上报廷尉，也要将郡中疑案直接上报廷尉，请求上级决策。这些地方政府逐级向中央上传汇报辖区内的行政信息，为中央行政主管部门的行政决策提供了依据。各级政府上报的行政信息要求准确无误，《二年律令·贼律》规定："诸上书及有言也而谩，完为城旦舂。其误不审，罚金四两。为伪书者，黥为城旦舂。"[2] 就是规定上报行政信息的文书如果弄虚作假、出现错误，影响行政决策的结果，都要严惩不贷。

第三节　秦汉行政决策程序

秦汉简牍中的行政法规定了提出议案、请示上级、依法审查、集体商议、决定方案、批准执行、发布命令等较为严格的一套决策程序。

一、请示审批

秦汉各级行政长官根据行政信息提出决策议案，下级都要请示上级审批，层层把关，各负其责，从起草、决定到发出决策命令都由各级政府官吏逐级签字，有严格的程序，不得超越权限。在简牍资料中，决策上报请

---

〔1〕 李均明、刘军：《武威旱滩坡出土汉简考述——兼论"絜令"》，《文物》，1993 年第 10 期。

〔2〕《张简》，第 9—10 页。

示审批称为"请"。睡虎地秦简《秦律十八种·内史杂》记载："有事请殹(也)，必以书，毋□请，毋羁(羁)请。"[1] 就是有事情需要决策就要向上级打报告申请审批，不能口头请示。张家山汉简《二年律令·置吏律》规定，县道官有需要提请立法决策的，各自向所属的上级郡守二千石官请示，二千石官上书请示中央相国、御史，相国、御史审查后，认为可以提请的，才可以提请立法决策，"毋得径请"就是不能越级申请立法决策，若"径请者"，要处以罚金四两[2]。这说明决策是按程序经过各级政府层层审批的。传世文献《史记》中《孝文本纪》载有汉景帝"制可"丞相等奏请允许郡国诸侯为文帝立庙的决策诏书，《三王世家》载有汉武帝"制可"众朝臣奏请立皇子为诸侯王的决策诏书等。《二年律令》中《津关令》有关于"请"的例证，如：

(1) 御史请诸出入津关者，诣入传□□吏(?)里年长物色疵瑕见外者及马职(识)物关舍人占者，津关谨阅，出入之。县官马勿职(识)物者，与出同罪。制曰：可。(《津关令》简498—499)[3]

(2) 相国上中大夫书，请中大夫谒者、郎中、执盾、执戟家在关外者，买私买马关中。有县官致上中大夫、郎中、中大夫、郎中为书告津关，来，复传，津关谨阅出入。马当复入不入，以令论。相国、御史以闻，制曰：可。(《津关令》简504—505)[4]

这两条津关令是由中央相国、御史上书请示皇帝批准的法令，而(2)相国的请示是根据中大夫提供的行政信息提出的，经皇帝批准后，决策成为法令。湖北荆州松柏一号汉墓简牍记载：

令丙弟(第)九

丞相言：请令西成、成固、南郑献枇杷各十，至，不足，令相补不足，尽所得。先告过所县用人数，以邮、亭次传。人少者财助献。起所为檄，及界，邮吏皆各署起、过日时。日夜走，诣行在所司马门。司马门更诣大(太)官，大(太)官上檄御史，(御史)课县留稚(迟)者。御史奏请许。

---

[1] 《睡简》，第62页。
[2] 《睡简》，第38页。
[3] 《张简》，第84—85页。
[4] 《张简》，第85页。

制曰：可。孝文皇帝十年六月甲申下。[1]

这条"令"的决策是由丞相提请决策方案，御史请示皇帝批准，以皇帝诏书的形式颁布执行的。这说明秦汉的行政决策是有严格程序的。

二、发布命令

中央行政决策的政令首先是以皇帝名义发布的各种诏令，其次是诸公卿府的行政指令——府书。诏令从内容上大致可分为三类。一是施政方针的推行与变革。如，文帝发布重农诏，和帝诏刺史、二千石"详刑辟，理冤虐，恤鳏寡，矜孤弱"等，目的多在于敦促地方官清正廉洁，轻徭薄赋，治狱公正。二是中央以诏书的形式对地方行政、司法、军事等重大政务下达具体命令。三是皇帝有时使用玺书对某个地方官员加以褒奖或斥责。诏书的下行，在正常情况下多由御史大夫下丞相，再由丞相府下郡国守相，然后经郡国逐级传达到县、乡基层。诏书多数要求吏民尽知，即所谓"布告天下，使明知朕意"者。汉文帝时贾山谈到的"臣闻山东吏布诏令，民虽老羸癃疾，扶杖而往听之"，[2] 就是这一制度的反映。《汉书》卷一《高后纪》引颜师古注曰："天子之言，一曰制书，二曰诏书。制书者，谓为制度之命也"。[3] 诏书者，告白天下之令也，二者名称不同，用法略异。西汉中晚期，制诏之制又有所发展，据《后汉书》卷一《光武帝纪》注引《汉制度》载，这时天子大权独揽，文书繁多，其内容已非制诏所能包括，因而重新规定，"帝之下书有四：一曰策书，二曰制书，三曰诏书，四曰诫敕。策书者，编简也，其制长二尺，短者半之，篆书，起年月日，称皇帝，以命诸侯王。三公以罪免，亦赐策，而以隶书，用尺一木，两行，唯此为异也。制书者，帝者制度之命，其文曰制诏三公，皆玺封，尚书令印重封，露布州郡也。诏书者，诏，告也，其文曰告某官云，如故事。诫敕者，谓敕刺史、太守，其文曰有诏敕某官。它皆仿此"。[4] 然而，如今对皇帝决策的诏令类文书从史籍中很难窥其全貌，更无法了解其格式。但是据简牍

---

[1] 李明晓、赵久湘：《散见战国秦汉简帛法律文献整理与研究》，重庆：西南师范大学出版社，2011年，第214页。

[2] 《汉书》，第2336页。

[3] 《汉书》，第95页。

[4] 《后汉书》，第24页。

资料证明，诏书一般由三部分内容构成：前一部分称为"奏"，奏报下诏的部门、主要官吏姓名、议案及其缘由；第二部分为"诏书敕"，是该诏书决策的主要内容；第三部分是诏书下行于内外官署的例文及要求。例如"永始三年诏书"：

第一简 丞相方进御史臣光昧死言

明诏衰安元：臣方佳（进）御史臣光往秋郡被霜冬无大雹不 利 宿 麦 恐 民□☑

第二简 郡国九谷最少豫稍为惆给立辅既言民所疾苦可以便安

弘农太守丞立山阳行太守事湖陵□阝上彳☑

第三简 调有余给不足不民所疾苦必可以便安百姓者公计长守丞☑

臣光奉职无状顿：首：死：罪：原方进臣光前封公上计弘农太守☑

第四简 令堪封曰富民多畜田出贷☑

□□□

第五简 来去城郭流亡离本逐末浮食□□□□□

与县官并税以成家致富开并兼之路□

第六简 治民之道宜务其本广农□☑

来出贷或取以贾贩愚者□□

第七简 言既可许取请除贷钱它物律诏书到县道 官 □□□□□

县官还息与贷者必不可许必别奏臣方进臣光愚戆顿：首：死：罪：

第八简 制可

第九简 永始三年七月戊申朔戊 辰

下当用者

第十简 七月庚午丞相方进下少府卫将：军：二：千：石：部刺史郡太守☑

下当用者书到言

第十一简 八月戊戌丞相方进重令长安男子李参索辅等自言古租□□

又闻三辅豪黠吏比复出贷史（吏）重质不止疑郡国亦然书到

第十二简 赏得自责毋息毋令 使 郡 县相残贼务禁绝息□☑

第十三简 十月己亥张掖太守谭守郡司马宗行长史事☑

书从事下当用者明扁悬亭显处令吏民皆知之如诏书

第十四简 十一月己酉张掖肩水都尉谭丞平下官下当用者如 诏 书

第十五简 十一月辛亥肩水候宪下行尉事谓关啬夫吏承书从事明

扁亭□

处如诏书 士史猛[1]

从第一简到第七简是丞相翟方进和御史大夫孔光联名给皇帝的奏文，主要提出决策议案及其原因。第八简是制，即当时成帝刘骜批准该奏的决策命令，在这件奏文加"制可"即成诏书。第九简、第十简以及第十三简到第十五简就是把指令性诏书按官府的统属顺序逐级下达、执行命令的例文，也就是所谓诏行下之辞。其间的第十一简和第十二简是丞相追加执行命令的要求，是丞相府的行政决策命令。

中央丞相、御史大夫等公卿也可根据职权范围向地方发布具体行政指令——府书。文献中有关这方面的记载相对较少，但简牍中有不少这方面的记载。下达府书的机构有：（1）丞相府。是中央行政中枢，地方政务多需申报丞相府，丞相府也常下府书对地方行政加以指导。如居延新简"酒泉大守移丞相府，书曰：太守迎卒受兵"（E.P.T 53:63）。[2]（2）大司农府。大司农分管财政，在地方设有许多直属的分支机构，也经常和地方政务发生联系，郡府接受大司农指示很多。如居延新简"阳朔三年正月尽十二月，府移大司农部掾条"（E.P.T 52:470B）等。[3]（3）宗正府。宗正职掌皇族事务，也时常下府书于州郡。如甘谷汉简第45—47号简说：凉州刺史超使告汉阳从事史忠等，移"郡国太守、都尉，写移书到，检案奉行右言。被书后五日，如宗正府书律令"。[4]（4）大鸿胪。大鸿胪下达到地方的指令在汉简中也有发现，如居延汉简"胪野王、丞忠下郡，右扶风、汉中、南阳、北地太守承书从事，下当用者，以道次传"（203·22）。[5]据《汉书》卷七十九《冯奉世传（附子野王传）》载，野王当为冯野王，"京师称其威信，迁为大鸿胪"。[6]（5）廷尉。廷尉主司法，地方要将不能定

---

〔1〕 伍德煦：《新发现的一份西汉诏书——〈永始三年诏书简册〉考释和有关问题》，《西北师大学报》（社会科学版），1983 年第 4 期。

〔2〕 《新简》，第 284 页。

〔3〕 《新简》，第 259 页。

〔4〕 李明晓、赵久湘：《散见战国秦汉简帛法律文献整理与研究》，重庆：西南师范大学出版社，2011 年，第 398 页。

〔5〕 《合校》，第 317 页。

〔6〕 《汉书》，第 3302 页。

罪量刑或无法统一的案件上报廷尉，时称"奏谳"，廷尉处理后再以廷报的形式下达地方官府执行。张家山汉简《奏谳书》多有廷尉下达的指令性文书"廷报"。余英时先生《士与中国文化》一书认为，汉代郡县长官颁布教令而分条列举者，称为"条教"，条教具有法律效力，任何人不能违犯。[1] 秦汉地方行政机关下行的行政指令文书，主要有：府书，指太守府或都督府下达的文书与批转的上级文书；檄书，用于征召、晓谕、申讨等特急情况的文书；举书、记，检举揭发下级行政机关及官吏违法失职行为的文书等。[2] 我们以府下檄书为例说明地方行政机关下行指令性文书的特点及格式：

> 　得，仓丞吉兼行丞事，敢告部都尉卒人。诏书：清塞下，谨候望，备燔火，虏即入，料度可备中，毋远追，为虏所诈，书已前下。檄到，卒人遣尉、丞、司马，数循行，严兵□。(12·1A)

> 　禁止行者，便战斗具，驱逐田牧畜产，毋令居部界中。警备，毋为虏所诖。利且课，毋状不忧者劾。尉丞以下，毋忽如法律令。敢告卒人／掾延年、书佐光、给事□。(12·1B)

> 　都尉事、司马丞登行丞事，谓肩水候官，写移檄到，如大守府檄书、律令／卒史安世、属乐世、书佐延年。(12·1C)

> 　□行曹谓□□□长充宗，官写移檄到，警备□□门□，毋为虏所乘□，毋忽如律令。(12·1D)[3]

这一木觚以 A、B 面为主，是张掖太守督饬下属严格执行诏书烽火警备的决策指令性文书。文自称"檄""太守府檄"，就是郡级政府发布的檄文。C、D 面分别是太守下级肩水都尉和都尉的下级肩水候官、肩水候长逐级向下转发此檄文的命令文书。其中"清塞下……毋远追，为虏所诈"，为檄文引述诏书督促烽火警备的内容；"严兵□"以下为太守发布的命令，反映了郡级政府下达决策行政指令的基本状况。

_____

〔1〕 关于"条教"，详见余英时《士与中国文化》中的《循吏与条教》一节，上海：上海人民出版社，2003 年，第 200 页。

〔2〕 参见薛英群：《汉简官文书考略》，甘肃省文物工作队、甘肃省博物馆编：《汉简研究文集》，兰州：甘肃人民出版社，1984 年，第 258—297 页。

〔3〕 《合校》，第 20 页。

第四节 秦汉行政决策的律令依据

秦汉简牍中的行政法规定，从中央到地方各级政府做出决策的命令都有律令依据，是经过合法性审查的。

一、里耶秦简中的律令决策

廿七年二月丙子朔庚寅，洞庭守礼谓县啬夫、卒史嘉、叚（假）卒史谷、属尉：令曰"传送委输，必先悉行城旦春、隶臣妾、居赀赎责（债）。急事不可留，乃兴徭"。今洞庭兵输内史及巴、南郡、苍梧，输甲兵当传者多。节（即）传之，必先悉行乘城卒、隶臣妾、城旦春、鬼薪白粲、居赀赎责（债）、司寇、隐官、践更县者。田时殹，不欲兴黔首。嘉、谷、尉各谨案所部县卒、徒隶、居赀赎责（债）、司寇、隐官、践更县者簿，有可令传甲兵，县弗令传之而兴黔首，[兴黔首] 可省少弗省少而多兴者，辄劾移县，[县] 亟以律令具论，当坐者言名，夬泰（太）守府。嘉、谷、尉在所县上书嘉、谷、尉，令人日夜端行，它如律令。[J1(16)5 正面]

三月丙辰，迁陵丞欧敢告尉：告乡司空、仓主，前书已下，重，听书从事；尉别都乡司空，[司空] 传仓，都乡别启陵、贰春，皆弗留脱，它如律令/釦手。丙辰水下四刻，隶臣尚行。三月癸丑水下尽之，阳陵士五（伍）匀以来。/邪手。□月癸卯，水十一刻 [刻] 下九，求盗簪裹（褭）阳成辰以来。/羽手。——如手。[J1(16)5 背面][1]

这件文书是秦始皇二十七年（公元前 220 年）洞庭郡下达征发徭役、运送武器装备决策的指令文书 [J1(16)5 正面、J1(16)5 背面] 中，引用令的规定"传送委输，必先悉行城旦春、隶臣妾、居赀赎责（债）。急事不可留，乃兴徭"[2] 作为决策的依据，决策指令要求按照律令的规定征发城旦春、隶臣妾、居赀赎债等人去服徭役，不得私自征发农民，"皆弗留脱"，就是不能有所滞留和脱漏，并且在木简的背面列举了被征发人员的名单和时间，说明是按命令中的律令规定执行决策、征发徭役的。

---

[1] 《校诂》，第 104 页。

[2] 《校诂》，第 104 页。

二、悬泉置汉简中的律令决策

制曰：下大司徒、大司空，臣谨案：令曰：未央厩、骑马、大厩马日食粟斗一升、叔（菽）一升。置传马粟斗一升，叔（菽）一升。其当空道日益粟，粟斗一升。长安、新丰、郑、华阴、渭成（城）、扶风厩传马加食，匹日粟斗一升。车骑马，匹日用粟、叔（菽）各一升。建始元年，丞相衡、御史大夫谭。（Ⅱ0214②: 556）[1]

这是皇帝下达增加邮驿传置的马、交通要道的马、三辅地区厩置的马及车骑马饲料的决策诏书，是丞相匡衡、御史大夫张谭根据《厩令》"未央厩、骑马、大厩马日食粟斗一升、叔（菽）一升"的律令规定提出的。

三、居延汉简中的律令决策

二月戊寅，张掖大守福、库丞承熹兼行丞事，敢告张掖农都尉、护田校尉府卒人，谓县，律曰："臧它物非钱者，以十月平贾计。"案戍田卒受官袍衣物，贪利贵贾，贳予贫困民，吏不禁止，浸益多，又不以时验问。（4·1）[2]

这件文书是张掖太守和库丞向张掖农都尉、护田校尉发出的决策指令，引用律文的规定"臧它物非钱者，以十月平贾计"作为依据，责令有关部门对戍田卒将官府配发的官袍衣物高价出贳给当地居民一事进行调查，按律要求以十月份官府评定出的物价对出贳官袍衣物进行平价估算，否则以赃罪论处，就是严禁戍卒高价出卖所配给的官袍衣物，稳定集市交易。《二年律令·金布律》规定："有罚、赎、责（债），当入金，欲以平贾（价）入钱，及当受购、偿而毋金，及当出金、钱县官而欲以除其罚、赎、责（债），及为人除者，皆许之。各以其二千石官治所县十月金平贾（价）予钱，为除。"[3]就是规定"罚、赎、责（债），当入金"，以"十月金平贾（价）入钱"，这说明张掖郡政府发布的决策指令是有法律依据的。

"建武三年十二月永不当负驹"册（《新简》E.P.F 22: 186-201）是甲渠候官以律令为依据对郡府或都尉府下达"驹死隧内"的质询问责做出的

---

[1]　《悬简》，第5页。

[2]　《合校》，第4页。

[3]　《张简》，第67页。

决策报告文书。"永不当负驹"的决策根据是永遵守了律令规定的职责，"永以县官事行警檄，恐负时，骑放马行檄"，按时间完成任务；马驹"素罢劳，病死"，马本来就因疲劳有病而死；"放又不以死驹付永"，放又没有把死马交给焦永而。而放"坐臧（赃）为盗，请行法"是根据《二年律令·盗律》的规定："□□□财（？）物（？）私自假貣（贷），假貣（贷）人罚金二两。其钱金、布帛、粟米、马牛殹，与盗同法。"[1] "放以县官马擅自假借"，就是放私自将公有财物借给他人使用，要按盗窃罪处罚。

四、张家山汉简《奏谳书》中的律令决策

例如，审判过程中引用律文质询当事人，请当事人做出合理的解释。"律：取（娶）亡人为妻，黥为城旦，弗智（知），非有减也。解虽弗智（知），当以取（娶）亡人为妻论，何解？解曰：罪，毋解。"[2] 又如，审判平的决策结论为"平当耐为隶臣，锢，毋得以爵、当赏免"，是根据律令做出的判决："诸无名数者，皆令自占书名数，令到县道官，盈卅日，不自占书名数，皆耐为隶臣妾，锢，勿令以爵、赏免，舍匿者与同罪。"[3] 再如，审判恢的决策结论是"恢当黥为城旦，毋得以爵减、免、赎"，其依据是"律：盗臧（赃）直（值）过六百六十钱，黥为城旦；令：吏盗，当刑者刑，毋得以爵减、免、赎"。[4] 以上这些都说明秦汉司法行政决策是以律令为依据的。

---

[1] 《张简》，第 19 页。
[2] 《张简》，第 94 页。
[3] 《张简》，第 97 页。
[4] 《张简》，第 98 页。

第五章　简牍中的秦汉行政执行法

　　行政执行情形决定了行政决策的实现程度。简牍中的秦汉行政法规定，行政机关及其公务人员要依据法律制度，逐级贯彻和执行国家权力机关与上级政府的政策、决策，建立优质高效的行政执行制度，从而形成行为比较规范、有章可循的行政执行制度和责任比较明确、执行高效的行政执行机制。秦汉的行政执行系统比较完备。全国最高行政执行机关是丞相府、司空府和太尉府三公府，行政事务机关九卿分别隶属于三公府，三公府对行政执行过程中违法失职的官吏奏请处以极刑或免其职，但三公无权下令九卿，决策政令是以皇帝诏令的形式下达九卿的，然后三公府监督他们的执行情况；政令大多由制令机关御史大夫寺（尚书台）发到三公府，三公府下达到郡，郡下达到县，县下达到乡，层层负责，逐级监督。传世文献对此记载较少，学术界论述亦甚少，而简牍中的秦汉律令对行政执行制度有明确的规定，主要表现在以下四个方面：一是秦汉国家行政机关及其公务人员按照律令的规定贯彻执行上级的政策、决策，简牍中的行政文书中多用"如律令"作结尾；二是秦汉行政执行活动注重质量，简牍中的行政文书中常有"毋忽""毋令""毋令缪"等禁止性用语，严禁任何违背行政决策和政策法令的违法失职行为或活动；三是秦汉行政执行活动讲究效率，简牍中的行政文书中常有"毋留""会月廿五日""毋留止""毋失期""毋苟留止"等"期会"的时效要求，要求行政执行做到迅速、果断；四是秦汉行政执行活动必须及时、客观地向上级汇报行政执行效果，简牍中的行政文书中常见有"牒别言""明处言""言""遣具言"等向上级报告的用语，行政活动要接受上级的监督，以检验、修正和完善行政决策。秦汉行政执行过程都有详细记录，为上级检查监督行政执行的质量情形提供了依据。秦汉行政执行制度在一定程度上保障了行政执行工作的正常有序进行，提高了行政执行的质量和效率，促进了经济社会的持续发展。

第一节　秦汉行政执行的律令依据

简牍中的秦汉行政决策命令文书通常以"如律令"作结尾，要求各级政府按律令执行行政决策指令。"如律令"在传世典籍中零星出现，仅在《史记·三王世家》《汉书·朱博传》《汉书·儒林传》等有记载，但在简牍中大量出现，据不完全统计至少有 343 条。[1] "如律令"就是要求按照律令执行行政命令，办理行政事务。中国学者王国维、陈直、裘锡圭、李均明和日本学者大庭脩、鹰取祐司等对"如律令"都有研究，但理解并不一致，主要有三种看法：一是律令就是法令，要求按具体律令条文执行；二是律令为上行下公文的习惯用语，与具体律令无关；三是律令为道家符咒用语。[2] 王焕林认为："先秦至汉初，如律令却有具体法令可按，大致在汉武帝时代，始逐渐成为公文催促命令习语，魏晋以降，则已演变为道家符箓术语。"[3] 我们认为，秦汉时期，无论是上行、下行还是平行的官府往来行政指令文书皆可在结束时言"如律令"，就是要求按照律令办理行政指令。"如律令"有多种变形的形式，在秦简中多用"以律令从事""它如律令"，汉简中有"受报如律令""书到如律令""如诏书""如诏书律令""如府书律令"等，其含义各有不同，"苟一事为律令所未具而以诏书定之者，则曰'如诏书'；苟一事为律令所已定，但以诏书或府书、莫府书等督促之者，则曰'如律令''如诏书律令''如府书律令''如莫府书律令'等，这些用语皆只出现于转下诏书、府书、莫府书等上级下达的文书时的行下之辞里，若是官府直接对上级、平级、下级行文，则言'如律令'或'如书'"。[4] "它如律令"就是除此之外其他的情况都要按律令去做。但是不论哪种变形形式，"如律令"中的"律令"都是指法律条文，强调的是以律令行政。首先，在秦汉行政执行文书中，根据具体办事内容提出"律令"行政的明确要求，基本上可以找到相对应的律令条文，如"写移如律令"，"写移昭武狱如律令"，"当舍传舍，从者如律令"，"以次

---

〔1〕　刘太祥：《简牍所见秦汉律令行政》，《南都学坛》，2013 年第 4 期。

〔2〕　张伯元：《出土法律文献研究》，北京：商务印书馆，2005 年，第 268—284 页。

〔3〕　《校诂》，第 174—175 页。

〔4〕　汪桂海：《汉代官文书制度》，南宁：广西教育出版社，1999 年，第 105 页。

为驾，如律令"，"承书从事，下当用者，如律令"，"代罢如律令"，"警备
如律令"，"积别束数如律令"，"移过所如律令"，"过河津关如律令"，
"听书从事如律令"等。其次，在秦汉行政执行文书中，根据禁止性的法
律语言规定的"律令"行政的明确要求，基本上可以找到相对应的律令条
文，如"毋留如律令""毋忽如律令""毋失期如律令""毋令缪如律令"
等。所以，"如律令"有明显的律令依据，就是要求按律令办事，这是秦汉
依律令行政的行政立法基本原则。由于秦汉律令传世文献记载很少，出土
文献的秦汉律令也不是当时的全貌，下面仅就能够见到的与行政行为对应
的律令条文列举数例，以资说明。

一、关于"移年籍"的律令

里耶秦简记载：

> 廿六年五月辛巳朔庚子，启陵乡 庹 敢言之：都乡守嘉言，渚里
> ……劾等十七户徙都乡，皆不移年籍。令曰：移言。今问之，劾等徙
> ……书告都乡曰：启陵乡未有枼（牒），毋以智（知）劾等初产至今
> 年数……□□□，谒令都乡自问劾等年数，敢言之。［J1(16)9 正面］
> 　　□□迁陵守丞敦狐告都乡主：以律从事。/逐手。……甲辰，水
> 十一刻［刻］下者十刻，不更成里午以来。/犀手。［J1(16)9 背面］[1]

这份文书是迁陵县丞下传到都乡长官的行政决策指令，要求都乡长官依
据相关律令条文调查处理都乡十七户迁到启陵乡的移民没有按照法律移交登
记年龄户籍之事。秦始皇二十六年（公元前 221 年）五月二十日收到呈文，
县丞命令二十四日从启陵乡送到都乡。"以律令从事"，秦代简文中常用，而
汉代简文中用得较少，与汉代的"如律令"意思一样，就是按照律令办理事
务。在里耶秦简的行政执行文书中几乎都用"以律令从事"。文书中令曰
"移言"，就是引用秦令的规定"需移交相关簿籍并上报"。秦汉法律对户口
迁徙有严格的"移年籍"规定，据张家山汉简《二年律令·户律》记载：
"恒以八月令乡部啬夫、吏、令史相杂案户籍，副臧（藏）其廷。有移徙者，
辄移户及年籍爵细徙所，并封。留弗移，移不并封，及实不徙数盈十日，皆
罚金四两；数在所正、典弗告，与同罪。乡部啬夫、吏主及案户者弗告，罚

---

〔1〕《校诂》，第 116 页。

金各一两。"〔1〕 因此这份文书中"以律令从事"的"律令"就是指"移年籍"的律令条文。

二、关于"劾移狱"的律令

居延汉简记载:

(1) 劾章

建武五年五月乙亥朔丁丑(初三日),主官令史谭劾移居延狱,以律令从事。甲渠塞百石士吏居延安国里公乘冯匡,年卅二岁,始建国天凤上戊六年三月己亥除署第四部。病欬(咳)短气,主亭隧七所喑呼。七月□□除署第四(十)部。士吏□匡软弱不任吏职,以令斥免。五月丁丑甲渠守候博移居延,写移如律令。掾谭。

(2) 状辞

建武五年五月乙亥朔丁丑(初三日),主官令史谭敢言之,谨移劾状一编敢言之。状辞:公乘居延鞮汗里年卅九岁,姓夏侯氏,为甲渠候官斗食令史、署主官以主领吏备盗贼为职。士吏冯匡始建国天凤上戊六年七月壬辰,除署第十部士吏。案匡软弱不任吏职,以令斥免。(E.P.T 68:1—12)〔2〕

这是由主管机关甲渠候官根据负责监督检查法律执行情况的属官令史对其部属官吏士吏"软弱不任吏职"提出检举揭发的状辞,制成追诉被举劾者责任的诉讼文书"劾章",即行政诉讼的决策文书,移送审判机关居延狱。秦汉对举劾有严格的法律规定,"以律令从事",就是说按照律令举劾。汉律规定无告劾,不得"擅罪人"。劾是审判程序的开始,有严格的制度,据《汉书·刑法志》记载,汉武帝作"见知故纵、监临部主之法",唐颜师古注释说:"见知人犯法不举告为故纵,而所监临部主有罪并连坐也。"〔3〕张家山汉简《二年律令·具律》规定:"劾人不审,为失;其轻罪也而故以重罪劾之,为不直。""治狱者,各以其告劾治之。敢放讯杜雅,求其它罪,及人

〔1〕《张简》,第54页。

〔2〕高恒:《秦汉简牍中法制文书辑考》,北京:社会科学文献出版社,2008年,第302—303页。

〔3〕《汉书》,第1101页。

毋告劾而擅覆治之，皆以鞫狱故不直论。"〔1〕这就是说，对负责监督检查法律执行情况的官吏，有责任检举所部内官吏违法失职的行为，若知而不举劾，要连坐受罚。"写移如律令"，就是说拟定的劾章和移交居延狱要按照律令办理，"移人在所县道官，县道官狱讯以报之，勿征逮，征逮者，以擅移狱论"（E.P.S4T 2: 101），〔2〕这说明移狱是有律令规定的，不能私自移狱。

三、关于"索关"的律令

> 永始五年闰月己巳朔丙子，北乡啬夫忠敢言之：义成里崔自当自言为家私市居延。谨案：自当毋官狱征事，当得取传。谒移肩水金关、居延县索关，敢言之。闰月丙子，觻得丞彭移肩水金关、居延县索关。书到，如律令。掾晏、令史建。（15·19）〔3〕

这是汉代县级政府"觻得丞彭"发往平级肩水金关、居延县的决策指令性文书。其内容是请肩水金关、居延县按照律令规定，允许已取得过关证明的义成里崔自当过关到居延地区从事商业活动。这里的"索关"，就是请求过关，关指"门亭鄣河津金关"（36·3），就是包括城门、河津和山关，通称"关津"，又称"过所"（Ⅱ0313S: 160）。"书到，如律令"，就是收到文书后，按照律令办理。张家山汉简《二年律令·津关令》规定："御史言，越塞阑关，论未有囗，请阑出入塞之津关，黥为城旦舂；越塞，斩左止（趾）为城旦；吏卒主者弗得，赎耐；令丞、令史罚金四两。智（知）其请（情）而出入之，及假予人符传，令以阑出入者，与同罪。非其所囗为囗而擅为传出入津关，以囗传令阑令论，及所为传者。县邑传塞，及备塞都尉、关吏、官属、军吏卒乘塞者囗其囗囗囗囗囗日囗囗牧囗囗塞邮、门亭行书者得以符出入。制曰：可。"〔4〕法律规定，凡出入津关必须要按照符传制度办理，严格检查，对伪造符传过津关者要处以重罚，无符传越境者要被追捕，在过津关时严禁从内地将黄金、马匹、铁器带出关。这就是过津关的律令依据。

---

〔1〕《张简》，第24页。
〔2〕《新简》，第562页。
〔3〕《合校》，第24—25页。
〔4〕《张简》，第83页。

四、关于"舍传舍"的律令

（1）元延二年七月乙酉，居延令尚、丞忠移过所县道河津关，遣亭长王丰以诏书买骑马酒泉、敦煌、张掖郡中，当舍传舍，从者，如律令。/守令史诩、佐褒，七月丁亥出。（170·3A）[1]

（2）元凤三年十月戊子朔戊子，酒泉库令安国以近次兼行大守事、丞步迁谓过所县河津请，遣□官持□□□钱去□□取丞从事金城、张掖、酒泉、敦煌郡。乘家所占畜马二匹，当传舍，从者，如律令。/掾胜胡、卒史广。（303·12A）[2]

（3）建平四年五月壬子，御史中丞臣宪，承制诏侍御史曰：敦煌玉门都尉忠之官，为驾一乘传，载从者。御史大夫延下长安，承书以次为驾，当舍传舍，如律令。六月丙戌，西。（Ⅰ0112②：18）[3]

（4）甘露三年四月甲寅朔庚辰，金城太守贤、丞文，谓过所县、道官，遣浩亹亭长泰（漆）贺，以诏书送施刑伊循。当舍传舍，从者如律令。（Ⅱ0114④：338）[4]

（5）神爵四年十一月癸未，丞相史李尊，送获（护）神爵六年戍卒河东、南阳、颍川、上党、东郡、济阴、魏郡、淮阳国诣敦煌郡、酒泉郡。因迎罢卒送致河东、南阳、颍川、东郡、魏郡、淮阳国并督死卒传莱（槽）。为驾一封轺传。御史大夫望之谓高陵，以次为驾，当舍传舍，如律令。（Ⅰ0309③：237）[5]

（6）五凤四年六月丙寅，使主客散骑光禄大夫田扶韦制诏御史曰：使云中太守安国、故□未夫仓龙□卫司马苏□武强，使送车师王、乌孙诸国客，与军候周充国载先俱，为驾二封轺传，二人共载。御史大夫延年□□□□承书以次为驾，当舍传舍，如律令。（A）出钱五十、出钱廿、出钱十、出钱十八、出钱卅、出钱百（B）。（Ⅱ0113③：122）[6]

以上六例为"舍传舍"的行政决策指令文书，所不同的是发出的行政机

---

[1]《合校》，第271页。

[2]《合校》，第496—497页。

[3]《悬简》，第38页。

[4]《悬简》，第39页。

[5]《悬简》，第45页。

[6]《悬简》，第151页。

构和适用地区。（1）是居延县令、县丞发往酒泉、敦煌、张掖郡的，（2）是酒泉郡库令安国兼行太守事、郡丞步迁发往金城、张掖、酒泉、敦煌郡的，（3）是御史大夫延奉诏书发往长安的，（4）是金城郡太守贤、郡丞文奉诏发往所经过的县、道官的，（5）是御史大夫望之谓高陵的，（6）是御史大夫延年奉诏发往所经过地区的。中央的御史大夫、地方郡守郡丞、县令县丞三级政府都有权发出“舍传舍”的行政命令。其中“以次为驾”“为驾一封轺传”中的“驾”是享用车马的规定，《二年律令·置吏律》中有“郡守二千石官、县道官言边变事急者，及吏迁徙、新为官，属尉、佐以上毋乘马者，皆得为驾传”。[1]《汉书》卷十二《平帝纪》载元始五年（5年）“在所为驾一封轺传”注引如淳曰：“律：诸当乘传及发驾置传者，皆持尺五寸木传信，封以御史大夫印章。其乘传参封之。参，三也。有期会累封两端，端各两封，凡四封也。乘置驰传五封也，两端各二，中央一也。轺传两马再封之，一马一封也。”[2]“当舍传舍”指应当停留食宿之地。“如律令”就是按照律令的规定安排办事人员的车马和食宿。睡虎地秦墓竹简就有《秦律十八种·传食律》，主要涉及的是传令行政人员饮食标准与喂养传马的饲料标准。张家山汉简《二年律令·传食律》规定更加具体：“丞相、御史及诸二千石官使人，若遣吏、新为官及属尉、佐以上征若迁徙者，及军吏、县道有尤急言变事，皆得为传食。车大夫粺米半斗，参食，从者粝米，皆给草具。车大夫酱四分升一，盐及从者人各廿二分升一。食马如律，禾之比乘传者马。使者非有事，其县道界中也，皆毋过再食。其有事焉，留过十日者，禀米令自炊。以诏使及乘置传，不用此律。县各署食尽日，前县以谁（推）续食。食从者，二千石毋过十人，千石到六百石毋过五人，五百石以下到二百石毋过二人，二百石以下一人。使非吏，食从者，卿以上比千石，五大夫以下到官大夫比五百石，大夫以下比二百石；吏皆以实从者食之。诸吏乘车以上及宦皇帝者，归休若罢官而有传者，县舍食人、马如令。”[3] 这就是“舍传舍”的律令依据。

---

〔1〕《张简》，第 37 页。

〔2〕《汉书》，第 359 页。

〔3〕《张简》，第 40 页。

五、关于"代罢"的律令

（1）建武五年五月乙亥朔壬午，甲渠守候博谓第二隧长临，书到，听书牒署从事，如律令。掾潭。第二隧长史临，今调守候长真官到，若有代罢。万岁候长何建，守卅井尉。建武五年四月丙午朔癸酉，甲渠守候谓第十四隧长孝，书到，听书从事，如律令。掾谭。第十四隧长李孝，今调守第十守士吏。第十士吏冯匡，斥免缺。建武五年四月丙午朔癸酉，甲渠守候谓第十守士吏孝，书到，听书从事，如律令。掾谭。第十守士吏李孝，今调守万岁候长，有代罢。万岁候长何宪，守卅井塞尉。第一隧长秦恭，第二隧长史临，第三隧长赵匡，临木隧长陈阳，木中隧长张勋，武贤隧长张忠（E.P.F 22: 247A—259）[1]

（2）监遮要置史张禹，罢。守属解敞，今监遮要置。建昭二年三月癸巳朔丁酉，敦煌太守张、长史章、守部候修仁行丞事，告史敞，谓效谷，今调史监置如牒，书到听与从事。如律令。三月戊戌，效谷守长建、丞，谓县（悬）泉置啬夫，写移书到，如律令。/掾武、卒史光、佐辅（Ⅱ0216②: 241—244）[2]

简（1）是建武五年四月、五月，县级政府甲渠守候官对下属候长、士吏、燧长的任免决策文书，发往所在行政机构，要求按律令执行；（2）是敦煌郡太守张、长史章、守部候修仁行丞事下达的调史监领遮要置的任免决定文书，发往效谷县执行，效谷县再发往悬泉置执行。其中"听书牒署从事""听书从事""听与从事"，就是接到任免文书后，按照规定履行公务；"如律令"就是被任免的官吏按照律令规定"代罢"，办理行政交接手续。秦汉官吏"代罢"有律令依据，《秦律十八种·置吏律》规定："除吏、尉，已除之，乃令视事及遣之；所不当除而敢先见事，及相听以遣之，以律论之。啬夫之送见它官者，不得除其故官佐、吏以之新官。"[3]《秦律杂抄·除吏律》规定："为（伪）听命书，法（废）弗行，耐为侯（候）；不辟（避）席立，赀二甲，法（废）。"[4]《二年律令·置吏律》规定："有

---

[1] 《新简》，第493—494页。

[2] 《悬简》，第69页。

[3] 《睡简》，第56页。

[4] 《睡简》，第80页。

任人以为吏，其所任不廉、不胜任以免，亦免任者。其非吏及宦也，罚金四两，成边二岁。"〔1〕就是法律规定了官吏任免的条件和要求，作为官吏办理"代罢"的法律程序。

六、关于"校计"的律令

（1）▨□长丞拘校，必得事实。牒别言，与计偕，如律令。敢告卒人。▨□以来，掾定，属云、延寿，书佐德。（E.P.T 53: 33A、B）〔2〕

（2）新始建国地皇上戊三年五月丙辰朔乙巳，裨将军辅平居成尉仅、丞谓，城仓、闲田、延水、甲沟、三十井、殄北卒未得。▨……付受相与校计，同月出入，毋令缪，如律令。甲沟掾阂兼史宪，书吏获（E.P.T65: 23A、B）〔3〕

（3）甲渠鄣候以邮行。建……居延……卅井……□□□官奴婢捕虏乃调给有书，今调如牒，书到，付受相与校计，同月出入，毋令缪，如律令。□甚毋状，未忍，檄到，分别具言。（E.P.F 22: 579—580）〔4〕

（4）神爵二年三月丙午朔甲戌，敦煌太守快、长史布施、丞德，谓县、郡库：太守行县道，传车被具多敝，坐为论，易□□□□到，遣吏迎受输敝被具，郡库相与校计，如律令。掾望来、守属敝、给事令史广意、佐实昌（Ⅰ0309③: 236A、B）〔5〕

（1）（2）（3）简文残缺不全，意思不完整，（1）可能是郡或都尉府发给县级政府的"校计"指令文书；（2）是都尉府发给县级政府的城仓、闲田、延水、甲沟、三十井、殄北的"校计"指令文书；（3）可能是甲渠候官转发的郡或都尉府下达的"校计"指令文书；（4）文书比较完整，是敦煌郡下达到郡库和巡行所经过的县供应传车的"校计"指令文书。其中"拘校""相与校计"，就是对财务收支的会计文书进行检查，是对财政经济工作的审计监督；"毋令缪"就是不能出现失误；"如律令"就是按律令规定进行"校计"。睡虎地秦简《效律》规定："计用律不审而赢、不备，以

〔1〕《张简》，第36页。

〔2〕《新简》，第282页。

〔3〕《新简》，第420页。

〔4〕《新简》，第515页。

〔5〕《悬简》，第80页。

效赢、不备之律赀之，而勿令赏（偿）。""计校相缪（谬）殹（也），自二百廿钱以下，谇官啬夫；过二百廿钱以到二千二百钱，赀一盾；过二千二百钱以上，赀一甲。人户、马牛一，赀一盾；自二以上，赀一甲。""计脱实及出实多于律程，及不当出而出之，直（值）其贾（价），不盈廿二钱，除；廿二钱以到六百六十钱，赀官啬夫一盾；过六百六十钱以上，赀官啬夫一甲，而复责其出殹（也）。人户、马牛一以上为大误。误自重殹（也），减罪一等。"〔1〕这就是秦汉"校计"的律令依据。

七、关于"假贷"的律令

里耶秦简记载：

廿六年八月庚戌朔丙子，司空守樛敢言：前日言竞陵汉阴狼假迁陵公船一，袤三丈三尺，名曰□，以求故荆积瓦。未归船。狼属司马昌官。谒告昌官，令狼归船。报曰：狼有逮在覆狱己卒史衰、义所。今写校券一牒上，谒言己卒史衰、义所，问狼船存所。其亡之，为责券移迁陵，弗□□属。谒报。敢言之。／〔九〕月庚辰，迁陵守丞敦狐却之：司空自以二月段（假）狼船，何故弗蚤辟□，今而誧（甫）曰谒问覆狱卒史衰、义。衰、义事已，不智（知）所居，其听书从事。／靥手。即令走□行司空。（8—135）□月戊寅走己巳以来。／靥半。□手。（8—135背）〔2〕

这则简文所示，该公船为南郡竞陵县人狼向洞庭郡迁陵县所借，为官府之船。在公船被借用后，借用者应主动及时归还，借出者（县司空）则有按时收回之责。若公船丢失、损坏，要追究相关责任人的责任，令其赔偿。睡虎地秦简《秦律十八种·工律》规定："段（假）器者，其事已及免，官辄收其段（假），弗亟收者有罪。其段（假）者死亡、有罪毋（无）责也，吏代赏（偿）。毋擅段（假）公器，者（诸）擅段（假）公器者有罪，毁伤公器及□者令赏（偿）。"〔3〕这里对公器借出、收回过程中出现的过失行为进行了详细判定。其谓公器借出完事后，官府当收回公器，若不及时收回者有罪。如公器借用者因死亡或犯罪而未将公器归还，由吏代

〔1〕《睡简》，第75、76页。

〔2〕《里简》，第72—73页。

〔3〕《睡简》，第45页。

为赔偿。不能擅自借用公器，或者毁坏公器，否则要赔偿相关损失。这则简文中，因狼借用迁陵公船未归还，借船者迁陵司空遭到了该县代理县丞的责问。其以二月借出公船，八月仍未收回作为诘难依据，此颇合《工律》"弗亟收者有罪"的规定。

"建武三年十二月永不当负驹"册载："案：永以县官事行警檄，恐负时，骑放马行檄。驹素罢劳，病死。放又不以死驹付永。永不当负驹。放以县官马擅自假借，坐藏（赃）为盗，请行法。获教敕要领放毋状，当并坐。叩头死罪死罪，敢言之。"（E.P.F 22: 199－201）[1] 这是甲渠候官对郡府或都尉府下达"驹死隧内"质询问书"验问"结论的报告文书，经过调查事实，最终得出的结论有两条，一是焦永不必赔偿放的马驹，二是放随意借用县官的马，其行为相当于盗罪。这是依据律令规定划分的责任解决了行政纠纷问题。《二年律令·盗律》有明确的规定："□□□财（？）物（？）私自叚（假）貣（贷），（叚）假貣（贷）人罚金二两。其钱金、布帛、粟米、马牛殹，与盗同法。诸有叚（假）于县道官，事已，叚（假）当归。弗归，盈廿日，以私自叚（假）律论。其叚（假）别在它所，有（又）物故毋道归叚（假）者，自言在所县道官，县道官以书告叚（假）在所县道官收之。其不自言，盈廿日，亦以私自假律论。其假已前入它官及在县道官廷（？）诸盗□，皆以罪（？）所平贾（价）直（值）论之。"[2] 这是秦汉"假贷"行政的律令依据。

第二节　秦汉行政执行的质量规定

秦汉追求行政执行的质量，要求行政执行具有准确性，上级政令必须完整、准确地传达到下级，并得到坚决贯彻执行，而不能在执行过程中变形。简牍中的秦汉行政法对各级行政机构、行政官吏行政办事的质量有严格的规定，包括各级行政机构、行政官吏有权做出某种行为、有义务必须做某种行为和不得做某种行为的各类规范，以及对违法失职行政行为追究责任的要求，并且规定了追究责任的形式和处罚类型，把权利和责任结合起来，从而增强各级政府和官吏的责任感，提高行政质量。

---

[1]　《新简》，第489－491页。

[2]　《张简》，第19－20页。

一、依法规定禁止性行政规范

简牍中的秦汉律令中有大量禁止性行政规范，简文中常见"毋"做什么，就是严禁做什么；如果做了不应该做的行政行为，就是行政执行出现失误，影响行政质量，要依法严惩不贷。例如睡虎地秦简《秦律十八种·置吏律》规定，上级领导要按时间任免下级官吏，但"其有死亡及故有夬（缺）者，为补之，毋须时"，就是如果有死亡或因故出缺的，则可随时补充，不必等到规定的时间。张家山汉简《二年律令·捕律》规定，县尉追捕盗贼要"以穷追捕之，毋敢□界而环（还）"，就是一定要抓捕归案，不准到县界边就返回。这些"毋忽""毋令缪"的律令条文规定是行政执行文书中保证行政质量要求的依据。例如：（1）地节二年（公元前 68 年）六月辛卯朔丁巳，肩水候官房根据丞相史王卿检查兵卒簿籍发现的行政问题下达给候长的行政指令："赍事诣官，会月廿八日夕，须以集，为丞相史王卿治事，课后不如会日者，必报，毋忽，如律令。"（7·7A）[1]（2）鰜得郡仓丞吉兼行丞事下发中央的诏书到"部都尉"、候官、候长贯彻执行的指令："且课毋状不忧者，劾尉丞以下，毋忽，如法律令。敢告卒人。"（12·1A、1B、C、D)[2] 这两条简文中的"毋忽，如法律令"，就是要求按律令认真贯彻执行行政指令，不能因疏忽、粗心大意失职而造成工作失误，要保证行政质量。

二、依法规定不作为的行政责任

秦汉简牍中的行政法规定了各级官吏在自己职权范围应该怎么做与不能怎么做的行政行为，严惩因官吏失职而影响行政质量的行为，追究行政不作为的责任。文献中常见"不""弗""毋"做什么，张家山汉简的《二年律令》中《具律》《津关律》《置吏律》《行书律》《户律》中都有记载。例如《捕律》记载：

> 毋敢□界而环（还）。吏将徒，追求盗贼，必伍之，盗贼以短兵杀伤其将及伍人，而弗能捕得，皆戍边二岁。卅日中能得其半以上，尽除其罪；得不能半，得者独除；死事者，置后如律。大痍臂臑股胜，

---

[1]《合校》，第 11 页。

[2]《合校》，第 20 页。

或诛斩，除。与盗贼遇而去北，及力足以追逮捕之，而 官 □□□□ □ 逗 留畏耎弗敢就，夺其将爵一络（级），免之，毋爵者戍边二岁；而 罚 其 所 将 吏 徒 以 卒 戍 边 各 一 岁。兴吏徒追盗贼，已受令而逋，以畏耎论之。盗贼发，士吏、求盗部者，及令、丞、尉弗觉智（知），士吏、求盗皆以卒戍边二岁，令、丞、尉罚金各四两。令、丞、尉能先觉智（知），求捕其盗贼，及自劾，论吏部主者，除令、丞、尉罚。一岁中盗贼发而令、丞、尉所（？）不觉智（知）三发以上，皆为不胜任，免之。群盗、盗贼发，告吏，吏匿弗言其县廷，言之而留盈一日，以其故不得，皆以鞫狱故纵论之。（《捕律》）[1]

《捕律》规定，县道辖区内发生盗贼，县令、县丞、县尉要及时带领人到发生地追捕盗贼，与盗贼相遇，斗而不能抓住盗贼、逃跑、畏缩不敢前进者都要追究责任。

三、依法规定擅自行政的责任

秦汉简牍中的律令严禁在行政执行中滥用权力，擅自行政，危害行政质量。简牍文献中常见有追究"擅"为的责任。例如张家山汉简《二年律令·杂律》规定，"擅赋敛者，罚金四两"，就是对擅自向老百姓征收赋税的官吏，要处以罚金四两；《二年律令·置吏律》规定，"诸使而传不名取卒、甲兵、禾稼志者，勿敢擅予"，就是官吏奉使出巡所持符传，没有明确记载要士卒、兵器、禾稼的簿书，不能擅自给予；《二年律令·金布律》规定，"租、质、户赋、园池入钱，县道官，勿敢擅用"，就是各行政机关和官吏从事手工业、商业、抵押、出租、园池等的收入，县道官不能擅自使用；《二年律令·具律》规定，"毋告劾而擅覆治之，皆以鞫狱故不直论"，就是没有人告劾而擅自审理案犯，要按"鞫狱故不直"论处。

四、依法规定欺诈行政的责任

简牍中的秦汉行政法规定，严禁弄虚作假，欺诈行政，影响行政质量。简牍文献中对"诈""伪"的行政犯罪行为，要追究行政责任。例如睡虎地秦墓竹简《秦律杂抄》规定，官吏"为（伪）听命书"，就是官吏假装

---

[1]《张简》，第27—28页。

执行国家法令，阳奉阴违，造成行政指令"废弗行"，要处以"耐为候"的刑罚；官吏考核中私自增加"劳岁数"即劳绩年数的，罚一甲，并取消其劳绩。《法律答问》规定，官吏办理行政事务"诅伪"，就是弄虚作假的，要给予罚盾或撤职的处分。张家山汉简《二年律令·贼律》规定，"伪写皇帝信玺、皇帝行玺"，"伪写彻侯印"，"挢（矫）制"等严重欺诈行政行为，都要处以死刑；"诸上书及有言也而谩"，"诸詐（诈）增减券书，及为书故詐（诈）弗副"，"毁封，以它完封印印之"等文书欺诈行政行为，都要处以严厉的刑罚。《二年律令·爵律》规定，"诸詐（诈）伪自爵、爵免、免人者"，就是伪造自己爵位、免除自己或他人爵之罪，都要追究责任。《二年律令·具律》规定，"译讯人为詐（诈）伪"，就是审讯犯罪人时翻译语言弄虚作假、造成人罪有出入的要追究责任，"各以其所出入罪反罪之"。《二年律令·告律》规定，诬告人罪的也要"各反其罪"。《二年律令·户律》规定，伪造民户住宅簿籍、田比地籍、户籍年龄、田命籍、田租籍，造成户籍有所增减的，要追究责任。

五、依法规定贪污受贿的行政责任

秦汉简牍中的律令严禁贪污受贿、致使行政质量差的行政犯罪行为，常见名目有"受赇以枉法""受所监临""主守盗"等。例如张家山汉简《二年律令·盗律》规定，"受赇以枉法，及行赇者，皆坐其臧（赃）为盗"，就是官吏受贿而违法行事，要以坐赃罪论处。《二年律令·具律》规定，"鞫（鞫）狱故纵、不直，及诊、报、辟故弗穷审者"，就是司法官吏审判案件弄虚作假，使人罪有出入，要依法追究责任；而对于因受贿造成人罪有出入的，处罚更重，"驾（加）其罪二等"。

第三节　秦汉行政执行注重效率

秦汉简牍中的行政法讲究行政执行效率，在法令和行政文书中对官员执行的政务，按其内容之繁简、任务之轻重缓急及路途之远近等情况，约定或依法规定了从受理到处理完成的期限，形成了"召会制度"[1]，又称

───────────

[1] 李均明：《居延汉简所见行政召会》，《简牍法制论稿》，桂林：广西师范大学出版社，2011年，第130—139页。

"期会制度""限期制度",用法律规定了执行公务的期限要求。对于"不中程"或"留迟""不会会日""失期""后期"等延期、误期、稽缓的行政执行行为,要依法追究责任,以保证较高的行政执行效率。

一、规定行政执行具体的时限

汉代法律法规明确规定了各级行政部门及行政工作人员在行政办事时相对固定的、经常的或定期的"常会"时限。中央有皇帝五日一听事的朝会、十月朔和岁旦定期举行的百官会。秦汉地方各级政府向中央汇报工作和处理行政事务大都有固定的时间,主要的"常会"有汇报行政工作的日会、月会、四时会、岁会,有限期办理行政事务的八月案比户口、八月底上报农田丰歉情况、十月上报库存粮食的数量、八月望上报刍稿数、五月望上报已垦田数、五月出赋和十月出刍、十二月到三月任免官吏、学童八月朔日试、行书日毕、限时司法审判、九月都试等,同时还有专门负责监督检查行政工作的刺史八月行部、守相春季行县。但是法律能规定的"期会"种类是有限的,行政本身的复杂多变性决定了会有更多临时性的事务产生。通常来讲,在一个讲求效率和目标的行政体系内部,每一项临时性行政任务的下达都应是有完成时限的。汉简中有很多这样的简文,一般都是官府的下行文书,在陈述完命令内容后,多以"会某月某日""会月某日"明确表示要完成的时间。由于文献的缺载和简牍的不完整性,我们只能知道行政有时限要求,但具体时限的长短无法确定,而能够推算出行政具体办事时限的更是寥寥无几。下面我们根据简牍史料中记载比较完全的资料来讨论行政具体的办事时限。

(1)悬泉置汉简"康居王使者册"

康居王使者杨伯刀、副扁阗,苏䵍王使者、姑墨副沙囷、即贵人为匿等皆叩头自言,前数为王奉献橐佗入敦煌关县次赎食至酒泉昆归官,太守与杨伯刀等杂平直(值)肥瘦。今杨伯刀等复为王奉献橐佗入关,行直以次食至酒泉,酒泉太守独与吏直(值)畜,杨伯刀等不得见所献橐佗。姑墨为王献白牡橐佗一匹,牝二匹,以为黄,及杨伯刀等献橐佗皆肥,以为瘦,不如实,冤。永光五年六月癸酉朔癸酉,使主客部大夫谓侍郎,当移敦煌太守,书到验问言状。事当奏闻,毋留,如律令。七月庚申,敦煌太守弘、长史章、守部候脩仁行丞事,谓县,写移书到,具移康居苏䵍王使者杨伯刀等献橐佗食用谷数,会月廿五日，如律令。/掾登、属建、书佐政光。七月壬戌，效谷守长合宗，守丞、敦煌左尉忠谓置，写移书到，具写传马止不食谷，诏书报会月廿三日，如律令。/掾宗、啬夫辅。[1]

这条简文显示，文书于永光五年六月癸酉朔（公元前39年六月初一）癸酉从中央下达到敦煌太守，七月庚申（七月十八），经四十七天到达敦煌，郡下达到效谷县，给七天时间办理，本月二十五日完成，七月壬戌（七月二十）效谷县下达到悬泉置，要求本月二十三日完成任务，只有三天的行政办事时间。

（2）居延汉简"甘露二年御史书"

1973年，甘肃省居延考古队在居延肩水金关遗址出土了三枚木牍，内容为一份逐验文书。这条简文显示，皇帝诏书于甘露二年（公元前52年）五月（十六）从长安发出，六月间张掖太守下达给肩水都尉，七月壬辰（初五）肩水都尉下达给肩水候，"会廿日"，就是要求在二十日上报结果（限15天时间），七月乙未（初八）肩水候下达给金关候长、啬夫，"会月十五日"，就是要求在十五日上报到府（限7天时间），从中央传达到乡级政府共用51天（五月大，五月用时14天，六月小，用时29天，七月用时8天）时间，从肩水都尉到肩水候只用了4天，而肩水候要求金关候长、啬夫在接到律令后7天把调查结果上报到府，其行政效率是相当高的。

（3）居延汉简"诣官会"

> 元延二年八月乙卯，累虏候长敞敢言之，官檄曰：累虏六石弩一伤右樋；受降隧六石弩二，其一伤两樋，一伤右樋。遣吏持诣官会月廿八日，谨遣骓喜隧长冯音持诣官，敢言之。（170·5A）[2]

这条简文显示，元延二年八月乙卯（公元前11年八月二十六日），累虏候长敞接受上级关于行政失误行为的质询指令，"遣吏持诣官会月廿八日"，就是本月的二十八日派人向候官汇报工作，只给两天行政办事时间。

（4）居延汉简"甲渠鄣候以邮行回"

> 府告居延甲渠鄣候：卅井关守丞匡十一月壬辰檄，言居延都田啬夫丁宫、禄福男子王歇等入关檄甲午日入到府。匡乙未复檄，言男子郭长入关檄丁酉食时到府。皆后宫等到，留迟。记到，各推辟界中，

---

〔1〕《悬简》，第118—119页。

〔2〕《合校》，第271页。

定吏主当坐者名，会月晦。有教。建武四年十一月戊戌起府。

十一月辛丑，甲渠守候告尉，谓不侵候长宪等，写移檄到，各推辟界中，相付受日时，具状，会月廿六日，如府记律令。(E.P.F 22: 151A、B、C、D)[1]

卅井关守丞匡檄一封，诣府。十一月壬辰言：居延都田啬夫丁宫、禄福男子王歆等入关檄，甲午日入到府，留迟。

谨推辟验问。临木候长上官武、隧长陈阳等辞，不受卅井关守丞匡言宫、男子王歆等入关檄，不过界中。

卅井关守丞匡檄一封，诣府。十一月乙未言男子郭长入关檄，丁酉食时到府，留迟。(E.P.F 22: 133—139)[2]

这条简文是"推辟"的指令文书。都尉府于建武四年（28 年）十一月戊戌（二十一日）起府，转发卅井关守丞匡府告居延甲渠鄣候的文书。此文书是卅井关守丞匡于十一月壬辰（十五日）檄言举劾都田啬夫丁宫等入关檄留迟的案件给甲渠候官，中经六天到达，要求甲渠候官在自己辖区九天内调查清楚这件事的真相，"会月晦"（十一月三十日）完成。甲渠候官在接到文件三天以后即十一月辛丑（二十四日），要把文书下达给不侵候长宪等，并要求候长宪两天内调查清楚这件事，"会月廿六日"完成。最后验问，"临木候长上官武、隧长陈阳等辞，不受卅井关守丞匡言宫、男子王歆等入关檄，不过界中"，调查清了这件事的真实情况。此处表明，办理行政案件有明确的期限要求，文书中府记指令甲渠候官"会月晦"完成调查。因此，甲渠候官命令各隧提前于"会月廿六日"汇报推辟结果，以便能准时向都尉府汇报。

由此可知，秦汉上级对下级规定完成行政事务的具体期限各不相同，可能是根据政府级别的不同、经手人的多少、行政事务的重要程度和难易程度来决定完成时间的长短。郡级政府要求县级政府的行政办事时限有二十、十五、九、七天四个层次，县级政府要求乡级政府的行政办事时限有七、三、二、一天四个层次。汉代的碑文也可证明简文所示行政办事具体时限的正确性。《韩仁铭》碑文中，熹平四年（175 年）十一月二十二日司隶校尉命令河南尹为韩仁立碑，当日河南尹就下达文书给京县，要求碑建

---

[1]　《新简》，第 486 页。

[2]　《新简》，第 485 页。

成后"表言"上报，并限定完成日期为十一月三十日，即给八天的完成时间。《张景碑》中宛令、右丞愔告追鼓贼曹掾石梁的文书，延熹二年（159年）八月十九日发出，要求完成任务并报告情况，限定完成日期为八月二十五日，要求六天完成任务。这与《唐律疏议》卷九《职制》"稽缓制书"条记载要注重效率的立法精神基本一致，疏议曰："'官文书'，谓在曹常行，非制、敕、奏抄者。依令：'小事五日程，中事十日程，大事二十日程，徒以上狱案辩定须断者三十日程。其通判及勾经三人以下者，给一日程；经四人以上，给二日程；大事各加一日程。'"[1]

秦汉行政文书传递也要求具有时效性，即上级政令必须在规定时间内迅速传送到所当施行的地方行政机构，不允许耽搁、推诿。文书的传递关系到国家政令和行政信息的上行下达，因此法律对邮传行书的时间根据文书、邮驿的种类规定了不同的程限，称为"当行"，实际行程的速度称为"定行"，按规定的程限完成称作"中程"，要求官文书的传达必须及时、迅速，反映了秦汉行政文书传递的高效率。下面根据简牍资料探讨一下具体的传递程限。

（一）按"时"的程限，秦汉每日是十六时制，每时规定了行程，大约每时行十里，这应该是步行传递，称为"传行"。请看下面简文记载：

（1）☑八分，临木隧卒仆受诚势北隧卒，☑隧卒世去临木隧，十七里，当行一时七分，☑中程。（E.P.T 50：107）[2]

（2）诣橐它候官。正月戊申食时，当曲卒王受收降卒敞。日入，临木卒仆付卅井卒得，界中八十里，定行五时，不及行三时。（E.P.T 51：357）[3]

（3）☑□月丁未日中四分时，诚北卒□受执胡卒□日下铺☑分时，付临木卒楚，界中十七里，中程。（E.P.T 51：504）[4]

（4）□九日诣府，定行道十三日，留迟，叩头，死罪死罪。（E.P.T 53：128）[5]

〔1〕〔唐〕长孙无忌等：《唐律疏议》，北京：中国政法大学出版社，2013年，第132页。

〔2〕《新简》，第247—248页。

〔3〕《新简》，第313页。

〔4〕《新简》，第331页。

〔5〕《新简》，第454页。

　　（5）三月癸卯鸡鸣时，当曲卒便受收降卒文，甲辰下铺时临木卒得付卅井城势北卒参，界中九十八里，定行十里，中程。（E.P.W: 1）[1]

　　（6）正月戊午夜半，临木卒赏受城势卒胜，己未日入，当曲卒□，付收降卒海，界中九十八里，定行十二时，过程二时二分。（E.P.C: 26）[2]

　　（7）收降卒海，界中九十八里，定行十时，中程。（E.P.C: 37）[3]

　　根据简（1）十七里，当行一时七分，中程；（3）界中十七里，中程；（5）界中九十八里，定行十里，中程；（7）界中九十八里，定行十时，中程；而根据（2）（4）（6）的不中程来看，应该是要求每时行大约十里的速度。

　　（二）按日的程限，可分为邮人步行传递和邮驿马传递的程限。

　　步行传递的程限为每日一百六十里到两百里。张家山汉简《二年律令·行书律》载：“邮人行书，一日一夜行二百里。”[4] 居延新简载：“官去府七十里，书一日一夜当行百六十里，书积二日少半日乃到，解何？书到，各推辟界中，必得事案到，如律令，言会月廿六日，会月廿四日。”（E.P.S4T 2: 8A）[5] 邮驿传递每日四百到一千里，称为“邮行”。《二年律令·行书律》规定：“诸狱辟书五百里以上，及郡县官相付受财物当校计者书，皆以邮行。”[6]《汉旧仪》载：“奉玺书使者乘驰传，其驿骑也，三骑行，昼夜行千里为程。”[7] 玺书是以皇帝本人的名义直接发出并专达于某特定对象的文书，以驿骑传送，速度一日可达一千汉里。要急文书也用驿骑，其速度逊于玺书，但也相当可观。《汉书》卷六十九《赵充国传》记载，神爵元年（公元前61年），赵充国击羌，从军中向汉宣帝紧急上书，后者随即批复，“六月戊申奏，七月甲寅玺书报从充国计焉”。“六月戊申”是六月二十八日，“七月甲寅”是七月初五，驰马飞递，加上宣帝接上书后考虑和处理的时间，仅用了六天。当时赵军距长安约两千汉里，则赵充

---

[1]　《新简》，第848页。

[2]　《新简》，第863页。

[3]　《新简》，第864页。

[4]　《张简》，第46页。

[5]　《新简》，第554页。

[6]　《张简》，第47页。

[7]　〔汉〕卫宏：《汉旧仪》卷上，〔清〕孙星衍等辑，周天游点校：《汉官六种》，北京：中华书局，1990年，第63页。

国上书的传送速度为一日三四百汉里。而传送货物的车则行得更慢，《二年律令·徭律》规定："事委输，传送重车重负日行五十里，空车七十里，徒行八十里。"[1] 马怡在《"始建国二年诏书"册所见诏书之下行》中对"始建国二年诏书"册进行了研究，这件诏书的颁行过程可大致清楚："始建国二年十一月甲戌"即公元10年十一月十二日，是诏书颁出的日期；到十一月二十日，是张掖的最高行政长官下传诏书的日期；"十一月丁亥"即十一月二十五日，是本郡的军事长官下传诏书的日期；"闰月丙申"即闰十一月初五，是甲沟候官的长官下传诏书的日期。自本诏书从朝廷颁出，逐级下行，到甲沟候官发送给所属诸部时，共用了二十二天（按：应为二十三天）。由长安至张掖郡治，行约两千八百汉里，到"大尹"下所部时，历时八天；再由张掖郡治至（居延）都尉府，行约一千五百汉里，到代理大尉下所部时，又历时五天。这两段里程所花费的天数，应包含了诏书在以上二官府中收转的时间。由此可知，在本诏书下行过程的前两级，传送速度约为一日三四百汉里，当是以驿骑传送。[2]

二、规定行政执行稽缓的惩罚

秦汉一方面以法令的形式从正面规定了官员行政执行的时限，另一方面又用"正刑定罪"的律令来强制行政执行程限的实施。法令所规定的官员行政执行的完成时间为法定时限，超过这个期限就是"稽缓"，也就是办事迟缓，拖延期限。简牍常见有"不会会日""不中程""失期""留迟""留"等罪名。稽缓要负法律责任，要依法惩罚，是以刑罚为后盾保障行政执行的效率。

（一）"失期"（61·3、194·12）

又称"失会""不会会日""不会""弗会"，意为超过法令预定的期限，就是误了期限，这是秦汉时对官吏失职行为的一种处罚罪名，轻者谪戍，重者斩首。请看简文记载：

（1）"不会，治（笞）；未盈卒岁得，以将阳有（又）行治（笞）。"

今士五（伍）甲不会，治（笞）五十；未卒岁而得，治（笞）当驾

---

[1] 《张简》，第64页。

[2] 马怡：《"始建国二年诏书"册所见诏书之下行》，《历史研究》，2006年第5期。

（加）不当? 当。（睡虎地秦简《法律答问》）〔1〕

可（何）谓"逋事"及"乏繇（徭）"? 律所谓者，当繇（徭），吏、典已令之，即亡弗会，为"逋事"；已阅及敦（屯）车食若行到繇（徭）所乃亡，皆为"乏繇（徭）"。（睡虎地秦简《法律答问》）〔2〕

（2）御中发征，乏弗行，赀二甲。失期三日到五日，谇；六日到旬，赀一盾；过旬，赀一甲。其得毁（也），及诣。水雨，除兴。（睡虎地秦简《秦律十八种·徭律》）〔3〕

（3）发致及有传送，若诸有期会而失期，乏事，罚金二两。非乏事也，及书已具，留弗行，行书而留过旬，皆盈一日罚金二两。（张家山汉简《二年律令·行书律》）〔4〕

据（1）（2）秦律的记载，秦代赋税徭役的征发都是有"期会"的，"不会""弗会"即不按期完成的要依法处罚，或笞刑或赀刑或谇刑。据（3）汉律的记载，汉代"发致及有传送"也有"期会"的时限，若失期、停留不行，都要处以罚金的刑罚。汉代简牍中也有"不会会日"受笞刑的记载，例如："候史广德坐不循行部、涂亭、趣具诸当所具者，各如府都吏举，部糒不毕，又省官檄书不会二日督五十。"（E.P.T 57:108A）〔5〕

传世资料中所记载的"失期"之事多与军事武备有关，如《汉书》卷六十一《张骞传》记载，汉武帝时"骞为卫尉，与李广俱出右北平击匈奴。匈奴围李将军，军失亡多，而张骞后期当斩，赎为庶人"。〔6〕从上列汉简看，"失期"是一个概括性较强的罪名，凡是延误公务时效的行为均可构成"失期"之罪。

（二）"留迟""留""不中程""盈"

秦汉行政法规定行政执行应行即行，行要高速度，应行而稽缓，要依法严惩，以保证行政办事的效率。行政稽缓，在简文中常见罪名有三种。一是"留迟"，又作"留槥（迟）""留"。《秦律十八种·行书律》规定："行命书

───────────────

〔1〕 《睡简》，第 131 页。

〔2〕 《睡简》，第 132 页。

〔3〕 《睡简》，第 47 页。

〔4〕 《张简》，第 46 页。

〔5〕 《新简》，第 345 页。

〔6〕 《汉书》，第 2691 页。

及书署急者，辄行之；不急者，日夽（毕），勿敢留。留者以律论之。"〔1〕
"□九月谒府，定行道十三日，留迟，叩头，死罪死罪。"（E.P.T 53：128）〔2〕
张家山汉简《奏谳书》载："邮人留书，为伪书案"，"河东守灂（谳）：邮
人官大夫内留书八日，詐（诈）更其徽（檄）书辟（避）留，疑罪。廷报：
内当以为伪书论"。〔3〕 二是"不中程"，就是不符合程限要求，或未按时
送达，或稽留文书。《二年律令·行书律》规定，"邮人行书，一日一夜行
二百里。不中程半日，笞五十"。〔4〕 三是"盈"，就是超过时限。《二年律
令·兴律》规定："当戍，已受令而逋不行盈七日，若戍盗去署及亡盈一
日到七日，赎耐；过七日，耐为隶臣；过三月（日），完为城旦。"〔5〕 律
令根据公务的性质、事务的繁简对文书送达及行政事务处置规定了明确的
时限，如果超过了时限的规定，则根据天数依法处罚。《秦律十八种·徭
律》规定，地方官吏为中央征发徭役，"乏弗行"，就是耽搁不加征发，应
罚二甲；"失期三日到五日"，就是迟到三天到五天，就要受到斥责；迟到
六天到十天，罚一盾；迟到超过十天，罚一甲。〔6〕 《二年律令·行书律》
规定："发致及有传送，若诸有期会而失期，乏事，罚金二两。"〔7〕 这条
律令是说，发放文书及执行传送任务若有规定日期却失期，因此妨碍了公
务工作，要处以二两的罚金。

三、秦汉行政执行效率的实施效果

秦汉法律规定了官员办事程限，使行政效率的标准有法可依，并且建
立了相应的制度以督促法定行政效率得以实施。可以说，秦汉对行政效率
的管理在一定程度上实现了制度化、法律化。问题的关键是，制度化、法
律化的行政效率是否真正得到了实现。事实证明，秦汉政事的处理大多能
够按照法定的时间实行，行政办事效率有较好的保证。例如简文记载：

（1）张家山汉简《奏谳书》（十七）乞鞠，是按司法审判制度规定的

---

〔1〕 《睡简》，第 61 页。
〔2〕 《新简》，第 289 页。
〔3〕 《张简》，第 97 页。
〔4〕 《张简》，第 46 页。
〔5〕 《张简》，第 62 页。
〔6〕 《睡简》，第 47 页。
〔7〕 《张简》，第 46 页。

时间办理的。四月丙辰（秦王政元年四月十一日），乞鞫，依律，断狱后三个月之内提出，这是秦汉法律的规定。张家山汉简《二年律令》："罪人狱已决，自以罪不当，欲气（乞）鞫者，许之。气（乞）鞫不审，驾（加）罪一等；其欲复气（乞）鞫，当刑者，刑乃听之。死罪不得自气（乞）鞫，其父、母、兄、姊、弟、夫、妻、子欲为气（乞）鞫，许之。其不审，黥为城旦舂。年未盈十岁为气（乞）鞫，勿听。狱已决盈一岁，不得气（乞）鞫。气（乞）鞫者各辞在所县道，县道官令、长、丞谨听，书其气（乞）鞫，上狱属所二千石官，二千石官令都吏覆之。都吏所覆治，廷及郡各移旁近郡，御史、丞相所覆治移廷。"[1] 睡虎地秦简《法律答问》记载："以乞鞫及为人乞鞫者，狱已断乃听，且未断犹听殹（也）？狱断乃听之。失鋚足，论可（何）殹（也）？如失刑罪。"[2]"论决满三月不得乞鞫。"[3]《奏谳书》案例十七"乞鞫"的提出是在断狱后不满三月，符合此制。该案是"二月癸亥"断决，"四月丙辰"乞鞫，断决后五十四天就申请重审，没有超过期限。

　　（2）《建武三年候粟君所责寇恩事》（E.P.F 22：36）[4] 文书分四件：乙卯、戊辰、辛未、己卯爰书。第一件时间是建武三年（27 年）十二月癸丑朔乙卯，为十二月初三。第二件时间是建武三年十二月癸丑朔戊辰，即十二月十六，相隔十三日。第三件时间是建武三年十二月癸丑朔辛未，即十二月十九，与上次相隔三天，两次审讯之间必须经过三日（复审），[5] 这是乡啬夫向县厅报告审问结案的文书。第四件的时间是十二月己卯，即二十七日，用了八天时间，是县廷做的判决，通知甲渠候官。

　　由上可知，这些行政事务处理完毕的时间都符合法定的时限，法律所

---

〔1〕 《张简》，第 24—25 页。

〔2〕 《睡简》，第 120 页。

〔3〕 崔高维校点：《周礼·秋官司寇第五·朝士》："凡士之治，有期日。国中一旬，郊二旬，野三旬，都三月，邦国期。期内之治听，期外不听。"注："郑司农云，谓在期内者听，期外者不听，若今时徒论决满三月不得乞鞫。"沈阳：辽宁教育出版社，2000 年，第 81 页。

〔4〕 《新简》，第 475—478 页。

〔5〕 《史记》卷一百二十二《酷吏列传·张汤传》集解苏林曰："谓传囚也。爰，易也。以此书易其辞处。鞫，穷也。"张晏曰："传，考证验也。爰书，自证不如此言，反受其罪，讯考三日复问之，知与前辞同不也。鞫，一吏为读状，论其报行也。"

规定的行政效率在行政实务中得到了实现。用一天或两天或三天或七天处理完一个案件，应该说行政办事速度很快，效率比较高，十几天处理完一件较复杂的案件，办事效率也是比较高的。秦汉这种行政执法注重效率的原则，与我国最早的成文行政法典《唐六典》、刑律《唐律疏议》一致，为以后历代王朝注重办事效率的行政执法提供了蓝本，也说明中国传统行政执法注重效率的原则源自秦汉。

第四节　秦汉行政执行结果汇报

秦汉简牍中的行政法规定行政执行活动的执行情况必须按时向上级汇报，称为“报告制度”。其要求主要有：一是下级必须在规定期间内向上级作出回复，报告执行情况；二是对上级回复报告可以采取口头或书面两种形式；三是口头回复原则上应由下级机关的负责人亲自或指定特定的当事人到上级机关报告；四是书面回复报告也须由下级行政机关的负责人签署，向上级报告执行的结果。《二年律令·置吏律》规定：“□□□□有事县道官而免斥，事已，属所吏辄致事之。其弗致事，及其人留不自致事，盈廿日，罚金各二两，有（又）以亡律驾（加）论不自致事者。”[1]“致事”，上报情况令其离职。这条律令规定，在县道官府办理政务而被免职的官吏，待其公事做完之后，相关官吏要向上级汇报情况，令其离职；如果不汇报情况而令其离职或私自留下不离职，按留的天数处罚，满二十日处罚金二两。

一、口头答复

口头答复，就是以口头语言的形式汇报行政指令执行情况。秦汉简牍中的“诣官对”，就是下级官府在接受上级质询时，长官要亲自或派遣重要的官吏到上级官府去当面报告情况，这是下级执行上级指令时汇报办事结果的主要形式之一。日本永田英正在《居延汉简研究》中称之为“诣官簿”，他认为“召诣官的事由之一是候燧在职务上的违法或怠慢被候官发

---

[1] 《张简》，第 37 页。

觉，后候燧服从候官发出的传呼命令，前往候官，当面说明情况"，[1] 这是汉代口头答复质询的重要形式。此外还有"诣府对"，候官到都尉府接受质询，如简文有"遣尉史李崇持券诣府"（E.P.T 59: 105）。"诣廷尉"，如"召诣廷尉……廷尉责曰：'君侯欲反邪?'亚夫曰：'臣所买器，乃葬器也，何谓反邪?'吏曰：'君侯纵不反地上，即欲反地下耳。'吏侵之益急。初，吏捕条侯，条侯欲自杀，夫人止之，以故不得死，遂入廷尉"。[2]"诣尚书"，如"召嘉诣尚书，责问"，"对状"，请王嘉作出解释。[3]"诣廷尉""诣尚书"就是要求被问责的官吏到廷尉、尚书台回答问责的问题，还要"对状"，就是针对诉状说明原因。此外又有"诣居延狱"，"建武五年十二月辛未朔戊子（十八日），令史劾，将褒诣居延狱，以律令从事"（《新简》E.P.T 68: 81－102），就是到居延狱接受验问，进入审判程序。

二、书面答复

书面答复，就是以工作报告的形式汇报行政指令执行情况。秦汉简牍中地方行政基层制作的行政执行文书都要逐级上报，称为"汇报文书"，以接受上级审核和检查核对。文书主要有簿、籍和计。籍就是名籍，与人名或物名相关；簿就是物簿，与钱财相关；计是户口、垦田、钱谷、刑狱的账簿和报表，又称"集簿"。这些都是上级检查下级工作的依据。《秦律十八种·仓律》规定："县上食者籍及它费大（太）仓，与计偕。都官以计时雠食者籍。"[4]汉简中也有记载："阳朔三年九月癸亥朔壬午，甲渠鄣守候塞尉顺敢言之。府书：移赋钱出入簿与计偕，谨移应书一编，敢言之。"（35·8A）[5]讲的就是簿与计都要上报都尉府。汉简中常见"敢言之"的各类报告书涉及内容相当广泛，包括边防行政工作的各个方面，有"移赋钱出入簿与计""邮书课""日迹簿""移籍""食名籍""劾状""赋钱簿""病书""谷出入簿""官移昭武狱""钱出入簿""校系甲渠第

---

〔1〕 [日] 永田英正著，张学锋译：《居延汉简研究》，桂林：广西师范大学出版社，2007年，第382页。

〔2〕《史记》，第2079页。

〔3〕《汉书》，第3500页。

〔4〕《睡简》，第28页。

〔5〕《合校》，第55页。

廿三名籍""官兵釜碹月言簿"和问责回复报告等。如果从时间上分类的话，计簿有日、月、季、岁报告文书。下级向上级报告每天的行政工作情况，称为"吏日迹簿"。下级向上级汇报每月工作情况的簿记，称为"月言簿"。下级向上级每季度汇报的行政工作情况，称为"四时簿""四时会"。《后汉书》志第二十六《百官三》有"郡国四时上月旦见钱谷簿"于大司农，是说地方郡国每个季度要向大司农报告每月初一现有的钱谷簿。《二年律令·金布律》有"租、质、户赋、园池入钱县道官，勿敢擅用，三月壹上见金、钱数二千石官，二千石官上丞相、御史。"[1] 这是说县道官对租、质、户赋、园池收入的钱，也要每季度逐级上报郡级政府与中央的丞相、御史。岁会又称"岁计""上计""集簿""计簿"，是下级政府年终逐级上报的政绩材料，县级政府上报都尉或太守府，郡级政府上报中央，接受上级考课。

下级接到上级的指令后，不论采取什么样的回复形式，都要有执行结果的回复报告，这就是秦汉简牍中候官、候长的回复报告特别多的原因。书面回复报告常用"敢言之"一词，表明下级对上级质询的回复。报告主要有候长回复候官的书面报告、候官回复都尉府的书面报告，这是由上级下达的指令中规定的。据《居延新简》记载，对邮书失时的质询指令中就规定"各推辟部中，牒别言"（E.P.T 52:83），就是调查清楚后以书面的形式上报；"记到，验问，明处言"（E.P.F 22:186－201），就是接到行政指令"记"后，调查清楚，提出处理意见，用书面报告；"移书验问案致，言"（E.P.T 51:189A），也是接到转交的行政指令要进行调查并向上级报告；"趣，遣具言"（E.P.T 52:13），就是接到上级指令要督促检查，报告执行结果；"案到，如律令。言"（E.P.S4T 2:8A），就是接到上级指令，按律令办理，向上级报告执行情况。《居延新简》中就有甲渠候官对郡府或都尉府下达"驹死隧内"指令而回复"验问"结果的报告文书（E.P.F 22:186－201）。整个行政执行的报告书，严格按照"府记"的要求和法律的规定，得出了实事求是的结论，以便上级监督检查。

简牍中有大量下级按上级规定的时间完成交办的行政事务的回复报告。例如，居延汉简"甲渠鄣候以邮行回"（E.P.F 22:151A、B、C、D）就较为详细地反映出质询文书逐级发送要求完成相应行政指令的具体时间规定：十

────────────

[1] 《张简》，第67页。

一月戊戌（二十一日）都尉府向甲渠鄣候质询"入关檄留迟"事宜，要求
"月晦"（十一月三十日）答复；十一月辛丑（二十四日）甲渠候官转发给
所辖塞尉调查，要求二十六日做出书面汇报。"具状"就是向上级汇报执
行情况。再如简文："建昭四年四月辛巳朔庚戌，不侵候长齐敢言之：官移
府所移邮书课举曰，各推辟部中，牒别言，会月廿七日。谨推辟案：过书
刺正月乙亥人定七分，不侵卒武受万年卒盖，夜大半三分付当曲卒山，鸡
鸣五分，付居延收降亭卒世。"（E.P.T 52: 83)[1] 应是不侵候长齐对上级
候官处理"邮书课"的回复，答复的问题是候官转发的都尉府"邮书课
举"；候官接到答复后，应该再向上级都尉府汇报。秦汉行政执行通过下级
向上级按时汇报的制度，接受上级监督和检查，从而在一定程度上保证了
行政执行的质量和效率。

---

[1]《新简》，第 232—233 页。

第六章 简牍中的秦汉行政监督法

简牍中的秦汉行政监督法是指对国家行政机关及其工作人员的行政管理活动依法进行监督，包括国家行政机关内部上级行政机构对下级行政机构的监督、监察机构对其他行政机构和行政人员的监督、行政领导者对被领导者的监督和被领导者对领导者的监督，也包括行政机构之间和行政人员之间在行政管理活动时的监督。秦汉行政法建立和完善了以御史大夫、监御史、刺史为一系的监察机构的异体监督与以中央丞相府、郡太守、县、乡为一系的行政组织内部的同体监督双重行政监督体制，规定了广泛的行政监督内容，采用多样的行政监督形式，形成了一套较为完善的行政监督制度，以对中央及地方吏治好坏、经济情况、治安情况及发现人才状况进行有效监督。行政监督贯穿于行政决策、行政执行、行政激励等行政过程的每一个环节，依法对行政权力进行限制和对行政管理机构与人员进行监督，在一定程度上保证了政令畅通，维护了行政纪律，促进了政府廉政建设，改善了行政管理质量，提高了行政的效能。[1]

第一节 秦汉行政监督体制

秦中央设御史大夫掌监察，其属官下派诸郡，郡置监郡御史；汉中央设御史台，以御史中丞为长官，地方分部设刺史监察郡县，防止地方行政长官滥用职权。行政组织内部设专职监察官，丞相府司直、郡都吏（督邮）、县廷掾，分部行使监察权。秦汉均建立和完善了一套以御史大夫、监御史、刺史和中央丞相府、郡太守、县、乡为体系的双重行政监督体制，标志着此时监察制度已经初步成形，对后世监察制度的成熟和完善产生了

---

[1] 参看刘太祥：《汉代行政监督制度探讨》，《南都学坛》，1991 年第 1 期。文中对传世文献记载的秦汉行政监督制度已有全面论述。

深远的影响。秦汉行政监督部门纵横交错，内外相维，各自独立行使其监督权，依法监督违法失职行为，各级行政机关与官员既是监督者又是被监督者，体现了分权制衡的原则，比较有效地控制了行政系统，在一定程度上保证了行政管理工作的有序进行。

一、行政组织内部监督

秦汉行政法在行政组织内部确立了上级对下级的监督权，各级行政组织对所辖管理区域都有法定的行政监督权，此在行政组织法中已有论述，这里主要论述行政组织内部专门负责本部门官员监督的专职监察官。从中央到地方行政组织内部的专职监察官有中央丞相府司直、大夫议郎等言谏官，郡都吏（督邮），县廷掾、令史等，协助各级行政长官对行政活动进行定期或不定期的监督与检查。

1. 丞相府司直

秦汉丞相、御史大夫是中央最高行政长官，有监督郡国行政之权，而后来的尚书台只是侵夺了部分行政权，主要是对丞相和御史大夫的行政工作进行监督，所以王符在《潜夫论·考绩第七》中揭露东汉末行政监督之腐败时说：“尚书不以责三公，三公不以让州郡，州郡不以讨县邑，是以凶恶狡猾易相冤也。”[1] 丞相府设有两长史，汉武帝改为司直，哀帝改丞相为司徒，司直仍旧保留，光武帝因袭之，到建武十一年（35 年）“省司直，置长史”。长史辅佐丞相“职无不监”，据《汉书·黄霸传》载，（黄霸）“守丞相长史，坐公卿大议庭中，知长信少府夏侯胜非议诏书大不敬，霸阿从不举劾，皆下廷尉”，[2] 黄霸因没有行使其监督权而受到制裁。司直专主监督检举，“佐丞相举不法”，“职无不监”，[3]《后汉书》志第二十四《百官一》有“助督录诸州”的记载，[4]《后汉书》卷二十四《马援传（附兄子马严传）》有“故事，州郡所举上奏，司直察能否以惩虚实”的

〔1〕〔汉〕王符著，〔清〕汪继培笺，彭铎校正：《潜夫论笺校正》，北京：中华书局，1985 年，第 89 页。

〔2〕《汉书》，第 3629 页。

〔3〕〔汉〕卫宏：《汉旧仪》二卷，〔清〕孙星衍等辑，周天游点校：《汉官六种》，北京：中华书局，1990 年，第 67 页。

〔4〕《后汉书》，第 3651 页。

记载。[1] 可见长史、司直是中央行政机构中协助丞相专职对郡国行政实行监督的监察官，而且司直还有权监督全国最高监察官御史大夫、京畿监察官司隶校尉及王公贵戚等，形成了行政组织内部监察与行政组织外部专门监察交叉监督的体制。

2. 郡都吏

汉代中央最高行政机关对郡国行政监督的内容主要是对郡国行政工作及执行政策法令情况的监督。太守专郡，拥有治郡的统一完整的权力，即掌有行政、司法、监察、治安、人事等权。各郡国设有专职负责监察的官吏，分区域监督所属各县的行政工作，郡都吏，是西汉郡级政府的专职监察官。传世文献《汉书》卷四《文帝纪》云"二千石遣都吏循行，不称者督之"，如淳注曰"律说：都吏，今督邮是也，闲惠晓事，即为文无害都吏"。[2] 简牍资料中有对都吏的大量记载，张家山汉简《二年律令·徭律》记载："兴□□□□为□□□□及发繇（徭）戍不以次，若擅兴车牛，及繇（徭）不当繇（徭）使者，罚金各四两。都吏及令、丞时案不如律者论之，而岁上繇（徭）员及行繇（徭）数二千石官。"[3] 这是说郡都吏和县令、丞要及时案察不按法律征发徭役和兵役、擅自征发牛车、不应当负担徭役而派遣徭役等违法行政行为，并将每年应该服徭役的人数和实际所服徭役的人数上报给二千石官吏，这是都吏对县级政府征发徭役行政行为的监督。《二年律令·兴律》规定，对县道官所审理过的死罪及过失、戏而杀人罪案件，"二千石官令毋害都吏复案"，就是郡都吏要对县级政府判处死罪或重大杀人的刑事案件进行再次审理；《二年律令·具律》规定，对县道官上报"气（乞）鞠者"，"二千石官令都吏覆之"，就是郡守要派遣都吏对要求重审的案件进行再次审理。这两条律文都是郡都吏对县级政府司法审判工作的监督检查，并没有参与案件的判决。《二年律令·效律》规定，郡在所属县长吏出现免、徙等情况时，"二千石官遣都吏效代者"，就是县长吏在任免调动时，郡守要派遣都吏前往该属县核校物资，向新任长吏交代，这是对离任官吏的经济审计监督。由以上可知，都吏是二千石长官随时因事派出去检查核实县级政府行政工作、行使监督监察功

---

[1] 《后汉书》，第 860 页。

[2] 《汉书》，第 113 页。

[3] 《张简》，第 65 页。

能的郡府法定专职属吏，其监察内容包括郡级政府对县级政府人事权、经济权、财政权、司法权的监督检查，但是都吏只有监察权，没有行政决定权。汉简里有关都吏巡行检查地方县级行政工作的记载较多。例如："且遣都吏循行，问吏卒不知令者，案论尉丞、令丞以下"；[1] "都吏当行塞"（E.P.T 52:384）；[2] "各遣都吏督赋，课蓄积，少不□"（213·43）。[3] 这是郡守派遣专职负责监察的都吏不定期循行属县，主要监督属县官吏对律令执行、廉洁奉公、民生疾苦、财政经济等行政情况，"不知令"就是不知道律令，不知道律令就无法执行律令，是要落实定罪的。"匿界中，书到，遣都吏与县令以下逐捕，搜索部界中，听亡人所隐匿处，以必得为故，诏所名捕，重事，事当奏闻，毋留，如诏书律令。"（179·9）[4] 这是都吏奉郡守命令到县里追捕犯人，维护社会治安。"告肩水候官，候官所移卒责不与都吏□卿，所举籍不相应，解何？记到，遣吏抵校，及将军未知不将白之。"（183·15B)[5] 这是一份质询文书，郡都吏监察检举士兵的名籍与候官上报的名籍不一致。在西汉一代，一郡负责监察一职的是都吏，东汉取而代之为督邮。传世文献记载，郡督邮"掌监属县，有东、西、南、北、中部，谓之五部督邮也，故督邮，功曹之极位"。[6] 《后汉书·百官志》"州郡"条注云"其监属县，有五部督邮"，督邮的职能是在郡辖区内分部监察属县官吏。[7] 汉简《侈与督邮书》有"中部督邮掾治所檄曰"。[8] 这是说，督邮和都吏一样是分部监察，在所监察区内拥有对贪官污吏的劾举权。[9]

---

[1] 吴礽骧等释校：《敦煌汉简释文》，兰州：甘肃人民出版社，1991 年，第 142 页。

[2] 《新简》，第 254 页

[3] 《合校》，第 333 页。

[4] 《合校》，第 286 页。

[5] 《合校》，第 294 页。

[6] [元] 马端临：《文献通考》卷六十三《职官十七》，北京：中华书局，1986 年，第 572 页。

[7] 参看姜维公：《汉代郡域监察体制研究》，《社会科学辑刊》，2007 年第 6 期。其中认为，汉代郡域监察长官督邮是由汉初的都吏发展而来的。

[8] 长沙市文物考古研究所、中国文物研究所编：《长沙东牌楼东汉简牍》，北京：文物出版社，2006 年，第 74 页。

[9] 吴礽骧：《说"都吏"》，甘肃省文物考古研究所、西北师范大学文学院历史系编：《简牍学研究》（第四辑），兰州：甘肃人民出版社，2004 年。

3. 县令史、廷掾

县级政府对乡级政府的行政监督，主要有令史和廷掾。乡是汉代最基层的地方行政组织，据《汉书》卷十九上《百官公卿表第七上》载："乡有三老、有秩、啬夫、游徼。三老掌教化。啬夫职听讼，收赋税。游徼徼循禁贼盗。"[1] 其主要任务是整理户籍，征收租税，直接管理民政工作，接受县的监督。

令史是秦到东汉初期县级政府的书记官，对下级官吏为政的优劣都记录在案，作为弹劾和监督官吏的重要依据，是县级政府的专职检察官。《居延新简》收录有三份令史的劾状：一是令史谭劾状（E.P.T 68: 1—12），二是令史立劾状（E.P.T 68: 13—28），三是令史×劾状（E.P.T 68: 81—102）。从这三份令史劾状可知，令史的职能为主管官吏和防备寇虏盗贼的监察："甲渠候官斗食令史、署主官以主领吏备盗贼为职"（E.P.T 68: 1—12），"除为甲渠官斗食令史，备寇虏盗贼为职"（E.P.T 68: 13—28），"为甲渠候官斗令史，以主领吏备寇虏为职"（E.P.T 68: 81—102）。令史举劾官吏的罪状有"土吏□匡软弱不任吏职"（E.P.T 68: 6），"宪斗伤、盗官兵，持禁物阑越于边关徼（徼）亡"（E.P.T 68: 22—23），"褒，典主而擅使丹乘用驿马，为虏所略得，失亡马"（E.P.T 68: 89—90），涉及官吏不任职、失职、不尽职等渎职罪，是对官吏进行行政监督。令史举劾的结果是上报居延狱，追究责任，依法治罪。东汉中后期，县设廷掾协助令长分监各乡的行政，《后汉书》志第二十八《百官五》载，县道"各署诸曹/掾史"，本注曰："诸曹略如郡员，五官为廷掾，监乡五部，春夏为劝农掾，秋冬为制度掾。"[2]

二、行政组织外部监督

秦汉在行政组织之外设立了监察机关，御史府、御史台，是秦汉专职监察的中央最高权力机关，御史大夫、御史中丞是专职监察官，司隶校尉是特殊监察官，部刺史是地方专职监察官，并辅之以大使出巡制度，对中央和地方的行政工作进行广泛的监督和纠举，惩治失职、渎职之官，纠正各级官僚机构的工作失误，维护王朝的纲纪法度。

---

[1] 《汉书》，第 724 页。

[2] 《后汉书》，第 3623 页。

1. 中央监察机关

汉承秦制，首先在中央设御史大夫，以贰于相，以御史大夫寺为其官署，又改称御史府，职责一是保管全国文书信息和图书档案，一是监察朝廷和郡国长官。其次设御史中丞之职，"外督部刺史"，即充当视察检举郡国不法的使者，"内领侍御史"，受公卿奏事，举劾按章，监督朝廷百官。但御史大夫寺还不是专门的监察机构，而是隶属于行政。西汉哀帝时以大司徒、大司马、大司空代丞相、太尉、御史大夫。大司空是古代管水土营造之官，与御史大夫职掌毫不相关，于是只存空名；加之御史大夫的文书职能，早已被后来的尚书令代替，只遗留监察职能，只好保存其属官御史中丞，成立御史台，专司监察职务。御史台自最高行政机关中独立出来，始隶少府，转入内廷，行使监督检察之权，成为皇帝的耳目之官，对地方刺史、守相、公卿大臣等都有权监督弹劾，随时向中央汇报中央和地方的各种情况。《汉书》卷五十三《薛宣传》载，"（御史中丞）宣数言政事便宜，举奏部刺史郡国二千石，所贬退称进，白黑分明，繇是知名"。[1] 御史对皇亲贵戚、朝廷重臣敢于弹奏纠举。据《后汉书》卷八十六《种暠传》载，种暠为侍御史，被弹劾的贪官污吏，多为大将军梁冀及诸宦官互为请救而逃脱法网。他志察奸违，再次弹劾蜀郡太守刘宣等罪恶昭著，宜付法治罪。又奏请获准，"敕四府条举近臣父兄及知亲为刺史、二千石尤残秽不胜任者，免遣案罪"。[2] 御史还通过上计制度对地方及中央各部门财务账目进行勾考勘覆，监督政府财政收支及府库出纳。献帝兴平元年（194年）七月，三辅大旱，白骨委积，命侍御史侯汶出太仓米豆赈济。

2. 地方监察官

（1）司隶校尉。汉代司隶校尉是皇帝直控的监察官，汉武帝征和四年（公元前89年）置，《后汉书》志第二十七《百官四》本注说："掌察举百官以下，及京师近郡犯法者。"注引蔡质《汉仪》说："（司隶校尉）职在典京师，外部诸郡，无所不纠。封侯、外戚、三公以下，无尊卑。入宫，开中道称使者。每会，后到先去。"[3] 司隶校尉监察的主要特点是"持节"察举百官以下及京师近郡犯法者。所谓"持节"，乃手持符节，由皇

---

[1]《汉书》，第3387页。

[2]《后汉书》，第1827页。

[3]《后汉书》，第3613—3614页。

帝赐予，表示可代表皇帝行使权力，不受任何行政权力的干扰和侵害，只对皇帝负责，能够真正发挥监察的功能。司隶校尉初置受丞相、御史大夫的节制，《汉书》卷八十四《翟方进传》载："故事，司隶校尉位在司直下，初除，谒两府，其有所会，居中二千石前，与司直并迎丞相、御史。"[1] 受中央最高行政机关的制约。至汉成帝时，丞相掾属甚至都不能督促司隶，司隶校尉可弹劾三公，独立于行政制约之外。《汉书》卷八十一《匡衡传》，司隶校尉骏劾奏丞相匡衡位三公，辅国政，领计簿，而背法制，专地盗土等罪行。司隶校尉可奉诏捕杀罪犯，逮捕公卿，皇亲国戚亦受其监察，拥有广泛的监察、纠举、稽捕、惩治权。《后汉书》卷五十八《虞诩传》说，虞诩"代陈禅为司隶校尉，数月间，奏太傅冯石、太尉刘熹、中常侍程璜、陈秉、孟生、李闰等，百官侧目，号为苛刻"[2]。司隶校尉的地位、权势高于地方刺史，朝会班次独据一席，与尚书、御史中丞号称"三独座"，并独领一州，设有属吏供为驱使，分曹治事。

（2）刺史。西汉初年废除秦时的地方监御史，由丞相随时派遣丞相史监察各部，临时派遣，事毕则归。《后汉书》志第二十八《百官五》本注说"秦有监御史，监诸郡，汉兴省之，但遣丞相史分遣诸州，无常官"，是把监察权控制在行政之下，增加了丞相的权力。汉武帝为了加强中央集权，加强对地方郡县的控制，分全国为十三部，对部内属郡进行监督。汉代刺史以六条督察郡国。据《汉书》卷十九上《百官公卿表第七上》颜师古注引《汉官典职仪》曰："刺史班宣，周行郡国，省察治状，黜陟能否，断治冤狱，以六条问事，非条所问，即不省。"[3] 刺史监督的内容涉及民政、财政、人事、狱政等各方面的行政工作。不过这是地方监察官的常规项目，如果有需要，中央政权还要随时赋予其他项目的监察任务。《后汉书》卷六十三《李固传》载，安帝诏令诸州劾奏守令以下庸才无政绩者，免所居官，"其奸秽重罪，收付诏狱"[4]。《东汉会要》卷二十三《职官五》说，殇帝曾屡次下诏司隶校尉、部刺史，严格纠察地方郡国虚饰丰穰、隐蔽灾害、多张垦田、掩匿盗贼、任用非次、举不以才等违法行政行为，尤其要

---

[1] 《汉书》，第3414页。
[2] 《后汉书》，第1870页。
[3] 《汉书》，第741页。
[4] 《后汉书》，第2082页。

如实地申报自然灾害的损失，司隶校尉、部刺史"各实核所伤，为除田租、刍稿"，惩治不法官吏，安定人民生活。[1] 简牍资料中有关刺史的记载较少，汉简"永始三年诏书"有"七月庚午，丞相方进下少府、卫将军、二千石、部刺史、郡太守下当用者，书到，言"（第十简）。[2] "建平三年五月庚戌朔已未，治书侍御史、听天侍御史望使移部刺史、郡大守、诸侯相⊠，男子诉相赐茂陵女子纪姣皆有罪，疑殊死以上，与家属俱亡，章所及奸能当穷竟□。"（E.P.T 43∶31）[3] 说明皇帝的诏书可直接下达到部刺史，由部刺史下达到郡太守。

3. 使臣对行政的监督

御史、刺史、司隶校尉人数少，任务重，为弥补这个缺点，汉代中央经常派遣各种使臣前往各地了解情况，疏通信息渠道，监督地方行政工作。使臣是一种临时派遣的官职，多为皇帝耳目，代表皇帝意志，尚能依法考察官吏。使臣的职权及出使方式都由皇帝诏书规定，拥有中央赋予的特别权力。有因地方发生自然灾害等特殊情况派出的，如《汉书·成帝纪》云："遣光禄大夫博士嘉等十一人，行举濒河之郡，水所毁伤困乏不能自存者，财振贷。其为水所流压死，不能自葬，令郡国给槥椟葬埋。已葬者与钱，人二千。避水它郡国，在所冗食之，谨遇以文理，无令失职。举淳厚有行能直言之士。"[4] 也有一般执行了解地方吏治政情的，如《后汉书》卷六十一《周举传》载，永和六年（141年），遣周举、杜乔等八人分行州郡，举实臧否，"其刺史、二千石有臧（赃）罪显明者，驿马上之；墨绶以下，便辄收举。其有清忠惠利，为百姓所安，宜表异者，皆以状上"。[5] 这些使者有的是微服私行，《后汉书》卷八十二上《方术列传》载，"和帝即位，分遣使者，皆微服单行，各至州县，观采风谣"。[6] 有的是宣示中央恩威，劾奏奸猾，表荐公清，如《后汉书》卷四十一《第五伦传（附曾孙种传）》载，第五种为司徒掾清诏使冀州，"廉察灾害，举奏刺史、二

〔1〕 〔宋〕徐天麟：《东汉会要》，北京：中华书局，1955年，第247—248页。
〔2〕 李明晓、赵久湘：《散见战国秦汉简帛法律文献整理与研究》，重庆：西南师范大学出版社，2011年，第303页。
〔3〕 《新简》，第102页。
〔4〕 《汉书》，第310—311页。
〔5〕 《后汉书》，第2029页。
〔6〕 《后汉书》，第2717页。

千石以下，所刑免甚重，弃官奔走者数十人"。[1] 《后汉书》卷八十一《雷义传》说，雷义守灌谒者，"使持节督郡国行风俗，太守令长坐者凡七十人"。[2]

汉代的行政监督形成了分级、分部（区域）、多层次、多渠道的严密监察网络，中央以御史大夫（后为御史中丞）为主，又通过丞相司直、司隶校尉监察中央官吏，与刺史分部监察郡国，地方郡守、县令自任辖区监察之人，分别下设专职监察官郡督邮、县廷掾，分部监察所属县乡，职权分明，互相负责，便于检查和监督行政，有利于整顿吏治，加强中央集权制。

第二节　秦汉行政监督形式

秦汉简牍中的行政法规定了多种多样的行政监督方法和途径，既有自上而下实地考察的行政巡行监督，又有自下而上汇报书面材料的上计行政考核监督，也有对行政工作实际情况进行考察和核实的行政复案监督，还有简牍所见行政"效""校"，就是审核检查行政文书稽缓与失误的行政"拘校"监督，更有向上级有关部门检举揭发官吏违法失职及行政犯罪行为、作为案验和追诉依据的行政举劾监督，以便于发挥行政监督的功能，调查行政工作事实的真相，有效地揭露行政违法失职犯罪行为，为上级机关做出行政处罚决策提供可靠的依据。

一、巡视

行巡制度是一种自上而下逐级实地考察的行政监督形式。随着中央政府及官僚制度的建立，中央政权通过自下而上呈报政绩的"上计"制度对地方官吏进行考核的同时，也初步建立了自上而下的行政巡视制度，加强对地方行政工作的监督和视察，秦汉简牍称为"巡行""循行""行"，主要有皇帝巡行、大使巡行、刺史行部、郡守行县、边塞巡行等类型，有专职或兼职、定期或不定期、公开或秘密等形式，有分层与分部相结合、职责明确、"远视广听"、举劾官吏等巡视特点，对各级政府的行政工作进行

---

[1] 《后汉书》，第1403页。

[2] 《后汉书》，第2688页。

监督和监察。

（一）中央对地方行政的巡视

1. 帝王的行政巡视

帝王巡视地方行政自先秦已有之。西周时期，天子为了控制诸侯，有所谓"巡狩"，孟子引述晏婴的话说："天子适诸侯曰巡狩。巡狩者，巡所守也。"（《孟子·梁惠王下》）春秋时期，把周惠王到虢国称为"王巡虢守"。战国时期，国王有巡县之制，赵武灵王巡县时选拔了有才华的周绍任王子的师傅。巡狩的目的在于管理农业生产，祭祀名岳山川，整顿吏制，巩固统治。到了秦汉时期，稍有作为的帝王都多次巡视地方行政，主要名称有"巡""游""巡狩""行幸""幸""巡行""行"等。据笔者对《史记》《汉书》《后汉书》诸帝纪的不完全统计，秦始皇巡行 6 次，汉武帝巡行 34 次，宣帝巡行 15 次，成帝巡行 13 次，光武帝巡行 8 次，明帝巡行 7次，章帝巡行 8 次，和帝巡行 4 次，安帝巡行 6 次，顺帝巡行 1 次，桓帝巡行 3 次，灵帝巡行 1 次。班固《东巡颂》《南巡颂》和崔骃的《四巡颂》，其内容都是对皇帝出巡的描述与赞颂，其目的一方面是炫耀威德，慑服四方，另一方面也可以考察吏治得失，激励官吏勤政为民。秦始皇巡视郡县，在刻石中就有"东抚东土，以省卒士"的记载。《史记》卷三十《平准书》记载了元鼎五年（公元前 132 年）冬十月西汉武帝巡视地方行政的情况：

> 天子始巡郡国，东度河，河东守不意行至，不办，自杀。行西逾陇，陇西守以行往卒，天子从官不得食，陇西守自杀。于是上北出萧关，从数万骑，猎新秦中，以勒边兵而归，新秦中或千里无亭徼，于是诛北地太守以下，而令民得畜牧边县，官假马母，三岁而归，及息什一，以除占缗，用充仞新秦中。[1]

汉武帝这次西北巡视郡县斩杀了不尽职守的北地太守，河东和陇西郡守以失职而自杀，制定了北边牧马的新政策。宣帝行巡河东，"赐天下勤事吏爵二级"。[2] 明帝巡视长安，"历览馆邑，会郡县吏，劳赐作乐"。[3] 章帝北巡，"劳飨魏郡守令已下，至于三老、门阑、走卒，赐钱各有差"。[4]

---

〔1〕《史记》，第 1348 页。

〔2〕《汉书》，第 259 页。

〔3〕《后汉书》，第 104 页。

〔4〕《后汉书》，第 143 页。

2. 政府部门的行政巡视

丞相、御史和太尉（大司马）代表中央行政、司法、军事等政府部门巡行下级行政部门。一是循行边塞的军事防务。如"□□吏卒解随，不以候望为意，循行边，丞相、御史常☑"（227·91）；[1]"河平元年九月戊戌朔丙辰，不侵守候长士吏猛敢言之，将军行塞，举驷望隧长杜未央，所带剑刃呈，狗少一，未央贫急羸弱，毋以塞举请"（E.P.T 59: 3）。[2] 二是丞相和御史两个部门中置有大量的官员，可以代表皇帝循行，也可以代表丞相、御史到地方各级政府履行监察职能。《汉书》卷七十四《魏相传》载，丞相魏相遣掾史考察郡国，"辄白四方异闻，或有逆贼风雨灾变，郡不上，相辄奏言之"；[3] 五凤四年（公元前 54 年），汉宣帝"复遣丞相、御史掾二十四人循行天下"。[4] 三是中央政府委托官员考察郡国政事。如《汉书》卷八十九《黄霸传》记载，丞相黄霸曾与中二千石博士杂问郡国上计长吏守丞"为民兴利除害成大化"之事。[5] 中央各部门派下属去各地考察更有利于对郡国行政工作进行监察和审核，从而获得真实信息。御史还经常出使地方监督各项行政工作。《历代职官表》卷十八指出："如绣衣直指监郡、督运、监军之类，皆以事专行，正如今巡漕、巡察诸差之比。其他随事奉遣者，尚屡见于史。如《食货志》载，分遣御史，即治郡国缗钱；《宣帝纪》载，黄龙元年诏御史察计簿；《霍光传》载，侍御史五人，持节护丧事，皆非常例。而收缚罪人，亦多以侍御史为之。"[6]

3. 遣使对地方行政的巡视

秦汉时期皇帝根据需要经常派遣使臣到地方视察行政工作。仅据《汉书》和《后汉书》所载，西汉遣使巡行地方行政 45 次，东汉一代遣使巡视地方行政 44 次。见于史书的巡行名目有"循行""行举""行""案行'"廉察""案察""举""分行""巡行""举籍""巡察"等，其意大同小

---

[1] 《合校》，第 369 页。

[2] 《新简》，第 358 页。

[3] 《汉书》，第 3141 页。

[4] 《汉书》，第 268 页。

[5] 《汉书》，第 3632 页。

[6] 〔清〕黄本骥编：《历代职官表》，北京：中华书局，1965 年，第 321 页。原注："《刘辅传》，上使侍御史收系辅；《谷永传》，上使侍御史收永；《朱云传》，御史将云下殿。"

异，都是巡视地方行政工作。秦汉巡视地方行政工作的大使，基本职能无外乎是对地方行政工作进行考察，一是监督检查行政工作，二是了解风俗民情，推广教化，安定社会。

秦汉巡行使的职能相当广泛，为了完全履行这些职能，皇帝赋予其许多特权，这是各级行政系统的官吏无法比拟的。汉代巡行使由皇帝直接临时派遣，不定职不定人，事毕即取消，不归属任何部门，大多是皇帝的亲信，或才能出众者，或权贵重臣，且委以生杀予夺之权。从出使者的身份来看，大多是博士、光禄大夫、谒者、灌谒者、谏议大夫、御史、侍中，其中以他职出任巡视大使者也要兼任光禄大夫、谒者等职。光禄大夫、谒者、侍中等皆由学识渊博、德高望重之士担任，参议政事，出入禁中，封驳谏诤，出纳王命，谕旨公卿，专职任使臣。以该职或兼该职出使巡行地方行政的，作为皇帝侍从官吏，代表皇权，可直接上奏皇帝，宣达诏令，能充分发挥惩贪倡廉的作用，更有效地执行皇帝的政令。巡行使巡视地方行政，可权宜处置事务，"所至专行诛赏"，"先决后奏"，对贪赃枉法之官，二千石以上以驿马上奏其罪，取旨免除，县令长可自行收案举劾。卫宏《汉旧仪》说："其以诏使案事御史为驾一封，行赦令驾二封，皆特自奏事，各以所职劾中二千石以下。"[1] 也就是说外巡大使代表王权巡视地方行政，专司监察，直接向皇帝奏事，任何官员都必须接受监察，否则就是违背皇帝的命令。

皇帝派遣使者巡塞，就是监督检查边防军事行政工作。如，汉宣帝本始元年（公元前73年），"遣使者持节诏郡国二千石谨牧养民而风德化"；[2] 地节四年（公元前66年），"遣使者循行郡国问民所疾苦"；[3] 成帝鸿嘉四年（公元前17年），"遣使者循行国"。[4] 汉简中有"行兵使者"（10·16）、"循兵使者"（135·2）、"劳边使者"（E.P.T 51：323）、"行塞使者"（E.P.T 52：616）等，都属此类。因使者是皇帝的代表，故多"持节"。

皇帝任命持节领护诸官行塞，监督检查边防军事行政。汉代持节领护诸官度辽将军、护乌桓校尉、使匈奴中郎将、护羌校尉等，各亦负有循行

〔1〕〔汉〕卫宏：《汉旧仪》二卷，〔清〕孙星衍等辑，周天游点校：《汉官六种》，北京：中华书局，1990年，第69页。

〔2〕《汉书》，第229页。

〔3〕《汉书》，第252页。

〔4〕《汉书》，第318页。

之责。《后汉书》卷八十七《西羌传》载，东汉建武九年（33 年），班彪上书建议复置持节领护诸官，"皆持节领护，理其怨结，岁时循行，问所疾苦"。[1] 持节领护诸官循行的主要任务是安抚入塞少数民族，可能亦包含有监督纠察之责。在敦煌悬泉置新出土的汉简中提到："护羌使者方行部，有以马为盗，长必坐论。过广至，传马见四匹，皆瘦。问厩吏，言十五匹送使者，大守用十匹。"（Ⅱ0215③：83）[2] "护羌使者，行期有日，传舍不就。"（Ⅱ0314②：72）[3] "出米八升，四月甲午以食护羌都吏李卿从吏。"（Ⅱ0215②：192）[4] "入……具幣（敝）。裝一，完。履橐一，新。鞄□薄十一，完。币勒一，完。□一，完□。绥和元年五月乙亥，悬泉置啬夫庆受敦煌厩佐并，送护羌从事。"（Ⅱ0111①：303）[5] 在行塞过程中，使者对行政工作进行监督，检举揭发官吏违法失职行为，并追究其责任。[6]

（二）州刺史对郡国行政的巡视

秦在中央设有御史大夫作为副丞相，有监察百官之权，派御史到地方郡国进行行政监督，称为"监"或"监御史"。西汉初年废除了秦时的地方监御史，由丞相随时派遣丞相史分刺诸州。《后汉书》志第二十八《百官五》说："秦有监御史，监诸郡，汉兴省之，但遣丞相史分刺诸州，无常官。"[7] 汉武帝为了加强对地方郡国政府的控制，分全国为十三部，对部内派刺史进行监督，建立了刺史分部巡视郡国行政的制度。《汉书》卷十九上《百官公卿表第七上》说："武帝元封五年初置部刺史，掌奉诏条察州，秩六百石，员三十人。"颜师古注引《汉官典职仪》云："刺史班宣，周行郡国，省察治状，黜陟能否，断治冤狱，以六条问事，非条所问，即不省。"[8] 《后汉书》志第二十八《百官五》说："诸州常以八月巡行所部

---

〔1〕《后汉书》，第 2878 页。

〔2〕《悬简》，第 156 页。

〔3〕《悬简》，第 157 页。

〔4〕《悬简》，第 160 页。

〔5〕《悬简》，第 160 页。

〔6〕 朱慈恩：《汉代边防职官循行之制考论》，《内蒙古社会科学》（汉文版），2007 年第 5 期。

〔7〕《后汉书》，第 3617 页。

〔8〕《汉书》，第 741 页。

郡国，录囚徒，考殿最。"〔1〕综上三条材料，刺史定时"行部"，巡视郡国行政，以"六条"考察郡国的行政情况。六条中除了第一条是纠察强宗豪族的"田宅逾制，以强陵弱"外，其余五条都是纠察二千石地方郡国守相聚敛为奸、刻暴杀人、蔽贤宠顽、放纵子弟、勾结豪强的不法行为。根据郡国守相为政的纠察结果，为升降官员提供依据。实际上刺史"行部"，主要是对郡国守相贪赃枉法者进行"按验"，就是检查核实，然后"举劾"，就是向中央举奏贪赃枉法的守相，"二千石有罪，定时举奏"〔2〕。如《后汉书》卷三十一《苏章传》记载，顺帝时，苏章迁冀州刺史，故人为清河太守，"章行部案其奸赃"，"遂举正其罪"，"州境知章无私，望风畏肃"〔3〕。刺史"行部"，按察郡国守相的为政优劣，广开渠道，接触吏民，了解真实情况，举奏时有事实依据，击中要害。《后汉书》卷三十一《贾琮传》载，贾琮任冀州刺史曾说，"刺史当远视广听，纠察美恶"〔4〕。那么，刺史是如何"广听"的呢？据《汉书》卷八十六《何武传》载，何武任扬州刺史"行部"时，先到社会上采访，了解实情，倾听舆论。"行部必先即学官见诸生，试其诵论，问以得失，然后入传舍，出记问垦田顷亩，五谷美恶，已，乃见二千石，以为常"〔5〕。这是刺史"广听"的第一种方法。刺史"广听"的第二种形式就是"亲录囚徒"。又据《何武传》载，何武任扬州刺史，九江太守戴圣是一位治礼经的大儒，"行治多不法"，过去刺史都宽容他，何武行部"录囚徒"，有所举奏，交给郡守处理，戴圣看不起这个"后进生"，皆无所决。何武让从事察出他的罪行，他这才感到恐慌并自请免职。《后汉书》卷三十八《法雄传》载，法雄任青州刺史，"每行部，录囚徒，察颜色，多得情伪，长吏不奉法者，皆解印绶去"〔6〕。《后汉书》卷四十四《张禹传》载，张禹任扬州刺史，"志在理察枉讼"，"历行郡邑，深幽之处莫不毕到，亲录囚徒，多所明举"〔7〕。上举三例，都是刺史通过"录囚徒"来检察郡国守相的不法行为。看来"录囚徒"是

---

〔1〕《后汉书》，第 3617 页。

〔2〕《汉书》，第 3483 页。

〔3〕《后汉书》，第 1107 页。

〔4〕《后汉书》，第 1112 页。

〔5〕《汉书》，第 3483 页。

〔6〕《后汉书》，第 1278 页。

〔7〕《后汉书》，第 1497 页。

刺史重要的断事方式，也是检查郡守为政情况的一种方法。汉代刺史秩卑而权重，而隶属于御史大夫的御史中丞（东汉改为御史台），纯属监察官性质，号称"外台"，独立于行政系统之外，更便于督察郡守。《汉书》卷十九上《百官公卿表第七上》说："中丞，在殿中兰台，掌图籍秘书，外督部刺史，内领侍御史员十五人，受公卿奏事，举劾按章。"[1] 刺史的职责就是通过"巡部"考察二千石郡国守相的不法行为，"举奏"到中央御史中丞，听候处理。"举奏"是公开的，凡被举奏者一定依法严惩。何武任扬州刺史，"所举奏二千石长吏必先露章，服罪者为亏除，免之而已；不服，极法奏之，抵罪或至死"。[2] 但刺史督察郡国，举奏的官吏为二千石，"行部"所察不能超过"六条"。朱博任冀州刺史"行部"，"欲言二千石墨绶长吏者，使者行部还，诣治所"，[3] 就是说刺史只是受理二千石墨绶长吏的犯罪事实。鲍宣任豫州牧，丞相司直劾奏他"举错烦苛，代二千石署吏听讼，察过诏条"，因而被免职。[4] 可见，刺史"行部"不能超过自己的权限，若侵犯郡守的行政决断权也要受到惩罚，只能依"六条"举奏二千石官吏，并没有处罚权。由上可知，刺史通过定期"行部"的实地视察，确实便于了解郡国二千石官吏的为政实情，能更好地纠察二千石官吏的失职及不法行为，加强对地方郡国行政工作的监察力度。

（三）地方政府的行政巡视

秦汉地方政府郡、县、乡逐级对行政工作进行巡视。

1. 郡级政府对县级政府的行政巡视

郡为地方行政中心，对上执行中央政令，对下检察监督所辖县治理的政务。《后汉书》志第二十八《百官五》载："凡郡国皆掌治民，进贤劝功，决讼检奸。常以春行所主县，劝民农桑，振救乏绝。秋冬遣无害吏案讯诸囚，平其罪法，论课殿最，岁尽遣吏上计。并举孝廉，郡口二十万举一人。"[5] 《全后汉文》卷七十四还保留了蔡邕的《陈留太守行县颂》。可见，郡国对县级行政工作的监督有两种：一是守相在春季的"行县"，主要任务是劝课农桑；二是遣无害吏"分部"巡所属县。据专家考证，"无

---

[1] 《汉书》，第 725 页。

[2] 《汉书》，第 3482 页。

[3] 《汉书》，第 3399 页。

[4] 《汉书》，第 3086 页。

[5] 《后汉书》，第 3621 页。

害吏"指精通律令文而不深刻害人的官吏，简文称为"都吏"。《居延汉简》中就有太守遣都吏巡行县的记载。西汉的都吏就是东汉的郡督邮，也就是说秋冬时郡国守相遣督邮分部"巡县"，主要是审理刑狱和评定县令长的工作业绩，纠劾县令长的违法之事。郡守"行县"在春耕之时，故史书或称"行春"，因"行春"首先要颁布劝农的春令，又称"班春"。《后汉书》卷三《章帝纪》载，建初元年（76 年）春正月诏曰："……方春东作，宜及时务。二千石勉劝农桑，弘致劳来。"〔1〕春耕大忙季节，郡国守相"巡县"，劝课农桑，是郡国的头等大事。考核官吏治迹，惩治贪官污吏和地方豪强大族是郡守"行县"的主要职能之一。《汉书》卷七十六《韩延寿传》载，韩延寿任职左冯翊，"岁除，不肯出行县。丞掾数白：'宜循行郡中，览观民俗，考长吏治迹。'"〔2〕"考长吏治迹"是"行县"认真考察的结果。尹翁归任东海太守，"翁归治东海明察，郡中吏民贤不肖，及奸邪罪名尽知之"。〔3〕张衡任河间相，地方豪强，多为不轨，他就"治威严，整法度，阴知奸党名姓，一时收禽，上下肃然"。〔4〕通过"行县"考察奸吏和豪强罪名之后，即予以严惩。成帝时，翟义任南阳都尉，行太守事，"行县至宛"，宛令刘立因与曲阳侯是通婚亲家，骄横不法，横行州郡，翟义即将他收缚，威震南阳。〔5〕周勃被免除相职，回到封国绛地，每遇河东郡的守尉"行县"到绛，周勃就"自畏恐诛，常披甲，令家人持兵以见之"。〔6〕惩治地方豪强也是郡国守相"行县"的重要职责。东海豪强许仲孙"为奸猾，乱吏治"，太守尹翁归将他处以死刑。张家山汉简《奏谳书》载有"淮阳守行县掾新郪狱"，是郡守"行县"复审监狱案件，对司法行政进行监督。边郡都尉之下还设置两个或两个以上的部都尉，每年八月都试之时，边郡太守都尉除试御骑驰战阵外，还须亲自"行障塞"。〔7〕《居延新简》中也有关于太守都尉行障塞的简文。如"育候史恭等，前府君行塞，增坞廪，徙□"（E.P.T 6: 92）；"初元五年十一月，都尉行塞，候、尉、

〔1〕《后汉书》，第 132 页。
〔2〕《汉书》，第 3213 页。
〔3〕《汉书》，第 3207 页。
〔4〕《后汉书》，第 1939 页。
〔5〕《汉书》，第 3425 页。
〔6〕《史记》，第 2072 页。
〔7〕《汉书》，第 73 页。

士吏、候长钦"（E.P.T 52: 97）。

2. 县级以下政府的行政巡视

张家山汉简《二年律令·赐律》规定："吏各循行其部中，有疾病色（?）者收食，寒者叚（假）衣，传诣其县。"[1] 官吏各自巡视其管辖的区域，收留生病者并供给饭食，借给受冻者衣服并护送至县官府。这应该是县官府派遣官吏巡视所辖区，扶贫救弱，对民政进行监督。一般情况下，秦汉郡、部都尉下的候望系统实行候、部、燧三级制，与此相对应的职官是候官（塞尉、丞、掾、士吏、尉史、从史）、候长（候史）、燧长。士吏、尉史专门负责循行。《汉书》卷九十四《匈奴传》引颜师古注曰："近塞郡皆置尉，百里一人，士史（吏）、尉史各二人巡行徼塞也。"[2] 此外，候官及其属官掾属包括候长、候史在内，对于其所辖候部的烽燧也都负有循行之责。居延新简中有著名的"候史广德坐罪行罚"简，使得边塞候望体系中的候长、候史"'循行部隧'一事……始克详明"。[3] 居延汉简中还有不少这样的内容："五月癸巳，甲渠鄣候喜告尉，谓第七部士吏、候长等，写移檄到，士吏、候长、候史循行"（159·17、283·46）；"□月尉史殷行塞举"（285·4）；"甲渠候官初元五年七月□行塞举"（311·3）；"□移尉丞行塞，验问，第廿九隧长王禹"（E.P.T 5: 107）；"建始五年三月辛丑朔庚申……四候长嘉候行塞□□兼"（E.P.T 5l: 215）；"□事告尉，谓部士吏、候长等，写移檄到，循行□"（E.P.T 51: 536）；"□□□士吏孟行塞□"（E.P.T 51: 688）；"候长循行部竟"（E.P.F 22: 412）。

二、考核

秦汉简牍中通过自下而上汇报书面材料对各级官吏政绩的考核，主要有两种形式，一是各级行政长官的"上计"考核，二是课吏的"考功"考核。

"上计"是秦汉一年一度各级行政机构长官的政绩考核，主要是通过审查每年的"计簿"，又称"集簿"，来考核财政经济、治安稳定、司法公

---

[1] 《张简》，第 48 页。

[2] 《汉书》，第 3765 页。

[3] 吴昌廉：《近六十年来居延汉简研究之回顾与展望——以居延汉简之整理及居延边塞障隧组织之研究为例》，《民国以来国史研究的回顾与展望研讨会论文集》（上册），台北：台湾大学出版组，1992 年，第 187 页。

正等情况，考察各级官吏的施政状况。这是一种自下而上逐级汇报书面材料的行政监督形式。秦的上计，一年一次，不仅要将地方上各方面的情况登记造册，而且还要将有关物品账簿一并送上，在史书中称为"与计偕"，即与上计簿使偕同前往。汉代的上计，大体上承袭秦制，从中央到地方各级行政机构逐级上报，县令长于年终将该县编制的计簿上报郡国，郡国再编制成郡的计簿上报中央，郡国行政长官年终派人携带计簿（其中记载土地、户口、粮食、赋税收入的数量），到中央由丞相、御史大夫评定其政绩的优劣，接受中央的行政监督。皇帝遣丞相（司徒）、御史大夫（司空）出庭对上计吏宣读敕令，训谕上计吏，归告郡守，并列举事实，令逐条答对。据《后汉书》志第二十四《百官一》注引《汉旧仪》，司徒读传的敕旨要求吏无苛暴，去残贼，择良吏，劝农桑，决狱须平，崇节俭，缮修官舍乡亭，不称者将加劾奏等。[1] 简牍中的《秦律十八种·仓律》有"县上食者簿及它费太仓，与计偕"，《金布律》有"已稟衣有余褐十以上输大内，与计偕"，这里的"计"就是"计簿"。汉代颁布了专门的法规《上计律》，其文虽佚，但根据沈家本《历代刑法考·汉律摭遗》卷十八的辑佚，尚有"上计吏""上计簿""岁尽遣吏上计""计文书断于九月""正月旦朝贺见属郡计吏""御史大夫敕上计丞长史""计偕""月计日计"等条，[2] 可知《上计律》内容之丰富。张家山汉简《二年律令》中《收律》《田律》等律文多处记载反映了当时"计簿"的情况，如《置吏律》规定，"县道官之计，各关属所二千石官"。上计簿注重实绩，"各计县户口垦田，钱谷出入，盗贼多少，上集（计）簿"，所计项目都是量化的标准。关于汉代上计文书集簿的内容，据胡广《汉官解诂》所言，为"户口、垦田、钱谷入出、盗贼多少"等几项。现从尹湾汉墓出土的东海郡《集簿》来看，胡广说的仅是郡县上计的基本内容。东海郡上计《集簿》所载，远远多于胡广说的几项，其中不仅是简单的数字，而且间有说明，仅仅700字，却涵盖了东海郡的行政建置和吏员配备、农业经济、民政、财政等各方面的内容和22个项目的综合统计。

"考功""课吏"，是长官对下属官吏功劳的考核。秦将官吏考绩称为

〔1〕《后汉书》，第3560页。

〔2〕沈家本：《汉律摭遗》，《历代刑法考》（下册），北京：商务印书馆，2011年，第691—696页。

"课"，睡虎地秦简《语书》中有"有（又）且课县官，独多犯令而令、丞弗得者，以令、丞闻"的记载。在《厩苑律》中规定了考课的时间、标准和结果，分为"殿""最"两级，实行赐劳若干的奖功方式。汉简"功劳案"中反映的考绩项目是按官、爵、功、劳、能书会计、治官民颇知律令等文武等标准，以功劳为主要依据，与董仲舒《考功名》所说的大体相同。评定官吏政绩量化，或评分，或定等，或按"功劳案"，都存在一种量化的趋向。垦田、户口、狱讼等都是通过数量反映出来的，而不能用数量表示的其他行政事务，也是通过一定的标准换算成分数（"算"）计算。据《敦煌汉简》简文记载，"玉门千秋隧长、敦煌武安里公乘吕安汉"，"功一、劳三岁九月二日。其卅日父不幸死，宪定功一、劳三岁八月二日"（1186A、B），[1] 在统计劳绩时就扣除了吕安汉因父死而回家的三十天丧假。

秦汉官吏考核有严密的体系，程序严格。从中央到郡、县各部门长官要考核其属吏，实行上级对下级逐级考核，其方法是下级将政绩计簿呈报上级，由长官负责认真考核。中央三公府只负责对郡国长官的考核，"课其殿最，奏行赏罚"。[2] 丞相府的东西曹，郡、县的功曹负责平时对所属官吏的考察和记载，部刺史对郡国的政绩材料"上计簿"进行核实，上奏皇帝，御史大夫也要对上计簿察其虚实，尚书台的三公曹负责官吏的考课，互相制约。据简牍资料，考核时，对上计的资料要认真检查，保证其真实性。例如："□长丞拘校，必得事实。牒别言，与计偕如律令，敢告卒人。□以来，掾定、属云、延寿，书佐德。"（E.P.T 53: 33A、B）[3] "拘校，与计簿相应。"（E.P.T 52: 576）所谓"拘校"，即"钩校"，"乃钩稽比较之意"，也就是校对、核算。由简文可知，郡府命令所属地方基层、各县对上计文书认真核对。若发现错误，要查出原因，即所谓"拘校处实"，"必得事实"；并要另附文书说明，即所谓"牒别言"，与计簿一并呈上。

三、复案

秦汉简牍中的行政法规定对行政工作的复案监督，也是行政监督的形式之一。"案"就是"按"，案验、按验的意思，是对行政工作进行考察和

---

[1] 《敦简》，第 77 页。
[2] 《汉书》，第 3147 页。
[3] 《新简》，第 282 页。

核实，调查出事实真相，有效地揭露行政违法犯罪的真相，为上级机关做出行政处罚决策提供可靠的依据，然后进行举劾和质询，从而有效地监督行政工作。睡虎地秦墓竹简《语书》中有"今且令人案行之，举劾不从令者，致以律，论及令、丞"的记载。这里的"案"，就是派遣官吏按验、检查核实县级政府执行律令的情况，举劾不从令者，并且追究县令、丞的监督失职之责，从而纠正行政失误。

张家山汉简《二年律令·徭律》规定，"都吏及令、丞时案不如律者论之"，这是要求郡府监察官都吏和县令、丞要及时考察和核实不按法律征发徭役和兵役、擅自征发牛车、不应当服徭役而派遣徭役的违法行政行为，并将每年的应服徭役人数和实际所服徭役人数上报给二千石官吏，也就是说郡、县两级政府都要对徭役行政进行监督。《二年律令·兴律》规定，对于县道官所审理过的死罪及过失、戏而杀人罪案件，"二千石官令毋害都吏复案，问（闻）二千石官"，"复案"就是郡守要派遣都吏对县已审判结案的重大案件进行检查和核实，再次进行审理。《二年律令·效律》规定，对属县长吏出现免、徙等情况时，"二千石官遣都吏效代者"，就是郡守应命郡都吏前往该属县检查和核实物资情况，向新任长吏交代。《二年律令·户律》规定，"恒以八月令乡部啬夫、吏、令史相杂案户籍"，就是八月县要派遣乡部的长官啬夫和县吏、令史检查核实户籍登记情况。

上级对下级处理的政务"复案""覆治"，是对行政决策的监督，一旦发现违法行为要立即举劾，纠正错误。例如，张家山汉简《奏谳书》记载有"南郡卒史盖庐、挚田、段（假）卒史鷁复攸庫等狱簿"，这是南郡太守执行中央御史的指令，派官吏复审案件，对县司法行政进行监督，纠正冤假错案。

四、拘校

简牍中秦汉行政的"效""校""拘校"，就是核校的意思，是检查核准公文的执行落实情况，唐律中称为"勾检"，即"勾检稽失"。对各级行政部门的财务收支账簿和文书进行审核检查，是上级监督下级行政工作的方式之一。

秦汉时期以文书行政，下级向上级述职经常要使用籍、簿、计等账簿文书形式。籍就是名籍，与人名或物名相连，如"食者籍"（《秦律十八种·仓律》），是记录供食、领取粮食的名籍。"廥籍"（《秦律十八种·仓律》），是记录国有财物收支的原始会计凭证。簿就是物簿，与钱财相连，例如"钱出入薄（簿）"（《合校》35·8A）、"谷薄（簿）"（《悬简》I0309③: 167−168），是按时间分类记录国有财物收支的账簿。"计"又称计簿、集簿，是郡、县、乡地方政府管辖区域内户口、垦田、钱谷等财务收支的会计账簿核算报告，是会计账簿的一种。汉代颁布了专门的法规《上计律》，在各级行政机构都设有专职官吏负责账簿文书的记录和拘校工作。《后汉书》志第二十六《百官三》载，少府，有"尚书六人，六百石……左右丞各一人，四百石。本注曰：掌录文书期会。左丞主吏民章报及驺伯史"。[1]《后汉书》卷一百四上《袁绍传》记载，"尚书记期会，公卿充员品而已"。《后汉书》志第二十八《百官五》载，州郡、县乡、亭里、匈奴中郎将、乌桓校尉、护羌校尉、王国设置有"主记室史，主录记书，催期会"。中央公府设令史负责文书工作，《后汉书》志第二十四《百官一》说："记室令史主上章表报书记。门令史主府门。其余令史，各典曹文书。"[2]县级政府中设有令史，专职负责公文的收发、登记、催办和保存，简牍档案文书多有令史署名。

秦汉行政过程中，审核检查办事的效率和质量，发现并检举揭发违法失职的官吏，其主要方法就是"校"，审查核验的结论称为"校簿""效簿"。张家山汉简《二年律令·效律》中对会计核算和财物清点有明确的法律规定，这是核验官府财产物资的法律，律文要求新旧官员交接时、官员任满三年时，"二千石官遣都吏效代者"，"亦辄遣都吏案效之"，"效""校"即簿籍与实际仓库钱物对照检查，就是以原有的会计账簿为依据对财物进行清点与核算，相当于离任审计和届满审计。如果"效案"不实要受到处罚，"效案官及县料而不备者，负之"，就是经过称量计数之后发现数量不足必须赔偿。"效"的主要依据是账簿文书，下级账簿要按时间上报给上级。如有一份甲渠鄣守候塞尉顺回复都尉府的文书，根据府书"移赋钱入簿，与计偕"的规定，"谨移应书一编"（35·8）。从中可知，原先的审计通知中确实写明了"赋钱出入簿""计簿"等这些要求上报的财务会计资料。对财会资料要严格审查核实，如"令史弘校第廿三仓谷十月簿，余谷稰穈大石六十一石八斗三升大"（206·7），"校"就是校对审核。审校

---

〔1〕《后汉书》，第 3597 页。

〔2〕《后汉书》，第 3559−3560 页。

中审计部门将对会计账簿（"赋钱出入簿"）和会计核算簿（"计簿"）相互对照检核。

　　如果审核发现下级行政部门所上报的账簿文书不实，上级就要向下级单位提出质询。例如，都尉府核校甲渠候上报的名籍，发现"第十二燧长张宣，史，案府籍，宣不史，不相应，解何"（129·22、190·30），[1] 就是与府中保存的名籍不一致，向甲渠候官提出质询。候官对下级候的"折伤兵簿"进行审核，发现"出六石弩弓廿四付库，库受啬夫久廿三，而空出一弓，解何"（179·6），[2] 就是收支记录不相符，于是向候提出质询。如果被审计部门对上级的质询解释不清，审计人员就要前往被审部门实地盘存实物，如"最凡粟二千五百九十石七斗二升少。凡出千八百五十七石斗一升，今余粟七百卅三石四斗一升少。校，见粟得七百五十四石二斗"（142·32B），[3] 以检验账簿的真实性。负责"拘校"的审计人员就要依法办事，做到簿实相符，不得有误，凡"拘檄出入不应法者举白"（E.P.T 51: 649）。如果出现有误、不相符等计簿与校簿不一致的情形，即"计校相缪（谬）殹（也）"，就要按钱数多少处罚："自二百廿钱以下，谇官啬夫；过二百廿钱以到二千二百钱，赀一盾；过二千二百钱以上，赀一甲。"（《睡虎地秦墓竹简·效律》）[4]

五、举劾

　　"举"，举书，又称"举白"，重在纠举、检举的意思。传统文献常用"举劾""劾举""举奏"，秦汉简牍中常见"举书""举""书""告劾"，是上级领导亲自或派人行巡下级行政工作，对检查出来的违纪行为写出纠举报告书，检举揭发违法失职的官吏，条列其行政失误行为，作为案验或追诉的依据，交给下级行政主管部门，追究行政违法责任的一种行政监察形式。汉简中的举书是汉代上级官府对下级工作中存在问题提出责问的文书，所责问的问题可包括烽火传达、守御设备、士卒配备兵器、戍卒离署、簿籍等方面。传世文献大量用"举"，表明检举揭发之意，如《汉书》卷

---

[1] 《合校》，第 214 页。

[2] 《合校》，第 286 页。

[3] 《合校》，第 236—237 页。

[4] 《睡简》，第 76 页。

八十四《翟方进传》说，"迁朔方刺史，居官不烦苛，所察应条辄举"。[1]
上级对举书中揭发的下级行政问题，或直接给予行政处罚，如居延汉简中
的"候史广德坐罪行罚檄"，候史广德因"不循行部"等罪而受到惩罚，
就是根据郡都吏在检查工作中发现他的行政违法和失职行为并举报给郡府
的文书而做出的处罚决定，"各如府都吏所举"（E.P.T 57: 108A）；或提出
行政质询，以公文的形式发给下级行政主管部门及领导，要求被问责的行
政机关对行政失误或出现的行政问题做出解释。简牍文献中上级常用的质
询语言有"何解""解何""问""责""责问""问责""验问""诘问"等。
简文记载："告肩水候官，候官所移卒责（债）不与都吏囗卿，所举籍不相
应，解何？记到，遣吏抵校，及将军未知不将白之。"（183·15B）[2] 查传统
文献，"解何"只有《汉书》卷八十一《匡衡传》中出现一次："后赐与属
明举计曰：'案故图，乐安乡南以平陵佰为界，不足（从）故而以闽佰为
界，解何？'"颜师古注曰："不足故者，不依故图而满足也。解何者，以
分解此时意，犹今言分疏也。"[3] 这是丞相府集曹掾陆赐与属明"举发上
计之簿"，即对郡上计簿中乐安乡边界提出的质询，"解何"在这里就是上
级丞相府责问下级郡的用语，用现在的话说就是对这个问题怎么解释，要
求做出答复。对"解何"所做的答复，就称为"解"。

"劾"，又称"弹劾""纠劾"，是负责监督的官吏依法检举或揭发违法
失职官吏的罪行，提请审判机关案验断决，并追究法律责任的一种上告下
的行政监察形式。对违法失职的官吏，主管监察官只有经过向有关机关检
举揭发的劾奏程序，才能进入司法审判程序。沈家本在《汉律摭遗》卷六
《囚律》中归纳出"先劾而后案治""先案而后劾""因事而劾""风有司
劾""犯其所司之事而劾"诸例。[4] 不论哪种劾奏方式，从行政监察的角
度讲，都是负责监督的官吏在经过调查、审核和了解的基础上，掌握了违
法失职官吏一定的犯罪行为后，向上级有关部门检举揭发，提起劾奏。这
是司法审判的必经程序。"弹劾必着其罪状"，必须审查、核准事实，调查
清楚罪状；劾奏失误要负连带责任。弹劾是秦汉从中央到地方监察官的特

〔1〕 《汉书》，第 3412 页。
〔2〕 《合校》，第 294 页。
〔3〕 《汉书》，第 3346 页。
〔4〕 沈家本：《历代刑法考》（下册），北京：商务印书馆，2011 年，第 479—480 页。

权，中央的御史中丞、司隶校尉"举劾按章"，地方的州刺史或州牧"专劾举之权"，直指国家任何官员。弹劾的程序是，中央机构官吏可直接向朝廷检举揭发不法者的情况，亦可通过御史台进行弹劾；地方官吏违法者，则由朝廷派遣的御史巡按、地方御史举劾或受理弹劾，一般是"大事奏裁，小事立断"。弹劾的具体形式，或露章面劾，或封章奏劾，还有复劾、案劾、重劾、共劾、通劾、覆劾、自劾等。劾书的构成，传世文献亦有记载。《汉书》卷八十四《翟方进传》载，丞相司直翟方进举劾司隶校尉陈庆曰："案庆奉使刺举大臣，故为尚书，知机事周密壹统，明主躬亲不解。庆有罪未伏诛，无恐惧心，豫自设不坐之比。又暴扬尚书事，言迟疾无所在，亏损圣德之聪明，奉诏不谨，皆不敬，臣谨以劾。"[1] 记载比较简略，只说明了劾奏陈庆"不敬"之罪的原因是案劾其有"奉诏不谨"、泄露尚书机密的行政违法行为，从中无法窥其劾书的全貌。幸亏汉代简牍中有完整的劾书保存，简文称为"劾状"。例如"令史谭劾状"（E.P.T 68：1－12）是说甲渠塞百石士吏冯匡于始建国天凤上戊六年（19 年）三月除署第四部，因患病咳嗽气短而不能尽职，致使负责的七处亭燧均有所破裂，同年七月调往第十部。根据士吏冯匡的任职情况，令史劾其"软弱不任吏职，以令斥免"。[2] 劾状由两部分组成，劾是"劾章"，状是"状辞"。劾章是由举劾者所在的主管机关呈送审判机关（简中的"居延狱"）的弹劾文书，也是审判机关对违法失职官吏判罪定刑的依据；状辞是由本部门主管监察的官吏或有关主管官吏提出的检举揭发违法者罪状的文书。传世文献常"举"和"劾"连用，如《后汉书》卷六十三《杜乔传》载："益州刺史种暠举劾永昌太守刘君世以金蛇遗梁冀，事发觉，以蛇输司农。"[3] 对官吏进行举劾时，必须将违法失职等行为的事实讲述清楚，才能引起上级注意并作为日后处罚的凭据。汉代举劾当中的"劾状"就承担着这方面的职能，故一般有"劾"的行为发生，就必然有"劾状"这一文书形式来予以支撑。

---

[1]《汉书》，第 3412 页。

[2]《新简》，第 456 页。

[3]《后汉书》，第 2093 页。

第三节　秦汉行政监督的职能与纪律

秦汉制定了行政监督的法规，依法规定了监察官吏的职能，既要依法举劾行政违法失职的官吏，又要遵守监察纪律，制约监察权力，以保证行政监督的正常有序进行。

一、行政监督的职能

秦朝监察官御史的主要职能有三方面。一是协助皇帝和丞相管理国家事务。二是执行纠举官吏不法的监察事务。执行这项事务时，御史常奉命直接参与审讯活动。《史记》中《秦始皇本纪》和《李斯列传》记载秦始皇在咸阳坑儒和赵高以"谋反"罪审讯李斯时，都有御史参加。三是负责记录皇帝的制诏，主管刑律的制定、法律文书的保存和核校等事务。秦简律文中确定了监察官员的职守。一是监察官吏要遵守律令，违背法律就是犯罪。如睡虎地秦简《法律答问》："可（何）如为'犯令''法（废）令'？律所谓者，令曰勿为，而为之，是谓'犯令'；令曰为之，弗为，是谓'法（废）令'殹（也）。廷行事皆以'犯令'论。"[1] 国家正律明文规定"犯令"要受到处罚。二是要依律令检举违反法律的行政失职行为，追究其责任。如秦律《语书》中说："今且令人案行之，举劾不从令者，致以律，论及令、丞。有（又）且课县官，独多犯令而令、丞弗得者，以令、丞闻。"[2] 郡守派人到各郡去巡视，检举不服从法令的官吏和民众，依法论处，对令、丞也要处分。"举劾不从令者"就是要追究违背律令者的责任。秦律还规定了监察官吏标准的细则，如秦律《语书》规定："凡良吏明法律令，事无不能殹（也）；有（又）廉絜（洁）敦慤而好佐上；以一曹事不足独治殹（也），故有公心；有（又）能自端殹（也），而恶与人辨治，是以不争书。恶吏不明法律令，不智（知）事，不廉絜（洁），毋（无）以佐上，緰（偷）随（惰）疾事，易口舌，不羞辱，轻恶言而易病人，毋（无）公端之心，而有冒抵（抵）之治，是以善斥（诉）事，喜争书。争书，因恙（佯）瞋目扼揾（腕）以视（示）力，讦询疾言以视

[1] 《睡简》，第 126 页。
[2] 《睡简》，第 13 页。

（示）治，詺訊丑言廌斫以视（示）险，阢阆强肮（伉）以视（示）强，而上犹智之殹（也）。故如此者不可不为罚。发书，移书曹，曹莫受，以告府，府令曹画之。其画最多者，当居曹奏令、丞，令、丞以为不直，志千里使有籍书之，以为恶吏。"[1] 这里规定了辨察良吏的四条标准：一是通晓法规律令，办理行政事务能力强；二是廉洁、忠诚，能为君效力；三是办事公正，不独断专行；四是纠正错误，勇挑重担，不争功抢权。又规定了辨察恶吏的六条标准：一是不懂法律令，不通习政务；二是不廉洁奉公，苟且懒惰，不能为君效力；三是不敢担当，搬弄是非，侮辱别人，没有公正之心，争功夺利；四是弄虚作假，抬高自己，打击别人，炫耀自己善于治理；五是说话违背事理，装作愧悔无知，显示能约束自己；六是自高自大，蛮横倔强，卖弄自己的才能。在监察中发现违法失职的恶吏，必须予以惩罚。各县、道收到文书，应发文书到所属各部门，所属各部门如不接受命令，县、道要向郡报告，郡官命郡所属部门进行问责处理。违法失职最多的官吏，所在的部门要向令、丞申报，令、丞上报郡官并记录在簿籍上，作为恶吏向全郡官吏通报批评。

汉代依法规定了行政监督的职能，监察内容更加广泛，位高权大。中央御史台的御史对地方刺史、守相、公卿大臣等违法失职行为都有权监察、弹劾。传世文献记载的汉代最著名的监察法规"监御史九条"和"刺史六条"，规定了监察官的职能，把"吏不廉，背公向私"和"阿附豪强，进行贿赂"列为监察的重要内容，为以后历代王朝所推崇，并不断修订和引用。"监御史九条"又称"御史九法"，是西汉惠帝三年（公元前192年）制定的："惠帝三年，相国奏遣御史监三辅不法事：词讼、盗贼、铸伪钱、狱不直、繇（徭）役不平、吏不廉、吏苛刻、逾侈及弩力十石以上、作非所当服，凡九条。"[2] 明确规定了御史监察郡国的内容，主要包括以下几个方面：一是"词讼""狱不直"等司法行政违法，二是"铸伪钱""繇（徭）役不平"等财政违法，三是"盗贼"等社会治安混乱，四是"吏不廉、吏苛刻"等吏治腐败，五是"逾侈及弩力十石以上、作非所当服"等僭越礼制的政治违法。"监御史九条"在西汉初年对运用监察法律和监察

---

[1]《睡简》，第15页。

[2]〔宋〕王应麟：《玉海》卷六十五《诏令·律令上·汉九条》引《唐六典》，南京：江苏古籍出版社，上海：上海书店，1987年，第1231页。

手段惩治违法失职、整顿吏治、削弱地方诸侯国势力、加强和巩固中央集权统治方面起到了一定的积极作用。"刺史六条"的内容，据《汉书》卷十九上《百官公卿表第七上》注引《汉官典职仪》曰："刺史班宣，周行郡国，省察治状，黜陟能否，断治冤狱，以六条问事，非条所问，即不省。一条，强宗豪右田宅逾制，以强陵弱，以众暴寡。二条，二千石不奉诏书，遵承典制，倍公向私，旁诏守利，侵渔百姓，聚敛为奸。三条，二千石不恤疑狱，风厉杀人，怒则任刑，喜则淫赏，烦扰刻暴，剥截黎元，为百姓所疾，山崩石裂，訞祥讹言。四条，二千石选署不平，苟阿所爱，蔽贤宠顽。五条，二千石子弟恃怙荣势，请托所监。六条，二千石违公下比，阿附豪强，通行货赂，割损政令也。"[1] "六条"中第一条便是纠察强宗豪族的"田宅逾制，以强陵弱"，认为这是强宗豪右、贪官污吏的共性，必须严查；其余五条是纠察二千石地方郡国守相聚敛为奸、刻暴杀人、蔽贤宠顽、放纵子弟、勾结豪强的不法行为。"六条"中"不奉诏书"是对皇帝不忠诚、对抗中央的犯罪行为，"不恤疑狱"是司法不公正的犯罪行为，"选署不平"是吏治腐败、用人不公正的犯罪行为，"请托所监""通行货赂"是贪污受贿的犯罪行为。刺史须定时"行部"，巡视郡国行政，以"六条"考察郡国的行政情况。可见，刺史的主要职能是监督二千石的郡守诸侯王和地方豪右，通过"巡部"考察二千石郡国守相的不法行为，"举奏"到中央御史中丞，听候处理。"举奏"是公开的，凡被举奏一定要依法严惩。何武任扬州刺史，"所举奏二千石长吏必先露章，服罪者为亏除，免之而已；不服，极法奏之，抵罪或至死"。[2]

秦汉行政监督涉及民政、财政、人事、狱政、治安等各方面的行政工作，直接关系到国家政权的稳定与安全。都吏是二千石长官随时因事派出去检查核实县级政府行政工作、行使监督监察功能的郡府法定专职属吏，其监察内容包括郡级政府对县级政府人事权、经济权、财政权、司法权的监督检查，但都吏只有监察权，没有行政决定权。例如张家山汉简《二年律令》中的《徭律》《兴律》《具律》《效律》分别规定了郡级政府委派专职监察官都吏对郡所属县级政府的徭役、司法、经济、人事等行政工作进行监督检查。令史是县级政府的专职监察官，据《居延新简》收录的令史

---

[1] 《汉书》，第741页。

[2] 《汉书》，第3482页。

谭劾状（E.P.T 68：1—12）、令史立劾状（E.P.T 68：13—28）、令史×劾状（E.P.T 68：81—102）三份令史劾状，令史举劾官吏的罪状有"士吏□匡软弱不任吏职"（E.P.T 68：6），"宪斗伤、盗官兵，持禁物阑越于边关傲（徼）亡"（E.P.T 68：22—23），"褒，典主而擅使丹乘用驿马，为虏所略得，失亡马"（E.P.T 68：89—90），内容涉及官吏不任职、失职、不尽职等渎职罪，是对官吏行政违法失职的监督。

二、行政监督的纪律

秦汉行政监督中，监察官对行政违法失职进行监察的权力是有限制的，要按法定的职能行使监察权；如果违法行使监察权，要被追究责任，依法受到惩罚。

首先是行政监督必须依法举劾，隐瞒不举劾和违法举劾，都要严惩。监察以皇帝的诏令等行政法规为准绳，来确定官吏是否违纪乱法。《汉书》卷五《景帝纪》载，"受所监临法"规定，"受其故官属所将监治送财物，夺爵为士伍，免之。无爵罚金二斤，令没入所受。有能捕告，畀其所受臧（赃）"。[1]《汉书》卷六十六《陈咸传》如淳注曰："律，主守而盗直十金，弃市。"[2] 萧望之任御史大夫时，以"私所附益凡十万三千"，"受所监臧（赃）二百五十以上"而被免职。[3] 若行使监督权的监察官失职违法，要严厉惩处。举劾是监察官的职权，不举劾要受到处罚，同时举劾不实，也要追究监察官员的责任。《二年律令·告律》规定"劾人不审，为失"，即举劾罪人不认真审查，就是行政失误，与"鞫狱不直"同罪。《敦煌悬泉汉简释粹》编号第十二简文"囷律：劾人不审为失，以其赎半论之"（Ⅱ0112①：1）[4] 就体现了这个原则。《汉书》卷二十三《刑法志》载，汉武帝颁布"见知故纵、监临部主"之法。颜师古注："见知人犯法不举告为故纵，而所监临部主有罪并连坐也。"[5] 这就是说上级长官对管辖范围之内的下级主管官吏负有"监临"的责任，如果下级主管官吏对部

---

〔1〕《汉书》，第 140 页。
〔2〕《汉书》，第 2902 页。
〔3〕《汉书》，第 3281 页。
〔4〕《悬简》，第 17 页。
〔5〕《汉书》，第 1101 页。

内属吏出现违法问题，也要承担连带责任，而具体的罪名常常被冠以"见知故纵"，即知道而故意不举劾。从郡、县到乡、亭、里各级政权的上级领导、主管官吏在辖区之内隐匿发生盗贼不举劾的，一律处以死罪。《后汉书》卷七《桓帝纪》载："长吏臧（赃）满三十万而不纠举者，刺史、二千石以纵避为罪。若有擅相假印绶者，与杀人同弃市论。"〔1〕御史中丞徇私枉法也要严惩。《汉书》卷六十七《朱云传》说："（丞相）奏'（陈）咸（时为御史中丞）宿卫执法之臣，幸得进见，漏泄所闻，以私语（朱）云，为定奏草，欲令自下治，后知云亡命罪人，而与交通，云以故不得'。上于是下咸、云狱，减死为城旦。咸、云遂废锢，终元帝世。"〔2〕

其次是制衡行政监督、监察的权力。其一，监察官互相制约，行政组织内部的监察官与行政组织外部的监察官交叉监督。据传世文献杜佑《通典》卷二十四《职官六》载，"武帝时以中丞督司隶，司隶督丞相，丞相督司直，司直督刺史，刺史督二千石下至黑（墨）绶"。〔3〕御史中丞督察中央和地方官员，又直接督察司隶校尉，司隶校尉督察丞相，丞相督察司直，司直督察刺史，刺史督察郡守，层层监察，监察官既是监督者又是被监督者，权责清楚。但监察官只有监察权，而没有司法权，司法权却在廷尉。其二，不同的监察官的监察对象不同，监察范围有严格的限定。《汉书》卷八十三《朱博传》云："欲言县丞尉者，刺史不察黄绶，各自诣郡。欲言二千石墨绶长吏者，使者行部还，诣治所。其民为吏所冤，及言盗贼、辞讼事，各使其部从事。"〔4〕刺史行部只监察二千石墨绶长吏，不监察黄绶的县丞、尉，盗贼、诉讼等事务由部从事负责监察。刺史监察若超出诏书所定的范围或干预郡守行政事务，则为非法，也就是说监察官没有行政权。《汉书》卷十九上《百官公卿表第七上》说："武帝元封五年初置部刺史，掌奉诏条察州，秩六百石，员十三人。"颜师古注引《汉官典职仪》云："刺史班宣，周行郡国，省察治状，黜陟能否，断治冤狱，以六条问事，非条所问，即不省。"〔5〕《汉书》卷七十二《鲍宣传》载，丞相司直

---

〔1〕《后汉书》，第 289—290 页。

〔2〕《汉书》，第 2914 页。

〔3〕〔唐〕要杜佑：《通典》卷二十四《职官六》，北京：中华书局，1988 年，第663 页。

〔4〕《汉书》，第 3399 页。

〔5〕《汉书》，第 741—742 页。

郭钦奏"'（刺史）宣举错烦苛，代二千石署吏听讼，所察过诏条。……为众所非'，宣坐免"。[1] 刺史薛宣因侵犯了郡守的行政权而被罢免官职。

其三，监察官要按法定的程序行使职权。第一道程序是检查工作，发现问题。监察官通过亲自参加巡视、上计、考核、审计、受理诉讼等方式行使专有的行政监察权，发现行政工作中存在的问题。第二道程序是调查核实，弄清行政违法失职的事实。监察官通过"案""案验""案察""效""拘校"等方法，行使监察官的调查权，核实行政犯罪的事实。第三道程序是检举揭发行政违法失职行为，使案件进入司法程序。监察官通过"举""劾""劾奏"等方法，行使专有的举劾权，把官吏行政违法失职的犯罪行为报告到上级有关部门，作为定罪处罚的依据。法定的监察程序保证了行政监督的正常有序进行，比较有效地约束了官吏的行政违法行为，有利于加强中央集权，为国家机器的正常有序运营提供了行政保障。

---

[1] 《汉书》，第3086页。

第七章　简牍中的秦汉行政奖励法

秦汉简牍中的行政法规定，根据行政主体的各级行政机构、行政官吏应该做某些行为而实行激励性政策，依照一定的条件和程序，对为国家、人民和社会做出突出贡献或者遵纪守法、绩效显著的行政模范人员，给予不同形式的物质或精神奖励，主要有迁职、增秩、拜爵、赐钱财、赐功劳、封邑等形式，建立了一系列必要的行政奖励原则和制约机制，在一定程度上使行政奖励制度化、法律化、科学化。用利益驱动的方式引导行政组织或个人勤职尽责，为国家、社会作出贡献，以表彰先进，激励后进，从而充分调动和激发各阶层官吏行政工作的积极性和创造性。[1]

第一节　秦汉行政奖励形式

秦汉简牍中的行政法规定，行政奖励就是授予行政相对人不同的权利类型，或利益，或资格，或权能等。具体的形式体现为三个方面：一是精神方面的权益，即给予受奖人某种荣誉；二是物质方面的权益，即发给奖金或者各种奖品；三是职务方面的权益，即予以晋职或者晋级。通过这些

---

〔1〕 有关秦汉行政奖励法的研究，学术界没有专门的著作，只有相关的论述，主要有：高敏：《从〈二年律令〉看西汉前期的赐爵制度》，《文物》，2002 年第 9 期；陈直：《居延汉简研究》，天津：天津古籍出版社，1986 年；〔日〕大庭脩著，林剑鸣等译：《秦汉法制史研究》，上海：上海人民出版社，1991 年；〔日〕大庭脩著，徐世虹译：《汉简研究》，桂林：广西师范大学出版社，2001 年；李振宏：《居延汉简中的劳绩制度》，《中国史研究》，1988 年第 2 期；胡平生：《居延汉简中的"功"与"劳"》，《文物》，1995 年第 4 期；朱绍侯：《西汉的功劳阀阅制度》，《史学月刊》，1984 年第 3 期；蒋非非：《汉代功次制度初探》，《中国史研究》，1997 年第 1 期；张忠炜：《"购赏科条"识小》，《历史研究》，2006 年第 2 期；安作璋、陈乃华：《秦汉官吏法研究》，济南：齐鲁书社，1993 年。

形式以提高官员工作的积极性，激励他们勤职尽责。

一、升迁

秦汉简牍中的行政升迁是一种权能奖励，主要表现在秩级和职务两种资格的升迁。

（一）增秩

秩级，又称"秩次"，把职位划分为若干等级，汉代为十五等，以食禄多少为标准，如二千石、中二千石、万石等，是任用官吏所授予的职级与待遇。凡职事官都有秩级的规定，根据规定的秩级授予不同的职位，其职责待遇是不一样的。张家山汉简《二年律令·秩律》（简440－472）中，记载了各级吏员的秩次有二千石、千石、八百石、六百石、五百石、四百石、三百石、二百石、二百五十石、一百六十石、一百二十石等，秩次不同，所对应的职位也不同，秩次和职位必须一致，也就是说官吏只有达到一定的秩次，才能被任命为与之相应的职位，有职位才享有相应的权力和利益。因此，不同的秩次其权力和待遇是不一样的。《汉书》卷十九上《百官公卿表》载，秩次不同的官吏，所佩带的印绶颜色和质量不同。张家山汉简《二年律令·赐律》（简297－303）中规定，按秩次的高低发放官吏的酒、肉、醴、酱等副食品。因此，秩次是一种资格，代表一个人的政治、经济地位，秦汉法律规定，在行政奖励时常给受奖官吏增秩。例如，居延汉简《捕斩匈奴虏反羌购偿科别》中就有"其生捕得酋豪、王侯、君长、将率者一人，☒吏增秩二等"，"其斩匈奴将率者，将百人以上一人购钱十万，吏增秩二等"，"有能生捕得匈奴间候一人，吏增秩二等"（E.P.F 22:222－226）的记载，[1] 就是根据"捕斩匈奴"的级别和数量，分别给予"吏增秩二等"的奖励。

（二）迁职

秦汉不同级别的职位享有不同的权利，其政治、经济地位也不同。三公九卿、郡守、县令、令史等不同等级的职位，其权利差别很大。据《居延新简》的记载，东汉边郡的官吏按职位级别发放俸禄：居延都尉俸谷每月六十石，居延都尉丞俸谷每月三十石，居延令俸谷每月三十石，居延丞俸谷

---

〔1〕《新简》，第492页。

每月十五石，居延左右尉俸谷每月十五石。（E.P.F 22:72—76）[1] 因此职位也是一种资格，代表一个人享有的权利和待遇。秦汉对政绩优异的官吏，其奖励方式是升迁职位。例如《汉书》记载，朱邑任北海太守，"以治行第一入大司农"；《后汉书》记载，颍川太守黄霸以"户口岁增，治为天下第一"，"征守京兆尹，秩二千石"，丹阳太守李忠"三公奏课为天下第一，迁豫章太守"。尹湾汉墓《东海郡下辖长吏名籍》记载了东海郡 109 个长吏的职位升迁情况，其中有 70 人是因"功"而升迁的。

（三）拜爵

爵位可以用来奖赏立功者，不同级的爵位可获得相应的物质报酬和政治、经济特权，这是以行政贡献的大小来激励百官。《汉书》卷十九上《百官公卿表》载，汉代爵位从一级到二十级分别是公士、上造、簪袅、不更、大夫、官大夫、公大夫、公乘、五大夫、左庶长、右庶长、左更、中更、右更、少上造、大上造、驷车庶长、大庶长、关内侯、彻侯，皆为"以赏功劳"。张家山汉简《二年律令·户律》规定（简 310—317），根据爵位的高低赏赐给官吏土地和宅基地，还有免除田租和刍稿的特权。《二年律令·赐律》（简 282—284）规定，按照爵位的高低赏赐官吏衣物。因此，爵位也是一种资格，代表一个人的政治、经济地位，秦汉常以拜爵的方式奖励有功之人。例如，青海大通县上孙家寨汉简有关军事方面的律令文书就有根据军功大小赏赐爵位的规定："军吏六百以上，兵车御右及把麾（麾）干（竿）、鼓正（钲）铖者，拜爵赐论，爵比士吏各二级"；"斩首捕虏，拜爵各一级"；"斩捕首虏二级，拜爵各一级；斩捕五级，拜爵各二级；斩捕八级，拜爵各三级；不满数，赐钱级千"。[2] 这都是根据军士斩首捕虏的多少而奖励不同级别的爵位。

二、赐钱物

秦汉时，赏赐钱物是一种物质奖励，受奖者对奖励的物质享有所有权和使用权，是以优厚的经济待遇激励官吏努力工作。简牍中的秦汉行政法规定，在奖励有功劳的人时常赏赐大量金钱财物。《击匈奴降者赏令（附

---

[1] 《新简》，第 482 页。

[2] 国家文物局古文献研究室、大通上孙家寨汉简整理小组：《大通上孙家寨汉简释文》，《文物》，1981 年第 2 期，第 22—26 页。

科别）》与《军爵律》内容相近，是对与匈奴作战立功者赐财物和封食邑的规定，其中有击匈奴"二百户、五百骑以上赐爵少上造，黄金五十斤，食邑百户、百骑"（1357－1361）等，[1] 规定对匈奴作战时，根据杀敌多少，不仅赏赐爵位，而且赏赐黄金。《汉书》卷九十五《西南夷传》载，天水太守陈立，劝民农桑，"为天下最，赐金四十斤"。[2] 睡虎地秦简《法律答问》中有相关的"购赏"法律条文，规定对告发罪人、捕获罪人、告发并捕获罪人者赏黄金二两。张家山汉简《二年律令》中《购赏律》所见到的受赏也是黄金二两。简牍中还有尚书丞请求皇帝批准赏赐边防立功的军队官吏钱的文书："尚书丞昧死以闻：制曰：可。赐校尉钱人五万；校尉丞、司马、千人、候、人三万；校尉史、司马、候丞人二万；书佐、令史人万。"（87－89C：11）[3]《里耶秦简牍校释》中有"钱三百五十"，"少内沈出以购吏养城父士五（伍）得，得告戍卒赎耐罪恶"（8-811＋8-1572）；[4] "出钱一百五十二购隶臣于捕卒不从"（8-992）；[5] "竖捕戍卒□□事赎耐罪赐，购千百五十二"（8-1008＋8-1461＋8-1532）；[6] "购釟五百七十六一人"（8-1018）。[7] 由此可见，秦汉简牍中"购赏律"规定的购赏钱数量是不一致的。

三、赐劳记功

秦汉时功劳也是一种资格，根据官吏政绩的优劣记分，积分为劳，积劳为功，按照功劳多寡补官或迁官，从而获得职位或晋升职位，谋取更多的权力和待遇。《汉书》卷一百上《叙传第七十上》载，班况"举孝廉为郎，积功劳，至上河农都尉，大司农奏课连最，入为左曹越骑校尉"，[8] "孝廉"是出身入仕的资格，"功劳"和"课最"是晋升的依据。因此，秦汉行政法对遵纪守法、政绩突出的官吏，按照律令规定赐劳记功，以资奖

[1]《敦简》，第141页。
[2]《汉书》，第3845页。
[3]《悬简》，第1页。
[4]《里简》，第231页。
[5]《里简》，第258页。
[6]《里简》，第261页。
[7]《里简》，第263页。
[8]《汉书》，第4198页。

励。根据汉简的记载，官吏在任职一定时间之后，国家要根据工作成绩进行评定，通过增减折合为实际的劳日和功；同时对成绩优秀或其他有功情况，另外奖励一定的劳绩。官吏的劳绩是要上报上级领导审批的。如，日迹"积三百八十三日"，"以令赐劳六月十一日半日"（145·37）。[1] 又如，玉门千秋燧长吕安汉的应定劳绩是"功一、劳三岁九月二日"，因父死而回家料理丧事三十天，于是在统计劳绩时要予以扣除，最终依法确定劳绩为"宪定功一、劳三岁八月二日"（《敦简》1186）。秦汉的"赐劳"，按令的规定分为两种情况：一是《北边絜令》规定，"第四候长、候史，日迹及将军吏，劳二日皆当三日"（10·28），[2] 就是边吏辛苦要增劳；二是《功令》第四十五规定，"士吏、候长、蓬隧长，常以令秋试射，以六为程，过六赐劳，矢十五日"（285·17），[3] 这是秋射优秀的要增劳。"劳"即"劳日"，也就是工作时间，用年、月、日表示，四劳记一功。例如，居延甲渠候官第十燧长徐谭，为吏五年三个月又十五天，因"秋试射以令赐劳"，有病不上班"不为劳"，最终定"中功一劳二岁"（E.P.T 50:10）。[4]《秦律十八种·厩苑律》载："以四月、七月、十月、正月肤田牛。卒岁，以正月大课之，最，赐田啬夫壶酉（酒）束脯，为旱〈皂〉者除一更，赐牛长日三旬；殿者，谇田啬夫，罚冗皂者二月。其以牛田，牛减絜，治（笞）主者寸十。有（又）里课之，最者，赐田典日旬，殿，治（笞）卅。"[5] 这里是奖励养牛考核优秀的吏，"赐田啬夫壶酉（酒）束脯，为旱〈皂〉者除一更，赐牛长日三旬"，"赐田典日旬"，其中的"日旬""日三旬"，就是赐劳，因为劳是按日计算的。"为旱〈皂〉者除一更"，就是考核优秀的官吏免除一次更役。与张家山汉简《二年律令·史律》记载的"上计六更"一样，"更"是奖励考核优秀官吏的赐劳单位，就是更役。每次更役有一定的时日规定，"更"便成为一种赐劳若干日的时间单位。[6] 简牍中的秦汉行政法规定，奖赏形式还有免罪减刑、考核为"最"等。额济纳汉简"购赏科

---

〔1〕 《合校》，第 241 页。

〔2〕 《合校》，第 16 页。

〔3〕 《合校》，第 481 页。

〔4〕 《新简》，第 152 页。

〔5〕 《睡简》，第 22 页。

〔6〕 朱红林：《张家山汉简〈二年律令〉研究》，哈尔滨：黑龙江人民出版社，2008 年，第 242—243 页。

条"规定，对发兵之郡奖赏立功的吏民，"董（谨）其当上二年计最及级，专心焉。上吏民大尉以下得蒙壹功无治其罪，吏坐"（2000ES9SF4：6）。[1]

秦汉各种行政奖励形式在行政实践中常综合利用，既有物质奖励，又有精神奖励，还有权能奖励。例如，西汉召信臣为南阳太守，"户口增倍，盗贼狱讼衰止"，被认为各项考课成绩皆优，因此赐黄金四十斤，晋升为河南太守，并诏行全国。（《汉书》卷八十九《循吏传》）又如，赵广汉为阳翟令，以治行优异，越级提拔为京辅都尉。扬州刺史黄霸以贤良高第而任颍川太守，秩比二千石，赐车盖，特高一丈，别驾主簿车，缇油屏泥于轼前，"以章有德"；治理颍川"治行"全国第一，"其赐爵关内侯，黄金百斤，秩中二千石"，经过几个月之后，调到中央担任太子太傅，又晋升为三公之一的御史大夫。召信臣和文翁死后，皇帝还批准在其家乡立祠，在原治郡，"岁时郡二千石率官属行礼"，在他们的遗冢前举行祭奠之礼以表示纪念。

第二节　秦汉行政奖励条件

根据简牍中的秦汉《购赏律》《功令》等行政法，行政奖励的条件主要是劳与功。劳是工作时间，用年、月、日表示，劳的多少在某种程度上反映出官吏政绩的好坏，是个人能力的外在表现。功是用来奖赏立功的，以斩敌捕盗的数量来计算，奖励官兵在边防安全、社会稳定方面做出的特殊贡献。劳与功都是用数量来表示其大小，并根据数量来进行奖赏。

一、劳：业绩突出

简牍中的秦汉行政奖励特别重视工作业绩，因为业绩是工作能力和水平的体现。而业绩的优劣主要依靠平时考核、年终考核和任期考核，考课政绩优秀者赐劳记功，给予褒奖。董仲舒在《春秋繁露》卷七《考功名》提出的考绩项目为"合其爵禄，并其秩，积其日，陈其实。计功量罪，以

---

[1] 张忠炜：《〈居延新简〉所见"购偿科别"册书复原及相关问题之研究——以〈额济纳汉简〉"购赏科条"为切入点》，《文史哲》，2007年第6期，第54—61页。

多除少，以名定实"。[1] 其中"爵"是爵位，"禄"是俸禄，"秩"是品级，"日"是劳日，"实"即实绩，以劳为基础"计功量罪"，确定功劳的多少。功劳，不仅是指工作业绩突出，还有要求官吏忠于职守、勤于政务的精神在内。升迁是对官吏的最大奖励，劳是升迁的主要依据。《汉书》卷五十六《董仲舒传》记载董仲舒的对策说："今则不然，累日以取贵，积久以致官。"[2]《汉书》卷九十《酷吏传》载，"（赵）禹以刀笔吏积劳，迁为御史"。[3] 居延汉简中虽然没有关于"积劳升迁"的简文，但记载官吏资历时，皆言因其劳绩。据《居延汉简合校》一书记载，肩水候官并山长公乘司马成，"中劳二岁八月十四日"（13·7）；候长公乘蓬士长富，"中劳三岁六月五日"（562·2）；张掖居延甲塞有秩士吏公乘段尊，"中劳一岁八月廿日"（57·6）。秦汉考核官吏政绩，对官吏进行的评定和奖励是"上功积劳，以功次除迁"。据《后汉书·百官志》注引胡广曰，县级政府的官吏每年要"计县户口垦田，钱谷入出，盗贼多少"，"上计于所属郡国"，县令长以上即六百石以上的官，由郡报中央考核；而丞尉以下即六百石以下的吏，则由郡级政府考核。"课校其功。功多尤为最者，于廷尉劳勉之，以劝其后"，就是对"功多尤为最者"给予行政奖励。[4] 简牍所见秦汉官吏晋升时多"以功升迁"。据《居延汉简合校》一书记载，"利以功次迁"（478·11），"以功次迁补肩水候"（62·56），"元康三年七月戊午以功次迁"（20·6）。《汉书》中也有"积功升迁"的官吏，如周仁（《周仁传》）、王欣（《王欣传》）；还有"以功次迁"者，如卫绾（《卫绾传》）。尹湾汉墓简文《东海郡下辖长吏名籍》就是记载六百石以下的吏以功升迁的重要例证。

据胡平生先生研究，"功"与"劳"之间存在着一定的换算关系，"劳四岁"积为"功一"。[5] 我们认为应该是积劳为功，以功升迁，劳与功是统一的，都是计算政绩的形式。秦汉简牍中功与劳也常连用，据《居延新简》一书记载，"五凤四年功劳案"（E.P.T 53: 22），"当以令秋射署功劳"

〔1〕 苏舆撰，钟哲点校：《春秋繁露义证》，北京：中华书局，1992 年，第 180—181 页。

〔2〕《汉书》，第 3513 页。

〔3〕《汉书》，第 3651 页。

〔4〕《后汉书》，第 3623 页。

〔5〕 胡平生：《居延汉简中的"功"与"劳"》，《文物》，1995 年第 4 期。

（E.P.T 53: 138）等，奖励官吏的条件都是"功劳"并用，以"功劳"来计算业绩。传世文献《汉书》中也有不少"积功劳"而升迁的官吏，如石奋（《石奋传》）、丙吉（《丙吉传》）。秦汉的《中劳律》就是关于计算劳绩的法律，《秦律杂抄·中劳律》规定："敢深益其劳岁数者，赀一甲，弃劳。"[1] 功、劳是以数量的形式表示出来的，因而能够反映官吏的行政能力和水平。秦汉在考察官吏时就根据每个官吏政绩的好坏而确定得多少"算"或负多少"算"，也就是因尽职而加若干分或因失职而减若干分。例如，"尽五月以九月都试，骑士驰射最。率人得五算半算"（《新简》E.P.T 52: 783）。[2] 意思是说，某队骑士在都试时，驰射成绩为"最"，平均每人得五算半。秦汉根据业绩评定分数，以分数赐劳记功。劳是对业绩的量化，根据业绩优劣可赐劳或夺劳。根据汉代"功令第卅五"，秋射时要根据射箭成绩，予以赐劳或夺劳，"以六为程，过六赐劳，矢十五日"（《合校》285·17），"过六，若不帑六矢，赐夺劳各十五日"（《新简》E.P.T 56: 337）。官吏如果因私事而"离署"，这段时间是不能算作"劳"的。简文有记载吕安汉因父死而回家料理丧事三十天，于是在统计劳绩时予以扣除（《敦简》1186）。至于官吏因玩忽职守而影响行政效率的，往往要受到处罚，而处罚方式之一就是"夺劳"。如简文，"不中程百里，罚金半两；过百里至二百里，一两；过二百里，二两。不中程车一里，夺吏主者劳各一日；二里，夺令□各一日。"（《新简》E.P.S4T 2: 8A、B）[3] "不中程"即不符合法律规定，有关人员要负其责、受其罚，其形式就是夺劳。有夺劳就有赐劳。官吏赐劳是以边防工作的辛苦程度为条件的。居延汉简《北边絜令》规定，边郡军吏候长、候史、将军吏等"日迹"的劳绩计算方式是"二日皆当三日"，每月记劳四十五日。同时，秋射比武大赛的技艺水平也可以作为赐劳的条件。以上二者分别是以官吏工作的难度和能力作为赐劳的奖励条件。

综上所述，秦汉时期把"功劳"作为奖励官吏的条件，而对功劳的评定都存在一种量化的趋向，垦田、户口、狱讼等都可以通过数量反映出来。而对不能直接用数量表示的其他行政事务，也可以通过一定的标准换算成

---

〔1〕 《睡简》，第83页。

〔2〕 《新简》，第277页。

〔3〕 《新简》，第554页。

分数"算",这就使不同官吏的政绩具有可比性,考课评定等级也更具有可操作性。

二、功:有特殊贡献

秦汉简牍中的行政法规定,赏有功,就是奖赏对边防安全、社会稳定做出特殊贡献的人。秦汉简牍中对立功的奖励主要表现在两个方面:一是杀敌捕虏,就是常说的军功;二是捕盗平贼,就是购赏立功。对二者的奖励都是以数量来计算的。

(一)杀敌捕虏之功

秦汉简牍中的行政法规定,杀敌捕虏的军功是行政奖励的重要条件之一,而军功大小是由捕杀敌人的数量决定的。秦朝根据斩首之功的多少来确定奖励爵位和为官的级别。如《韩非子·定法》载:"商君之法曰:'斩一首者爵一级,欲为官者,为五十石之官;斩二首者爵二级,欲为官者为百石之官。'官爵之迁与斩首之功相称也。"[1]《史记》卷五十四《曹相国世家》载:"参功:凡下二国,县一百二十二,得王二人,相三人,将军六人,大莫敖、郡守、司马、候、御史各一人。"[2] 在《史记》《汉书》等的武将传记中,多以这种攻城杀敌的数量方式来记功。军功的奖励经常用"斩首""捕虏""破军""下城""定郡县""先登""却敌""陷阵"等语。秦汉的《军爵律》是依据军功大小而赐不同爵位和田宅的法律,朱绍侯先生的《军功爵制考论》一书对以军功赏赐爵位有全面的研究。[3] 简牍中有大量军功赏赐的记载。如"明诏捕虏购赏封锡捕虏斩首有功者候长张况、兒政,隧长王匡爵各一级"(《新简》E.P.FT 22:447A、B,448A),[4] 就是皇帝下达对"捕虏斩首有功"的候长张况等人的奖赏。简牍中《功令》有西汉初期戍边杀敌立功的具体记功方式和详细规定。[5]《击匈奴降者赏令(附科别)》中有"□者众八千人以上封列侯邑二千石赐黄金五百"的

---

[1] 〔清〕王先慎撰,钟哲点校:《韩非子集解》,北京:中华书局,2016年,第435页。

[2]《史记》,第2028页。

[3] 朱绍侯:《军功爵制考论》,北京:商务印书馆,2008年。

[4]《新简》,第505页。

[5] 曹旅宁:《张家山336号汉墓〈功令〉的几个问题》,《史学集刊》,2012年第1期。

记载。[1]《捕斩匈奴虏反羌购偿科别》中有"其生捕得酋豪、王侯、君长、将率者一人，☑ 吏 增秩二等"，"能与众兵俱追、先登陷阵斩首一级，购钱五万如比"的记载（E.P.F 22∶222—226）。[2] 这些出土的汉代律令对以军功赏赐爵位有明确、具体的规定，对军功的奖励以"斩首捕虏"的数量为主要依据。此外还有"谒言吏，吏以其言捕得"，就是报告敌人的情况给官府而有捕得之功；有"众兵俱追、先登陷阵"，就是战场上冲锋陷阵之功；有"捕得反羌从徼外来为间候动静中国兵、欲寇盗、杀略人民"，就是逮捕外国间谍之功；又有"追逐格斗有功"，就是追杀敌人有功。秦汉以军功进行行政奖励，激励将士在前线奋勇杀敌。

（二）平盗讨贼之功

秦汉法律规定平盗讨贼有功，要给予行政奖励。平盗讨贼主要表现在三个方面：一是评定"谋反"，二是追捕盗贼，三是追捕罪人。奖励分两种立功情况：一是捕斩有功，二是告劾有功。官方以行政行为人的性质和数量来决定行政奖励的等级。

秦律《法律答问》中有关"购赏"的规定有：（1）告发罪人受赏。"甲告乙贼伤人，问乙贼杀人，非伤殴（也），甲当购，购几可（何）？"[3]（2）捕获罪人受赏。"捕亡完城旦，购几可（何）？"[4]（3）告发并捕获罪人受赏。"夫、妻、子五人共盗，皆当刑城旦，今中〈甲〉尽捕告之，问甲当购几可（何）？"[5] 购赏律文最核心的内容都是告发奸恶或捕获罪人可受赏，或是告发并捕获之受重赏。张家山汉简所见汉初《二年律令》中有诸多关于购赏的律文，主要集中在《捕律》和《盗律》，购赏多与盗贼、捕亡等事相关，以赏罚作为对付犯罪分子的手段，鼓励吏民与不法行为做斗争。《二年律令》中有关汉代购赏律的范围相当广泛，不但涉及捕告盗贼，还涉及捕告强盗抢劫者、违法定罪断刑、私自伪造货币、贩卖假冒伪劣商品、诈伪出马关津等犯罪行为，此外还有拯救落水者及沉船的购赏规定。具体来讲，主要的购赏内容有：一是对吏民捕斩或告发"徼外人来入

〔1〕《敦煌酥油土汉代烽燧遗址出土的木简》，甘肃省文物工作队、甘肃省博物馆编：《汉简研究文集》，兰州：甘肃人民出版社，1984 年，第 9—10 页。

〔2〕《新简》，第 492 页。

〔3〕《睡简》，第 124 页。

〔4〕《睡简》，第 125 页。

〔5〕《睡简》，第 125 页。

为盗者"(《盗律》)、"以城邑亭障反""及谋反""诸侯来为间者"(《贼律》) 等有关为治安及边防安全的立功赏赐规定；二是捕杀、告发、追捕"群盗"(《盗律》)、"盗贼""罪人"(《捕律》) 等有关为维护社会治安稳定的立功奖赏规定；三是对捕告"劫人、谋劫人求钱财"的强盗抢劫者的立功奖赏规定；四是对捕告"盗铸钱及佐者"(《钱律》) 伪造货币的立功奖励规定；五是对捕告"贩卖缯布"、贩卖假冒伪劣商品、"市贩匿不自占租"(《□市律》) 等不法商人的立功奖励规定；六是捕告"津关吏卒、吏卒乘塞者""案阅"不认真，致使"诈伪出马"(《津关令》) 的立功奖励规定；七是"同食、将吏及津啬夫、吏"拯救"流者""亡船"等(《金布律》) 遭难者的购赏规定；八是捕告"亡人、略妻、略卖人、强奸、伪写印者"的购赏规定。对不同类型的立功表现，根据购赏行为的性质，实行不同的购赏形式。如，"亡人、略妻、略卖人、强奸、伪写印者"(《捕律》)，如果是弃市罪，购金就是十两；如果是刑城旦舂罪，购金就是四两；如果是完城旦罪，购金就是二两。这是根据被捕告者的罪行大小决定不同的购赏形式。又如，犯谋反罪者，"若先告吏，皆除坐者罪"(《贼律》)；"诇告吏，吏捕得之，赏如律"(《钱律》)；"若先自告、告其与，吏捕，颇得之，除捕者罪"(《钱律》)。这是根据捕告者是否有告他人或自告而得到免罪和奖金的购赏规定。再如，"捕从诸侯来为间者一人，撩(拜)爵一级"(《捕律》)，"能产捕群盗一人若斩二人，撩(拜)爵一级"(《盗律》)。这是根据捕获或杀死的人数来决定受奖者购赏的级别。由此可见，秦汉购赏律，不仅鼓励捕告者捉拿、举报罪犯立功受赏，而且也鼓励被捕告者主动自首、主动举报同伙，就是自捕、自告立功受赏。

第三节　秦汉行政奖励程序

秦汉简牍中的行政奖励，依法按程序进行，都要向上级申报和审批；上级对下级上报的功劳，要派遣官吏进行核实，然后做出奖赏决定。情况属实者，依法奖励；如果情况不实，要依法处罚，严惩违法购赏行为。得爵以后若发现"劳不实"要削爵，已转给子女的封爵也要追回，并对本人及其子女治罪，以确保行政奖励的公正、公平和真实可信。

一、申报

秦汉时期，无论是某项行政奖励规定的订立还是奖励的结果，都需要依法申报上级，请求上级批准，接受上级监督，同时也是对行政奖励权的一种监督。例如，地方官员如果希望对诛灭盗贼等行为进行金钱奖励即购赏时，就需要先奏请上级批准。居延汉简中记载，有关官吏在群盗发生时，为了激发吏民与之斗争，特向上级申请对立功者进行奖励，"愿设购赏"。有能捕斩首领，奖钱十万；捕斩党与，奖钱五万，"吏斩捕强力者比三辅"。（503·17、503·8）〔1〕《二年律令·捕律》规定："□□□□□发及斗杀人而不得，官啬夫、士吏、吏部主者，罚金各二两，尉、尉史各一两；而斩、捕、得、不得、所杀伤及臧（赃）物数属所二千石官，二千石官上丞相、御史。"〔2〕就是说，县级官吏捕杀盗贼中，要将捕获和斩杀盗贼的状况与起获赃物的数量等情况申报郡二千石官，二千石官再申报中央丞相、御史，逐级审核，这些上报内容在某些情况下也可能成为行政奖励的依据。简牍中向上级官府申报边吏赏赐功劳状况的相关文书很多，例如，"五凤二年九月庚辰朔己酉，甲渠候汉强敢言之，府书曰：候长、士吏、蓬隧长以令秋射署功劳，长吏杂试枭□封，移都尉府，谨移第四燧长奴□□□□□□敢言之"。（6·5）〔3〕又如，"都尉府谨都燧长偃如牒，谒以令赐偃劳十五日"（28·15）。〔4〕这两条简文都是甲渠鄣候向都尉府申报的奖励秋射比武优秀官吏功劳的文书。再如，"以令赐贤劳百六十日半日，谨移赐劳名籍一编"（159·14）。〔5〕这条简所载"谨移赐劳名籍一编"，是郡级长官居延都尉德、丞延寿向上申报的县级政府候官为下属候长申请的赐劳奖励。这些简文表明官吏的劳绩要逐级申报，接受上级领导审批。

二、审批

秦汉政府非常注重对行政奖励真实性的审核和批准，以防误赏或多赏，

---

〔1〕《合校》，第 602 页。

〔2〕《张简》，第 29 页。

〔3〕《合校》，第 9 页。

〔4〕《合校》，第 43 页。

〔5〕《合校》，第 261 页。

也是对行政奖励权的一种监督。很多与行政奖励有关的政令或律文在规定如何进行奖励之外，都会直接要求对结果进行认真核实。其审批主要表现在两个方面，一是功绩是否真实，二是功绩是否符合法律的规定。如青海大通县上孙家寨汉简在对官吏斩首捕虏进行拜爵奖励的条文中特别强调，"必颇有主以验不从法状"，[1] 就是说奖励军功拜爵时必须对不按法令奖励的进行专门审查。《捕斩匈奴虏反羌购偿科别》也有"诸有功，校皆有信验，乃行购赏"，[2] 就是说奖赏必须依据斩捕匈奴功劳的大小进行，而且对"功"的核校要尽可能准确。《二年律令·捕律》中针对斩捕群盗进行拜爵奖励的律文中也附有"斩群盗，必有以信之，乃行其赏"，就是说斩杀群盗，必须有真凭实据，才能对其实行奖赏。汉代对与不法行为做斗争者进行奖励的购赏都要依法认定，法律条文中不但规定购赏的条件，而且详细规定了诸多"勿购赏"的行为，以及对购赏欺诈行为的严厉处罚。如《二年律令·捕律》："数人共捕罪人而独自书者，勿购赏。吏主若备盗贼、亡人而捕罪人，及索捕罪人，若有告劾非亡也，或捕之而非群盗也，皆勿购赏。捕罪人弗当，以得购赏而移予它人，及诈伪，皆以取购赏者坐臧（赃）为盗。"[3] 即是说多人共捕罪犯而一人上书请赏、告劾不实、欺诈告劾，不予购赏；如将自己的购赏转移给他人以及在购赏中有欺诈行为的，要被判定为"坐臧（赃）为盗"。再如，如果"取亡罪人为庸"，"若已去后，智（知）其请（情）而捕告"及"詗（诇）告吏捕得之"，都不予购赏（《二年律令·亡律》）。[4] 这些奖励条件认定的规定，为各级行政机构的审批提供了法律依据。

三、决定

行政奖励经过逐级严格审批之后做出奖励决定，要由上级下达命令，然后贯彻执行，表现出行政奖励的严肃性。简牍中还有尚书请求皇帝批准为边防立功的军队官吏赏赐钱财的文书，"尚书臣昧死以闻，制曰：可。赐校尉钱，人五万；校尉丞、司马、千人、候，人三万；校尉史、司马、候

---

[1] 李明晓、赵久湘：《散见战国秦汉简帛法律文献整理与研究》，重庆：西南师范大学出版社，2011年，第223页。

[2] 《新简》，第492页。

[3] 《张简》，第29页。

[4] 《张简》，第31—32页。

丞，人二万；书佐、令史，人万"。（1300）[1] 这里"制曰：可"是皇帝以诏书形式批准的赏赐。这说明汉代行政奖励不是随意决定的，而是要先将奖励决定奏请上级，获得批准后方可颁行，甚至有的奖励通过尚书上报，直接由皇帝亲自颁发诏令，批准执行。

四、执行

对于已经颁行奖励决定的事项，在执行过程中，如果发现行政奖励中存在欺诈或不实情形，也要进行上报，受奖者及相关责任人都会受到处罚。对于通过欺诈获得爵位者，汉代法律有明确的处罚规定。张家山汉简《二年律令·爵律》载："当撢（拜）爵及赐，未撢（拜）而有罪耐者，勿撢（拜）赐。诸当赐受爵，而不当撢（拜）爵者，级予万钱。诸誂（诈）伪自爵、爵免、免人者，皆黥为城旦舂。吏智（知）而行者，与同罪。"[2] 即对于是否赐予爵位，要严格依据律令办事，验证不实的不能赏赐，若弄虚作假，私自增减功劳，不该赏爵位而赏赐，私自冒充爵位免除罪行的，都要依法惩处。如依军功封赏将士时，要核对斩首级数以及掠获多少；对下级上报的功劳，要派遣官吏进行核实，情况属实者，依法奖励，如情况不实，要予以处罚，严惩违法行为；得爵以后若发现"劳不实"要削爵，已转给子女的爵也要追回，并对本人及其子女治罪。汉代行政奖励如果出现错误，违背法律规定，都要重新改正，不得执行错误的决定。《捕斩匈奴虏反羌购偿科别》中有"行河西大将军事凉州牧守张掖属国都尉融，使告部从事"（《新简》E.P.F 22：825A），是行河西大将军事凉州牧守张掖属国都尉窦融对下属州郡违背律令赏赐军功的督察指令，要求"从事督察如律令"（《新简》E.P.F 22：691）。[3] 这条简文要求按律令奖励军功，对不按律令、奖励错误的要依法纠正，并且按时上报，不得有所遗漏。按照之前的"西州书"，刘玄、王便等人"捕羌虏斩首各二级"，可免为庶人，但因为与奖励战功有关的新律令的颁行，这些人及其妻子女儿皆不应当免为庶人，必须重新被收作官奴（《新简》E.P.F 22：221）。汉代政府对斩捕首虏

---

[1]　《敦简》，第 135 页。

[2]　《张简》，第 62 页。

[3]　张忠炜：《〈居延新简〉所见"购偿科别"册书复原及相关问题之研究——以〈额济纳汉简〉购偿科条为例》，《文史哲》，2007 年第 6 期。

级数和掠获多少的军功进行奖励时，为了防止冒功领赏，对虚报首级、"诈增卤获"则给予严厉处罚。例如，西汉云中太守田顺为虎牙将军，"不至期，诈增卤获"，令其自杀。[1] 宜冠侯高"不识击匈奴，战军功增首不以实，当斩，赎罪，国除"。[2] 云中守魏尚"坐上功首虏差六级"，"削其爵，罚作之"。[3] 东汉时期扬、徐盗贼群起，中郎将赵序"坐畏懦不进，诈增首级"，[4] 被处以死刑。

综上所述，秦汉政府已建立起以增秩、赐钱物、升迁、赐爵和赐劳等多种奖励方式相结合的行政奖励机制。国家不仅注重行政奖励的各种规范性立法，而且在奖励中依法执行严格申报和审批程序，力求确定奖励真实可信，从而保证行政奖励的有效实施。这些以奖励为核心的非强制性手段，是治理国家的重要方法，荀子即认为"赏行罚威"对实现政通人和有巨大推动作用，他对此论述道："备官职、渐庆赏、严刑罚以戒其心，使天下生民之属，皆知己之所愿欲之举在是于也，故其赏行；皆知己之所畏恐之举在是于也，故其罚威。赏行罚威，则贤者可得而进也，不肖者可得而退也，能不能可得而官也。若是则万物得宜，事变得应，上得天时，下得地利，中得人和。"[5] 总的来看，汉代行政奖励的目的仍是为了尽可能广泛地在全国推行政府意志，其中奖励"功"的成分较大，即所谓"不能致功，虽有贤名，不予之赏；官职不废，虽有愚名，不加之罚"。[6] 无论是官吏还是民众，只有对国家有卓越政绩或突出贡献者才可受赏，这种对"功"的重视，正是当时历史条件下国家治理需求和意志的体现，也在一定程度上促进了国家的安定和政治的和谐。

---

〔1〕《汉书》，第 3786 页。

〔2〕《史记》，第 1039－1040 页。

〔3〕《史记》，第 2759 页。

〔4〕《后汉书》，第 1279 页。

〔5〕〔清〕王先谦：《荀子集解》，北京：中华书局，1988 年，第 184 页。

〔6〕苏舆撰，钟哲点校：《春秋繁露义证》，北京：中华书局，1992 年，第 178 页。

第八章　简牍中的秦汉行政惩罚法

秦汉简牍中的行政法不仅规定了行政工作的职责和行政规范，对行政违法行为也有明确的规定，主要有贪赃枉法、滥用职权、玩忽职守等违法行为，涉及人事组织、财政经济、司法审判、社会治安、边防与军事等行政领域。根据行政机关及其工作人员的行政违法行为性质、情节及社会危害程度，行政法确定了各种不同的惩罚形式，做到行政处罚、刑事处罚、民事处罚交互为用，把行政惩罚与权利、责任和利益统一起来。同时还依法规定了要对检举揭发的行政违法行为进行认真核实，按照法定的举劾、案验、鞫讯、判决、执行等行政惩罚程序办理，做到过罚相当，保证国家政策法令的贯彻执行，在一定程度上维护了公共利益和社会秩序。[1]

第一节　秦汉行政惩罚条件

秦汉简牍中的行政违法行为是实施行政惩罚的基本条件。行政违法，从违法形式上有贪赃枉法、滥用职权、玩忽职守等行为，从违法内容上有"谋反""废令"等人事组织、财政经济、司法审判、边防与军事领域各种行为，涉及行政工作的各个方面，特别是把失职渎职、用人失当、制造冤假错案、贪污浪费等违法行为作为必须予以严惩的行政犯罪，为行政管理过程中应该干什么、禁止干什么，应该怎么干、不能怎么干提供了法律规范。

―――――――――

[1] 参看安作璋：《秦汉官吏法研究》，济南：齐鲁书社，1993 年；闫晓君：《秦汉法律研究》，北京：法律出版社，2012 年；李均明：《简牍法制论稿》，桂林：广西师范大学出版社，2011 年；熊伟华：《汉代经济犯罪的类型及惩治的司法原则》，《人文杂志》，1995 年第 1 期；胡仁智：《由简牍文书看汉代职务罪规定》，《法商研究》，2001 年第 3 期；胡仁智：《汉律中的司法官吏渎职罪考评》，《甘肃政法学院学报》，2007 年第 3 期；逯万军：《试论秦汉三国反贪倡廉之举措》，《廊坊师范学院学报》，2001 年第 2 期。

一、贪赃枉法行为

秦汉简牍中的官吏贪赃枉法行为就是指利用职务之便非法谋取经济利益，法律上叫"坐赃"，按盗窃罪处罚。《汉书》卷五《景帝纪》记载，汉景帝时就颁布了"惩贪令"："吏受所监临，以饮食免，重；受财物，贱买贵卖，论轻。廷尉与丞相更议著令。"廷尉信谨与丞相议曰："吏及诸有秩受其官属所监、所治、所行、所将，其与饮食计偿费，勿论。它物，若买故贱，卖故贵，皆坐赃为盗，没入赃县官。吏迁徙免罢，受其故官属所将监治送财物，夺爵为士伍，免之。无爵，罚金二斤，令没入所受。有能捕告，畀其所受赃。"〔1〕 就是法令严禁上级官吏接受被管理、被监临者的饮食财物等。在简牍资料汉代《公令》中就有"坐赃为盗"的罪名，"在公令第十九丞相常用第三"（《武威旱滩坡出土东汉木汉简》第7简），〔2〕 即"坐赃为盗"的违法行为在汉代《公令》第十九条中就有记载。在简牍中常见有七种具体的贪赃枉法行为。

1. "主守盗"。简称"盗"。就是负责管理和守护官府财产的人利用职务之便盗取国家或人民财物的违法行为，用现在的话说就是"贪污"。居延汉简中可见"盗所主守"（《新简》E.P.T 52：339）、"盗所主"（《新简》E.P.S4T 2：115）。张家山汉简《奏谳书》之第十五有"吏盗"。

2. "受行赇"。就是受贿枉法，即官吏接受当事人贿赂的违法行政行为，包括受贿、行贿、请托。睡虎地秦墓竹简《法律答问》规定"通钱"就构成赃罪。张家山汉简《二年律令》规定"受赇以枉法，及行赇者"，都构成"坐其赃为盗"罪（《盗律》）。居延汉简中有"行言者若许，多受赇以枉法"，皆"坐赃为盗"（武威旱滩坡出土东汉木简）。官吏在司法审判中，"其受赇者"，就是接受犯罪人的贿赂，要加罪二等处罚（《二年律令·具律》）。张家山二四七号汉墓《奏谳书》中有"受、行赇枉法"案、"受豚、酒、臧（赃）九十"的受贿案记录。

3. "私假用"。就是放散官钱物的违法行政行为。睡虎地秦墓竹简《法律答问》有"府中公金钱私假用之，与盗同法"的规定，就是官吏利用职

---

〔1〕《汉书》，第 140 页。
〔2〕 李均明、刘军：《武威旱滩坡出土汉简考述——兼论"絜令"》，《文物》，1993 年第 10 期。

务之便私自挪用官府钱物要以"坐赃为盗"论处。

4. "擅自假"。就是私自将公物借给他人使用的违法行政行为。《秦律十八种·工律》规定，"擅叚（假）公器者有罪"，就是私自将公物借给他人要受到处罚。张家山汉简《二年律令·盗律》规定"私自假"公物，要以坐赃罪论处。汉简有"放以县官马擅自假借，坐赃为盗，请行法"（《新简》E.P.F 22∶200）的简文，就是以"擅自假"罪受到法律处罚的案例。

5. "私为食传"。就是私自利用公款超过标准招待客人的违法行政行为。张家山汉简《二年律令·传食律》规定，"为传过员，及私使人而敢为食传者"，"皆坐食臧（赃）为盗"，就是官吏超过标准招待使者，私自招待客人，招待的费用要以"坐赃为盗"论处。

6. 诈取财物的违法行政行为。张家山汉简《二年律令·捕律》规定，"捕罪人弗当，以得购赏而移予它人，及诈伪"，就是捕获罪犯时用欺诈手段获得奖赏财物，要以"坐赃为盗"论处。《二年律令·贼律》规定，"诸訑（诈）增减券书，及为书故訑（诈）弗副"，就是凡以欺诈手段增减契约内容，以及制作文书时无副本、故意欺诈而谋取财物，"皆坐臧（赃）为盗"。《二年律令·□市律》规定，"市贩匿不自占租"，就是市场上的坐商隐匿市租而不自己申报纳税，"坐所匿租臧（赃）为盗"。

7. "取息过律"。就是放贷钱谷，收取利息超过了法律的规定。《汉书》卷二十四下《食货志下》引颜师古注曰："谓人以祭祀、丧纪故从官赊买物，不过旬日及三月而偿之。其从官贷物者，以共其所属吏定价而后与之，各以其国服事之税而输息，谓若受园廛之田而贷万钱者，一期之月，出息五百。"[1] 若超过了月息五厘、年息六分，就构成"取息过律""息过律"罪，要免除官职。《汉书》卷十五上《王子侯表·旁光侯殷》载，旁光侯"坐贷子钱不占租，过息过律"，被免职。[2]

二、滥用职权违法行为

秦汉简牍中的滥用职权就是指超越法定职权范围谋取私利的违法行为。主要表现有"擅为"和"诅伪"两个方面。

（一）"擅为"。就是未经法律授权，而超越职权行政。简牍中常见有

─────────

〔1〕《汉书》，第1180页。
〔2〕《汉书》，第447页。

十种具体违法行政行为。

1. "擅赋敛"。就是私自征收赋税的违法行为。张家山汉简《二年律令·杂律》规定，犯"擅赋敛"罪，处以"罚金四两"的惩罚。居延汉简中有"坐簿书贵直为擅赋，臧二百五十以上"（E.P.T 43: 55）。[1]

2. 擅兴徭役。就是私自征发徭役的违法行为。《二年律令·徭律》规定，官吏擅自征发徭役或不按法定顺序征发徭役，私自征用牛、车及征用不应该服徭役的人，要分别判处罚金四两。

3. 擅自假借。就是私自使用公物的违法行为。《二年律令·盗律》规定，私自把官物借给别人用，要以"坐赃为盗"罪论处。《居延新简》有"褒典主而擅使丹乘用驿马，为虏所略得，失亡马"（E.P.T 68: 89—90），[2] 就是以擅自借用驿马罪而实行处罚。

4. "擅移狱"。居延汉简有"移人在所县道官，县道官狱讯以报之，勿征逮，征逮者以擅移狱论"（E.P.S4T 2: 101），[3] 就是不按法律规定，私自把犯罪人移送到无权审判此案的机关的违法行为要依法惩罚。

5. "擅去署"。居延汉简有"擅去署"（E.P.F 22: 718、56·117）的记载，就是私自离开办公的地方属违法行为，也要受到处罚。

6. 擅予簿籍。就是私自提供账簿的违法行为。《二年律令·置吏律》规定，在上级使者的身份证明中没有写明需要给使者提供账簿名籍的情况下，"勿敢擅予"。

7. 擅用官钱。就是官员私自使用官钱的违法行为。《二年律令·金布律》规定，官府对从事手工业、市场商业贸易收取的租金、质钱、户赋税、园池钱等，"毋敢擅用"。

8. "擅以邮行"。就是私自使用官用邮驿的违法行为。《二年律令·行书律》规定，"书不急擅以邮行"，就是文书不紧急，擅自使用邮驿行书的，要判处"罚金二两"。

9. "擅覆治"。就是私自审判的违法行为，要依法处罚。《二年律令·具律》规定，"毋告劾而擅覆治之"，就是审判官不能在没有当事人控告和官吏劾罪的情况下擅自启动审判，否则审判官吏就构成"鞫狱不直"罪。

---

[1] 《合校》，第 105 页。

[2] 《新简》，第 460 页。

[3] 《新简》，第 562 页。

10. 擅自"贷钱"。就是私自放高利贷的违法行为。《二年律令·杂律》规定，六百石以上的官吏，"敢字贷钱财者，免之"。

（二）"诅伪"。就是诈伪，是一种隐瞒和伪造、骗取钱财及非法获益的行政违法行为。睡虎地秦墓竹简《法律答问》规定，官吏"诅伪"行政，要处以罚盾或撤职。简牍中的"诅伪"罪常见有十二种罪名。

1. "伪写官印"。张家山汉简《二年律令·贼律》规定，"伪写皇帝信玺、皇帝行玺"，"伪写彻侯印""小官印"，就是假造皇帝印玺、最高官印、小官印的违法行为，要分别处以腰斩、弃市、"完为城旦舂"的徒刑。

2. "为伪书"。《二年律令·贼律》规定，"为伪书""诈增减券书"，就是伪造或篡改官文书，或是制造假文书的违法行政行为，要判处徒刑。张家山汉简《奏谳书》有"使徒家做，诈簿治官府"，"使徒内做，诈簿为徒养"，"盗他人马传私自改写"，"邮人留书更改檄书日期"等四个"为伪书"案例。

3. "矫制"。张家山汉简《二年律令·贼律》有"拆（矫）制，害者"，就是诈称、伪造皇帝命令并对社会造成重大危害的违法行政行为，要判死刑。

4. "谩"。《二年律令·贼律》规定，"诸上书及有言也而谩"，就是给皇帝上书，故意欺诈君主，要处以"完为城旦舂"的徒刑。

5. 冒名顶替户籍。《二年律令·户律》规定，"诈代其户"，就是利用别人户籍、占有他人田宅的违法行政行为，要判处徒刑。

6. 骗取爵位。睡虎地秦简《秦律杂抄·捕盗律》规定"捕人相移以受爵者"，《二年律令·爵律》规定"诸詐（诈）伪自爵、爵免、免人"，都要依法惩处。

7. 诈伪符传。《二年律令·津关令》规定，凡借用他人符传出入津关，要处以"赎城旦舂"的徒刑。

8. "诈伪出马"。《二年律令·津关令》规定，凡是与关外买卖马及检查马时弄虚作假的违法行为，都要按照"伪出马令"论罪。

9. "矫"吏。《二年律令·盗律》规定，"桥（矫）相以为吏，……皆磔"，就是冒充官吏的违法行政行为，要处以磔刑。

10. "伪"出财物。睡虎地秦简《秦律十八种·效》规定，仓库里的财物出现超出或不足而隐匿不报、以多补少、作假注销、补垫其应该赔偿的财物等各种违法行为，都以"坐赃为盗"论处。

11. 隐瞒不报。睡虎地秦简《法律答问》有"匿不言迹""匿户""匿者
(诸）民田"，《秦律杂抄》有"匿出身"，张家山汉简《二年律令》有"匿
罪人"（《亡律》)、"匿盗"（《捕律》)，悬泉置汉简有"匿不自占，[占]
不以实"（Ⅱ0114③: 54)〔1〕等隐瞒不报的违法行为，都要依法惩处。

12. "诬告""伪证"。简文有"诬告人以死罪"（《二年律令·告
律》)，"证不言请（情）罪""译讯人为诈伪罪"（《二年律令·具律》)
等有关违法行政行为，都要依法惩处。

三、玩忽职守违法行为

早在秦代，对官吏的行政不作为就有了相关的法律规定。秦律设有
"犯令"与"废令"罪，以处罚官员违抗命令或不执行命令的行为。"律所
谓者，令曰勿为，而为之，是谓'犯令'；令曰为之，弗为，是谓'法
（废）令'殹（也）。"〔2〕这里的"废令"，便是指官吏的行政不作为，如
擅离职守，对其职责范围内的事不执行、不报告、不传送等，从而造成严
重后果。依秦时成例，官吏"犯令"和"废令"均应受罚，即使已被免职
或调任，也要追究。"法（废）令、犯令，遝免、徙不遝？遝之。"〔3〕就
其性质而言，这是终身责任制。可以说，秦律中的"废令"罪是中国古代
对官员行政不作为所做的最早、最经典的法律规定，这一律令的内容为后
世所继承。

秦汉简牍中的玩忽职守，就是指不履行或不认真履行法律规定的职权，
造成行政工作失职、失误的违法行为。官员行政不作为的表现形式是多种
多样的，简牍所见主要有以下五种罪名。

1. 擅离职守，就是不坚守工作岗位的违法行政行为。例如，居延汉简
有"良林私去署，皆□宿止，且乏迹候"（E.P.T 68: 112），〔4〕是对良林
"私去署"进行问责和调查所做的定罪结论。张家山汉简《二年律令·贼
律》规定，"守乘城亭障，诸侯人来攻盗，不坚守而弃去之"，"不坚守"
就是不坚守城防要塞，要处以腰斩的刑罚。

---

〔1〕《悬简》，第 11 页。
〔2〕《睡简》，第 126 页。
〔3〕《睡简》，第 126 页。
〔4〕《新简》，第 461 页。

2. 不称职，就是官吏不能尽其职责的违法行政行为。张家山汉简《二年律令·捕律》规定，县令、县丞、县尉一年内对辖区内发生盗贼若有三次"不觉知"，即"为不胜任，免之"。居延汉简中有"软弱不任吏职，以令斥免"（E.P.T 68:12），[1] "软弱不任候望吏，不胜任"（110·29），[2] "能不宜其官，今换补靡谷候长代吕循（203·33）[3]，就是将没有从事现任工作能力的官吏，罢免或调动到适宜的位置。

3. "不办"，不办事，就是法律规定应该有责任去做的事而不做的违法行政行为。居延汉简中有"坐辨其官事不辨"（E.P.T 57:1），[4] "况辨其□□事不辨"（E.P.T 68:157）等，[5] 就要对办其官事不作为的违法行为依法处以罚金。

4. "弗能得"，就是不能抓获犯罪人的违法行政行为。秦汉《捕律》规定，县司法官吏对犯下重大、恶性刑事案件的案犯"弗能捕得"，要"戍边二岁"。睡虎地秦简《秦律杂抄》规定，对"不当稟军中而稟者"，"弗得，赀一甲"。张家山汉简《二年律令·钱律》规定，对"盗铸钱及佐者"，"弗得"，罚金四两。《二年律令·□市律》规定，对市贩匿不自占租，"吏主者弗得"，罚金四两。《二年律令·户律》对移户不如律，"案户者弗得"，罚金各一两。对户籍有"或为誰（诈）伪"，造成有所增减，"而弗能得，赎耐"。《二年律令·津关令》规定，"越塞阑关"，"弗得，赎耐"。《二年律令·盗律》规定，对"盗出黄金边关徼"，"弗索得，戍边二岁"。《二年律令·贼律》："贼燔城、官府及县官积宛（聚）"，"乡部、官啬夫、吏主者弗得，罚金各二两"。

5. "弗为""不为"，就是"当能为而未为""应该为而未为"的不作为违法行政行为。《二年律令·户律》有"弗为券书，罚金一两"的规定，就是不按律令规定设立券书的违法行为要处以罚金。《二年律令·盗律》规定，"弗智（知）"是违法行为，"盗出财物于边关徼"，吏部主"弗智（知）"，处以"罚金四两"。《二年律令·津关令》规定，"津关吏卒、吏卒乘塞者"

〔1〕 《新简》，第 456 页。

〔2〕 《合校》，第 179 页。

〔3〕 《合校》，第 317 页。

〔4〕 《新简》，第 337 页。

〔5〕 《新简》，第 464 页。

对诈伪出马，"弗智（知），皆赎耐"。简文中又有"吏弗劾论"，[1] "知不告劾"（《新简》E.P.T 31: 13），"吏匿弗言其县廷"（《二年律令·捕律》），"杂案户籍"不以律令而"正、典弗告"（《二年律令·户律》），"择行钱、布者，列伍长弗告"（《秦律十八种·金布律》），"候长、候史直日迹卒坐匿不言迹"（《新简》E.P.T 51: 411），"不当稟军中而稟者"，而"徒食、敦（屯）长、仆射弗告"（《秦律杂抄》），"出人盈五日不反（返）"，而"伍人弗言将吏，将吏弗劾"。这里"弗劾""弗告""弗言"等都是指对犯罪人不检举揭发的违法行政行为，均要依法进行惩处。简文中还有"鞫（鞫）狱故纵、不直，及诊、报、辟故弗穷审者"（《二年律令·具律》）的规定，"不直""弗穷审"就是司法审判不公正的"故纵"罪，即故意放纵犯人违法的行政行为，要依法论罪，处以重刑。《秦律十八种·效》规定，"计用律不审而赢、不备"，"计校相缪（谬）殹（也）"；《二年律令·效律》规定，"出实多于律程，及不宜出而出"；居延汉简有"拘檄出入不应法"（《新简》E.P.T 51: 649）、"四时簿出付入受不相应或输出非法"（《合校》349·4）等，都是财务行政会计、审计中的违法行为，要依法惩处。《秦律杂抄·除弟子律》有"当除弟子籍不得，置任不审"，《二年律令·置吏律》有"任人以为吏，其所任不廉、不胜任"等人事法规，就是用人失察失误的行政违法行为，都要严惩不贷。《睡虎地秦墓竹简·效律》有仓库禾粟腐烂"不可飤（食）者"，要根据腐烂的数量对仓库主管官啬夫进行惩罚。《二年律令·田律》有"道有陷败不可行者"，要对交通管理中严重失职的有关主管官吏依法惩处。《秦律十八种·徭律》规定，为朝廷征发徭役，"失期三日到五日，谇"；《二年律令·行书律》规定，发放券书及有送传任务，"若诸有期会而失期"，就是超过法律规定的完成任务期限，"乏事，罚金二两"；文书传送"留弗行"，"留迟"超过十天，都要处以罚金；行书一日一夜走二百里，如果达不到这个速度，就要按"不中程"的日数依次处罚。

四、政治犯罪行为

秦汉简牍中的行政法规定，对国家和皇帝不忠，损害国家利益，分裂国家和政府，破坏君主专制中央集权的政治体制，就是"大不敬""大逆

---

[1] 《龙简》，第 259 页。

不道""谋反""谋大逆"等政治犯罪，要追究责任。政治犯罪主要有以下五种犯罪行为。

1. 反逆罪。有"谋反""谋大逆""大逆不道"等，就是利用暴力推翻皇帝或破坏、危害、颠覆国家政权的行为。张家山汉简《二年律令·贼律》规定：

> 以城邑亭障反，降诸侯，及守乘城亭障，诸侯人来攻盗，不坚守而弃去之若降之，及谋反者，皆要（腰）斩。其父母、妻子、同产，无少长皆弃市。……☐来诱及为闲（间）者，磔。贼燔城、官府及县官积聚（聚），弃市。贼燔寺舍、民室屋庐舍、积聚（聚），黥为城旦舂。其失火延燔之，罚金四两，责（债）所燔。乡部、官啬夫、吏主者弗得，罚金各二两。[1]

犯谋反大罪的人，会受到腰斩的处罚。如有亲属知晓其谋反计划，不得亲亲相隐，互相守匿，必须向官府举报。一旦查出谋反，整个家族都会受到诛族的惩罚。谋反大罪不享受赎免、赦免等权利。《汉书》卷五《景帝纪》注引如淳曰："律，大逆不道，父母妻子同产皆弃市。"[2]

2. 大不敬、不敬罪。就是侵犯皇帝和朝廷尊严的行为。这两种罪名涉及的范围比较广，就传统史籍的记载来看，诸如奏疏切直、词不逊顺、引喻不当、失大臣体、奉诏不谨、奉使无状、妄行驰道等都可以定这个罪名，[3] 简文不见相关记载。

3. 矫制罪。就是诈称皇帝诏命的行为。张家山汉简《二年律令·贼律》有"挢（矫）制，害者"，就是诈称、伪造皇帝命令的违法行为，如果造成不良后果，要判死刑。"挢（矫）制，不害"，通常施以罚金或免官的处罚。[4]

4. 欺谩罪。就是对皇帝、上级进行欺骗或瞒哄的行为。张家山汉简《二年律令·贼律》规定："诸上书及有言也而谩，完为城旦舂。其误不审，罚金四两。"

---

〔1〕《张简》，第7—8页。

〔2〕《汉书》，第142页。

〔3〕 沈家本：《汉律摭遗》卷三"大不敬、不敬"条，《历代刑法考》（下册），北京：商务印书馆，2011年，第431—433页。

〔4〕 沈家本：《汉律摭遗》卷四"矫制"条，《历代刑法考》（下册），北京：商务印书馆，2011年，第451—452页。

5. 阿党和附益诸侯罪。诸侯国的国君有罪，其傅相不举奏就构成阿党罪。《汉书》卷三十八《高五王传》注引张晏曰："诸侯有罪，傅相不举奏为阿党。"[1] 中央王朝的官员私自与诸侯王结交，就构成"外附诸侯"罪。《汉书》卷十四《诸侯王表第二》颜师古引张晏曰："律郑氏说，封诸侯过限曰附益。或曰阿媚王侯，有重法也。"颜师古曰："附益者，盖取孔子云'求也为之聚敛而附益之'之义也，皆背正法而厚于私家也。"[2] 重者弃市，轻者免爵。西汉武帝时制定了《左官之律》《附益之法》，东汉光武帝时颁布了《阿党法》和《附益法》，都是限制诸侯王国权力的法律。

第二节　秦汉行政惩罚形式

秦汉简牍中的行政法根据不同行政违法行为的罪名和危害程度、责任大小、原因和后果等具体情节，规定了具体的惩罚形式，主要有行政处罚、刑事处罚和民事处罚（因本书主要是研究行政法，故下文没有论述"民事处罚"一节）。凡违法行为属于各种故意不作为、过失行为而未触犯刑法者，均处以行政处罚或剥夺财产权的罚款，如不够赀罚则采取训斥、谴责和警戒的形式，有的还要夺爵、降级、免职（废），限制或剥夺违法行为人特定的行为权利和能力。如果违法行为触犯刑法构成犯罪，则处以刑事处罚，其中有剥夺生命的死刑，有服劳役的徒刑，有笞、杖等肉刑，对判刑的人要收监入狱，剥夺其人身自由。如果违法行为触犯民法，则要处以民事处罚，主要是罚款赔偿。以上各种行政处罚的形式与个人的生命、权力、利益挂钩，对行政违法者有较大的震慑与惩戒作用。

一、行政处罚

（一）谇

谇，就是训斥、责骂，用现在的话讲就是批评，这是一种行政处罚方式。根据秦律的规定，主要分为两种情况。一是对工作考核被评为最差的官吏的处罚。例如，每年要评比耕牛饲养，"殿者，谇田啬夫"（《秦律十八种·厩苑律》）。二是对轻微违法及给国家造成少量财产损失的官吏的

---

[1]《汉书》，第 2002 页。
[2]《汉书》，第 396 页。

处罚。例如，征发徭役"失期三日到五日，訾"（《秦律十八种·徭律》）；"仓漏朽禾粟，及积禾粟而败"，"訾官啬夫"（《秦律十八种·效》）。

（二）笞

笞，是用竹板或荆条击打犯人身体脊背和臀部、腿部的刑罚，主要用于轻微的行政犯罪。例如，秦律规定，"城旦舂毁折瓦器、铁器、木器"，损坏公用器物，"辄笞之"（《秦律十八种·司空律》）；汉律规定，"邮人行书"，没有按规定的速度完成，"不中程半日，笞五十"（《二年律令·行书律》）。

（三）訾

訾，为秦代罚没一定财产的行政处罚形式，常见有訾"一甲""二甲""一盾"等财物。根据秦律规定，主要有以下两种情况。一是对行政工作明显失误、后果不严重者处以"訾"罚，多用于经济违法。例如，财务会计账簿与审核的校簿不一致，"计校相缪（谬）"（《睡虎地秦墓竹简·效律》），根据损失价值的多少处以不同的"訾"罚。损失官府物资的，"过二百廿钱以至千一百钱，訾啬夫一盾"，"敢深益其劳岁数者，訾一甲"（《秦律杂抄》）。没有达到工作要求的，"行成不以律"（《秦律杂抄》），"发伪书，弗知"，朝廷征发力役"乏弗行"，皆"訾二甲"（《法律答问》）。二是对那些工作考核被评为最差的人处以"訾"罚，例如，"大车殿，訾司空啬夫一盾"，"鬆园殿，訾啬夫一甲，令、丞及佐各一盾"，（《秦律杂抄》）等等。

（四）罚金

罚金，为汉代缴纳金钱的行政处罚形式。汉代的罚金继承秦的"訾钱"形式，分为半两、一两、二两、四两、八两、一斤、二斤七个等级。[1] 用罚金的形式处罚，大多辅以刑罚，且二者可以转化，如笞刑加重为罚金，赎刑减轻为罚金。根据张家山汉简《二年律令》的记载，汉代的罚金主要适用于官吏失职渎职但情节不是很严重的行政违法行为。一是如"挢（矫）制，不害"，"留弗行，行书而留过旬"，"其所任不廉、不胜任"，"误多少其实，及误脱字"等行政失误而造成的危害又不大的行为；二是如"道有陷败不可行"，"诸有期会而失期，乏事"，"留弗为定籍"，"斗杀人而不得"，邮人行书"不中程过一日"，"诸行书而毁封"，"留弗为

―――――――――――

〔1〕　高叶青：《汉代的罚金和赎刑——研读札记》，《南都学坛》，2004年第6期。

置后过旬"，"亡印"，"不从律"，"守燧乏之"，"鞫狱故纵不直"等轻罪，及"办其官事不办"等公务人员不严重的失职行为；三是"擅赋敛""擅坏更官府寺舍""擅以邮行""擅兴车牛""私自段（假）""径请而当为律令者"等擅权行为；四是"令、丞、尉弗觉智（知）"，"列长、伍人弗告"，"啬夫、吏主者弗得"，"留弗移"，"案户者弗得"，及对伪造货币"不告"及"弗得"，越塞阑关"吏卒主者弗得"，"盗弗智（知）"，"出财物于边关徼""弗觉"，"亡人道其署出入"等各种不作为的行政失职行为。

（五）赔偿

赔偿，律文简称"偿"，指缴纳因行政失误损失的财物金钱，是对因行政失职而给国家财产造成经济损失的责任追究。例如，秦律记载，账簿记录如与实物不相符，超过六百六十钱，"而复责其出"（《睡虎地秦墓竹简·效律》），这里的"出"就是赔偿相应的经济损失；粮仓漏雨，损坏了谷物，官吏要"共偿败禾粟"（《秦律十八种·仓律》）。汉律记载，私自征收租税者，"责所赋敛偿主"（《二年律令·杂律》）；丢失、毁坏、伤害公共财物，"令以平贾（价）偿"（《二年律令·金布律》）。敦煌汉简中记载"具守御器""皆不应簿"，"见吏备偿"（《敦简》1036），即上级检举告劾下级看守御器损伤，或实物与簿籍记载不一致，要求下级有关官吏按相应数额赔偿。

（六）夺爵

夺爵，就是削夺爵位，意味着剥夺犯罪者获得各种特权的资格，也是一种行政处罚方式。主要针对两种行为：一是行政失职行为。如"战死事不出，论其后。有（又）后察不死，夺后爵，除伍人"（《秦律杂抄》）；追捕盗贼时"逗留畏懦，弗敢就"，"夺其将爵一络（级）"（《二年律令·捕律》）。二是贪赃枉法行为。如赌博敛财，"夺爵各一级"（《二年律令·杂律》），"□千臧（赃）五百以上爵咸"（《新简》E.P.S4T 2: 50），监临官受其官属财物，要"夺爵为士伍，免之"等。

（七）夺劳

夺劳，就是罚劳绩。功劳是官吏晋升的主要依据，夺劳就减少了其晋升的机会。汉简中有因传递公文误期，"不中程车一里，夺吏主者劳各一日"（《新简》E.P.S4T 2: 8B），就是官吏因玩忽职守而造成行政效率低下的行为要夺劳。每年秋射讲武，达不到规定射中的数目，"过六，若不帑六矢，赐夺劳各十五日"（《新简》E.P.T 56: 337），就是官吏技术能力差的要夺爵；

行政中私自增加劳绩的欺诈行为要"弃劳"（《秦律杂抄·中劳律》）。

（八）负算

负算，就是减少"算"的数量。这里的"算"是计算考绩的单位，负算就降低了考核的等级，直接影响晋升的资格。居延汉简中有"坞上望火头三，不见所望，负三算"（52·17、82·15）等大量因行政工作违法而"负算"的记录。[1]

（九）废与免

废与免就是开除公职，是用于官吏行政处罚的最高形式。"废"者，剥夺担任官吏的政治权利，永不再起用；而"免"者，免除官职，但还可再起用。有四种情形：一是主管官吏能力不能胜任职责，给国家造成一定损失或浪费国家一定的人力、物力或财力的行为。张家山汉简《二年律令·捕律》规定，一岁中所辖区域出现盗贼三次以上，而令、丞、尉"不觉智（知）"，"皆为不胜任，免之"。居延汉简记载甲渠塞士吏冯匡就因"软弱，不任吏职，以令斥免"（《新简》E.P.T 68:12）。《二年律令·置吏律》规定，官吏"其所任不廉、不胜任以免"，亦免任用此官吏者。《秦律十八种·除吏律》规定，"发弩啬夫射不中，赀二甲，免"。二是不该做而做，造成严重后果的失职行为。《秦律杂抄》规定，"稟卒兵，不完善（缮）"，"不当稟军中而稟者"等违反军令的严重失职行为，皆"赀二甲，法（废）"。三是官吏行政弄虚作假，造成一定后果的违法行政行为。睡虎地秦墓竹简《法律答问》记载，"廷行事吏为诅伪，赀盾以上"，"行其论，有（又）废之"。《秦律杂抄》规定，"县毋敢包卒为弟子"，就是县里不能将应服兵役的人隐匿为弟子，否则县令、尉"赀二甲，免"。《秦律杂抄》还规定，不服从命令，"为（伪）听命书，法（废）弗行，耐为侯（候）"。四是官吏以权谋利的行为。例如，"吏六百石以上及宦皇帝，而敢字贷钱财者，免之"（《二年律令·杂律》）。

二、刑事处罚

（一）赎刑

赎，是剥夺犯人财产的刑罚，赎金的多寡与罪行的大小相对应。《二年律令·具律》规定：用钱赎死，需用金二斤八两；赎城旦春、鬼薪白粲，

---

[1]《合校》，第98页。

需用金一斤八两；赎斩刑、宫刑，需用金一斤四两；赎劓刑、黥刑，需用金一斤；赎耐刑，需用金十二两；赎流放刑，需用金八两。[1] 赎刑人身份地位不同，赎金也不同。居延汉简记载，"大司农臣延奉罪人得入钱赎品"（E.P.T 56: 35），"赎完城旦舂六百石，直钱四万"（E.P.T 56: 36），"髡钳城旦舂九百石，直钱六万"（E.P.T 56: 37）。就是按官品以输钱代替徒刑的方法，从一岁徒刑直到死刑，都可以爵位、金钱来赎罪免刑。

（二）肉刑

肉刑，是毁坏行政犯罪人身体，主要用于行政犯罪性质比较恶劣、造成严重社会后果的，一般是针对故意犯罪者，也适用于累犯惯犯。肉刑的形式有腐刑、黥刑、劓刑、斩左止（趾）、斩右止（趾）、耐刑、髡刑、完刑等。这种毁坏身体的耻辱刑多与徒刑一起执行，如"黥为城旦""耐为司寇""刑为城旦""黥、劓为城旦"等。例如《捕盗律》规定，"捕人相移以受爵者"就要处以耐刑，"耐"就是剃除鬓毛胡须之刑。

（三）徒刑

徒刑，又称劳役刑，是剥夺犯罪人自由、强制劳役的刑罚形式。徒刑主要有城旦舂（五年）、鬼薪白粲（四年）、隶臣妾（三年）、司寇（二年）、候（一年）、迁、适（不定时）等类型，主要适用于惩罚诬告和欺诈等比较严重的官吏行政犯罪行为。

1. 城旦舂。城旦是男犯人筑城的刑罚，舂是女犯人舂米的刑罚。对于赃罪、诈伪等造成重大社会危害的行政犯罪，大都是城旦舂与耻辱性黥刑、斩左止（趾）同时执行。主要针对三种犯罪行为：一是贪赃枉法行为。如，秦律"通一钱"（睡虎地秦简《法律答问》），汉律"盗臧（赃）直（值）过六百六十钱"（《二年律令·盗律》）等行政犯罪。二是诈伪行政而致人死罪。张家山汉简《二年律令》中有"证不言请（情）"（《具律》），"译讯人为諜（诈）伪"（《具律》），"为伪书者"，"诸上书及有言也而谩"（《贼律》），"诬告人以死罪"（《告律》），"匿罪人，死罪"（《亡律》）等行政犯罪及处罚。三是重大行政失误、后果严重的犯罪行为。如《二年律令》中有"当成，已受令而逋不行"，"若成盗去署及亡"，"过三月，完为城旦"（《兴律》），"鞫（鞫）狱故纵、不直，及诊、报、辟故弗穷审者，死罪"（《具律》），"强略人以为妻及助者"（《杂律》），"吏民亡，

————————

[1] 《张简》，第25页。

盈卒岁"（《亡律》）等行政犯罪及处罚。

2. 隶臣妾。男者为隶臣，女者为隶妾，是为官府服役的刑罚形式。《二年律令》律文中有"毁封，以它完封印印之"（《贼律》），"盗臧（赃）直（值）"，"不盈二百廿到百一十钱"（《盗律》）等行政犯罪都要处以"隶臣妾"之刑。

3. 迁刑。即流放，是将犯罪人迁离故乡，移送至边远地区执行苦役的刑罚形式。如《二年律令》规定，身为佐吏而贸易牟利、上报户籍不实、盗赃一百二十钱至一钱、啬夫不办官事而为奸事、服徭役不依律而"为诈伪"、"令市取钱"等有关户籍、赋役和商业贸易等行政工作中的违法犯罪行为，都要处以迁刑。

（四）死刑

死刑，指剥夺犯罪人生命的刑罚，主要有磔、腰斩、弃市、枭首等形式，适用于给国家利益造成重大损失的"谋反""大逆不道"和严重失职、渎职的行政犯罪行为。

1. 腰斩：用重斧从腰部将犯人砍作两截。如，"谋反者，皆要斩"，"伪写皇帝信玺、皇帝行玺，要（腰）斩以匀（徇）"（《二年律令·贼律》）。

2. 弃市：在人众集聚的闹市，对犯人执行死刑。如，"吏受赇枉法""主守自盗"，都要处以弃市（《二年律令》）。汉代律文说："谋贼杀人，与贼同法。""纵囚，与同罪。"因此，判处"信、苍、丙、赘皆当弃市"（张家山汉简《奏谳书》第十六条）。

3. 磔：以车分裂人体。如，"群盗及亡从群盗，殴折人枳（肢）、胅体，及令伬（跛）蹇（蹇），若缚守、将人而强盗之，及投书、县（悬）人书，恐猲人以求钱财，盗杀伤人，盗发冢，略卖人若已略未卖，桥（矫）相以为吏，自以为吏以盗，皆磔"（《二年律令·盗律》）。[1] 这是说群盗杀人、殴打伤人、强行抢劫、恐猲抢劫和冒充官吏盗窃等犯罪行为，都要处以磔刑。

第三节　秦汉行政惩罚程序

秦汉行政惩罚是根据违法失职官吏的犯罪行为，限制甚至剥夺官吏权

---

[1]《张简》，第 17 页。

利，是一种较严厉的制裁行为。秦汉律法不仅规定了行政处罚的条件和处罚形式，而且对行政处罚的决定做出了严格的程序规定，包括对行政犯罪的举劾、立案、验问、推辟、鞫狱、气（乞）鞫、覆治、判决等一系列程序都有明确的规范和时间期限要求，形成了一套行政处罚制度。在实际执行过程中，要求依法查明行政违法犯罪的事实情形，并做出相应的处罚决定，以确保行政处罚在一定程度上公开、公正、公平。

秦汉官吏如发生行政犯罪，行政监督部门应把依律令检举的官吏犯罪行为"举劾"到上级部门作为案验和追诉的依据，上级有关行政主管部门根据有关法律规定，追究行政违法的责任，确定罪名，进行处罚。张家山汉简《奏谳书》中司法审判确定的罪名有"甄、顺等受、行赇狂（枉）法"（七），"启为伪书"（九），"惰为伪书"（十），"内当以为伪书论"（十二），受贿（十三）等，都是根据官吏犯罪行为，经过严格审核，按照律令而做出的判决。居延汉简中对官吏行政惩罚所做的决定大都经过严格审核、审判，依律令而判决。例如，"元寿二年十二月庚寅朔戊申，张掖居延都尉博库守丞贤兼行丞事谓甲渠鄣候言，候长杨褒私使卒并积一日，卖羊部吏故贵四十五，不日迹一日以上，燧长张谭毋状，请斥免，有书。案褒私使卒并积一日，燧长张。"（E.P.T 59：548A）[1] 这是对两名基层戍吏的处分，候长杨褒的罪状之一就是"私使卒并积一日"，被甲渠鄣候举报到居延都尉府，经居延都尉府严格审核其犯罪行为后，依律令给予"斥免"的行政处罚。秦汉官吏行政惩罚的决定主要有以下四个法定的程序。

一、举劾

举劾，又称"举书""告劾"等，是行政监督部门和监察官依法检举违法失职官吏罪行，提请审判机关进行案验断决，是行政处罚的第一道程序。"治狱者，各以其告劾治之。敢放讯杜雅，求其它罪，及人毋告劾而擅覆治之，皆以鞫狱故不直论。"（《二年律令·具律》）[2] 审判官吏必须以告劾所检举出来的行政违法失职行为办理狱案，没有告劾而私自办理狱案，都要"以鞫狱故不直论"。本书第六章"简牍中的秦汉行政监督法"对举劾制度已有详述，这里不再赘述。

---

[1]《新简》，第393—394页。

[2]《张简》，第24页。

二、案验和推辟

案验和推辟就是考实官吏违法失职的罪行。案验是行政处罚的第二道程序，即调查落实官吏行政违法失职的情况，要求调查结论要客观准确，符合实际。行政主体在接到对行政相对人的举劾后，一般按规定采取验问和推辟等形式，责令有关行政机构对被告劾官吏的行政违法犯罪行为进行案验，调查出事实真相，有效地揭露其行政违法犯罪行为的真相，为上级机关做出行政处罚决定提供可靠的依据。验问包括问当事人、问证人、爰书问证、诘问、复问等形式，核实被举劾官吏违法失职行为的真实性。推辟就是对于已发生的行政违法案件，在本辖区域内调查清楚案情，包括调查家室、调查现场、鉴定案情，确定行政责任。传世文献中对案验的情况记载较为简略，如"下吏验问"（《史记》卷一百二十五《佞幸列传第六十五》）。〔1〕而在秦汉简牍文献中则保存了较好的记录。《居延新简》中关于甲渠鄣候落实府记调查焦永是否违法的告劾案的回复报告说："府记曰，守塞尉放记言：今年正月中，从女子冯□借马一匹，从今年驹。四月九日诣部，到居延收降亭，马罢。止害隧长焦永行檄还，放骑永所用驿马去。永持放马之止害隧。其日夜人定时，永骑放马行警檄，牢驹隧内中。明十日，驹死。候长孟宪、隧长秦恭皆知状。记到，验问，明处言。会月廿五日。"（E.P.F 22:188—192）〔2〕这是府下的行政执行文书，汇报了案验的内容和具体方式：一是验问，即调查清楚；二是"明处言"，即做出判定并以书面形式上报；三是要在本月二十五日完成。经过验问调查了驹死的真相，依法做出处罚决定："永以县官事行警檄，恐负时，骑放马行檄，驹素罢劳，病死。放又不以死驹付永，永不当负驹。"（E.P.F 22:199—200）〔3〕此是验问调查后得出的结论，可作为司法审判机关行政处罚的依据。

三、鞫讯

鞫讯是对官吏违法犯罪行为人的审理和审问，这是行政处罚的第三道程序。秦汉司法审判官吏根据劾章提出处理意见，对被告进行鞫讯。通过

〔1〕《史记》，第3193页。

〔2〕《新简》，第490页。

〔3〕《新简》，第490—491页。

审问获得证据和口供，包括询问当事人和证人、搜集和审查证据等。审问的笔录称为"爰书"，法律上对审问等制度做出了严格的规定。审讯时，证人必须实事求是，遵守法律。张家山汉简《二年律令·具律》规定："证不言请（情），以出入罪人者，死罪，黥为城旦舂；它各以其所出入罪反罪之。狱未鞫而更言请（情）者，除。吏谨先以辨告证。"[1] 若证人证词不符合实际情况，或者用假证词造成审判失误，要以"出入罪反罪之"。询问案件要先问，再辩，允许当事人进行陈述和申辩，听取当事人意见。张家山汉简《奏谳书》第三条吏对"奸及匿黥舂罪案"鞫讯过程记载详细。[2] 先是"劾曰"，就是举劾的内容，次为证人"阑曰"的证词，次为犯罪人的证言"南言"，次为审判官吏对犯罪人证词的责问"诘阑"，次为证人的辩词"解"，次为审判官吏再次对犯罪人证词的责问"诘阑"，次为证人再次的辩词"解"，经多次反复审问，确定了犯罪人的犯罪事实及犯罪性质，最后对犯罪人再问，"如辞"就是承认了自己的罪行。初次审讯之后还有"复问"，就是再次审讯，秦律《封诊式》称作"有鞫""复"，文书中的"问"就是"复问"。"鞫"就是对审讯案件做出的结论，如张家山汉简《奏谳书》第十五条"鞫"："恢，吏，盗过六百六十钱，审。"[3]

四、判决

判决是根据法律对官吏所犯罪行情况，裁定当事人的责任，做出相应的行政处罚和审判决定，这是行政处罚的最后一道程序。秦汉司法审判官吏根据鞫讯的结论，以事实为依据，以法律为准绳，对案件做出判决，这在简文中称作"当"，"当"就是处断，如，张家山汉简《奏谳书》第十五条就有"当"的记录："恢当黥为城旦，毋得以爵减、免、赎。"这是根据汉代"律：盗臧（赃）直（值）过六百六十钱，黥为城旦；令：吏盗，当刑者刑，毋得以爵减、免、赎"[4] 的法律规定确定罪名和处罚形式。当事人对判决不服的，可以申请"乞鞫"，就是狱案审理结束后，请求复审。

---

〔1〕 《张简》，第 24 页。
〔2〕 高恒：《秦汉简牍中法制文书辑考》，北京：社会科学文献出版社，2008 年，第 348—349 页。
〔3〕 《张简》，第 98 页。
〔4〕 《张简》，第 98 页。

《二年律令·具律》规定："罪人狱已决，自以罪不当，欲气（乞）鞫者，许之。气（乞）鞫不审，驾（加）罪一等；其欲复气（乞）鞫，当刑者，刑乃听之。死罪不得自气（乞）鞫，其父、母、兄、姊、弟、夫、妻、子欲为气（乞）鞫，许之。其不审，黥为城旦舂。年未盈十岁为气（乞）鞫，勿听。狱已决盈一岁，不得气（乞）鞫。气（乞）鞫者各辞在所县道，县道官令、长、丞谨听，书其气（乞）鞫，上狱属所二千石官，二千石官令都吏覆之。都吏所覆治，廷及郡各移旁近郡，御史、丞相所覆治移廷。"〔1〕法律对"乞鞫"的条件、审理机构、审理程序都有明确的规定。《奏谳书》第十五条就是审理"乞鞫"的文书。秦汉对官吏行政处罚的判决，一般经上级主管部门批准之后，下级部门即可执行；但对刑事处罚的判决，就要按照审判程序，逐级上报，层层把关，有着严格的集议制度、奏谳制度。所谓"奏谳"，就是下级审判机关将疑难案件呈请上级审判机关评议断决。秦汉司法实行三级审判制，地方县的令、丞，郡的守、丞，中央的廷尉具有司法审判权。有些案情复杂的案件，特别是判决死刑的案件，判决后须按规定的程序，逐级呈报上级批准，始得生效。张家山汉简《二年律令·兴律》规定："县道官所治死罪及过失、戏而杀人，狱已具，勿庸论，上狱属所二千石官。二千石官令毋害都吏复案，问（闻）二千石官，二千石官丞谨录，当论，乃告县道官以从事。彻侯邑上在所郡守。"〔2〕即县道官判的死罪案件要上报郡守，郡守派遣监察官都吏重新调查后再做出断决，由县道官执行。《汉书》卷二十三《刑法志》载，高祖七年（公元前200年）制诏御史："县道官狱疑者，各谳所属二千石官。二千石官以其罪名当报之。所不能决者，皆移廷尉，廷尉亦当报之。廷尉所不能决，谨具为奏，傅所当比律令以闻。"〔3〕张家山汉简《奏谳书》所载的审判案例大都是经过地方县的令、丞，郡的守、丞，中央的廷尉三级审判确定的判决。秦汉的廷尉、御史中丞和司隶校尉等司法机关的人员一般需要会审，通过集议对重大疑难案件进行判决。《汉书》卷七十八《萧望之传》载："上以望之意轻丞相，乃下侍中建章卫尉金安上、光禄勋杨恽、御史中丞王

---

〔1〕《张简》，第24—25页。

〔2〕《张简》，第62页。

〔3〕《汉书》，第1106页。

忠，并诘问望之"。[1]《奏谳书》所载第二十一条就列举了六条相关律令进行集议，参加人员有廷尉敫、廷史申等人，论证该案的犯罪性质和量刑轻重。

综上所述，秦汉行政惩罚的执行有法可依，有制度可遵，有程序可按，主要有以下三个特点。一是秦汉把玩忽职守、贪污浪费、用人不当、错断狱案、监督不力等违法失职的行为作为必须严惩的行政犯罪，同一行政犯罪行为根据责任大小、后果、性质的不同，分别实行不同的处罚形式，体现过罚相当和权责一致的原则。例如，《二年律令·盗律》规定，同是"吏部主"在边关盗出财物犯罪行为，"主智（知）"与"弗智（知）"的犯罪性质不一样，所处的刑罚也是不一样，分别处以"与盗同法"，"罚金四两"。[2]《二年律令·贼律》规定："挢（矫）制，害者，弃市；不害，罚金四两。"[3] 针对"害"与"不害"的后果，其处罚形式也不一样。《二年律令·贼律》规定，"上书及有言"，故意欺骗不实，要判城旦春的徒刑；若是无意造成失误，只判罚金四两。[4]《二年律令·行书律》规定，对邮人行书"不中程"进行处罚，根据行书速度所耽误的具体天数确定不同的处罚形式，"半日笞五十"，"过一日罚金二两"。[5] 二是行政处罚形式多样，不同的处罚形式可以综合运用，做到处罚形式与责任利益相结合。行政违法处罚方法主要有罚甲、盾，或赔偿原物，或出赎金、罚款等经济处罚；有拘禁劳作或服役的处罚；有开除职务、取消任职资格的行政处罚；有判处死刑、剥夺生命的最高徒刑处罚。徒刑和肉刑一并执行，如"黥为城旦""刑为城旦""黥劓为城旦"等，说明犯人不仅要被判徒刑，而且还要被判侮辱性刑罚。行政处罚与刑事处罚相结合，大量运用免官和罚金的处罚形式，不仅让行政违法犯罪者失去权力，也使其遭受相应的经济损失，同时刑事处罚还使其受到相应的精神惩罚，把行政违法责任的大小与官吏的政治经济利益直接挂钩，从而增加了官吏行政违法犯罪的成本。三是秦汉依法规定了举劾、案验、鞫讯、判决、执行等一系列行政

---

[1]《汉书》，第 3280 页。

[2]《张简》，第 19 页。

[3]《张简》，第 9 页。

[4]《张简》，第 9 页。

[5]《张简》，第 46 页。

处罚程序，对行政处罚的每一个环节都做出严格的职权、责任和监督制度规定，做到有错误必须举劾，有举劾必须查证，有犯罪必须惩罚，过罚相当，权责一致，借此警示和惩戒行政违法失职的官吏，在一定程度上维护了国家的公共利益，保障了人民的合法权益，使社会经济和生活正常有序进行。

第九章　简牍中的秦汉行政事务管理法

行政事务法是秦汉行政法律体系的重要组成部分。从出土的秦汉简牍看，秦汉行政法规涉及军事、外交、皇室警卫、社会治安、司法、监狱、田赋、户籍、赋役、交通、文化、教育、卫生、官营手工业、官营商业、工程兴造、水利事业、少数民族和属邦外交等众多方面的行政管理活动，规范和调控着国家各个行政部门或行政领域内发生的行政事务及行政关系，在秦汉国家管理和社会生活中发挥着重要的作用。

第一节　秦汉军事行政法

秦汉军事方面的法律法规在法律体系中占有相当重要的位置。传世文献记载，汉代在吸收取舍秦代军律的基础上，专门把军律的相关内容放置于《兴律》之中，还完善了与军事有关的刑事法规，并将其一并载入《九章律》中。汉代《兴律》中有关于"擅兴徭役""乏徭""稽留""烽燧"以及"上狱之法"等相关法规，《厩律》中也有"乏军兴""告反""逮受"等涉及军事法律的内容，包括危害国家军事利益的主要犯罪种类以及审理军事犯罪的基本方法。[1] 简牍中，睡虎地秦简《秦律十八种》《秦律杂抄》等秦律，张家山汉简《二年律令》和居延汉简《功令》《击匈奴降者赏令（附科别）》《塞上烽火品约》和《烽火品约》等汉代律令，其中有一部分是关于军事边防领域的行政法规，依法规定了巡行边塞、秋射、后勤保障、军功奖惩、关塞检查、防御设施等军事边防制度，在一定程度上保证了军队在保卫国家边防安全和维护社会治安稳定方面职能的实施。

---

[1] 沈家本：《汉律摭遗》，《历代刑法考》（下册），北京：商务印书馆，2011年，第580－612页。

一、规定专职负责军事的官吏体系

秦汉简牍中的行政法规定，中央最高行政机关设立太尉负责全国军事行政；地方最高行政机关设有郡尉，又称都尉，县级行政机构设有县尉，分别负责地方军事行政，与各级行政长官分立行政，有较高的地位。内地军政系统为郡都尉、丞—县尉、丞—游徼、尉史—亭长，边防军政系统为郡都尉、丞、千人、司马—候官、塞尉、士吏—候长、候史、尉史—燧长，从而形成了比较完整严密的军事管理系统，这是军队建设的组织保证，在本书第二章"简牍中的秦汉行政组织法"中已有详细论述，此不赘述。

二、规定军功拜爵制度

秦国商鞅变法后形成了沿袭下来的以《军爵律》为代表的军功爵制，依据军功大小赏赐不同爵位和田宅，不同的爵级享受不同的待遇；还规定了爵位授予、剥夺以及以爵抵罪等制度，曾经在秦朝和西汉的政治舞台上起过较为重要的历史作用。[1] 传世文献《史记》《汉书》《后汉书》等对军功爵制也有所记载，但对一些具体细节问题缺少记录，而简牍资料却对军功爵制的一些具体问题记载得比较详细，为弄清军功爵制的来龙去脉提供了第一手资料。睡虎地秦简《秦律十八种·军爵律》规定："从军当以劳论及赐，未拜而死，有罪法耐罨（迁）其后；及法耐罨（迁）者，皆不得受其爵及赐。其已拜，赐未受而死及法耐罨（迁）者，鼠（予）赐。欲归爵二级以免亲父母为隶臣妾者一人，及隶臣斩首为公士，谒归公士而免故妻隶妾一人者，许之，免以为庶人。工隶臣斩首及人为斩首以免者，皆令为工。其不完者，以为隐官工。"[2] 这条律文规定了军功授爵的基本原则、程序及豁免的特权规定。凡是从军打仗，在战场上立过功勋的人，都要把军功折算成劳绩，军功的大小是以斩获敌人的首级多少来计算，而劳绩的大小也是以斩获敌人的首级（又称"首功"）多少来计算，也就是说业绩要转换成量化的年、月、日来记劳。因为"劳"是拜爵赏赐的前提条件，所以严禁在劳绩评定和计算中弄虚作假。睡虎地秦简《秦律杂抄》规

---

〔1〕 朱绍侯：《军功爵制考论》，北京：商务印书馆，2008年。书中对以军功赏赐爵位制度有全面的研究。

〔2〕 《睡简》，第55页。

定，"敢深益其劳岁数者，赀一甲，弃劳"（《中劳律》），就是擅自增加自己劳绩年数的，罚一甲并取消劳绩。古代有论功（劳）行赏，"论"就是评价业绩，确定"劳"的多少；"赐"就是拜爵赏赐，根据"劳"的多少，授以不同等级的爵位和赏赐以官职、土地、财物、待遇等。获得爵位和赏赐分两种情况：一是如果没有拜爵而本人已死，其后嗣或本人因犯罪要受到"耐迁"的处罚，都不能得到爵位和赏赐。也就是说如果没有来得及拜爵而本人已死，本人及其后代又因犯罪而受到"耐迁"的刑罚，就要取消应该得到的爵位和赏赐。二是如果已经拜爵，还没有赏赐，虽本人已死，可因本人犯罪而要受到"耐迁"处罚的，仍然要给以赏赐。律令还规定，可以用爵位赎免隶臣妾的身份使成为庶人。张家山汉简《二年律令·爵律》规定："当撰（拜）爵及赐，未撰（拜）而有罪耐者，勿撰（拜）赐。诸当赐受爵，而不当撰（拜）爵者，级予万钱。诸訧（诈）伪自爵、爵免、免人者，皆黥为城旦舂。吏智（知）而行者，与同罪。"[1] 这条律文规定，授爵位与赏赐也分两种情况：一是应当授爵位及赏赐的，如果没有授爵位就犯了罪并被处以耐刑，就不能再授爵位和赏赐；二是应当给予赏赐爵位而不适合授予爵位的，每一级爵位给予一万钱。但如果用欺诈行为获得爵位，或以爵位免除刑罚的，要判处"黥为城旦舂"之刑；官吏如果知道实情还给予免除刑罚的，与欺诈者同罪，也要连坐处以同等刑罚。这里特别强调了授爵和以爵免刑的法律责任，并依法严惩欺诈行为。《捕斩匈奴虏反羌购偿科别》中规定，对有军功之人，"校皆有信验"，才能"行购赏"；"必颇有主以验不从法状"，即奖赏军功，要依法核校，保证准确无误，严禁弄虚作假。

"功"是按量化来计算的，以杀敌多少为标准，根据斩捕首级的多少赏赐不同级别的爵位。青海大通县上孙家寨——五号汉墓简牍文书中记载：

> 十一，军吏六百以上，兵车御右及把摩（麾）干（竿）、鼓正（钲）铖者，拜爵赐论，爵比士吏（339）各二级，爵毋过左庶长。斩首捕虏，拜爵各一级。车□□□□□斩捕首虏二级，拜爵各一级；斩捕五级，拜爵（068、375）各二级；斩捕八级，拜爵各三级；不满数，赐钱级千。斩首捕虏，毋过人三级，拜爵皆毋过五大夫，必颇有主以验不从法状。（356、243、340）二级当一级；以为五大夫者，三级当

---

[1]《张简》，第62页。

一级。首虏不满数者，藉须复战。军罢而不满数，赐钱级（359、349）虏什二人以上，拜爵各一级；不满（151、150）二千级，若校尉四百级以上，及吏官属不得战者，拜爵各一级，爵毋过五大夫。（373）捕虏拜爵满五大夫，欲先罢者，许之。（342）[1]

这是军功爵制实施的具体奖赏条例。其中有四点需要注意的：一是军吏六百石以上及驾车、打旗乐队等战争中从事危险工作的，拜爵赏赐享受优惠待遇；二是拜爵赏赐根据斩捕首级数量确定爵级，而且拜爵有爵级的限制；三是斩捕首级数达不到授爵额数时，可以在下次战斗中补齐，如果战争结束仍达不到授爵额数，按斩捕首级数赐钱；四是按其斩捕敌军的将士级别，分别给予不同的爵级和赏赐。《击匈奴降者赏令（附科别）》中规定，有能降匈奴"众八千以上，封列侯邑二千石，赐黄金五百"，有能降匈奴"五百骑以上，赐爵少上造，黄金五十斤，食邑百户"，[2] 这是根据收降匈奴的人数和骑马数来进行封侯、封食邑、赐黄金。这些简牍中的汉代律令对以军功赏赐拜爵的条件、程序和奖励的级别都有明确具体的规定。军功赐爵法激励将士奋勇杀敌，在一定程度上促进了部队战斗力的提高。

三、规定军队后勤保障制度

一是法律规定地方行政机关应保证兵源的数量和质量。例如睡虎地秦简《秦律杂抄》规定："县毋敢包卒为弟子，尉赀二甲，免；令，二甲。"[3] 就是将应服兵役的人隐匿为弟子，帮助其逃避兵役的，主管军政的县尉、县令都要治罪。二是法律保证足够的军粮供应，军粮不能被挪用或非法占有。《秦律杂抄》还规定："不当稟军中而稟者，皆赀二甲，法（废）；非吏殹（也），戍二岁；徒食、敦（屯）长、仆射弗告，赀戍一岁；令、尉、士吏弗得，赀一甲。"[4] 不应当为士兵提供军粮而供应的，就是冒领军粮，不但冒领的官吏要被废除职位，而且共同吃军粮的士兵不告发

---

[1] 国家文物局古文献研究室、大通上孙家寨汉简整理小组：《大通上孙家寨汉简释文》，《文物》，1981 年第 2 期，第 22—26 页。

[2] 敦煌县文化馆：《敦煌酥油土汉代烽燧遗址出土的木简》，甘肃省文物工作队、甘肃省博物馆编：《汉简研究文集》，兰州：甘肃人民出版社，1984 年，第 9—10 页。

[3] 《睡简》，第 81 页。

[4] 《睡简》，第 82 页。

者，以及管理军粮的县令、尉、士吏没有抓到冒领军粮者，都要连坐受到惩罚。律令还特别提出，对军队与地方私自买卖军粮的，要追究刑事责任。《秦律杂抄》载："军人买（卖）稟稟所及过县，赀戍二岁；同车食、敦（屯）长、仆射弗告，戍一岁；县司空、司空佐史、士吏将者弗得，赀一甲；邦司空一盾。军人稟所、所过县百姓买其稟，赀二甲，入粟公；吏部弗得，及令、丞赀各一甲。"〔1〕倒卖军粮者，本人及买卖军粮双方都要受到重罚；同吃军粮的如不告发，主管军政的官吏县司空、佐史、士吏没有抓获倒卖者，地方行政长官县令、丞、乡部啬夫、亭部长都要追究刑事责任。同时严禁地方县级政府劫夺军用物资，《秦律杂抄》载："轻车、赹张、引强、中卒所载傅〈传〉到军，县勿夺。夺中卒传，令、尉赀各二甲。"〔2〕战车、蹶张用的硬弓、开张强弓、中军之卒四种军用传车转运的物资，县不准截夺，如果截夺，县令、县尉各罚二甲。三是军用武器的供应要依法保证质量。《秦律杂抄》规定："稟卒兵，不完善（缮），丞、库啬夫、吏赀二甲，法（废）。"〔3〕就是供应士兵的武器如果质量有问题，主管物资供应的官吏县丞、主办的库啬夫和吏员都要依法惩处。《秦律杂抄》还规定，供应的军马如"不胜任""不如令"，主管马政的"县司马赀二甲"，县的长官县令、丞也要受到连坐处罚。

四、规定军事训练制度

秦汉法律规定了较为严格的军事训练制度。秦律规定，凡是射手发弩不中、御手不会驾车、骑士和马匹课试最劣的将士均要受罚，有关的督训官吏及负责选募者也要受罚。《秦律杂抄·除吏律》规定："除士吏、发弩啬夫不如律，及发弩射不中，尉赀二甲。发弩啬夫射不中，赀二甲，免，啬夫任之。驾驺除四岁，不能驾御，赀教者一盾，免，赏（偿）四岁繇（徭）戍。"〔4〕地方政府不按律令规定任命低级军官士吏、发弩啬夫，以及发弩射不中，主管军政的尉要受到赀二甲的处罚；发弩啬夫如射不中，不但罚赀二甲，还要予以免职。为官长驾车的人如不能驾御，教练要被罚

---

〔1〕《睡简》，第82页。
〔2〕《睡简》，第81页。
〔3〕《睡简》，第82页。
〔4〕《睡简》，第79页。

一盾，并免职，本人则要被罚服徭役。

秦汉的军事训练主要有两种制度。

一是"都试"。又称"大试"，即汉代每年于秋季八月或九月从中央到地方举行军队讲武活动，主要是进行各种军事技术比赛，尤其是骑射比赛活动。黄今言先生认为，"这是大规范的军事演习，也是对军队作战能力的一种考核和检验"。[1] 首先是中央羽林军的都试。《汉书》卷六十三《武五子传（附燕刺王刘旦传）》曰："今大将军长史（杨）敞无劳，为搜粟都尉。又将军都郎羽林。"张晏注云："都试郎，羽林也。"[2]《汉书》卷六十八《霍光传》说："（霍）光出都肄郎羽林。"孟康注曰："都，试也。肄，习也。"颜师古云："谓总阅试习武备也。"[3] 当时掌握南北军的霍光父子，似曾数次在京师校阅过羽林军。其次是地方军队的都试。都试由郡守主持，都尉及各县的令、长、丞、尉也都要参加，进行军事演习。《汉官解诂》卷一说："旧时以八月都试，讲习其射力，以备不虞。"[4]《汉官仪》说："岁终郡试之时，讲武勒兵，因以校猎，简其材力也。"《汉旧仪》卷二又说："民年二十三为正，一岁而以为卫士，一岁为材官骑士，习射御骑驰战阵。八月，太守、都尉、长、相、丞、尉会都试，课殿最。水处为楼船，亦习战射行船，边郡太守各将万骑，行障塞烽火追房。"[5]《汉书》卷八十四《翟方进传（附子义传）》记载"于是以九月都试"，如淳注曰："太守、都尉、令长、丞尉会都试，课殿最也。"[6] 都试在简牍资料中也有所反映，如，"抵校因都试驰射会月□"（《合校》40·18）；"☑□□□军玉门塞外海廉渠尽五月以☑九月都试骑士驰射，最，率人得五算半算，☑四月"（《新简》E.P.T 52：783）。这两简中的都试都与骑和射有关，也就是讲武习射训练。由此可见都试讲武，主要是练兵，特别是讲习射力，而且要"课殿最"，奖优罚劣，选拔武才。对应当受试者，如不到试所，就将

---

〔1〕黄今言：《泛论汉代军队的训练和校阅》，《江西社会科学》，1991 年第 3 期。

〔2〕《汉书》，第 2755—2756 页。

〔3〕《汉书》，第 2935 页。

〔4〕〔清〕孙星衍等辑，周天游点校：《汉官六种》，北京：中华书局，1990 年，第 21 页。

〔5〕〔清〕孙星衍等辑，周天游点校：《汉官六种》，北京：中华书局，1990 年，第 81 页。

〔6〕《汉书》，第 3426—3427 页。

被依法除名。《汉书》卷六十三《武五子传（附燕刺王刘旦传）》记有"又将军都郎羽林"，颜师古曰："都，大也。谓大会试之。汉光禄挚令'诸当试者，不会都所，免之'。"[1] 可见，汉代都试讲武有律令作为保障。

二是"秋射"。秋射是边防军每年秋季举行的讲武活动，"应该源于都试制度，它是都试制度在西北边郡的特殊表现形式"。[2] 边郡每当秋射之时，太守以"府书"形式先将秋射的具体日期、参加人员及有关规定和要求下达到各塞、部、亭、燧，令其做好充分准备。例如：

> 五凤二年九月庚辰朔己酉，甲渠候汉强敢言之。府书曰：候长、士吏、蓬（烽）隧长以令秋射，署功劳，长吏杂试枭□，封移都尉府，谨移第四隧长奴□□□□□□，敢言之。(6·5)[3]

这是甲渠候官汉强向下级转发都尉府有关秋射的文件。文件规定，候长、士吏和燧长必须参加秋射，以秋射成绩评定功劳；长吏要进行"杂试"，如烽火信号的识别等，还要求将秋射的准备、执行情况和结果以书面形式向都尉府汇报。秋射地点，一般在候官所在地举行。边郡的秋射，不论是当地的骑士还是来自内地的戍卒，一般均用六石的具弩来参加比赛，项目以射技为主，再加试其他技术。下简可以证明：

(1) 三堠燧六石具弩一，燧长常贤试射，伤二檋。(E.P.T 51:89)[4]

(2) 第十一燧长王延寿，六石具弩一，长史试射发矢六，伤右檋、五□□□取。(E.P.W84)[5]

简（1）（2）说明燧长在比赛时使用的是六石力的具弩，并在比赛中损坏了具弩。弩，是汉代军事和狩猎过程中常用的一种武器。弩使用的过程包括蹶张和发射。蹶张，是牵引、固定弩弦的过程，是弩射的准备工作。汉代计算弓和弩拉力的单位是"石"，1 石约等于 30.24 公斤。西汉时期，弩的最大拉力可达到 6 石，射程在 260 米左右。超过 5 石的弩单单用手是拉不开的，因此射弩多为两足踏弓、两手拉弦、动用腰部以及全身气力的姿势。汉代把可以拉开强弩的士兵称为"蹶张材官"。弩射常常被作为远

---

[1] 《汉书》，第 2755—2756 页。

[2] 刘丽琴：《居延汉简所见秋射制度》，《和田师范专科学校学报》，2006 年第 2 期。

[3] 《合校》，第 9 页。

[4] 《新简》，第 178 页。

[5] 《新简》，第 541 页。

距离攻击的战斗方式，代表了边防军武艺的最高水平。在出土汉简的边防秋射资料中，对弩射比赛有详细的记载。当时法令规定，弩射的距离为一百二十步，每人发十二矢，射中六矢为合格，超过六矢的优胜者可以获奖。如汉简记载：

　　（1）功令第卅（四十）五，候长、士吏皆试射，射去埻帬，弩力如发，弩发十二矢，中帬矢六为程，过六矢，赐劳十五日。（45·23）[1]

　　（2）☒□弩发矢十二，中帬矢六为程，过六，若不帬六矢，赐夺劳各十五日。（E.P.T 56: 337）[2]

　　简（1）是"功令"的规定，通过秋射比赛成绩来决定每个人的劳绩。"功令第四十五"中之"令"，陈槃解释为"一切考绩署功之令之通称"，[3]薛英群解释为"国家考核和选任官吏的法令及与此有关的人员档案文书"。[4]"令"是由中央朝廷颁布的考核和选任官吏的法令，具有法律效力。文中所云"埻帬"，俗言之，就是箭靶子。据考，汉代箭靶撑格目标细小，比较难以射中，故矢发十二，以六为程，只要射中率达百分之五十，就算合格；若超过这个标准，就"赐劳"，积劳为功，因功予以奖励，擢升提拔。简（2）是说不过六矢之程，就要"夺劳"，即减少劳绩，以示惩罚，奖惩分明。

　　在秋射前，必须检查每个人的武器装备是否符合法律规定，并记录在案，然后上报都尉府以证明成绩的真实性。如，"初元三年九月任子朔辛巳，令史充敢言之，爰书☒□辟丈埻道帬皆应令，即射，行候事塞尉□☒"。[5]此简为令史代替候官上报都尉府秋射赛前检查设备无异的爰书，"辟丈埻道帬皆应令"即武器装备正常，无作弊行为，然后进行比赛。秋射比赛后，候官把成绩以部、燧等为单位，编成秋射名籍，亦称秋射爰书名籍，上报给都尉府，如"☒十月甲□□元行候事，敢言之都尉☒□劳，谨移射爰书名籍一编☒"（485·40）。[6]都尉府对秋射成绩进行核实，如

---

[1]　《合校》，第 79 页。

[2]　《新简》，第 330 页。

[3]　陈槃：《居延汉"秋射""爰书"两简述证》，《中央日报》，1947 年 8 月 4 日。

[4]　薛英群：《居延汉简中的"秋射"与"署"》，《史林》，1988 年第 1 期。

[5]　《合校》，第 671 页。

[6]　《合校》，第 586 页。

发现成绩有误或有作弊行为，就移书验问，要求候官对成绩进行核实并开出证明，然后呈报给都尉府。如：

> 甘露二年八月戊午朔丙戌，甲渠令史齐敢言之，第十九燧长敞自言，当以令秋射署功劳，即石力发弩矢□弩臂皆应令，甲渠候汉强、守令史齐署发中矢数于牒，它如爰书，敢言之。(E.P.T 53:138)[1]

此简为甲渠候官令史齐为第十九燧长敞出具的上报都尉府的秋射成绩证明，其内容包括三项：一是参加比赛时使用的是六石力的具弩；二是具弩"皆应令"，即武器无作弊现象；三是敞的秋射成绩是经过候汉强和守令史齐两人核实无误后才填上去的。

将士升迁的主要途径之一就是获取劳绩，而讲武习射主要是考核射艺水平，根据考核成绩赏赐或减少劳绩。简牍中有不少赐（夺）劳的名籍，如，"右秋以令秋射二千石赐劳名籍及令"（《合校》49·14），"右秋射二千石以令夺劳名籍及令一编"（《合校》206·21）。这些赐（夺）劳的名籍都记录在案，成为当时将士获取功劳或被罚劳绩的见证。我们来看一则完整的个人功劳记录案例：

> ☑建昭元年十月旦，日迹尽二年九月晦日，积三百八十三日，以令赐劳六月十一日半日。
>
> ☑建昭二年，秋射发矢十二中帶矢，以令赐劳。(145·37)[2]

从这则功劳案可以看出，秋射是获取劳绩的一种重要方式，是以后升迁的重要依据，而且赐（夺）劳名籍的内容具体，具有量化的倾向。请看下列简文：

> （1）☑射发矢十二，中帶十二，赐劳☑。(232·21)[3]
>
> （2）☑中帶矢六，当☑，不赐夺☑。(484·52)[4]
>
> （3）居延甲渠候官第十燧长公乘徐谭功将中功一、劳二岁。其六月十五日，河平二年、三年、四年秋射以令赐劳。□令。(E.P.T 50:10)[5]

简（1）（2）都是以中矢数的多少赐予劳绩，（3）是第十燧长徐谭三年

---

[1]《新简》，第290页。

[2]《合校》，第241页。

[3]《合校》，第381页。

[4]《合校》，第583页。

[5]《新简》，第152页。

参加秋射比赛共获劳六个月十五天。如果按"过六，赐劳十五日"来算，就算他的成绩每次都"过六"，他最多只能获 15×3 = 45 天的劳绩，而现在他获得了 13×15 = 195 日的劳绩，如此看来，是每比六矢多中一矢就赐劳十五日，这种讲武赐劳的力度是很大的。这无疑极大地激励了将士们进行军事训练的积极性。

五、规定烽火制度

边防塞上要发放敌情警报，必须有一定的设施，如烽台、烽具以及有关敌情的烽火品约。"品约"系由"品"和"约"构成。汉代律令中有科品、科条，关于盐铁有令品，为中央政府颁发的全国统一执行的行政法规。烽火"品"，为中央政府颁发的有关烽火制度的行政法规。而"约"则为郡、部都尉根据实际情况，并参照中央颁发的"品"而制定的具体行政规定。二者合称"品约"。郡有郡的"品约"，如敦煌郡《烽火品约》[1]，当为太守府所颁发。部都尉亦有自己制定的"品约"，如居延都尉府根据敌人对三十井、殄北、甲渠等候官和县索关门内外所属烽燧的入侵程度而规定信号类别和等级，颁布了《塞上烽火品约》。汉代烽火发放规定，涉及军事机密，故文献中语焉不详，仅《史记》卷一一七《司马相如列传》引司马相如《喻巴蜀檄》有"夫边郡之士，闻烽举燧燔，皆摄弓而驰，荷兵而走，流汗相属，唯恐居后"的笼统记载。[2] 居延汉简发现的《塞上蓬火品约》其年代虽被定为新汉之际，却最能反映汉代烽火发放规定的全貌。现转引如下：

（1）匈人奴昼入殄北塞，举二蓬，□烦蓬燔一积薪。夜入，燔一积薪，举堠上离合苣火，毋绝至明。甲渠三十井塞上和如品。

（2）匈人奴昼 [入] 甲渠河北塞，举二蓬，燔一积薪。夜入，燔一积薪，举堠上二苣火，毋绝至明。殄北三十井塞和如品。

（3）匈奴人昼入甲渠河南道上塞，举二蓬，坞上大表一，燔一积薪。夜入，燔一积薪，举堠上二苣火，毋绝至明。殄北三十井塞上和如品。

（4）匈奴人昼入三十井降虏隧以东，举一蓬，燔一积薪。夜入，燔一积薪，举堠上一苣火，毋绝至明。甲渠殄北塞上和如品。

〔1〕 《敦煌马圈湾汉代烽燧遗址发掘报告》，吴礽骧等校释：《敦煌汉简释文·附录》，兰州：甘肃人民出版社，1991 年，第 317 页。

〔2〕 《史记》，第 3045 页。

（5）匈奴人昼入三十井候远隧以东，举一薰，燔一积薪，堠上烟一。夜入，燔一积薪，举堠上一苣火，毋绝至明。甲渠殄北塞上和如品。

（6）匈奴人渡三十井县索关门外道上隧天田失亡，举一薰，坞上大表一，燔二积薪。不失亡，毋燔薪，它如约。

（7）匈奴人入三十井诚北隧县索关以内，举薰、燔薪如故。三十井县索关诚北隧以南举薰如故，毋燔薪。

（8）匈奴人入殄北塞，举三薰。后复入甲渠部，累举旁河薰。后复入三十井以内，部累举堠上直上薰。

（9）匈奴人入塞，守亭鄣不得下燔薪者，旁亭为举薰、燔薪，以次和如品。

（10）塞上亭隧见匈奴人在塞外，各举部薰如品，毋燔薪。其误，亟下薰灭火，候尉吏以檄驰言府。

（11）夜即闻匈奴人及马声，若日且入时，见匈奴人在塞外，各举部薰，次亭晦不和。夜入，举一苣火，毋绝尽日，夜灭火。

（12）匈奴人入塞，候尉吏亟以檄言匈奴人入，薰火传都尉府，毋绝如品。

（13）匈奴人入塞承（乘）塞中亭隧，举薰燔薪□□□□薰火品约，官□□□举□□薰，毋燔薪。

（14）匈奴人即入塞千骑以上，举薰、燔二积薪，其攻亭鄣、坞壁、田舍，举薰、燔二积薪，和如品。

（15）县、田官吏令、长、丞、尉见薰火起，亟令吏民□薰□□诚北隧部界中，民田畜牧者，□□……为令。

（16）匈奴人入塞，天大风，风及降雨，不具薰火者，亟传檄告，人走马驰，以急疾为故。

（17）右塞上薰火品约。（E.P.F 16：1—17）[1]

这则烽火品约规定了汉代烽火制度三个方面的主要内容。一是敌情等级。可以归纳为五品：第一品，虏10人以下在塞外者；第二品，虏10人以上在塞外，或1人以上500人以下入塞者；第三品，虏1000人以上入塞，或500人以上1000人以下攻亭障者；第四品，虏1000人以上攻亭障

---

[1] 马怡、张荣强主编：《居延新简释校》（下），天津：天津古籍出版社，2013年，第743—744页。

者；第五品，房守（围攻）亭障者。二是烽火信号。也可归纳为五级：第一级，昼举一烽，夜举一苣火，毋燔薪；第二级，昼举二烽，夜举二苣火，燔一积薪；第三级，昼举三烽，夜举三苣火，燔二积薪；第四级，昼举三烽，夜举三苣火，燔三积薪；第五级，昼举亭上烽，夜举离合苣火。至于亭上烽与离合苣火，或为紧急情况下的特殊信号。三是其他规定。1. 遇到敌情要放烽火，也要上报都尉府。（1）敌人入塞，各亭燧除按品约规定发出烽火信号外，部候、尉吏应将敌人的人数和到达部位立即檄告都尉府，如（12）简；（2）敌人入塞，如遇大风或风及降雨，不能施放烽火者，"亟传檄告，人走马驰"，报告都尉府，并通告邻近亭燧，如（16）简。2. 次亭燧应举烽火应和。（1）若亭燧相距过远，邻近亭燧难以发现烽火信号者，士吏、候长等应遣人通报次亭举烽燔薪；（2）敌人入塞攻亭障，不得下燔积薪者，次亭应代为按品约举烽燔薪，并逐燧应和，如（9）简。3. 敌人退却要及时"下烽火"。敌人退出塞后，应即下烽止烟火，如次亭未见下烽止烟火，应派人走传相告，但都尉出追未还，不得下烽。4. 误举烽火要上报都尉府。亭燧若误举烽火，除"亟下蘙灭火"外，部候、尉吏应"以檄驰言府"，报告误举烽火的原因，如（10）简。5. 各级官吏发现烽火信号要立即采取行动。边塞县与屯田官吏应随时注意烽火信号，一旦发现警报，立即通知部界中官民驱逐畜牧，准备战斗或转移，如（15）简。

六、规定边防军事守备失职的责任追究制度

秦汉以法治军，对违抗军令、延期、逗留、畏懦者，擅自退却、谎报军情、叛敌投降者，擅自发兵、虚报军功或争功相嫉者等各种危害作战利益、违反军队管理的重大犯罪行为都要追究责任，有的要判处死刑。[1] 睡虎地秦简《秦律杂抄》和张家山汉简《二年律令》中保存了秦和西汉初期一些边防军事守备失职的责任追究法律条文，其内容包括兵员征集、武器生产与保管、军粮储备与供应、戍边等。对违法行为要追究责任，严厉处罚，如包庇逃避兵役、装备不完善、冒领军粮、延误征发日期、耽误值勤

---

〔1〕　黄今言：《汉代军法论略》，《江西师范大学学报》（哲学社会科学版），1990年第4期，建校50周年专号。

等，主管官员和当事者都要受罚。其相关制度规定主要针对以下四种违法行为。[1]

一是边塞将士"背叛国家"。张家山汉简《二年律令》的《贼律》第一条就是对"反叛""降诸侯""弃守""谋反"等守卫边塞者背叛国家罪行的处罚规定。二是违法出入边关。《二年律令》有关出入境的法律规定主要集中在《津关令》《兴律》和《盗律》。其一，不准无符传凭证而"越塞阑关"，出入关津。其二，是严禁军用物资运出边关。例如《津关令》明确规定，"禁毋出黄金，诸奠黄金器及铜"，"禁毋出私金□□"。《盗律》规定，"盗出黄金边关徼""盗出财物于边关徼"，主管官吏"智（知）而出者，皆与盗同法"。三是戍卒违法失职。秦汉简牍中的行政法规定，严禁戍卒违法失职。例如，（1）睡虎地秦简《秦律杂抄》规定，"戍律曰：同居毋并行，县啬夫、尉及士吏行戍不以律，赀二甲"。[2] 征调戍边的士卒，不能影响农业生产的进行，否则要追究县令、尉及有关官吏的责任。（2）《秦律杂抄》规定："徒卒不上宿，署君子、敦（屯）长、仆射不告，赀各一盾。宿者已上守除，擅下，人赀二甲。"[3] 就是戍卒不上岗或者擅自下岗，本人及带队的啬夫、屯长、仆射都要受到处罚。（3）《秦律杂抄》规定："戍者城及补城，令姑（嬯）堵一岁，所城有坏者，县司空署君子将者，赀各一甲；县司空佐主将者，赀一盾。令戍者勉补缮城，署勿令为它事；已补，乃令增塞埤塞。县尉时循视其攻（功）及所为，敢令为它事，使者赀二甲。"[4] 戍卒修筑的城塞工程质量如果不好，出现问题，负责领导的县啬夫、司空、佐都要受到处罚，戍卒也要重新返修。（4）张家山汉简《二年律令·兴律》规定："守燧乏之，及见寇失不燔燧"，"当戍，已受令而逋不行"，[5] 就是守燧的将士失职或敌人来犯边不举烽火，依令应当戍守边疆而逃跑的，都要依法惩处。四是违反战场纪律。睡虎地秦墓竹简《秦律杂抄·敦（屯）表律》记载："军新论攻城，城陷，尚有栖未到战所，告曰战围以折亡，叚（假）者，耐；敦（屯）长、什伍智（知）弗

---

[1] 李方：《张家山汉简〈二年律令〉有关汉代边防的法律》，《中国边疆史地研究》，2009 年第 2 期。

[2] 《睡简》，第 89 页。

[3] 《睡简》，第 88 页。

[4] 《睡简》，第 90 页。

[5] 《张简》，第 62—63 页。

告，赀一甲；禀伍二甲。"〔1〕军队刚刚攻占新城，论功赏罚，如果敌城已经攻陷，还有将士没有进入战场，而报告的人却说"没有到的人在战争中死伤"，如果发现是伪报，伪报者要处以耐刑，部队的各级将领屯长、什长、伍长若知情不报罚一甲，同伍的人罚二甲。《秦律杂抄》还记载："战死事不出，论其后。有（又）后察不死，夺后爵，除伍人；不死者归，以为隶臣。"〔2〕在战场上战死不屈的将士，赏赐给其后人爵位；如果后来发现没有死，要夺回其后人的爵位，同时同伍的人连坐；对于没有战死又跑回来的人，即被敌人俘虏又归来的人，一律处以隶臣之刑。

第二节　秦汉司法行政法

秦汉时期不仅重视立法工作，形成了一套比较完善的法律制度，具备了有法可依的条件，而且为了保证有法必依，维护司法公正，加强司法活动的立法，对司法组织和司法活动进行了比较有效的管理和监督。

一、规定专职负责司法的官吏体系

秦汉时期，从中央到地方各级政府行政与司法不分，但都设置有专职司法官吏。皇帝拥有最高司法权，中央的御史大夫是全国最高监察官，有一定的司法审判权；丞相司直、长史、御史中丞有一定的司法权。廷尉是中央专职负责司法审判的全国最高法官，主要负责审判公卿和守相、刺史的罪案，审判高级军官违背军法的案件，参加重要议罪会议，接受地方司法机关的奏谳。汉代中央的尚书台是加强皇权、削弱相权的产物，也有一定的司法权，如劾奏权、案验权、诘责权、驳议权、议罪权等。宦官的中常侍有劾奏权、逮捕权和审判权等司法权。司隶校尉有劾奏权、案验权和逮捕权等司法权。地方部刺史作为地方监察官，有劾奏权、接受诉讼权、审判权、逮捕权等司法权。郡守拥有劾奏权、审判权、法律解释权等司法权；郡丞具有审判权，属下有专门负责司法办事的决曹，主办刑审事务；郡监察官都吏（督邮）有逮捕权、案验权等司法权。县令长是县的最高行政长官，也是县的最高司法长官，具有逮捕权、审判权等司法权；县丞及

<hr />

〔1〕《睡简》，第 88 页。
〔2〕《睡简》，第 88—89 页。

下属令史、狱史与狱掾都是具体负责刑狱审判的专职司法属吏；县的行政长官县令长则对司法审判的结果进行审查批准。在睡虎地秦简《封诊式》、张家山汉简《奏谳书》中，各类案件都是县丞审理的。秦汉建立了比较完备的司法审判行政体系，行政组织与司法组织交叉不分，司法机构相互制约，为司法审判工作的正常有序进行提供了组织保障。司法审判行政体系在秦汉行政组织法一章中已有详细论述，这里不再赘述。

二、规定告劾制度

告劾是官吏的职权，也是官吏的责任，对违法失职者官吏必须提出告劾，不告劾即要依法受到处罚。张家山汉简《二年律令》规定："告，告之不审"，告他人有罪但不准确，与"鞫狱不直"同罪（《具律》）；"劾人不审，为失"，举劾罪人不认真审查，就是行政失误，也与"鞫狱不直"同罪（《具律》）；"治狱者，各以其告劾治之"，必须以告劾检举的内容办理狱案，若没有告劾而私自办理狱案，要"以鞫狱故不直论"（《具律》）；"诬告人以死罪，黥为城旦舂"（《告律》），就是故意诬陷他人有死罪，要判处黥为城旦舂之刑；"诸欲告罪人"，要求告劾罪人要按程序进行，距离县廷远的要先告劾到乡政府，乡级政府登记后上报县道官，县道官必须接受告劾，只有县道官才有审判权（《具律》）。同时规定，对官员举劾案件不实要追究责任。《敦煌悬泉置汉简释粹》编号第十二简文规定，"囚律：劾人不审为失，以其赎半论之"。（Ⅱ0112①：1）[1]《囚律》主要是关于案件审理方面的法律规定。这枚简的内容证明了汉代官员如果劾案不实，会被认定为失职行为，并要受到一定处罚的法律依据的存在。官吏间凡有举奏，必须有凭据，否则不能上奏。这点我们可从《汉书》卷七十二《龚胜传》中得到印证：

> 先是常又为胜道高陵有子杀母者。胜白之，尚书问："谁受？"对曰："受夏侯常。"尚书使胜问常，常连恨胜，即应曰："闻之白衣，戒君勿言也。奏事不详，妄作触罪。"胜穷，亡以对尚书，即自劾奏与常争言，汙辱朝廷。[2]

在这则材料中，博士夏侯常告诉龚胜地方有子杀母这样有违礼制的事，

---

[1]《悬简》，第 17 页。

[2]《汉书》，第 3082 页。

于是龚胜就向尚书禀报，但当尚书让龚胜向夏侯常核对信息来源时，夏侯常却说信息来源并不可靠，并要求龚胜不要上奏，因为信息不确切，会为自己招来罪名。最终龚胜"亡以对尚书"，只能自劾与夏侯常争言，有辱朝廷。此例虽然是对民间不良事件的举奏，但对官吏的劾奏应该也是如此，甚至对举奏信息的真实性要求更高。而在对官吏的告劾中，"劾状"正承担了确保信息来源真实可靠的这一功能。例如，甲渠候长昌林劾状（E.P.T 68: 29—40）的"状辞"曰：

> 皆曰名爵县里年姓官禄各如律。皆□迹候，备盗贼寇虏为职。乃丁亥（十九日）新占民，居延临仁里赵良兰越塞。验问，良辞曰："今月十八日毋所食，之居延博望亭部采胡，于其莫（暮）日入后，欲还归邑中，夜行迷河（渡）河，兰越甲渠却适隧北塞天田出入。案良兰越塞天田出入。以此知而劾，无长吏使劾者状，具此。"（E.P.T 68: 34—40）[1]

这则劾状的"状辞"开头不仅要写明举劾者的爵位、籍贯、年龄、姓氏、所在机构、职务，还要写上"劾，无长吏使"，以表明自己的举劾不是受上级指使，而且举劾者还要"验问"，就是调查被劾人的犯罪行为是否属实。这些都显示出劾状的严谨性，为劾状的真实性提供了法律保障。

三、规定案验制度

案验，核实罪行，是审判机关调查落实行政违法失职的情况，并以此对案件做出判决。案验是司法审判用语，是审判程序的特定阶段。行政主管机关在接受告劾文书后，要依法采取验问和推辟等形式，责令下级行政机构对被告劾的官吏行政违法行为的事实真相进行调查，为做出行政惩罚决定提供依据。例如，案验文书"建武三年十二月永不当负驹册"（E.P.F 22: 186—201）中，根据府记的指令"验问，明处言"，甲渠候官经过验问当事人候长孟宪、燧长秦恭之后就提出了处理意见："永不当负驹。放以县官马擅自假借，坐藏（赃）为盗，请行法。获教敕要领，放毋状，当并坐。"[2] 又如，案验文书"甲渠鄣候验问都田啬夫丁宫等人迟留案"（E.P.F 22: 125—150）中，府记提出"记到，各推辟界中，定吏主当坐者

---

〔1〕《新简》，第 458 页。
〔2〕《新简》，第 490—491 页。

名"。甲渠候验问当事人候长上官武、燧长董习等后提出："（吞远燧燧长董）习典主行檄书，不☐时二分，不中程。谨已劾。"〔1〕"已劾"，即为对董习的处理意见。

四、规定刑讯制度

秦汉简牍中，司法审判官吏根据劾章提出处理意见，对当事人进行鞫讯，获得证据和口供。睡虎地秦简的律文规定，审讯时，证人必须实事求是，遵守法律，"证不言请（情）"，"译讯人为詐（诈）伪"，都要"以出入罪人者"受到处罚。睡虎地秦简《封诊式·治狱》规定："治狱，能以书从迹其言，毋治（笞）谅（掠）而得人请（情）为上；治（笞）谅（掠）为下；有恐为败。"〔2〕审理案狱不准笞掠逼供。《封诊式·讯狱》规定："凡讯狱，必先尽听其言而书之，各展其辞，虽智（知）其詓，勿庸辄诘。其辞已尽书而毋（无）解，乃以诘者诘之。诘之有（又）尽听书其解辞，有（又）视其它毋（无）解者以复诘之。诘之极而数詓，更言不服，其律当治（笞）谅（掠）者，乃治（笞）谅（掠）。治（笞）谅（掠）之必书曰：爰书：以某数更言，毋（无）解辞，治（笞）讯某。"〔3〕这就是说审判官吏讯问行政违法者，要先"问"，再"诘"，允许当事人"解"，即进行陈述和申辩，听取当事人意见。

五、规定断案制度

秦汉简牍中的行政法要求司法断案公正，不得出入人罪。睡虎地秦简《法律答问》记载："士五（伍）甲盗，以得时直（值）臧（赃），臧（赃）直（值）过六百六十，吏弗直（值），其狱鞫乃直（值）臧（赃），臧（赃）直（值）百一十，以论耐，问甲及吏可（何）论？甲当黥为城旦；吏为失刑罪，或端为，为不直。""士五（伍）甲盗，以得时直（值）臧（赃），臧（赃）直（值）百一十，吏弗直（值），狱鞫乃直（值）臧（赃），臧（赃）直（值）过六百六十，黥甲为城旦，问甲及吏可（何）论？甲当耐为隶臣，吏为失刑罪。甲有罪，吏智（知）而端重若轻之，论

---

〔1〕《新简》，第 485—486 页。
〔2〕《睡简》，第 147 页。
〔3〕《睡简》，第 148 页。

可（何）殹（也）？为不直。"〔1〕这里士伍甲是"受赇"，以盗赃罪论处，判"黥甲为城旦"之刑；而"吏为失刑罪"，判为"鞫狱不直"罪。《法律答问》规定："论狱【何谓】'不直'？可（何）谓'纵囚'？罪当重而端轻之，当轻而端重之，是谓'不直'。当论而端弗论，及伤其狱，端令不致，论出之，是谓'纵囚'。"〔2〕审理案件不公正，罪应重判而故意轻判，应轻判而故意重判，就是"不直"；应当论罪而故意不论罪，减轻案情故意轻判为无罪，就是"纵囚"。张家山汉简《二年律令·具律》规定，审理案件时如官员"故纵、不直，及诊、报、辟故弗穷审"，就是故意放纵罪犯，故意轻判或重判，以及在勘察、审判时没有追查到底，都要对之依法惩处；如果是"受赇者"，即接受贿赂，还要加重刑罚。治狱者在当事人罪状之外别求他罪，也要"以鞫狱故不直论"。

六、规定判决制度

秦汉简牍中的司法审判官吏根据鞫讯的结论，依法裁定当事人的责任，并给予相应的行政与刑事处罚，这就是判决，在简文中称作"当"。如张家山汉简《奏谳书》第十五条就有"当"的记录，就是根据律令的规定判定罪名和处罚的形式。判决按程序进行，一般要经过"复问""集议"和"乞鞫""上报审批"等程序。"复问"，秦律《封诊式》称作"有鞫""复"，文书中的"复"就是"复问"，即审讯后再次审讯。"乞鞫"就是狱案审理结束后，当事人如对判决不服可申请上级复审，相当于现在的上诉。张家山汉简《二年律令·具律》载："罪人狱已决，自以罪不当，欲气（乞）鞫者，许之。"〔3〕这条法律对"乞鞫"的条件、审理机构、审理程序都做了明确的规定。张家山汉简《奏谳书》第十五条就是审理"乞鞫"的文书。"奏谳"，即下级审判机关将疑难案件逐级呈报上级审判机关评议断决，经批准后生效执行。《奏谳书》所载的审判案例都是经过地方县令、丞，郡守、丞，中央廷尉三级审判确定的判决。各级行政长官还可派遣专职的监察官对司法审判工作进行复审、监督和检查。《二年律令·兴律》规定，"县道官所治死罪及过失、戏而杀人，狱已具"，要上报二千石

---

〔1〕《睡简》，第101—102页。

〔2〕《睡简》，第115页。

〔3〕《张简》，第24页。

官；"二千石官令毋害都吏复案"，郡守派遣专职监察官都吏对死刑及重大案件重新调查审理后做出断决，再由县道官执行。[1]

七、规定监禁囚徒制度

秦汉时将大量刑徒当作劳动力使用，主要用于国家修建宫殿、陵墓、城墙、道路等公共设施，也用于手工工场、牧场、矿山、冶金场等官营手工业。睡虎地秦简《秦律十八种》中的《司空》主要内容就是管理刑徒的专门法律规定，此外在《工人程》《工律》《厩苑律》《仓律》《金布律》中也有相关内容，"以律食之""以律稟衣"，从各方面规范刑徒管理，保护刑徒的利益。

（一）根据刑徒的犯罪情况和劳动强度，法律规定了不同的口粮供应标准和办法。

睡虎地秦简《秦律十八种·仓律》规定："城旦之垣及它事而劳与垣等者，旦半夕参；其守署及为它事者，参食之。其病者，称议食之，令吏主。城旦舂、舂司寇、白粲操土攻（功），参食之；不操土攻（功），以律食之。"[2] 这是对从事不同劳动的刑徒食量的规定，从事繁重体力劳动的刑徒，早饭半斗，晚饭三分之一斗，从事轻体力劳动的则减量。《仓律》规定："隶臣妾其从事公，隶臣月禾二石，隶妾一石半；其不从事，勿稟。小城旦、隶臣作者，月禾一石半石；未能作者，月禾一石。小妾、舂作者，月禾一石二斗半斗；未能作者，月禾一石。婴儿之毋（无）母者各半石；虽有母而与其母冗居公者，亦稟之，禾月半石。隶臣田者，以二月月稟二石半石，到九月尽而止其半石。舂，月一石半石。"[3] 这是对从事不同劳动的隶臣及妾发放口粮的规定，即为官府服役的每月发粮两石，劳作的每月发粮一石半，从事农业劳动的每月发粮两石半，没有母亲的婴儿每人发粮半石。刑徒的衣服应由个人负担，如从官府领取衣服的，要按价付费。城旦是刑徒中的重犯，也是服劳役的主力。他们必须身穿红色囚服（赭服），戴上木械，严加监管。《秦律十八种·金布律》规定："受（授）衣者，夏衣以四月尽六月稟之，冬衣以九月尽十一月稟之，过时者勿稟。后

---

[1] 《张简》，第 62 页。
[2] 《睡简》，第 33 页。
[3] 《睡简》，第 32 页。

计冬衣来年。囚有寒者为褐衣。为幏布一，用枲三斤。为褐以稟衣：大褐一，用枲十八斤，直（值）六十钱；中褐一，用枲十四斤，直（值）卅六钱；小褐一，用枲十一斤，直（值）卅六钱。已稟衣，有余褐十以上，输大内，与计偕。都官有用□□□□其官，隶臣妾、春城旦毋用。在咸阳者致其衣大内，在它县者致衣从事之县。县、大内皆听其官致，以律稟衣。"〔1〕这是官府供应刑徒褐衣的标准和价值。《金布律》还规定："稟衣者，隶臣、府隶之毋（无）妻者及城旦，冬人百一十钱，夏五十五钱；其小者冬七十七钱，夏卅四钱。春冬人五十五钱，夏卅四钱；其小者冬卅四钱，夏卅三钱。隶臣妾之老及小不能自衣者，如春衣。亡、不仁其主及官者，衣如隶臣妾。"〔2〕这是根据囚徒家庭经济情况和不同犯罪性质规定官府供应衣服的收费标准。张家山汉简《二年律令·金布律》则规定："诸内作县官及徒隶，大男，冬稟布袍表里七丈、络絮四斤，绔（袴）二丈、絮二斤；大女及使小男，冬袍五丈六尺、絮三斤，绔（袴）丈八尺、絮二斤；未使小男及使小女，冬袍二丈八尺、絮一斤半斤；未使小女，冬袍二丈、絮一斤。夏皆稟禅，各半其丈数而勿稟绔（袴）。夏以四月尽六月，冬以九月尽十一月稟之。布皆八稯、七稯。以裘皮绔（袴）当袍绔（袴），可。"〔3〕这是对不同性质的囚徒发放褐衣的时间、标准及用料多少的规定，但是囚徒要支付相关费用。

（二）规定了刑徒损坏公物要赔偿和处罚的方式与标准。

刑徒毁坏公家财物的，要依法笞打。睡虎地秦简《秦律十八种·司空律》规定："城旦春毁折瓦器、铁器、木器，为大车折轙（辇），辄治（笞）之。直（值）一钱，治（笞）十；直（值）廿钱以上，孰（熟）治（笞）之，出其器。弗辄治（笞），吏主者负其半。"〔4〕就是根据所毁器物的价值笞打毁坏公物者，每值一钱，笞打十下，二十钱以上，加以重打。如不处罚刑徒，监管的官吏也有罪，"吏主者负其半"，就是监管者也要支付一半的赔偿费。欠公家债务不能偿还的，以"居作"即劳役充抵债务。《司空律》还规定："有罪以赀赎及有责（债）于公，以其令日问之，其弗能

〔1〕《睡简》，第41页。
〔2〕《睡简》，第42页。
〔3〕《张简》，第65页。
〔4〕《睡简》，第53—54页。

入及赏（偿），以令日居之，日居八钱；公食者，日居六钱。居官府公食者，男子参，女子驷（四）。"〔1〕就是规定每劳作一天抵偿八钱，官府给予饭食的，每天扣除六钱。

（三）根据刑徒的身份和犯罪性质，法律规定了执行刑罚的不同待遇。

有爵者犯罪，可以在官府服杂役，不着囚衣，不戴械具，无人监管。睡虎地秦简《秦律十八种·司空律》规定："城旦舂衣赤衣，冒赤幒（毡），拘椟櫰杕之。仗城旦勿将司；其名将司者，将司之。舂城旦出繇（徭）者，毋敢之市及留舍阓外；当行市中者，回，勿行。"〔2〕城旦舂穿红色衣服，不准留居在外和在市内出行。

（四）规定了刑徒可入钱赎罚免罪。

张家山汉简《二年律令·金布律》规定，刑徒可以用钱赎买以获得庶人的身份："诸收人，皆入以为隶臣妾。有赎买其亲者，以为庶人，勿得奴婢。"同时还规定，犯罪人可以"入钱赎罚"，就是向官府交钱以免除处罚："有罚、赎、责（债），当入金，欲以平贾（价）入钱，及当受购、偿而毋金，及当出金、钱县官而欲以除其罚、赎、责（债），及为人除者，皆许之。各以其二千石官治所县十月金平贾（价）予钱，为除。"〔3〕

第三节　秦汉治安行政法

秦汉制定了治安行政法规，对打架斗殴、造谣惑众、抢劫偷盗、聚众造反、图谋不轨、谋财害命、伪造公文、拦路强奸、家庭纠纷、杀人放火等扰乱公共秩序，妨害公共安全，侵犯人身权利与财产权利等各种危害社会的行为进行处罚，为各级官吏依法履行治安管理职责提供规范和保障，从而维护社会治安秩序。治安行政法相关法律规定主要有打击"贼""盗"犯罪行为的《贼律》《盗律》，以及打击非法告诉和捕系罪犯等行为的《告律》和《捕律》。

一、规定治安行政管理专门机构和官吏的职责

秦汉中央行政最高长官丞相、御史大夫，地方行政长官郡守、县令长、

---

〔1〕《睡简》，第51页。
〔2〕《睡简》，第53页。
〔3〕《张简》，第67－68页。

乡啬夫都有责任维护地方治安。从中央到地方均设置管理治安的专门机构，中央太尉主管全国军政，也负责全国的治安稳定；郡都尉主管军队，兼管一郡治安，指导各县警察机构"亭"的工作，还设有贼捕掾，主管抓捕盗贼；县尉是武职，主要任务是捕盗贼，并设有游徼负责巡逻，以维护地方治安；乡也有游徼，负责一乡的社会治安；亭，设有亭啬夫、亭长、亭校长、求盗、害盗等，以维护社会治安。主管治安的各级官吏，对社会的稳定负责，严禁违法失职行为。睡虎地秦简《法律答问》规定："捕赀罪，即端以剑及兵刃刺杀之，可（何）论？杀之，完为城旦；伤之，耐为隶臣。"[1] 严禁治安官吏杀伤追捕的犯罪嫌疑人。《秦律杂抄·捕盗律》规定："求盗勿令送逆为它，令送逆为它事者，赀二甲。"[2] 就是上级机关不得调用"求盗"从事非本职的工作。张家山汉简《二年律令·捕律》规定了抓捕到轻重罪犯的各等奖金，以及追捕罪犯的组织方式、奖惩办法。例如，地方郡县如发生"群盗杀伤人、贼杀伤人、强盗"，县令、县尉要及时组织吏徒追捕，如果不能捕得，要判"戍边二岁"的处罚。

二、规定参与、维护治安综合治理的激励机制

秦汉简牍中规定了治安奖惩制度，主要有购赏制度和失职处罚制度。

一是购赏制度。凡是告发、举报、捕获违反治安规定的犯罪分子，要给予奖赏，从而调动人们维护治安的积极性。例如睡虎地秦简《法律答问》载：

> 甲告乙贼伤人，问乙贼杀人，非伤殹（也），甲当购，购几可（何）？当购二两。
>
> 捕亡完城旦，购几可（何）？当购二两。
>
> 夫、妻、子五人共盗，皆当刑城旦，今中〈甲〉尽捕告之，问甲当购几可（何）？人购二两。
>
> 夫、妻、子十人共盗，当刑城旦，亡，今甲捕得其八人，问甲当购几可（何）？当购人二两。[3]

"购"就是购赏，悬赏奖励的意思。这条法律规定，告发杀人犯，告

---

〔1〕《睡简》，第122页。

〔2〕《睡简》，第89页。

〔3〕《睡简》，第124—125页。

发、捕获逃亡的完城旦与盗贼，均可以领取每人黄金二两的奖金。

张家山汉简《二年律令·捕律》规定：

> ☒亡人、略妻、略卖人、强奸、伪写印者弃市罪一人，购金十两。刑城旦春罪，购金四两。完城☒二两。诇告罪人，吏捕得之，半购诇者。

> 能产捕群盗一人若斩二人，操（拜）爵一级。其斩一人若爵过大夫及不当操（拜）爵者，皆购之如律。所捕、斩虽后会□□论，行其购赏。斩群盗，必有以信之，乃行其赏。捕从诸侯来为间者一人，操（拜）爵一级，有（又）购二万钱。不当操（拜）爵者，级赐万钱，有（又）行其购。[1]

这几条律文不仅规定了捕获到各类逃犯和斩杀各种类型的盗贼所得的奖金，即购赏的条件，还规定了不能获得购赏的条件。

《二年律令·盗律》规定：

> 劫人、谋劫人求钱财，虽未得若未劫，皆磔之；罪其妻子，以为城旦春。其妻子当坐者偏（遍）捕，若告吏，吏捕得之，皆除坐者罪。

> 诸当坐劫人以论者，其前有罪隶臣妾以上，及奴婢，毋坐为民；为民者亦勿坐。

> 相与谋劫人，劫人，而能颇捕其与，若告吏，吏捕颇得之，除告者罪，有（又）购钱人五万。所捕告得者多，以人数购之。[2]

这几条律令是对告发抢劫钱财的盗贼的奖赏规定，"购钱人五万"，就是奖金五万。

二是失职处罚制度。即如果相关官吏对违反治安规定的犯罪分子不告发、不举报、不捕获或捕获不力，要依法追究失职责任。《二年律令·捕律》规定：如果在所辖之内发生盗贼，各级官吏不及时上报县廷，因此而没有抓获盗贼，"皆以鞠狱故纵论之"；如果"士吏、求盗部者，及令、丞、尉弗觉智（知）"，要逐级论罪，"士吏、求盗皆以卒戍边二岁，令、丞、尉罚金各四两"；若能"先觉智（知）"及"自劾"，可免除刑罚。一年当中所辖之内发生盗贼三次以上，而令、丞、尉都不知道，就是"不胜任"，要免除职务。《捕律》还规定，在所辖部内发生盗贼或出现斗杀伤人而罪犯没有被抓捕归案，官啬夫、士吏、吏部主者"罚金各二两"，尉、尉

---

〔1〕《张简》，第27—29页。

〔2〕《张简》，第18页。

史"各一两",各级官吏都要受到处罚。[1] 同时又规定,与盗贼相遇而逃跑的官吏,以及有足够的力量追捕到盗贼,但因逗留、害怕而不敢接近与之搏斗的官吏,要"夺其将爵一络（级）,免之",对士兵要处罚戍守边塞一年。发动官吏追捕盗贼,官吏已接收命令而逃跑的,按"畏愞论之"。[2]

三、规定对违反治安管理法的处罚制度

秦汉简牍中的行政法规定了有关违反社会治安管理法、危害社会治安等各种行为包括危害人身安全、危害公共安全、危害社会管理秩序等犯罪行为的处罚制度。

（一）严惩危害人身安全的犯罪行为。

1. 杀人罪。指非法剥夺他人生命的行为。《二年律令·贼律》中的"贼"指谋反、谋叛和杀人,包括伤人,主要有故杀、谋杀、斗杀、戏杀等类型,根据杀人性质不同分别给予不同处罚。《贼律》规定:

贼杀人、斗而杀人,弃市。其过失及戏而杀人,赎死;伤人,除。谋贼杀、伤人,未杀,黥为城旦舂。贼杀人,及与谋者,皆弃市。未杀,黥为城旦舂。斗伤人,而以伤辜二旬中死,为杀人。贼伤人,及自贼伤以避事者,皆黥为城旦舂。谋贼杀、伤人,与贼同法。斗而以刃及金铁锐、锤、椎伤人,皆完为城旦舂。其非用此物而盯人,折枳、齿、指、胅体,断胅（决）鼻、耳者,耐。其毋伤也,下爵殴上爵,罚金四两。殴同死〈列〉以下,罚金二两;其有疻痏及□,罚金四两。[3]

这几条律文规定,故意杀人、斗而杀人都要处以弃市,过失和戏而杀人可以赎死罪,伤害人可免除罪行;谋杀人及与谋的人一律处以弃市,谋杀人未遂,也要"黥为城旦舂";斗而用凶器伤害人,"完为城旦舂",损毁器官者处以耐刑。下级殴打上级的,罚金四两;殴打下级人员的,如丈夫殴打妻子、父亲殴打儿子、上级殴打下级、主人殴仆人等,则罚金二两,重伤罚金四两,上下处罚有别,这显然是为了维护古代等级制度。

2. 诬告罪。指捏造犯罪事实,向官府告发、蓄意陷害他人的行为。诬

---

[1] 《张简》,第 29 页。
[2] 《张简》,第 28 页。
[3] 《张简》,第 11—12 页。

告因其为主观故意，性质恶劣，故对其处罚是实行反坐。张家山汉简《二年律令·告律》规定："诬告人以死罪，黥为城旦舂；它各反其罪。"就是若不以实告发罪犯，造成死罪的要处以"黥为城旦舂"的刑罚，其他的各以其罪反坐。对于"告不审及有罪先自告"，就是所控告内容不实，但非主观故意，及自己主动报告犯罪者，"各减其罪一等"。但对"杀伤大父母、父母，及奴婢杀伤主、主父母妻子，自告者皆不得减"；以下告上者，"勿听而弃告者市"。[1]

（二）惩罚侵扰公共秩序的犯罪行为。

秦汉简牍中的法律规定，在日常生活和社交中必须遵守相应的社会规则与公共秩序，否则要追究刑事责任。

1. 不仁乡里。睡虎地秦简《法律答问》规定，对"不仁邑里者"，即在乡里作恶的人，要将他们管束起来，强制劳作；如果私自释放的，要罚作劳役。

2. 失火罪。一是官府失火，造成财物损失，要追究责任。睡虎地秦简《秦律十八种·内史杂》规定："有实官高其垣墙。它垣属焉者，独高其置刍廥及仓茅盖者。令人勿近（近）舍。非其官人殹（也），毋敢舍焉。善宿卫，闭门辄靡其旁火，慎守唯敬（儆）。有不从令而亡、有败、失火，官吏有重罪，大啬夫、丞任之。"[2]就是官府修建粮仓要远离居民，并在四周建立围墙，严禁非工作人员入内；关仓门时要灭掉火种，夜间还要守卫和警戒。防卫不严，有所失误造成失火的，其官吏有重罪，大啬夫、丞也须承担罪责。其他库府亦应注意防火。《秦律十八种·内史杂》规定："毋敢以火入臧（藏）府、书府中。吏已收臧（藏），官啬夫及吏夜更行官。毋火，乃闭门户。令令史循其廷府。节（即）新为吏舍，毋依臧（藏）府、书府。"[3]"藏府"是财物库房，"书府"是文书档案库，都是防火的重要部门，主管官吏夜间要巡视检查，灭火关门，即使新建官吏的住处也不能在府库的旁边。二是百姓民房失火，烧到公共设施，要追究责任。睡虎地秦简《法律答问》规定："'舍公官（馆），爇火燔其舍，虽有公器，

---

〔1〕《睡简》，第26—27页。

〔2〕《睡简》，第64页。

〔3〕《睡简》，第64页。

勿责.'今舍公官（馆），旞火燔其段（假）乘车马,当负不当出？当出之."[1] 住在官办馆舍,如果失火,馆内公物烧毁不追究责任,若烧毁借自政府的车马要依法赔偿."旞火延燔里门,当赀一盾；其邑邦门,赀一甲."[2] 失火连带烧及里门和城门,都要依法处罚.张家山汉简《二年律令·贼律》对故意放火罪规定:"贼燔城、官府及县官积宛（聚）,弃市.贼燔寺舍、民 室 屋 庐 舍 、 积 宛 （聚）, 黥 为城旦春.其失火延燔之,罚金四两, 责 （债）所燔.乡部、官啬夫、吏主者弗得,罚金各二两."[3] 就是盗贼放火烧城邑、官府、政府的仓库,都要处以弃市的极刑.故意焚烧馆舍、百姓房屋田舍及仓库要"黥为城旦春".如果因失火烧毁房屋,处罚金四两并赔偿房屋.乡部、官啬夫、吏主者等主管官吏如没有抓到罪犯,要追究责任,分别处以罚金二两.

3. 盗窃罪.盗窃罪是以公开或秘密的方式非法取得他人财物的犯罪行为,秦汉律中分为强盗、窃盗、恐喝盗、监临部主自盗、受贿盗等种类,根据盗窃的数量给以惩治,特别强调官吏对辖区内出现盗贼的责任.一是严厉处罚盗贼.睡虎地秦简《法律答问》对盗窃罪的规定:"'害盗别徼而盗,驾（加）罪之.'可（何）谓'驾（加）罪'？五人盗,臧（赃）一钱以上,斩左止,有（又）黥以为城旦；不盈五人,盗过六百六十钱,黥劓（劓）以为城旦；不盈六百六十到二百廿钱,黥为城旦；不盈二百廿以下到一钱,迁（迁）之.求盗比此."[4] 张家山汉简《二年律令·盗律》规定:"盗臧（赃）直过六百六十钱,黥为城旦春；六百六十到二百廿钱,完为城旦春；不盈二百廿到百一十钱,耐为隶臣妾；不盈百一十到廿二钱,罚金四两；不盈廿二钱到一钱,罚金一两."[5] 就是根据盗贼偷盗的东西折成钱的数量多少分别处以不同的刑罚,最高的处以刑罚中的"黥为城旦春",最低也是"罚金一两".二是规定了盗贼的种类.《盗律》所见盗贼类型主要有五种.谋盗:"谋遣人盗,若教人可（何）盗所,人即以其言

---

〔1〕《睡简》,第 130 页.

〔2〕《睡简》,第 130 页.

〔3〕《张简》,第 8 页.

〔4〕《睡简》,第 93 页.

〔5〕《张简》,第 16 页.

□□□□□及智（知）人盗与分，皆与盗同法。"〔1〕主守盗：利用管理和守护官府财产的权力盗取国家财物的犯罪行为。简文中常见"盗所主""盗所主守"等名称。群盗："盗五人以上相与功（攻）盗，为群盗。"〔2〕"智（知）人为群盗而通歓（饮）食馈遗之，与同罪；弗智（知），黥为城旦舂。其能自捕若斩之，除其罪，有（又）赏如捕斩。"〔3〕恐喝盗："恐猲人以求钱财"，以告发犯罪为手段胁迫恐吓他人而取其财物，也按照盗律论处。抢劫盗："劫人、谋劫人求钱财，虽未得若未劫，皆磔之。"〔4〕

4. 逃亡罪。主要有官吏、百姓、刑徒、罪人、役人逃亡。张家山汉简《二年律令·亡律》规定："吏民亡，盈卒岁，耐；不盈卒岁，黪（系）城旦舂"，〔5〕就是规定官吏、百姓逃亡的满一年处以耐刑；公士以上有爵位的人逃亡，处以在官府服役；如果是"给逋事"，就是为官府服役的人逃亡，记录逃亡的天数加上应服徭役的天数满一年，也处以耐刑。"城旦舂亡，黥，复城旦舂。鬼薪白粲也，皆笞百。隶臣妾、收人亡，盈卒岁，黪（系）城旦舂六岁；不盈卒岁，黪（系）三岁。自出殹，笞百。其去黪（系）三岁亡，黪（系）六岁；去黪（系）六岁亡，完为城旦舂。""匿罪人，死罪，黥为城旦舂，它各与同罪。"〔6〕这就是规定，如果是城旦舂刑徒逃亡，捕获后处以黥刑，再次服城旦舂；鬼薪白粲刑徒逃亡，捕获后处以笞打一百；隶臣妾、收人逃亡，根据判刑的年数处刑。藏匿死刑罪犯的判处"黥为城旦舂"，藏匿其他罪犯者按罪犯本人罪行大小惩处。

（三）惩治妨碍社会管理秩序的犯罪行为。

秦汉简牍中的法律规定，对诈伪、非法渡关津、赌博、夜无故入人家、奸非等故意妨碍国家机关对社会的管理、破坏正常社会秩序、造成严重危害的行为要进行惩治。

诈伪罪就是通过欺骗伪造的方式谋取钱财及非法获益的行为，主要有伪写官文书印、诈传或篡改皇帝诏书、诈伪得官、诈袭官爵等。张家山汉简《二年律令·贼律》规定：

---

〔1〕《张简》，第16页。

〔2〕《张简》，第17页。

〔3〕《张简》，第17页。

〔4〕《张简》，第17—18页。

〔5〕《张简》，第30页。

〔6〕《张简》，第30—31页。

伪写皇帝信玺、皇帝行玺，要（腰）斩以匀（徇）。伪写彻侯印，弃市；小官印，完为城旦舂☑。挢（矫）制，害者，弃市；不害，罚金四两。诸上书及有言也而谩，完为城旦舂。其误不审，罚金四两。为伪书者，黥为城旦舂。☑诸诈（诈）增减券书，及为书故诈（诈）弗副，其以避负偿，若受赏赐财物，皆坐臧（赃）为盗。其以避论，及所不当【得为】，以所避罪罪之。所避毋罪名，罪名不盈四两，及毋避也，皆罚金四两。毁封，以它完封印印之，耐为隶臣妾。□□□而误多少其实，及误脱字，罚金一两。误，其事可行者，勿论。[1]

这些律文规定，私刻皇帝、彻侯和官用印章要判处刑罚；诈传皇帝诏书、制作假文书、给皇帝上书有误，从中谋取利益，严重危害行政管理工作正常进行的，也要依法惩处。《二年律令·杂律》规定："博戏相夺钱财，若为平者，夺爵各一级，戍二岁。"[2] 赌博抢夺钱财的要夺一级爵位，处以戍边两年的徒刑。"同产相与奸，若取（娶）以为妻，及所取（娶）皆弃市。其强与奸，除所强。诸与人妻和奸，及其所与皆完为城旦舂。其吏也，以强奸论之。强与人奸者，府（腐）以为宫隶臣。强略人以为妻及助者，斩左止以为城旦。"[3] 这就是说，强奸他人的要处以宫刑，成为官奴；与他人妻子通奸，男女双方都"完为城旦舂"；如果是官吏与他人妻子通奸，以强奸罪论处。

第四节　秦汉农业行政法

秦汉简牍中的行政法规定了《田律》《户律》《仓律》《戍律》《徭律》《四时月令诏条》等相关农业行政法律法规，[4] 依法对农业进行多方面的管理。

一、规定田宅分配制度

秦汉在土地国有制下，实行授田制，把土地分配给农民，采取优惠政

---

〔1〕《张简》，第 9—10 页。
〔2〕《张简》，第 33 页。
〔3〕《张简》，第 34 页。
〔4〕 见《悬简》，第 192—199 页。

策，发挥土地的潜力，实现富国强兵的政治目标。[1] 这些相关条例，在青川木牍的"为田律"、睡虎地秦简《秦律十八种》和张家山汉简《二年律令》的《田律》中都有所体现。

《二年律令·户律》中规定的汉代"名田宅"制度，是以爵位为基础、以户为单位授田宅，对国家编户齐民以及在编户之外的司寇和隐官实行等级化土地分配的一项制度。从关内侯到庶民百姓具体的授田宅的标准是：关内侯95顷，大庶长90顷，驷车庶长88顷，大上造86顷，少上造84顷，右更82顷，中更80顷，左更78顷，右庶长76顷，左庶长74顷，五大夫25顷，公乘20顷，公大夫9顷，官大夫7顷，大夫5顷，不更4顷，簪袅3顷，上造2顷，公士1.5顷，公卒、士五（伍）、庶人各1顷，司寇、隐官各50亩。彻侯105宅，关内侯95宅，大庶长90宅，驷车庶长88宅，大上造86宅，少上造84宅，右更82宅，中更80宅，左更78宅，右庶长76宅，左庶长74宅，五大夫25宅，公乘20宅，公大夫9宅，官大夫7宅，大夫5宅，不更4宅，簪袅3宅，上造2宅，公士1.5宅，公卒、士五（伍）、庶人1宅，司寇、隐官0.5宅。对于没有爵位的老百姓规定了授田的明确原则，就是乡部每年要把庶人按"律未受田宅者"，依立户的先后编排登记，时间相同的，按爵位先后上报县廷，县廷依次授田宅。对于所授田宅可以有条件地继承、转让和买卖，但地方政府要登记造籍，"代户、贸卖田宅，乡部、田啬夫、吏留弗为定籍"，百姓对田地有私人支配权、经营权和使用权。[2] 秦汉要求按律令规定收受和继承田宅，"田宅当入县官而诈（诈）代其户者，令赎城旦，没入田宅"，"诸不为户，有田宅，附令人名，及为人名田宅者"（《户律》），就是对冒名顶替、私自立户、弄虚作假领受田宅的，不但要没收田宅，还要"令以卒戍边二岁"。[3] 汉代法律规定，所授田宅后人可以代户继承。《二年律令·置后律》规定了继承所授田宅的基本原则。人死后，代立户者可以继承田宅和授田宅，有两种情况：一是"死毋后而有奴婢者"，死无后人，其奴婢可以庶人身份代户继承主人田宅；二是"寡为户后"，妻子可以继承田宅。但是代户继承田

---

〔1〕 参看臧知非：《西汉授田制度与田税征收方式新论——对张家山汉简的初步研究》，《江海学刊》，2003年第3期。

〔2〕 《张简》，第52—53页。

〔3〕 《张简》，第53页。

宅要经过县级政府主管民事的县尉、尉史审批，"□□□ 不 审，尉、尉 史、主 者 罚 金 各 四 两"，[1] 否则要对县尉、尉史处以罚金四两的惩罚。秦汉简牍中的行政法又规定土地数要上报，严禁隐瞒和侵占土地。睡虎地秦简《法律答问》规定"部佐匿者（诸）民田"，就是已经租给他人的田地如不上报、不交租就犯了匿田罪。张家山汉简《二年律令·田律》规定："田不可田者，勿行；当受田者欲受，许之。""县道已垦（垦）田，上其数二千石官，以户数婴之，毋出五月望。""田不可垦（垦）而欲归，毋受偿者，许之。""盗侵巷术、谷巷、树巷及垦（垦）食之，罚金二两。"[2] 这些律令规定应当授田的一定要授，县的垦田数要上报郡政府，鼓励垦荒种地，严禁隐瞒、虚报和侵占土地。

二、规定户籍管理制度

秦汉是以家为本位的社会，家庭单位在法律上被认定为户，以户为单位编在里什伍基层组织之中，大约是按五家为伍、十家为什、三十家为里的办法编制户籍。户是基本的政治单位，也有连带刑事责任，一家有罪，而九家要举发，若不纠举，则十家连坐。同时户又被看成是个共有财产的亲属集团，是一个最基本的生产单位，官府授田就是按丁男的人数授给户，由户按授田面积缴纳赋税。户的财产是以家长个人的名义管理和使用的。秦汉户籍制度是征发徭役、课取赋税和分配土地的依据，也是加强社会人口控制、防暴止乱的手段，对户籍的管理是行政法的主要内容之一。为了编制户籍，官府制定了一整套申报户籍、迁移户籍和除去户籍的法律程序，人人必须在官府的户口册上登记户籍，这一系列都在秦汉简牍中有所反映。（1）申报户籍。张家山汉简《二年律令·户律》规定"民皆自占年"，就是民众必须申报年龄，申报的簿籍年龄一定要准确，不如实申报须承担法律责任，受到相应处罚，"不以实三岁以上，皆耐"，就是隐瞒三岁以上要判处耐刑。（2）核实户籍。《二年律令·户律》规定，每年八月县级政府命令乡部啬夫、吏、令史"杂案户籍"，就是核实户籍，包括宅园户籍、年细籍、田比地籍、田命籍、田租籍等，不仅乡政府留有档案，而且都要上报到县级政府存档。（3）确定户籍。"定籍"就是确定户籍。《二年律令·户

[1]《张简》，第 61 页。
[2]《张简》，第 41—42 页。

律》规定，"代户、贸卖田宅"，就是户主变动和买卖田宅的，需要办理更籍的手续，确定户籍。如果乡部、田啬夫、吏"留弗为定籍"，滞留一天要罚金二两。(4) 严禁脱漏户口，防止逃避服役的户籍违制。秦汉行政法规定"移年籍"即户籍迁移要及时按律令要求办理相关手续，若违背则要依法惩处，防止脱漏户口。《二年律令·户律》规定，每年八月县乡检查核实户籍，户籍正本藏在乡里，副本放在县里。如果"有移徙者，辄移户及年籍爵细徙所，并封"，要将年龄、籍贯、爵位等详细材料移文到迁徙地的政府，并用印加封。如果出现稽留或不加封，经办人员要处以罚金四两，户口所在地的里正、田典知情不报与此同罪，乡部啬夫、主管官员、查看户口者如没有发现，各判处罚金一两。《二年律令·户律》还规定，按律令办理户籍，"不从律者罚金各四两，其或为詐（诈）伪，有增减也，而弗能得，赎耐。官恒先计雠，□籍□不相（?）复者，觳（系）劾论之"。[1] 就是不按律令办理户籍者罚金四两，弄虚作假、增减户口而不能发现者判处赎耐的刑罚，官吏对户籍要先校对，发现不相符的则要被弹劾论罪。

三、规定租赋力役制度

（一）租赋

秦汉简牍中的行政法规定了租赋征收的数量和依据，就是每顷"刍三石""稿二石"。所不同的是，睡虎地秦简《秦律十八种·田律》规定，"以其受田之数"即按照农民受田面积的多少征收；张家山汉简《二年律令·田律》规定，"入顷刍稿，顷入刍三石"，"稿皆二石"，[2] 就是按实际田地的数量征收，而且在满足县级政府需用的前提下，将多余的刍和稿折成钱款缴纳，若交纳往年陈积的刍稿，要处以"罚金四两"。西汉初户赋的征收，爵位等级是一条非常重要的参考标准。《二年律令·田律》规定，爵位在卿以下，"五月户出赋十六钱，十月户出刍一石"，[3] 就是每户在五月应该缴纳的赋税数目为十六钱，在十月应该缴纳刍稿一石，分夏秋两季按户征收，对不按令缴纳刍稿要处以罚金四两的惩罚。《二年律令·

---

[1] 《张简》，第54页。

[2] 《张简》，第41页。

[3] 《张简》，第43页。

田律》规定，各县政府每年八月要把"一岁马、牛它物用刍稿数，余见刍稿数"，即把马牛及其他方面使用的刍稿数、剩余的刍稿数上报中央财政主管部门内史，进行年度核算。《兵令十三》规定："当占缗钱，匿不自占，【占】不以实，罚及家长戍边一岁。"（Ⅱ0114③：54）[1] 对于"占"字，《汉书》卷七《昭帝纪》"令民得以律占租"引颜师古注曰："占谓自隐度其实，定其辞也。"[2] 就是自己上报财产数目、应交租额，国家进行财产核查，作为征收租赋的依据，如果隐瞒不报或不以实报，要处以戍边一岁的处罚。《二年律令·杂律》规定："擅赋敛者，罚金四两，责所赋敛偿主。"[3] 就是说，如果擅自征收赋税、敛人钱财，要处以罚金四两，并偿还所收取的钱财。

（二）力役

睡虎地秦简有《傅律》，张家山汉简《二年律令》有《傅律》，都是关于傅籍的法规。湖北荆州纪南松柏西汉墓 M1 出土的木牍有关于免老簿、新傅簿、罢癃簿的内容，应是上计文书的抄件，也属傅律规定的内容。秦朝傅籍年龄从 17 岁开始，至 60 岁为止（有爵位者止于 56 岁）。汉初男子傅籍年龄为 23 岁，景帝时改为 20 岁。傅籍后就要开始承担国家的兵役和徭役。秦汉简牍中的《傅律》《徭律》对力役的征调做了具体规定。

1. 规定服役的时间和免役的条件。

张家山汉简《傅律》规定爵级不同，傅籍的年龄也不同：不更以下爵位子年 20 岁，大夫以上至五大夫子及小爵不更以下至上造爵位子年 22 岁，卿以上子及小爵大夫以上爵位子年 24 岁。爵级不同，"免老"的年龄不同：大夫以上爵位年 58 岁，不更爵位年 62 岁，簪袅爵位年 63 岁，上造爵位年 64 岁，公士爵位年 65 岁，公卒以下爵位年 66 岁。凡傅籍开始服徭役，免老不服徭役。爵级不同，"睆老"的年龄也不同：不更爵位年 58 岁，簪袅爵位年 59 岁，上造爵位年 60 岁，公士爵位年 61 岁，公卒、士五（伍）爵位年 62 岁。[4]《徭律》规定"睆老各半其爵繇（徭）"，就是"睆老"减半服徭役。吏员及家属优待，减免徭役，《徭律》规定："吏及宦皇帝者

〔1〕《悬简》，第 11 页。

〔2〕《汉书》，第 224 页。

〔3〕《张简》，第 33 页。

〔4〕《张简》，第 57—58 页。

不与给传送。"〔1〕"罢癃"可以和"睆老"一样减免徭役,《傅律》规定:
"当傅,高不盈六尺二寸以下,及天乌者,以为罢瘴(癃)。"〔2〕《徭律》
规定,需要运送粮草,若父母是"睆老""罢癃"者,都可以免除运送的
力役。位列公大夫以上的,可以免除徭役,公大夫位于爵位第七。所有的
编户齐民都必须按规定服徭役。对于弄虚作假、不按律征发徭役者,则要
处以重罚。睡虎地秦简《秦律杂抄》中有一条《傅律》规定,"匿敖童,
及占瘴(癃)不审,典、老赎耐",官吏对隐匿成童年龄和申报"罢癃"
审核不严,里典、伍老都要处以赎耐的刑罚;"百姓不当老,至老时不用
请",就是如果对申请免老的年龄弄虚作假的,要处以赀两甲,并流放边远
地区。〔3〕

2. 规定征发徭役的时限,以便按时保质保量征发和报到。

睡虎地秦简《秦律十八种·徭律》规定,朝廷征用徭役,"乏弗行",
即不加征发,要处以"赀二甲";对失期要加以惩罚,耽误一旬,即"赀
一甲",若过二旬,则应赀二甲,过三旬,就是赀三甲,说明徭役的期限不
会超过一个月。睡虎地秦简《法律答问》规定:"可(何)谓'逋事'及
'乏繇(徭)'?律所谓者,当繇(徭),吏、典已令之,即亡弗会,为
'逋事';已阅及敦(屯)车食若行到繇(徭)所乃亡,皆为'乏繇
(徭)'。"〔4〕"逋事",就是征发的徭役不按时报到即"失期",要处罚;
"乏繇(徭)",就是征发徭役报到后又逃亡,要处罚。张家山汉简《二年
律令·兴律》规定:"当戍,已受令而逋不行盈七日,若戍盗去署及亡盈
一日到七日,赎耐;过七日,耐为隶臣;过三月〈日〉,完为城旦。当奔命
而逋不行,完为城旦。□□□□□为城旦。已(?)繇(徭)及车牛当繇
(徭)而乏之,皆赀日十二钱,有(又)赏(偿)乏繇(徭)日,车☒☒
繇(徭)(?)日(?)☒☒罚有日及钱数者。"〔5〕这几条律文是说,应当
戍边,接到命令而逃跑满七天,戍边私自离开岗位超过一到七天,要判处
赎刑;超过七天,要判处隶臣之刑;超过三个月,判处完为城旦刑。应当

---

〔1〕 《张简》,第64页。
〔2〕 《张简》,第58页。
〔3〕 《睡简》,第87页。
〔4〕 《睡简》,第132页。
〔5〕 《张简》,第62—63页。

上战场打仗而逃跑不去，判处完为城旦刑。凡逃避徭役及车牛应当征用而逃避的均罚每天十二钱，并补偿逃避徭役的时间。

3. 规定合理征发赋役，保证农业生产"不违农时"。

睡虎地秦简《秦律十八种·司空律》规定，一家不得同时有二人以劳役抵罪、赎刑或还债，要释放一人回家农作；"种时、治苗时各二旬"，[1]就是对"居赀赎债"的犯人，在春耕夏锄时也要放四十天农忙假。《秦律杂抄·戍律》规定，对县乡负责摊派徭役的官吏"行戍不以律"，要处以赀两甲的惩罚。《里耶秦简》记载，洞庭郡下发的征发徭役运送武器装备的指令性文书，就根据令的规定"传送委输，必先悉行城旦舂、隶臣妾、居赀赎责（债），急事不可留，乃兴繇（徭）"［（J1(16)5 正面]，[2] 按照律令征发城旦舂、隶臣妾、居赀赎债等刑徒运送武器，不准擅自征发徭役。《秦律十八种·徭律》规定："县所葆禁苑之傅山、远山，其土恶不能雨，夏有坏者，勿稍补缮，至秋毋（无）雨时而以繇（徭）为之。其近田恐兽及马牛出食稼者，县啬夫材兴有田其旁者，无贵贱，以田少多出人，以垣缮之，不得为繇（徭）。县毋敢擅坏更公舍官府及廷，其有欲坏更殹（也），必谳之。欲以城旦舂益为公舍官府及补缮之，为之，勿谳。"[3] 禁止官吏不按时间，在农忙时征发徭役修建园林、农田防护设施和政府的府衙。

4. 规定兴建工程核算制度。

睡虎地秦简《秦律十八种·徭律》规定："县为恒事及谳有为殹（也），吏程攻（功），赢员及减员自二日以上，为不察。上之所兴，其程攻（功）而不当者，如县然。度攻（功）必令司空与匠度之，毋独令匠。其不审，以律论度者，而以其实为繇（徭）徒计。"[4] 使用徭役兴建工程，必须做好详细规划"度功"，按实际核算工程用徭人数，如果估计不准确，人员过多或过少，要追究"不察"之罪，依法惩处，以确保工程计划。

四、规定农业耕种制度

秦汉为提高粮食产量，依法推广牛耕、铁犁耕等先进耕作技术和优良

---

[1]　《睡简》，第 53 页。
[2]　《校诂》，第 104 页。
[3]　《睡简》，第 47 页。
[4]　《睡简》，第 47 页。

品种。睡虎地秦简《秦律十八种·厩苑律》规定，每年要对"田牛"进行考核评比，成绩优秀的为"最，赐田啬夫壶酉（酒）束脯，为旱〈皂〉者除一更，赐牛长日三旬"，成绩不好的为"殿者，谇田啬夫，罚冗皂者二月"，以保证耕牛的质量。以优惠条件向农民提供铁制农具，"叚（假）铁器"，就是借用官府铁制农具用于耕作，即使铁器已用得破旧不堪使用，只要写出报告，即可核销，不要求赔偿。秦汉法律还规定县政府按单位面积为农耕者提供种子，种子由县政府仓库统一保管，配给农户，以保证种子的质量。这是依法保证农业生产的重要措施。《秦律十八种·仓律》规定："县遗麦以为种用者，殽禾以臧（藏）之。"[1] 县仓库保存优良种子，就是为了提供给农户。又规定县仓库发放种子的数量，按田亩的面积计算。"种：稻、麻亩用二斗大半斗，禾、麦亩一斗，黍、苔亩大半斗，叔（菽）亩半斗。利田畴，其有不尽此数者，可殿（也）。"[2] 根据每年田亩收粮的多少对耕种者进行奖惩，对农业产量低、收入数量少的要予以处罚。在银雀山汉简《田法》中有具体的处罚措施："卒岁田入少入五十斗者，□之。卒岁少入百斗者，罚为公人一岁。卒岁少入二百斗者，罚为公人二岁。出之之岁□□□□者，以为公人终身。卒岁少入三百斗者，黥刑以为公人。"[3]

五、规定畜牧林渔业管理制度

秦汉法律鼓励养殖马牛。马牛是军备物资，也是交通的主要工具，各级官吏都有配备，在《厩苑律》《田律》《仓律》《牛羊课》等经济法规中都有具体规定。睡虎地秦简《秦律十八种·仓律》记载，仓库储存有饲草，邮驿用的马由仓库供应饲草和谷粮料："驾传马，一食禾，其顾来有（又）一食禾，皆八马共。其数驾，毋过日一食。驾县马劳，有（又）益壶〈壹〉禾之。"[4] 张家山汉简《二年律令·金布律》规定国家养的马供应刍稿粮料的标准："马牛当食县官者，参以上牛日刍二钧八斤；马日二钧□斤，食一石十六斤，□□稿□。乘舆马刍二稿一。牸、玄食之各半其马

---

[1] 《睡简》，第 29 页。

[2] 《睡简》，第 29 页。

[3] 李明晓、赵久湘：《散见战国秦汉简帛法律文献整理与研究》，重庆：西南师范大学出版社，2011 年，第 140 页。

[4] 《睡简》，第 31 页。

牛食。仆牛日刍三钧六斤，犊半之。以冬十一月禀之，尽三月止。其有县
官事不得刍牧者，夏禀之如冬，各半之。□□日□刍一钧十六斤。□□马
日匹二斗粟、二斗叔（菽）。传马、使马、都厩马日匹叔（菽）一斗半
斗。"[1] 睡虎地秦简《秦律十八种·厩苑律》规定："将牧公马牛，马
【牛】死者"，官牧养牛马场若出现牲畜死亡，要向所在县级政府报告，派
人检验处理，饲养人员要到官府接受质询。每年县、都官要对牧养牛马进
行考课，"卒岁，十牛以上而三分一死；不【盈】十牛以下，及受服牛者
卒岁死牛三以上，吏主者、徒食牛者及令、丞皆有罪"[2] 对用马进行管
理，如违背律令用马，主管部门厩的长官啬夫要受到处罚，主管的令、丞
也要连坐。《秦律杂抄·猎律》规定："伤乘舆马，夬（决）革一寸，赀一
盾；二寸，赀二盾；过二寸，赀一甲。课驸驖，卒岁六匹以下到一匹，赀
一盾。志马舍乘车马后，毋（勿）敢炊饬，犯令，赀一盾。已驰马不去车，
赀一盾。肤吏乘马笃、挈（觢），及不会肤期，赀各一盾。马劳课殿，赀
厩啬夫一甲，令、丞、佐、史各一盾。马劳课殿，赀皂啬夫一盾。"[3] 张
家山汉简《二年律令·田律》规定："禁诸民吏徒隶，春夏毋敢伐材木山
林，及进〈雝〉堤水泉，燔草为灰，取产麛（麛）卵鷇（鷇）；毋杀其绳
重者，毋毒鱼。毋以戊己日兴土功。诸马牛到所，皆毋敢穿穽，穿穽及及
置它机能害人、马牛者，虽未有杀伤也，耐为隶臣妾。杀伤马牛，与盗同
法。杀人，弃市。伤人，完为城旦春。"[4] 这条律令规定，严禁砍伐山林，
严禁捕捉怀孕和幼小的鸟兽及毒杀鱼类，严禁伤害或杀伤马牛，通过这种
种方式促进农林牧渔业的发展，保护农业生态环境。

第五节　秦汉工商行政法

秦汉已具有一定的商业与手工业，对工商行政法的颁行提出了要求。
秦汉简牍中的行政法规定了商品、商人、货币、价格、度量衡、工商税务
等与工商行政相关的法律法规，从而保障工商活动的正常有序进行，为后

---

[1]《张简》，第66页。

[2]《睡简》，第24页。

[3]《睡简》，第86页。

[4]《张简》，第42—43页。

代工商业法律体系的健全和发展奠定了基础。[1]

一、商品质量法

商品是市场交易的客体，秦汉简牍中的行政法对采矿、冶铁，农具、兵器制造以及陶器、漆器、纺织品、畜牧农产品、珠宝玉器等手工业产品进入市场都有严格的质量要求，产品有规格和标记，对商品质量进行监督和检查。睡虎地秦简《秦律十八种·工律》规定产品的规格："为器同物者，其大小、短长、广亦必等。"[2] 里耶秦简记载有"御史问直络裙程书"（8-153），[3] 在这条文书中，"直络裙程"就是置办络裙的一般产品要求。洞庭郡上报络裙标准的文书，由御史丞去疾将原有制书附加在御史书前下发给洞庭郡；洞庭郡在接收到了御史书后，逐级下发到各县；迁陵县临时县丞色在接收到文书后，向县少内发布文书，要求文书由少内的"金布"开启。县少内是县级政府管理财政经济的部门，负责执行中央御史府下到郡级政府的产品质量要求。《秦律杂抄》规定，生产部门不得擅自生产制造计划外的其他产品，"敢为它器，工师及丞赀各二甲"。《秦律十八种·工律》规定："公甲兵各以其官名刻久之，其不可刻久者，以丹若鬃书之。其叚（假）百姓甲兵，必书其久，受之以久。入叚（假）而（而）毋（无）久及非其官之久也，皆没入公，以赀律责之。"[4] 生产的产品都要"久刻"，刻上负责生产的官府名称，不能刻字的产品，要用不易脱落的丹或漆书写上，作为官有产品的标记，也相当于产品的商标，是产品质量的保证。《秦律十八种·效》规定："公器不久刻者，官啬夫赀一盾。"[5] 所

---

[1] 关于秦汉工商行政法的研究，已有的研究成果主要有张中秋的《汉代工商贸易法律叙论》，《南京大学学报》，1995 年第 4 期；黄今言的《秦汉城区市场的建设与组织管理》，《秦汉经济史论考》，北京：中国社会科学出版社，2001 年；黄今言的《论两汉时期的农村集市贸易——以乡市、里市研究为中心》，《中国经济史研究》，1999 年第 4 期；朱筱新的《从云梦秦简看秦代市场管理》，《中国文物报》，1998 年 6 月 10 日第 3 版，1998 年 6 月 17 日第 3 版；罗鸿瑛的《我国古代关于市场管理的法律规定》，《现代法学》，1989 年第 1 期。

[2] 《睡简》，第 43 页。

[3] 《里简》，第 93 页。

[4] 《睡简》，第 44 页。

[5] 《睡简》，第 59 页。

有官用产品如没有"久刻"者，要处罚管理生产的官吏。《秦律十八种·金布律》规定："布袤八尺，福（幅）广二尺五寸。布恶，其广袤不如式者，不行。"[1] 就是市场上出售布匹，规定其长为八尺、宽度为二尺五寸；不符合标准者，不得进入市场。张家山汉简《二年律令·□市律》规定："贩卖缯布幅不盈二尺二寸者，没入之。"[2] 对销售中的缯布幅不够标准者，官府有权没收。奖励举报不合格产品，官府可将不合格产品作为奖励给予检举人。《二年律令·贼律》规定："诸食脯肉，脯肉毒杀、伤、病人者"，要及时焚烧，如隐匿不处理，对相关人员要惩处，"皆坐脯肉臧（赃），与盗同法"。[3]

二、工商税法

秦汉简牍中的行政法规定，对工商业者要征收工商市场交易税、产品税，所有营业费最终要逐级上交到县、郡、中央。

秦汉工商业者都要办理营业审批手续即经商的证件。睡虎地秦简《法律答问》规定，从事商业活动必须到官府办理审批手续，称为"布吏"，未登记批准的商人是违法的。张家山汉简《二年律令·金布律》规定了各种矿业经营税与矿产品等手工业产品税的税额及征收办法：私人用济水和汉水或井水煮盐的要交税，"县官取一，主取五"；租用官府的生产工具采银的，产出的银交税二钱；开采铁矿的，交五分之一的税；开采铅矿的，交十分之一的税；开采金矿租给他人的，每人每日交十五分之二铢税。[4]《金布律》还规定，官府所征收的市场租赁费、抵押钱、户赋税、园池税，官府人员"勿敢擅用"，都要上交给主管的县、道官，该县、道官每季度三个月一次上报金钱数目给郡守，郡守再上报给中央丞相、御史。[5]《二年律令·□市律》规定，"市贩匿不自占租，坐所匿租臧（赃）为盗"，[6] 就是工商业者偷税漏税和申报资产纳税不实，不但要没收其所贩卖货物和买卖所收款项，取消其在市场的店铺，还要按坐赃为盗处罚，以严惩不法

[1]《张简》，第36页。
[2]《张简》，第44页。
[3]《张简》，第11页。
[4]《张简》，第68页。
[5]《张简》，第67页。
[6]《张简》，第44页。

工商业者和市场管理者的违法失职。若管理市场的列长、伍人未向官府告发的，各处罚金一斤。市啬夫、市场的主管官员没有发现此种情形的，各处罚金二两。在市场上搞欺诈行为而获取他人财物者，及在买卖交易中搞欺诈行为者，"皆坐臧（赃）与盗同法"，其罪在耐刑以下的都流放边远地区。睡虎地秦简《秦律杂抄》规定："吏自佐、史以上负从马、守书私卒，令市取钱焉，皆迁（迁）。"[1] 就是法律还严禁官吏从事商业营利活动，否则处以流放之刑。

三、度量衡法

秦汉简牍中的行政法规定了度量衡的标准和校验，对市场的计量工具进行监督管理。首先，作为参照标准的精确度量衡藏之于官府。睡虎地秦简《秦律十八种·内史杂》规定："有实官县料者，各有衡石嬴（累）、斗甬（桶），期躔。计其官，毋叚（假）百姓。不用者，正之如用者。"[2] 储藏谷物的官府需要称量的，都应备有衡石的权、斗桶，以足用为度。这些器具在官府中使用，不要借给百姓。即使不用的器具，也要和使用的一样校正准确。其次，官府对通行的度量衡要定期检核。《秦律十八种·工律》规定："县及工室听官为正衡石嬴（累）、斗用（桶）、升，毋过岁壶〈壹〉。有工者勿为正。叚（假）试即正。"[3] 这条法规明确了度量衡的检核、核正是由有关官府执行，主管手工业的县和工室没有权力核校度量衡，每年至少要核对一次。又次，规定了度量衡的误差系数和对失职官吏的惩处措施。睡虎地秦简《效律》规定了对度量衡"不正"的处罚。衡器方面，石（重量120斤，1920两）误差十六两，主管部门的长官啬夫处以赀一甲的处罚；误差八两，处以赀一盾的处罚。量器方面，桶（10斗，100升）误差两升以上，对主管部门的长官啬夫处以赀一甲的处罚；误差一升，处以赀一盾的处罚。斗（10升）误差半升以上，对主管部门的长官啬夫处以赀一甲的处罚；误差不到半升，处以赀一盾的处罚。钧、斤、铢、升、两不正，均根据误差大小施以处罚。黄金衡累不准，误差少半铢以上（四

---

[1] 《睡简》，第82页。
[2] 《睡简》，第63页。
[3] 《睡简》，第43页。

十八分之一两），处以赀一盾的处罚。[1]

四、物价法

明码标价是管理物价的一种有效方式。秦汉简牍中的行政法规定，许多商品的价格，由政府统一规定，例如睡虎地秦简《秦律十八种·司空律》规定，粮食价格是"石卅钱"。在市场上出售商品，要明码标价。例如《秦律十八种·金布律》规定，"有买（卖）及买殹（也），各婴其贾（价）"。[2]"婴"就是悬挂。买卖商品都要明码标价，让顾客看到真货实价。官府会对市场价格进行"平贾"，抑制豪强富商操纵物价，垄断市场。如居延汉简有"律曰：臧官物非钱者，以十月平贾计"（4·1），[3]就是以十月的评估价格计算。

五、货币法

秦汉货币包括金属钱币及布、金、谷，全国专设工官、铁官，管理矿山的开发和货币的铸造。秦汉简牍中的行政法对钱币的质量和币值都规定了标准，毁销铜钱、制作假金的要处以极刑，私人造钱币即"盗铸钱"的要处以死刑。鼓励检举揭发"盗铸钱"，知而不举，各级官吏节级都要连坐，受到处罚。睡虎地秦简《封诊式》就记载了捕获"盗铸钱"者的案件，最终将人与钱、钱范押送至官府。

（一）规定了货币的规格和比价，严禁使用假币。

睡虎地秦简《秦律十八种·金布律》规定了布的规格：秦尺长八尺，宽二尺五寸。如果面积与质地不合规格，禁止流通。布与钱的比例是一比十一，"钱十一当一布"。带出国境的钱，要折算成黄金和布："其出入钱以当金布，以律。"在交易中，不得拒收钱、布。《金布律》还规定，官府对"钱善不善，杂实之"，就是要鉴别钱的好坏，把质量好与坏的钱搭配在一起强令通行，在交易过程中百姓不得拒用；商人对钱、布两种货币不能有所选择，"毋敢择行钱、布"，不能拒绝使用任何一种作为货币流通，否则不仅对商人要治罪，对各级官吏也要追究刑事责任，"择行钱、布者，

---

[1]　《睡简》，第 69－70 页。
[2]　《睡简》，第 37 页。
[3]　《合校》，第 4 页。

列伍长弗告，吏循之不谨，皆有罪"。[1] 张家山汉简《二年律令·钱律》对货币质量的管理有更为详细的规定："钱径十分寸八（十分之八寸）以上"，虽有残损，但字迹可辨、没有断碎及不是铅制的钱，均可以流通；若黄金不是青赤色的，则为质量较差的"行金"，如果胆敢选择使用而不使用流通的金，要处罚金四两。[2]

（二）规定了货币保管和储存制度。

睡虎地秦简《秦律十八种·金布律》规定了郡县内的各种生产利润每年要上交到少内，少内还负责货币的支出。"官府受钱者，千钱一畚，以丞、令印印。不盈千者，亦封印之。钱善不善，杂实之。出钱，献封丞、令，乃发用之。百姓市用钱，美恶杂之，勿敢异。"[3] 这条律令规定，县官府管辖的所有生产收入的金钱都要上交县政府的少内，由县、丞、令封印库存；支出时，要把印封呈献丞、令，才能发出。

（三）严禁销毁、伪造和盗铸货币。

张家山汉简《二年律令·钱律》规定，对于销毁货币为铜、伪造黄金、私自铸造假币的，要分别处以"坐臧（赃）为盗""黥为城旦舂"和"弃市"的刑罚。若县尉、尉史、乡部、官啬夫、士吏、部主者（主管官吏）没有抓到犯罪人，要各处以"罚金四两"。即使谋划盗铸钱，已有器具而没有铸，或者为盗铸者提供器具，都要处以"黥为城旦舂"的刑罚。如果"智（知）人盗铸钱"，或为其提供材料，或故意使用私铸的假币，都要杀头。如果能够抓捕盗铸钱者及其帮凶，都要给予奖赏，"死罪一人，予爵一级"。[4]

第六节　秦汉财务行政法

秦汉简牍中的《仓律》《金布律》《传食律》《内史杂》《工律》《关市律》等行政法律文书，规定了对钱财和实物进行管理的财务行政制度，包括财务管理的资金收入、预算、支出，会计、审计、检查监督，物资的采购、保管和领用等制度，以保证合理利用物资和资金，防止官吏假公济私、

---

[1] 《睡简》，第35—36页。
[2] 《张简》，第35页。
[3] 《睡简》，第35页。
[4] 《张简》，第35—36页。

化公为私，严禁盗窃国有财产及公共财物，从而为行政管理提供物质保障，这反映了秦汉行政法严于理财的特点。

一、簿籍：会计原始凭证

秦汉简牍中的行政法规定，地方基层政权对财务出入账目事项和保管情况要有规则地造籍登记下来，用适当的方式归类整理和核算，并制作成簿籍。"簿"就是物簿，与钱财相关；"籍"就是名籍，与人名或物名相关。这些簿籍都是财务收支的原始记录，是会计的原始凭证，为会计核算、盘点提供依据，也是上级拘校、审计下级财务工作的依据。

从简牍中的簿籍内容来看，主要有钱谷和器物两大项目，这是会计核算的主要项目，如钱谷出入簿籍，铁器、兵器、守御器等簿籍，车、马、鸡等簿籍。从簿籍的时间上讲，有日簿籍、月簿籍、季簿籍、岁簿籍。从簿籍的用途上讲，有原始记录凭证、出入账籍簿、财物核算簿籍。一是钱谷簿籍。睡虎地秦简《秦律十八种·仓律》规定："入禾稼、刍稿，辄为廥籍，上内史。"[1] 这里的"廥籍"，就是仓籍，即谷物、刍稿出入仓的簿籍，都要上报给中央财政管理机构内史。张家山汉简《二年律令·金布律》规定官府征收的市租、质钱、户赋、园池收入的钱都要严格登记簿籍，盖上县令、丞的印章后入库保存。二是器物簿籍。有国家工作人员衣服供应多少的账簿记录，如"已稟衣，有余褐十以上，输大内，与计偕"。（《秦律十八种·金布律》）[2] 有地方官吏把"一岁马、牛它物用稿数，余见刍稿数"的簿籍上报给中央财政部门内史。（《二年律令·田律》）[3] 有县级政府上报郡守登记垦田数额的簿籍，如"县道已狼（垦）田，上其数二千石官"。（《二年律令·田律》）[4] 有分户立籍的户籍原始凭证，如"民欲先令相分田宅、奴婢、财物，乡部啬夫身听其令，皆参辨券书之，辄上如户籍"。（《二年律令·户律》）[5]

从简牍中的簿籍时间来看，有日、月、季、岁账簿。例如，"谨移吏日

---

〔1〕《睡简》，第 27 页。
〔2〕《睡简》，第 41 页。
〔3〕《张简》，第 44 页。
〔4〕《张简》，第 42 页。
〔5〕《张简》，第 54 页。

迹簿一编"(《新简》E.P.T 48:2),[1] 这是工作日报簿；"谨移部吏卒廪
七月食名籍一编"(《新简》E.P.T 43:6),[2] 这是发放吏卒粮食的月报名
籍；"租、质、户赋、园池入钱县道官"，"三月壹上见金、钱数二千石官"
(《二年律令·金布律》),[3] 这是县上报郡级政府收入的季报簿，又称"四
时簿"。《秦律十八种·仓律》说："县上食者簿及它费太仓，与计偕。"[4]
"计"就是计簿，秦汉的岁计以当年十月至来年九月为一年度计算，计簿
与每年十月从地方层层上报中央的"食者簿及它费"，"禀衣，有余褐十以
上"的衣服簿，应该就是每年上报的岁簿。

二、计簿：会计核算报告

秦汉简牍中的计簿，又称"集簿"，是会计对户口、垦田、钱谷、财物、
刑狱等各种财务簿籍的核算簿或会计核算报告。张家山汉简《二年律令》中
有多处记载计簿的情况，《收律》有"以临计"，《置吏律》有"县道官之
计"，《行书律》有"郡县官相付受财物当校计者书"。这里的"计"都是指
计簿，内容不仅有经济的收入情况，还有户口、土地、经费收支等账簿的
核算。江苏东海尹湾汉墓出土的《集簿》即为计簿，其基本内容为政区、
吏员、户口、土地、钱谷五项，都与国有财物的收支管理有关。计簿作为
财务的会计核算簿或会计核算报告，要上报行政机关，主要是为考核各级
行政机关官吏的政绩、考核和检查各级政府财务收支的情况提供依据。[5]

三、校簿：财务审计报告

秦汉简牍中的财务审计就是对会计核算账簿的审查核实、对库存物资的清
点核验，简文称为"校""效""拘校"，审计的结论形成"校簿""效簿"。
张家山汉简《二年律令·行书律》有"郡县官相付受财物当校计者书，皆
以邮行"的记载,[6] 说明校簿与计簿一样，是财务文书的一种。《二年律

---

[1] 《新简》，第130页。

[2] 《新简》，第100页。

[3] 《张简》，第67页。

[4] 《睡简》，第28页。

[5] 《尹简》，第77—78页。

[6] 《张简》，第47页。

令·效律》中对会计核算和财物清点有明确的法律规定：县道官在新旧官员交接时以及官员任满三年时，"二千石官遣都吏效代者"，"案效之"，[1] 这里"案效"就是"效"，核验的意思，即郡守要派都吏去该属县进行财物清点与核算，向新任长吏交代，相当于现在的离任审计。对计簿的"校"就是审核计簿，审核的结果就是"校簿"。睡虎地秦简《效律》规定，"计校相缪（谬）"，就是如果发现会计官员计簿核算出现差错，与校簿不一致，有关官吏要根据失误的大小多少赔偿和受到惩罚，"自二百廿钱以下，谇官啬夫"。[2]《效律》还规定，"为都官及县效律：其有赢、不备，物直（值）之，以其贾（价）多者罪之，勿赢（累）。官啬夫、冗长皆共赏（偿）不备之货而入赢"。[3] 这是审核都官和县的物资与财产，如果有剩余或不足，官府的长官和众官吏要将多余的财物上缴，或共同赔偿损失。"计用律不审而赢、不备，以效赢、不备之律赀之，而勿令赏（偿）。"（睡虎地秦简《效律》）[4] 因会计人员审查不严造成财物收支簿籍与会计核算计簿不相符，对主管领导、部门长官、主管官吏、会计人员都要依法惩处，但不令其赔偿。"计脱实及出实多于律程，及不当出而出之"（《效律》），[5] 就是会计账目不足或超出实际支出数，都要估其价值进行赔偿。这些法律条文说明当时对会计记录、会计核算的审计是比较严格的。在简牍中有大量校对账簿的文书，如，"校计相除，官负啬夫郎钱八百卌"（《悬简》Ⅱ0214①：127），[6] 就是核查计簿的结果校簿与账簿相对比，候官欠啬夫八百四十钱。审计还要到被审核单位实地盘存实物，以检验账簿的真实性。如简牍所见审计文书记载，"冣（最）凡"就是总共收入粟"二千五百九十石七斗二升少"，"凡出"就是支出粟"千八百五十七石三斗一升"，现在剩余粟"七百卅三石四斗一升少"，"校见粟得"，就是校簿中核校出来的粟有"七百五十四石二斗"（142·32A、B）。[7]

---

〔1〕《张简》，第 56 页。

〔2〕《睡简》，第 76 页。

〔3〕《睡简》，第 69 页。

〔4〕《睡简》，第 75 页。

〔5〕《睡简》，第 76 页。

〔6〕《悬简》，第 54 页。

〔7〕《合校》，第 236—237 页。

四、严禁贪污浪费公有财产

秦汉简牍中的行政法规定要严惩官吏假公济私、化公为私，盗窃国有财产及公共财物的违法行为，对盗窃、毁坏、挪用公共财物者都要按盗窃罪，以"坐赃罪"论处。张家山汉简《二年律令·金布律》规定："亡、杀、伤县官畜产，不可复以为畜产，及牧之而疾死，其肉、革腐败毋用，皆令以平贾（价）偿。入死、伤县官，贾（价）以减偿。亡、毁、伤县官器财物，令以平贾（价）偿。入毁伤县官，贾（价）以减偿。县官器敝不可缮者，卖之。"〔1〕这些律令规定，损坏公共财物，亡失、杀害或杀伤官府的畜产，亡失、损毁、破坏官府财物，皆令以平价赔偿；即使官府财物有破损而不可修理的，也要由官府来卖掉，不能私自处理。《敦煌悬泉汉简释粹》有一条悬泉置代理丞上报县廷的文书，曰："乃厩啬夫张义等负御钱，失亡县官器物，当负名各如牒，谨遣厩佐世收取，七月□□唯廷以□□敢言之。"（Ⅱ0115④:87)〔2〕文中的"负御钱"，就是欠驿置经费，"失亡县官器物"，就是遗失损坏官物，都要上报论定责任并按价钱分摊赔偿。秦律中也规定私自将公物借给他人就是犯罪，毁坏公物的要按价赔偿。睡虎地秦简《秦律十八种·工律》规定："毋擅叚（假）公器，诸擅叚（假）公器者有罪。毁伤公器及□者令赏（偿）。"〔3〕《二年律令·盗律》规定，对"私自假"公物要处以罚金四两，如果是私自假借钱金、布帛、粟米、马牛等物，"与盗同法"，要以坐赃罪论处。居延汉简中可见"盗所主守燧县官惊糒四斗五升□"（E.P.T 52:339),〔4〕其中的"盗所主守"是法律上的"主守盗"罪，就是主管领导利用职权之便贪污国家或人民财物的行为。张家山汉简《奏谳书》之十五有"吏盗，当刑者刑，毋得以爵减、免、赎",〔5〕这是指官吏盗窃，罪行要加重，判决不能以爵位减免赎刑。秦汉简牍中的法律严禁官吏利用职务之便浪费官有钱物，睡虎地秦简《法律答问》有"府中公金钱私貣用之"，就是放散官钱物，构成赃罪，"与盗

---

〔1〕《张简》，第68页。
〔2〕《悬简》，第71页。
〔3〕《睡简》，第45页。
〔4〕《新简》，第251页。
〔5〕《张简》，第98页。

同法"。[1]《二年律令·传食律》规定，"为传过员，及私使人而敢为食传者，皆坐食臧（赃）为盗"，[2] 就是私自利用公费招待客人或以超过法律规定的标准招待客人，按照食费用的多少以坐赃为盗论罪。

第七节 秦汉交通通讯行政法

秦汉简牍《行书律》《传食律》《关津令》等律文，对邮驿、符传、关津、车马、运输、行书、通讯进行管理，形成了一套比较完整的交通通讯行政法律制度。

一、规定邮传行书制度

秦汉简牍中传送书信的交通通讯机构是邮驿，而邮传管理是秦汉行政管理工作的一部分，从中央到地方由丞相府（或御史府）、郡国、县道的行政长官负责，邮传系统的基层管理人员通常由郡县政府直接任命安排。在全国交通驿道上邮与传（置）的设置是交叉搭配的，十里一邮，三十里一传（置）。驿是马骑为主的信息传递方式；置，实际上是邮传信使的中途休息站；邮指那些短途的步行传书方式。邮亭是短途步行投递书信的机构，亭也作为步行传信使的转运和休息站。邮亭的通信业务是大量的。简中常见的"以邮行"就是步递，"马行"是驿马传递，"驰行"是快马传递急件。驿置，又称驿站，是指长途传递信件文书的设施，通常以轻车快马为主，一般为三十里设一驿置，站内备有驿马和粮草。张家山汉简《二年律令·行书律》规定：邮站设置及规模是根据邮站所在地点的人口、经济、行政情况而确定，一般是十里设置一邮；南郡长江以南地区，二十里设置一邮。一邮设置十二室，每户出一人，行政工作繁忙的长安广邮多达二十四户，传达军事情报的警事邮就有十八户。治安情况不好及靠近边境不可置邮的地方，令门亭卒、捕盗代送。边郡北地、上郡、陇西三十里设置一邮。[3] 邮室皆准备草席及水井、磨具，为办事官吏提供住宿和饮食。秦汉简牍中的行政法根据文书、邮驿的种类，对邮传行书的时间、程限做了不

---

〔1〕《睡简》，第101页。

〔2〕《张简》，第40页。

〔3〕《张简》，第45—47页。

同的规定，称为"当行"，实际行程的速度称为"定行"，按规定的程限完成称作"中程"，要求官文书的传达必须及时、迅速，以提高行政文书的传递效率。秦汉每日是十六时制，规定了每时的行程，步行传递大约每时行 10 里，称为"传行"。简文记载，元康元年（公元前 65 年）十一月甲午日馈半时，临泉亭长彭倩接受文书，到乙未日入时送到西门亭长步安，路程总长"百廿四里廿步，行十二时，中程"（ⅡT0213③: 26），[1] 用时 12 时，行 124 里（汉里）20 步，"中程"就是符合文书传递的速度要求。依法规定了每日的程限，分为邮人步行传递和邮驿马传递的每日程限。步行传递的程限为每日 160 里到 200 里。《二年律令》有"邮人行书，一日一夜行二百里"（《行书律》），[2] 居延新简有"官去府七十里，书一日一夜当行百六十里"（《新简》E.P.S4T 2∶8A）。[3] 邮驿传递每日 400 里至 1000 里，称为"邮行"。《二年律令·行书律》规定："诸狱辟书五百里以上，及郡县官相付受财物当校计者书，皆以邮行。"[4] 而传送货物的车则行得更慢，《二年律令·徭律》规定："事委输，传送重车重负日行五十里，空车七十里，徒行八十里。"[5] 对于文书信息传递稽留、不按程限的，要依法严惩。睡虎地秦简《秦律十八种·行书律》规定，急件要件要立即传送，不急的也要当日完成，不得停留，"留者以律论之"。《二年律令·行书律》规定，发放券书及有送传的任务，"若诸有期会而失期"，若妨碍公务要处"罚金二两"，"不以次"，"罚金四两"。若没有妨碍公务，文书已准备好却因滞留没有传送，按滞留天数处以罚金。《行书律》还规定，邮人行书"不中程"，超过期限的要求，按滞留的天数处罚："行不中程半日，笞五十；过半日至盈一日，笞百；过一日，罚金二两。"[6]

二、规定驿置传舍招待服务制度

简牍中的《传食律》是秦汉时期驿置传舍系统为执行公务的官吏及随

〔1〕 张俊民：《敦煌悬泉汉简所见的亭》，《南都学坛》，2010 年第 1 期，第 10—12 页。
〔2〕 《张简》，第 46 页。
〔3〕 《新简》，第 554 页。
〔4〕 《张简》，第 47 页。
〔5〕 《张简》，第 64 页。
〔6〕 《张简》，第 46 页。

员提供交通、食宿、接待等服务与保障的重要行政法律制度，在秦汉行政体系中占据比较重要地位。"传"，又称为"传舍"，秦汉时具有国家招待所的性质，是为过往官员提供饮食、住宿和车马服务的场所。睡虎地秦简《秦律十八种》、张家山汉简《二年律令》都保存了《传食律》。《秦律十八种·传食律》规定了各地驿站供应往来官吏的伙食标准，分为三等：上造二级爵到佐、史以及卜、史、司御、寺（侍）、府等官吏出差，"粝米一斗，有采（菜）羹，盐廿二分升二"，是下等伙食；不更四级爵到谋人三级爵，"粺米一斗，酱半升，采（菜）羹，刍稿各半石。宦奄如不更"，是中等伙食；官大夫六级爵到大夫五级爵，"食粺米半斗，酱驷（四）分升一，采（菜）羹，给之韭葱"，是上等伙食。[1]《秦律十八种·仓律》规定："有事军及下县者，赍食，毋以传贰（贷）县。月食者已致禀而公使有传食，及告归尽月不来者，止其后朔食，而以其来日致其食；有秩吏不止。驾传马，一食禾，其顾来有（又）一食禾，皆八马共。其数驾，毋过日一食。驾县马劳，有（又）益壶〈壹〉禾之。"[2] 这几条仓律规定了不能使用传食的条件：一是到属县和军中办事的要自带口粮，不得以符传借取所到县的饭食；二是按月领取口粮的人员，粮食已经发给，而因公出差由驿站供给饭食，以及休假到月底而不归来，应停发下月口粮；三是每次驾用传马，喂饲一次粮食，回程再喂一次，都要八匹马一起喂，如果连驾几次，不得超过每天一次喂粮。《二年律令·置吏律》规定，凡是郡守、县道官"言边变事急者"上奏文书及官吏调动、官吏新上任等，"皆得为驾传"。[3] 也就是规定都要由驿站为他们提供马车。《二年律令·传食律》具体规定了应该给传食的条件、数量、供应办法。按官品秩级确定传食的人数，二千石不超过十人，一千石到六百石不超过五人，五百石以下到二百石不超过二人，二百石以下一人。[4] 简牍中有大量按律令规定提供传食的文书，如建平四年（公元前3年）五月壬子，中央御史府下达到地方政府要求为敦煌玉门都尉忠赴任提供住宿、车驾服务的文书，"为驾一乘传，

---

〔1〕《睡简》，第60页。
〔2〕《睡简》，第31页。
〔3〕《张简》，第37页。
〔4〕《张简》，第40页。

载从者", "承书以次为驾，当舍传舍，如律令"。[1]《传食律》还规定，严禁"私为传食"：对已发传食而不能到达目的地的人员不能再增加传食；法律规定不应该传食、发传人员超过规定人数、不是公务人员一律不准给传食，否则就是"私为传食"罪，不但要求按照招待费用的多少赔偿，还要"坐食臧（赃）为盗"，就是按盗窃公物罪论处。[2]

三、规定交通出行符传制度

简牍中的"符传"，又叫"验"，是身份证明和通行凭证，用来验明正身和通行交通关津。官府有交通运输、传送文书信息的任务和官吏出行办理公事，都要颁发通行的凭证符传。秦汉时交通要津都设置了关卡，限制非法通行，必须经官府许可持有符传通行证才能通行；官吏出行办理公务，所经郡县都要提供传食服务，按官吏级别供应，由官府颁发符传证明，为接待提供依据。睡虎地秦简《封诊式·迁子》："令吏徒将传及恒书一封诣令史，可受代吏徒，以县次传诣成都，成都上恒书太守处，以律食。"[3]吏徒携带通行凭证及恒书到成都送文书，成都按律供应食宿。睡虎地秦简《法律答问》："发伪书，弗智（知），赀二甲。今咸阳发伪传，弗智（知），即复封传它县，它县亦传其县次，到关而得，今当独咸阳坐以赀，且它县当尽赀？咸阳及它县发弗智（知）者当皆赀。"[4]有人使用伪造通行证，咸阳没有发现，传到其他县次也未发现，皆应罚款。[5]

交通通讯中的通行证符和传是两种东西。符是证件，传是文书；符为主件，传为辅件。两者相互配合，方能起到凭证的作用。睡虎地秦简《法律答

---

〔1〕《悬简》，第 38 页。

〔2〕 参看郭志勇：《秦汉传食制度考述》，郑州大学硕士研究生论文，2013 年；赵克尧：《汉代的"传"、乘传与传舍》，《江汉论坛》，1984 年 12 期；高荣：《秦汉邮驿的管理系统》，《西北师大学报》（社会科学版），2004 年第 4 期；侯旭东：《传舍使用与汉帝国的日常统治》，《中国史研究》，2008 年第 1 期。

〔3〕《睡简》，第 155 页。

〔4〕《睡简》，第 107 页。

〔5〕 参看黄今言：《汉朝与边境少数民族的关市贸易》，《中国社会经济史研究》，1999 年第 4 期；彭年：《汉代的关、关市和关禁制度》，《四川师范大学学报》，1987 年第 4 期；李均明：《汉简所反映的关津制度》，《历史研究》，2002 年第 3 期。

问》有这样一条："'客未布吏而与贾，赀一甲。'可（何）谓'布吏'？诣符传于吏是谓'布吏'。"[1] 客是邦客，即其他国家的人。邦客要进边关入国内经商，必须持有符传。在他们把符传交给官吏查验以前，任何人不许和他们贸易。他们的符传应当是边地行政机关或边地关津发给的。秦汉时人们要出关也要有符传，符传则由内地行政机关发给。《二年律令·津关令》规定，出入边塞津关者必须持有出入边塞津关的凭证符传，"阑出入塞之津关"，即无符传出入边塞津关者，将处以"黥为城旦舂"的刑罚。[2]

简文中有关于"符"的实例。《居延汉简》记载："始元七年闰月甲辰，居延与金关为出入六寸符，券齿百从第一至千，左居官，右移金关符合以从事。第八。"（65·7）[3] 这条简文记载，符是长六寸的竹券，分左右两半，两符相合就起了证明的作用。符的相合依靠齿，符有多达上百的齿，就使得伪造颇不容易。而且符有编号，各号的齿形又多有变化。肩水金关是居延通往内地的必经关口，造了一千支符，右半符放在金关，左半符存于居延县府，以便发放给进关者。由县发给的左半符，要写明领取者的名、县、爵、里，甚至身长、物色，以备关口查验。居延汉简中有详细记载符的使用，如金关简家属符："永光四年正月己酉，橐佗吞胡燧长张彭祖符：妻大女昭武万岁里□□年卅二，子大男辅年十九岁，子小男广宗年十二岁，子小女女足年九岁，辅妻南来年十五岁。皆黑色。"（29·2）[4] 这则符是燧长张彭祖全家的身份证，符与户籍簿类似。

居延简中也有关于"传"的实例。如：

（1）永始五年闰月己巳朔丙子，北乡啬夫忠敢言之：义成里崔自当，自言为家私市居延。谨案，自当毋官狱征事，当得取传，调移肩水金关、居延县索关，敢言之。闰月丙子，觻得丞彭移肩水金关、居延县索关。书到，如律令/掾晏，令史建。（15·19）[5]

（2）元康二年正月辛未朔癸酉，都乡啬夫☑，当以令取传，调移过所县道河□。正月癸酉，居延令胜之、丞延年☑。印曰居延令印

————————————

[1]《睡简》，第137页。
[2]《张简》，第83页。
[3]《合校》，第113页。
[4]《合校》，第44页。
[5]《合校》，第24页。

（背）。（213·28A，213·44A、B）[1]

这是两份传，一份是鱳得县发的出关去居延的传，一份是居延县发的进关去内地的传。两份传的格式相同，内容分作两部分：一部分是乡啬夫致县府的上行文书，证明取传人"毋官狱征事，当得取传"；一部分则是县的令丞致关津的下行文书，要求"如律令"，就是按照律令的规定通关。传上盖有县令或者县丞的印。简牍中还有因公出差所用的"传"，如"酒泉库令安国以近次兼行太守事、丞步迁，谓过所县河津，请遣□官持□□□钱去□□取丞从事金城、张掖、酒泉、敦煌郡，乘家所占畜马二匹，当传舍从者如律令/掾胜胡、卒史广"（313·12A）。[2] 这份传是酒泉太守为派官去金城、张掖、酒泉、敦煌办事而发的，因公出差的人可以凭借证件传住"传舍"，传舍不仅留宿，还要供给饭菜，而且连其随从也须招待，"从者如律令"。在津关负责交通检查的官吏要对持符传通行的人进行严格的检查，核实真伪，依法通过。例如，《二年律令·均输律》规定："船车有输，传送出津关，而有传啬夫、吏，啬夫、吏与敦长、方长各□□而□□□□发□出□置皆如关。诸（？）行（？）津关门（？）东（？）☒□□。"[3] 这条律令规定，车船运送货物，持传走出关津，关津的啬夫、吏要进行检查。

四、规定交通通讯设施管理制度

秦汉简牍中的行政法重视交通通讯设施建设。《二年律令》规定："田广一步，袤二百卌步，为畛，亩二畛，一佰（陌）道；百亩为顷，十顷一千（阡）道，道广二丈。恒以秋七月除千（阡）佰（陌）之大草；九月大除道□阪险；十月为桥，修波（陂）堤，利津梁。虽非除道之时而有陷败不可行，辄为之。乡部主邑中道，田主田道。道有陷败不可行者，罚其啬夫、吏主者黄金各二两。□□□□□及□土，罚金二两。"（《田律》）[4] 这条律令规定了田间的道路宽二丈，每年九月份要修治道路，十月份修桥，并修缮陆路往来所必须经过的关卡。如果路有毁坏、坎坷不平，不可通行时，

---

[1] 《合校》，第332页。

[2] 《合校》，第496—497页。

[3] 《张简》，第39页。

[4] 《张简》，第42页。

还要随时修整。乡级政府主管部内城邑交通道路的修治，田啬夫主管修治田间道路。若桥梁关津毁坏，道路坎坷不平，不能通行，而修建不及时，要处罚啬夫、主管官吏各黄金二两；私自侵占或毁坏公用道路，也要处罚黄金二两。这是我国最早的交通设施法规。《敦煌悬泉汉简释粹》五九条记载："□□□□□□领库以私印行事，仓啬夫广汉行丞事，告尉谓督送隧史禹、亭长宾等写移书到，各缮治道桥，谨过军书、邮书，吏常居亭署，毋令有谴，毋忽。如律令。/掾舜、令史奉亲。三月，西域印人佰以来。"（V1309④：40）〔1〕这当为县廷所发之文书，要求按律令规定修缮沿途桥梁，以保证邮路畅通，吏员要坚守工作岗位，不要发生过错，不得疏忽大意，以免造成工作失误。

---

〔1〕《悬简》，第55—56页。

第十章　简牍中的秦汉行政法的特点、作用与地位

第一节　秦汉行政法的特点

秦汉简牍中有大量的行政法文献，规定了秦汉国家行政活动的规程和基本原则，确定了行政机关的设置和编制、官吏配置和职权分配，确认了国家机关的权责与相互关系以及官吏的选择、任免和奖惩办法，规定了行政管理各个部门、各级政府机关及职能机构行政权行使和运作的实体规则与程序规则，规定了对行政权力行使和运作进行监督的规范，成为秦汉国家行政机关工作的法律依据，也是行政工作人员在行政活动中必须遵循的准则。这些行政法规可以指导行政人员依法对国家的工商业、农业、财政经济、军事行政、外交事务、属邦事务、官吏任免、皇室警卫、社会治安、司法管理、徭役、交通、文化教育、宗教事务、卫生行政等进行行政管理。秦汉行政法规自成体系，涉及内容广泛，表现形式多样，规范类型齐全，讲究质量和效率，注重行政体制机制建设，"重治吏""严理财"，重视礼制，形成了比较严密的国家行政管理治理体系，提高了国家行政治理能力，从内容到形式保证了秦汉国家行政机关具有一定行政效率和水平，体现出秦汉"依法治国"的特点，在秦汉整个法律体系中占有重要的地位。可以说秦汉是中国律令制国家行政法的奠基时期。简牍中的秦汉行政法主要有以下四个特点。

一、形式多样，体系完整

秦汉行政法在机构设置、职官管理、社会事务管理等方面的法规丰富多样，但由于秦汉法典中诸法合体、民刑不分，以职官为纲的行政法典还没有出台，故行政法没有统一、完整的法典，法规条款大多混杂在刑法典

等各个部门、各种形式的法律法规中。简牍中的秦汉行政法内容主要体现在律、令、科、品、式等各种形式的法典中，体系相对完整，表现形式多样。[1]

律令是秦汉主要的行政法律形式，规定了国家机构及其行政运营方式等行政行为规范，邢义田先生用"律令代称秦汉行政遵循的一切法令规章"，[2] 是行政的主要依据。令是秦汉的行政规范，包括行政的细则和政府的政令，规定国家有关部门和工作人员的行为准则，并在行政过程中按律的相关规定处理。[3] 律是秦汉的刑事法律，规定一些行政应当怎样做或不应该怎样做的准则，也规定对不服从行政法令的违法行为进行处罚。

传世文献记载的秦律令较少，律主要是商鞅变法时依据魏国李悝的《法经》六篇（《盗法》《贼法》《囚法》《捕法》《杂法》《具法》），改法为律而制定的《盗律》《贼律》《囚律》《捕律》《杂律》《具律》等刑律，史称"秦律"。令有《垦田令》《为田开阡陌令》《分户令》等。而在简牍中有大量的秦代律令。1975 年 12 月，睡虎地十一号秦墓出土的《秦律十八种》和《秦律杂抄》中有《田律》《厩苑律》《仓律》《金布律》《关市》《工律》《工人程》《均工》《徭律》《司空》《军爵律》《置吏律》《效》《传食律》《行书》《内史杂》《尉杂》《属邦》《除吏律》《游士律》《除弟子律》《中劳律》《藏律》《公车司马猎律》《牛羊课》《傅律》《屯表律》《捕盗律》《戍律》29 种律文。岳麓秦简有 14 种律名，其中《狱校律》《奔警律》《兴律》《具律》不见于其他秦简牍；此外有《内史郡二千石官共令》《内史官共令》《内史仓曹令》《内史户曹令》《内史旁金布令》《四谒者令》《四司空共令》《四司空卒令》《县官田令》《食官共令》《给共令》《赎令》《安□居室共令》《□□□□又它祠令》《辞式令》《尉郡卒令》《郡卒令》《廷卒令》《卒令》《迁吏令》《捕盗贼令》《挟兵令》《稗官令》23 种秦令。其中涉及行政法的有：关于官吏选拔任用考核的法规《置吏律》《除吏律》《除弟子律》《中劳律》《效》《牛羊课》《军爵律》等，关于行政组织机构职能、权责的法规《内史杂》《司空》《尉杂》《属

---

[1]　王旺祥：《西北出土汉简中汉代律令佚文分类整理研究》，西北师范大学博士研究生学位论文，2009 年。

[2]　邢义田：《治国安邦：法制、行政与军事》，北京：中华书局，2011 年，第 5 页。

[3]　徐世虹：《出土法律文献与秦汉令研究》，王沛主编：《出土文献与法律史研究》，上海：上海人民出版社，2012 年，第 58—79 页。

邦》《公车司马猎律》及以各种职务命名的令，关于官吏权利、待遇的法规《传食律》《金布律》等，关于行政权力运作的法规《行书》等，关于经济财务行政法规的《田律》《厩苑律》《仓律》《金布律》《关市》《傅律》《徭律》等，关于军事行政法规的《屯表律》《戍律》等，关于治安司法行政法规的《尉杂》《捕盗律》《具律》等，关于手工业行政法规的《工律》《工人程》《均工》等，关于行政处罚法规的《盗律》《贼律》《捕亡律》《捕盗律》等。此外还有对律令进行解释的《法律答问》，也涉及不少行政法的理论原则问题，具有法律效力。特别是《为吏之道》记述了秦对官吏的各种要求与约束，具有明显的法律效力。

传世文献对汉代律令的记载也较少，清人薛允升有《汉律辑存》和《汉律决事比》，清末民初沈家本有《历代刑法考》和《汉律摭遗》，稍后的程树德《九朝律考》中有《汉律考》，考证了传世文献中的秦汉律令。汉律主要有《盗律》《贼律》《囚律》《捕律》《杂律》《具律》《兴律》《厩律》《户律》等《九章律》，以及《傍章》（《汉仪》）和《朝律》《越宫律》《大乐律》《尉律》《上计律》《酎金律》《左官律》《附益法》《见知故纵、监临部主法》《沈命法》等；汉令主要有《功令》《金布令》《宫卫令》《秩禄令》《品令》《祠令》《祀令》《斋令》《狱令》《棰令》《马复令》《胎养令》《养老令》《任子令》《缗钱令》《受所监临令》等。汉简中有大量的律令文献，江陵张家山二四七号汉墓出土的《二年律令》有《贼律》《盗律》《具律》《告律》《捕律》《亡律》《收律》《杂律》《钱律》《置吏律》《均输律》《传食律》《田律》《□市律》《行书律》《复律》《赐律》《户律》《效律》《傅律》《置后律》《爵律》《兴律》《徭律》《金布律》《秩律》《史律》27 种律，《津关令》1 种令。张家山三三六号汉墓法律竹简有功令 1 种，汉律 15 种，其中《迁律》《朝律》《囚律》是其他汉代简牍中所没有的。居延汉简中有《田律》《捕律》《具律》和《絜令》《祠令》《功令》《禄秩令》《尊老养老令》《会计令》《婚嫁令》《行书令》《关津令》《知令》《击匈奴降者赏令（附科别）》《四时月令五十条》等。悬泉置汉简中有《盗律》《囚律》等。松柏汉简有"令丙第九"。汉代简牍所见的律令有相当一部分与秦简律文相同或相似，《置吏律》《传食律》《田律》《行书律》《效律》《徭律》《金布律》7 种都相同，《傅律》与《秦律杂抄》中的律名也相同，《□市律》与秦简中的《关市律》，《爵律》与秦简中的《军爵律》2 种都相似，具有明显的承继性。《二年律令》的律名包括了《九章律》中除《囚律》《厩律》外的所有律名，说明《二年律令》对《九章律》有继承也有修订。其中有不少律令就是有关行政法的文献，例如，《秩律》是有关各行政机关和机构配置官吏级别的法规，《置吏律》《效律》《功令》《史律》是有关官吏选任和考核的法规，《传食律》《赐律》《金布律》《田律》《禄秩令》等是有关官吏权利和待遇的法规，《具律》《捕律》《杂律》《钱律》《行书律》《兴律》《徭律》《爵律》《击匈奴降者赏令（附科别）》等是有关官吏职能权力运作好坏的奖惩法规，《具律》《捕律》《收律》等是有关治安、司法行政的法规，《钱律》《户律》《兴律》《金布律》《会计令》是有关财政经济的行政法规，《行书令》《关津令》《行书律》《均输律》等是有关行政权力运作决策、执行、监督、奖惩的法规，《傍章》（《汉仪》）和《朝律》《越宫律》等是有关行政的礼仪规范。

程、科、品、约、式、条等行政法的形式，是对律令的具体补充和细化。科多指事项，品多与级次相关，式多为规范品物、文书、程序的规格和标准。[1] 例如，秦简有规定治狱程序、司法文书样式的《封诊式》；汉简有《捕斩匈奴虏反羌购偿科别》（E.P.F 22: 221—235）[2]、《大司农延奏罪人得入钱赎品》（E.P.T 56: 35—37）[3]、《塞上烽火品约》（E.P.F 16: 1—17）[4]，有《守御器品》（《敦简》1390）[5]、《烽火品约》（《敦简》2257）[6]、《伏虏品约》（《敦简》783）[7]。比是比附有关的律条以定罪，例是案例。比和例在汉代与律令具有同样的法律效力。秦汉简牍中的大量行政文书，如诏书、制书、府书、檄书、牒书、审批文书、质询文书等上级下达的行政命令和指令，申请报告、汇报文书、应书、劾状书、验问书、推辟书、爰书、举书、变事书、奏谳书等下级上报的行政事务处理文书，都是各级

〔1〕　南玉泉：《秦汉式的种类与性质》，中国政法大学法律古籍整理研究所编：《中国古代法律文献研究》（第六辑），北京：社会科学文献出版社，2013 年，第 194—209 页。

〔2〕　《新简》，第 492 页。

〔3〕　《新简》，第 308—309 页。

〔4〕　《新简》，第 469—470 页。

〔5〕　《敦简》，第 144 页。

〔6〕　《敦简》，第 245 页。

〔7〕　《敦简》，第 80 页。

行政机关和机构的官吏依律、令、科、品等处理行政事务的文件，其中引用了不少律令条文，反映了秦汉行政法的实施情况。同时，这些文书在上行和下传的过程中，也反映出秦汉行政决策、执行、监督、奖惩过程中各个环节的法规执行情况。简牍中的簿籍文书，如吏卒名籍、出入关致籍、兵簿、守御器簿、廪食簿、日迹簿、钱谷出入簿、计簿、校簿等有大量按照有关律令的规定对行政工作所做的原始记录和运行记录，如"守御器簿"是根据《守御器品》法规的行政记录，"吏日迹簿"是根据《北边絜令》法规的行政记录，[1] 这些行政记录的簿籍也反映了秦汉律令行政的执行情况。

从简牍中各种类型的行政法规中可知，秦汉律法对各级行政机关和机构的职权规定已比较分明，权责划分已比较清楚，使行政组织能够比较有效地运作和行使权力，组织管理国家行政事务；对官吏的法规也是条文数量多、范围广，有关官吏的选任、考核、奖惩、升迁以及行为规则、权利义务都有明确的规定，所有这些都显示了秦汉职官管理法规的发达，体现出明显的严格治吏的行政立法精神。同时，秦汉律法对各类行政管理事务部门和各级行政机关的权力行使和运作都做了明确的行政规定，从而有力保证了各级国家行政管理活动的有序、有效开展。秦汉已经基本形成了比较完整的行政法规模和体系。

二、涵盖领域广泛，内容丰富

秦汉简牍中的行政法对国家和社会的各个领域都制定了相应的规范，涵盖的领域比较广泛，内容相当丰富。

1. 简牍中的秦汉行政法规范的内容包括各级行政机关和机构行政工作过程的各个环节，主要有行政决策、行政执行、行政监督、行政处罚、行政奖励、行政征收、行政给付、行政程序、行政审批等有关行政组织运行和行政权力行使的各种法律规范。

（1）简牍中的秦汉行政决策法规定了决策者、决策权力范围、决策条件、决策内容和决策程序等。法规确认了君臣共议政事的"朝会"制度，凡军政大事均为朝议内容，要注意发挥官僚机构的作用。决策实行兼听独断的制度，包括决策集议制度、谏诤制度、封驳制度等。"兼听"就是广泛

---

〔1〕 李均明：《简牍法律史料概说》，《中国史研究》，2015 年 S1 期，第 63—74 页。

听取各个行政机构官吏的意见，集思广益，"独断"就是行政长官一个人独立决策。在简牍中的秦汉行政法表现为，各级行政长官拥有决策权，同时有其他部门参与，共同商议决策，首长负责与集体负责相结合，既要保证行政长官独断政务，又要兼听其他官吏的意见。秦汉的中央最高决策权在皇帝，但中央的许多重大事件是由丞相、御史两府代表中央政府共同决策，经皇帝批准后颁布诏书执行；郡守、丞是郡级政府的主要责任人，对奖惩官吏、制定律令、财政经济等郡级重大行政事务共同进行决策；县级政务由令、丞共同决策，共同承担责任。行政决策时，必须先提出决策议案，再按程序审批，复以律令论证，最后发布决策指令，从而形成决策请示制度、决策审议制度、决策批准制度等。简牍中的秦汉行政法规定了行政信息传递制度，为行政决策提供信息依据。各级行政长官根据行政信息提出决策议案，下级都要请示上级审批。在简牍史料中决策上报请示审批称为"请"。《二年律令·置吏律》有"县道官有请而当为律令者"，[1] 各自向所属的上级郡守二千石官请示，二千石官再上书请示中央丞相、御史，丞相、御史审查，认为可以提请，才提请立法决策。下级不能越级申请立法决策。从中央到地方各级政府做出决策的命令都要有律令依据，是经过严格合法性审查的。张家山汉简《奏谳书》保存了从春秋至汉初这一相当长时期内的众多司法行政决策记录，其中有大量引用律令断罪决策的相关记录。在行政决策过程中，如有程序不当或处置不当，即为职务过失犯罪，要依法严惩。尽管秦汉行政决策法的目的是将权力牢牢控制在皇帝手里，但是行政决策制度和法律法规程序还是制定得比较周密，在一定程度上体现出秦汉行政决策的"法制性"和"民主性"。[2]

（2）简牍中的秦汉行政法对行政执行制度有较为明确的规定。秦汉行政执行以律令为据，行政命令中多用"如律令"作结尾，常见"以律令从事""它如律令""受报如律令""书到如律令""如诏书""如诏书律令""如府书律令"等多种不同的形式，要求国家行政机关及公务人员依据律令贯彻执行上级的政策和行政决定。秦汉行政在执行中注重质量，讲究效率。文书中常有"毋忽""毋令""毋令缪"等禁止性用语，严禁任何违背

---

〔1〕 《张简》，第38页。

〔2〕 参看刘太祥：《秦汉行政决策体制研究》，《史学月刊》，1999年第6期，第24—31页。

行政决策和相关法令法规的行为。秦汉行政文书中常有"毋留""会月廿五日""毋留止""毋失期""毋苛留止"等"期会"的时效要求，对"不中程"或"留迟""不会会日""失期""后期"等延期误期、稽缓公文和行政办事的行为，依法追究责任，严惩不贷。秦汉将行政质量与效率管理纳入法律体系，保证了较高的行政执行质量和效率。同时，秦汉行政执行过程中必须及时、客观地向上级汇报行政执行效果，文书中常见"牒别言""明处言""言""遣具言"等用语，接受上级对行政执行情况的监督、检验、修正和完善。[1]

（3）简牍中的秦汉行政法规定了比较严密的行政监督网络、多种多样的行政监督形式和广泛的监督内容等行政监督的规范，对行政机关、机构和人员行政权力的行使进行监督。首先，建立了比较严密的行政监督网络。既有上下级机关之间的层级监督，又有独立于行政机关之外的监察机关的监督、巡行大使的监督，还有司法监督、审计监督、考核监督等专项监督。西汉时中央建立监察机构御史台，御史台隶属于少府之下并设于宫内；东汉御史台称"宪台"，独立于行政之外，对非法行政行为专司监察。地方上分部设置专职监察官部刺史，不仅监督地方官员，还负责军事监察。其次，采用多种监督形式。一是巡视监督，实地检查行政工作情况。如《二年律令》："吏各循行其部中，有疾病色（？）者收食，寒者叚（假）衣，传诣其县。□□□□□室毋以相乡（飨）者，赐米二石、一豚、酒一石。一室二牂在堂，县官给一棺；三牂在当（堂），给二棺。"（《赐律》）[2]这是要求官吏巡视辖区，监督社会救济保障工作。二是"案验"监督，考察核验行政工作。如《二年律令·徭律》有都吏及令、丞对征发徭役"时案不如律者论之"，要上报郡守治罪的律文规定。[3]三是"复案"监督，是各级行政长官派遣专职检察官对司法行政工作进行监督和检查。《二年律令·兴律》规定，郡守对县道官上报审判的死罪狱案，要派遣检察官"都吏""复案"，重新调查后做出断决，再由县道官执行。[4]对行政监督中发现的问题及时进行举劾、质询、案验，并追究行政责任。最后，行政监

---

〔1〕 参看刘太祥：《简牍所见秦汉律令行政》，《南都学坛》，2013 年第 4 期，第 1—14 页。

〔2〕 《张简》，第 48 页。

〔3〕 《张简》，第 65 页。

〔4〕 《张简》，第 62 页。

督内容广泛，包括人事、司法、治安、财政、经济等行政工作的各个方面。例如，行政法中对州刺史监察郡的内容有明确的规定，即"奉诏六条察州"，打击地方高级官员和地方大族相互勾结，贪污受贿。

（4）简牍中的秦汉行政法规定了对行政渎职和失职等违法犯罪行为进行处罚的行政规范。行政法中不仅有赃罪、诈伪罪、擅为罪、稽缓罪、失职罪、失误罪等犯罪形式的规定，而且对政治犯罪、职官犯罪、财政经济犯罪、司法审判犯罪、社会治安犯罪、边防与军事犯罪等行政犯罪的内容都有明确的规定。根据行政机关及工作人员的行政犯罪行为性质、情节及社会危害程度，确定了谇、笞、赀、罚金、赔偿、赎、夺爵、夺劳、负算、免职、废职、黥、劓、斩左止、斩右止、腐、耐、髡、城旦舂、鬼薪白粲、隶臣妾、司寇、候、迁、磔、腰斩、弃市、枭首等惩罚形式，按照法定的告劾、案验、鞫讯、判决、执行等行政处罚的程序，对检举揭发的行政犯罪行为进行认真核实，将行政处罚和刑事处罚方式交叉使用，使判决做到过罚相当，从而把行政惩罚与权力、责任和利益统一起来。[1]

（5）简牍中的秦汉行政法规定了对各级行政机关和机构、行政官员进行行政激励的规范。《购赏律》《功令》等行政法规定，秦汉行政奖励的条件主要是"功"与"劳"。"劳"，又称"劳绩"，在某种程度上反映出行政人员政绩的多少与好坏，是个人能力的外在表现。"功"又称"功绩"，是指对行政工作的突出贡献，主要表现在两个方面：一是杀敌捕虏，就是常说的军功；二是捕盗平贼，就是"购赏"立功。二者的奖励都是根据斩敌捕盗的数量来计算的。秦汉行政奖励给予物质的或精神的不同形式奖励，主要有迁职、增秩、拜爵、赐钱财、赐功劳、封邑等形式。秦汉建立了一系列必要的行政奖励原则和制约机制，使行政奖励在一定程度上趋于制度化、法律化、合理化，从而表彰先进、激励后进，充分调动和激发行政工作人员的积极性和创造性。

2. 简牍中的秦汉行政法涉及的内容包括行政管理事务工作的各个方面。既有行政机关的设置、编制确定、职权分配、官吏配置与管理等的行政组织法，又有人事行政、社会治安、财务行政、赋役征收、工商行政、司法行政、民族外交、交通通讯、治安保卫、军事国防、宗教祭祀、文化教育、监狱、服饰、丧葬等政治、经济和文化等行政事务的各个部类法，

---

〔1〕　刘太祥：《秦汉行政惩罚机制》，《南都学坛》，2014 年第 3 期，第 1—12 页。

规定了行政管理各事务部门行政权力具体运作的法律规范。

（1）简牍中的秦汉行政组织法规定了行政权力的配置和组织行政机关的规范，确立了专制主义中央集权的政治体制和运行机制，实行官僚政治，分官设职，纵向层级比较清楚，横向职能比较齐全，官员配置比较合理，权责比较明确，建立了较为严密的行政组织体系与比较完备的行政组织体制，反映了中国封建社会前期一个全国性的政权机构的行政组织水平。行政机关是权力的执行机关，可依法处理自己职权范围内的行政事务。行政事务实行分科管理，分工负责，互相制衡，既防止官吏擅权违法，又防止官吏玩忽职守。行政组织主要由中央政府行政机关与地方行政机关构成，实行层级管理，依法明确规定了中央与地方在行政管理领域包括财税、金融、投资等方面的权限划分，责任明确，在一定程度上为行政管理活动的有序进行提供了组织保障。秦汉有着庞大的行政组织体系，虽然它们不一定是基于行政法规建立的，却是适用行政法规的主体，而且行政机关的各个系统都有相应的行政法规作为行政活动的依据，这是对行政职权责任进行问责和考核奖惩的依据。

（2）简牍中的秦汉行政法特别重视对官吏的品级、待遇、选拔、管理、考核、奖惩、监督等人事行政法制建设，体现了"严治吏"的行政立法精神。睡虎地秦简的律文规定，严禁违法行政，"令曰勿为，而为之"，就构成"犯令罪"，"令曰为之，弗为"，就构成"废令罪"。行政法规定对官吏的刑事犯罪要加重惩处。张家山汉简《二年律令·杂律》规定："诸与人妻和奸，及其所与皆完为城旦舂。其吏也，以强奸论之。"[1] 一般和奸罪处以城旦舂，只是一种劳役徒刑，刑满可以释放；而官吏和奸要以强奸罪论处，"府（腐）以为宫隶臣"，"腐"指腐刑，是肉刑的一种，对男子而言就是割去生殖器。这就是说秦汉对官吏私自贷钱罪和通奸罪的判处所体现的重治吏的立法精神是一致的，有一定的先进性。贪赃枉法的官吏不能以爵位减免刑法和赎罪，张家山汉简《奏谳书》第十五有"吏盗当刑，毋得以爵减免赎"记载，同样是盗窃罪，在量刑时，不是官吏的可以归爵免罪，是官吏的不能"赎罪"，说明对官吏的处罚更为严厉。《二年律令·盗律》规定："桥（矫）相以为吏，自以为吏以盗，皆磔。"[2] 就是法律规

---

[1] 《张简》，第 34 页。

[2] 《张简》，第 17 页。

定，如果冒充官吏盗窃，要处以"磔"的重刑。在《置吏律》《除吏律》《内史杂》《尉杂》《为吏之道》《厩苑律》等律文中规定了严格而审慎的选任官制度、注重实效的考课制度、实现激励的爵位禄制度、赏罚分明的奖惩制度等职官管理的法律法规。正如张晋藩先生所说："秦汉时代首创'官律'，以法律的形式规定了官吏职务犯罪的类型及惩治方法，这与上古时代的官刑比较，已有了很大的进步。……标志着中国职官立法又迈向了一个重要的发展阶段。"[1]

（3）简牍中的秦汉行政法规定了国家财务管理制度，体现了秦汉严理财的行政立法精神。简牍中的《仓律》《金布律》《传食律》《内史杂》《工律》《关市律》等秦汉行政法中，规定了有关钱财和实物管理的财务行政管理制度，租税征收和财务支出都要有法律依据，对财务的收支和管理进行监督。其相关制度主要有对财务出入账目事项和保管情况登记的会计"簿籍"制度，有会计对户口、垦田、钱谷、财物、刑狱等财务簿籍核算和报告的"上计"制度，有对会计核算账簿进行审查核实、对库存物资进行清点核验"拘校"的财务审计制度，有国有物资的采购、保管和领用等制度，从各方面防止和严惩各级政府与官吏假公济私、化公为私、盗窃国有财产及公共财物的行为，保障合理使用国有物资和资金，保证行政工作的顺利进行，为行政管理提供物质与制度保障，这反映了秦汉行政法严理财的特点。[2]

（4）在《秦律十八种》《秦律杂抄》《二年律令》《功令》《击匈奴降者赏令（附科别）》《塞上烽火品约》《烽火品约》等秦汉简牍行政法中，规定了关于行塞与秋射制度、后勤保障制度、军功奖惩制度、关塞检查制度、邮亭驿传制度、防御设备制度等有关边防军事行政权行使的法规。在《田律》《户律》《厩苑律》中有关于农田户籍、牛马饲养、农牧业、田租赋税的征收权行使的行政法规。在《金布律》《关市》中有关于货币流通、市场关市、商业贸易权行使的行政法规。在《徭律》《司空》中有关于徭役征发、刑徒监管权行使的法规。在《工律》《工人程》《均工》中有关于手工业管理权行使的法规。在《均输律》《传食律》《关津律》《行书律》

---

〔1〕 张晋藩、李铁：《中国行政法史》，北京：中国政法大学出版社，1991 年，第 54 页。

〔2〕 刘太祥：《简牍所见秦汉国有财物管理制度》，《南都学坛》，2015 年第 3 期。

中有关于交通通讯权行使的法规。在《具律》《告律》《收律》中有关于司法审判权行使的法规。在《盗律》《捕律》中有关于治安管理权行使的法规。这些部门行政法规为各级各类行政管理事务部门和行政工作人员的行政实施提供了法律根据。

三、规范严密，类型齐全

秦汉简牍中的行政法规范比较严密，类型比较齐全，明确地规定了权力行使的条件、内容和界限，防止行政违法和权力滥用。具体主要表现在以下四个方面。

1. 行政行为规范比较齐备。一是规定各级行政机构、行政官吏有权做出某种行为的权利性法律规范，这是法律赋予可以怎么做的权利和职责范围。例如，《秦律十八种·置吏律》规定，县、都官、十二郡任免吏、佐和官府属员，都要"以十二月朔日免除，尽三月而止之"。如果有死亡或因故出缺者，则"毋须时"，可随时补充。[1] 二是规定各级行政机构、行政官吏必须做某种行为的义务性法律规范。例如，《秦律十八种·内史杂》规定："有事请殹（也），必以书，毋□请，毋羁（羁）请。"[2] 三是行政激励性规范，例如《赐律》《金布律》《中劳律》《功令》《击匈奴降者赏令（附科别）》。四是行政权利保障规范，例如《养老令》《禄秩令》。五是规定各级行政机构、行政官吏不能做某种行为的禁止性法律规范。例如，《徭律》《司空律》《军爵律》《置吏律》《行书律》等都有"毋敢""不得""勿敢""毋"等字样，均属禁止性法律规范。秦汉的行政规范采取多种具体的规范形式，有利于行政工作的实行。

2. 行政规范结构较为严密。秦汉简牍中的行政法行政规范的条件、模式、后果三个要素齐备，既有适用于行政规范的条件和情况的预设，又有行政规范规定的可以做什么、应该做什么或禁止做什么的行为规则的具体要求，还有违反行政法行为规范要承担的法律后果，反映了秦汉行政立法技术已达到一定的成熟程度。例如《秦律杂抄·除吏律》："任法（废）官者为吏，赀二甲。有兴，除守啬夫、叚（假）佐居守者，上造以上不从令，赀二甲。除士吏、发弩啬夫不如律，及发弩射不中，尉赀二甲。发弩啬夫

---

[1] 《睡简》，第 56 页。

[2] 《睡简》，第 62 页。

射不中，赀二甲，免，啬夫任之。驾驺除四岁，不能驾御，赀教者一盾；免，赏（偿）四岁繇（徭）戍。"[1] 这条法律规范明确地规定了使用该规范的条件和情况："兴"，即军兴，发生战争，"除守"即任命留守的代理官吏，又准确地规定了规则本身，就是具有上造以上爵位者必须无条件服从命令，还规定了制裁的尺度，就是"赀二甲"的具体处罚标准。如任用士吏或发弩啬夫不符合法律规定，以及发弩射不中目标，县尉应罚两甲；发弩啬夫射不中目标，应罚两甲，免职，由县啬夫另行保举。

　　3. 行政规范确定的程度比较高。在秦汉行政法规中虽有一些委任性和准用性的规范，没有明确规定规则的内容，但绝大多数是确定性规范，直接明确规定了行为规则的具体内容和制裁尺度，具有较强的可操作性，使行政法调整的内容具有一定的客观性、可测性、稳定性。秦汉行政法规定非常具体，具有较强的可操作性。简牍中的秦汉行政法既规定了赃罪、诈伪罪、擅为罪、稽缓罪、失职罪、失误罪等各种行政犯罪的形式，又规定了"谋反""废令""私去署""不胜任""选举不实""鞠狱不直""不举烽火""阑出入关津""乏军兴""计校相谬""校其官而又不备""计用律不审而赢"等有关具体行政工作内容的犯罪。同一行政犯罪行为根据责任大小，给予不同的处罚形式。例如，《二年律令·捕律》中，对官吏在其辖区之内发生重大恶性事件"弗觉知"，要根据责任的大小给予不同的处罚形式：士吏、求盗部是直接责任人，要处以"戍边二岁"的刑罚；而其领导令、丞、尉只承担指挥不力的间接责任，"罚金四两"。[2] 睡虎地秦墓竹简《秦律十八种·徭律》规定，征发徭役，"乏弗行"就是失职，要"赀二甲"，而"失期"，就是失误，按失期天数处罚，"失期三日到五日，谇；六日到旬，赀一盾；过一旬，赀一甲"，[3] 对行政失职和行政失误的处罚形式是不一样的。

　　4. 行政法实体规范与程序规范相结合。简牍中的秦汉行政法是规范行政权行使和运作的法律规则，规定了权力的分配、行使和监督，必然也规定了相应的基本程序，不仅有行政权行使和运作的条件、对象、内容等实体规则，还有行政权行使的方法、步骤、顺序、时限等程序规则。从权力

---

[1]《睡简》，第 79 页。
[2]《张简》，第 28 页。
[3]《睡简》，第 47 页。

行使来看，秦汉行政处罚法不仅规定了行政处罚的具体适用规则，还规定了行政处罚行为的实施程序。从权力运作来看，秦汉行政程序法中包含很多实体内容，如行政机关权力的分配、行政行为效力的设定。从权力监督来看，秦汉行政法中既依法规定了行政监察的行政程序，也有实体内容，如对违法行政行为的判定标准等。行政法实体规范与程序规范相结合，使行政权在有界限的范围内行使，规范和制约了行政权力，保证了行政行为的准确、及时、有效，提高了行政效率，在一定程度上保障了依法行政。

四、引礼入法，法体现礼

简牍中的秦汉行政法引礼入法，法体现礼，把调整宗法等级观念的礼作为定名分、别尊卑、严制度的重要手段，成为制定行政法的指导思想。在一些法律条款中，礼制规范被移植为法律，规定了行政管理活动中礼的规范，凡是违背礼的行政行为都要依法惩处，赋予礼以国家的强制性规范，用国家的强制力维护封建宗法等级之礼，反映了秦汉行政法重视礼制的特点。

中国古代法制历史始终受礼制的支配和影响，一部中国古代法制史实际上是礼法合治的历史，这是中华法系的一个重要特点，同时也是中国古代行政法的基本特点之一。礼制是中国古代统治阶级所确认的人和社会总的行为规范，是统治阶级治理国家的总的政策纲领。汉代礼的范围极广，绝非仅限于等级名分，凡是与修身、齐家、治国、平天下有关的一切行为准则无不包容其中。考察汉代三部礼书的内容，《周礼》是西周的一部综合性行为规范，其中的吉、凶、宾、军、嘉五礼，包括了立法、司法、行政及社会准则各项内容；《仪礼》包括夏商周三代社会的各种行为规范；《礼记》则汇总了修身、齐家、治国、平天下的全部要领。虽然周公制《周礼》、孔子编《礼记》之说不可信，三部礼书都是汉儒编纂的，但其大部分内容也反映了夏商周三代的行为准则。《礼记·曲礼上第一》说："夫礼者，所以定亲疏，决嫌疑，别异同，明是非也。……道德仁义，非礼不成。教训正俗，非礼不备。分争辩讼，非礼不决。君臣上下、父子兄弟，非礼不定；宦学事师，非礼不亲；班朝治军、莅官行法，非礼威严不行；祷祠祭祀、供给鬼神，非礼不诚不庄。"[1] 礼的基本精神和核心有二：一是等级性，

---

[1] 陈襄民等注译：《五经四书全译》，郑州：中州古籍出版社，2000年，第1141页。

即差异性，"乐者为同，礼者为异"（《礼记·乐记》）。[1] "异" 是礼的基本特征，社会所有的人按其所处的地位划分为不同的等级。礼把这种不同的等级关系概括为上下有义，贵贱有分，长幼有序，贫富有度。礼就是要维护这种等级关系。二是宗法性，即所有的人按照血缘关系的亲疏远近，被组织在一定的亲属集团之中，这种亲属集团就是整个社会的组成单元。"非礼无以节事天地之神，非礼无以辨君臣、上下长幼之位也，非礼无以别男女、父子、兄弟之亲，婚姻疏数之交也。"（《礼记·哀公问》）[2] 这种亲属关系中以辈分、年龄、亲疏、性别等条件为基础形成的宗法关系也是古代礼制的核心。这两个特点体现出礼的 "亲亲" 与 "尊尊" 的本质精神，"亲亲" 是按血缘关系确定的亲疏长幼，"尊尊" 是按宗法等级确定政治上的贵贱尊卑，从而实现 "君君、臣臣、父父、子子" 的宗法政治秩序，维护宗法血缘关系和等级制度的道德伦理观念。秦汉 "引礼入法" 正是礼制所规定的封建宗法等级关系在法律上的表现。

秦朝的行政法是以法为主，但已经有了引礼入法的趋势，"反映出儒法融合的初步迹象"。[3] 1974 年出土的云梦秦简中有许多儒家 "亲亲、尊尊" 的伦理因素。如睡虎地秦墓竹简《法律答问》借用儒家伦理道德的核心思想 "仁"："不仁邑里者"，即在城乡作恶的人不是仁人。如《语书》反复申述以律令约束官吏：务作 "廉絜（洁）敦悫" "有公心" "能自端" 的 "良吏"，不作 "不明法律令，不智（知）事，不廉絜（洁），毋（无）以佐上" 的 "恶吏"。[4] 如《为吏之道》要求官吏必须遵守礼制规定的道德规范与行为准则，如行 "五善"，防 "五失"，"严刚毋暴"，"敬上勿犯" 及 "仁能忍" 等礼制规范。[5] 这说明秦 "以法为主，杂以儒家思想作为地主阶级官吏的道德规范和统治术"。[6] 此外，有些行政法中体现出礼制的规定。例如，《秦律十八种·传食律》中有以国家行政人员的爵位等级为标准供应饭食的法律规定，《金布律》有根据官吏秩级和爵位级别

〔1〕 陈襄民等注译：《五经四书全译》，郑州：中州古籍出版社，2000 年，第 1484 页。

〔2〕 陈襄民等注译：《五经四书全译》，郑州：中州古籍出版社，2000 年，第 1601 页。

〔3〕 高敏：《云梦秦简初探》（增订本），郑州：河南人民出版社，1981 年，第 7 页。

〔4〕 《睡简》，第 15 页。

〔5〕 《睡简》，第 167—168 页。

〔6〕 高敏：《云梦秦简初探》（增订本），郑州：河南人民出版社，1981 年，第 242 页。

规定供应衣服的标准，《军爵律》有根据军功赏赐的爵位等级免除亲属刑事处罚的规定。

汉代是礼法结合的开端，汉武帝接受董仲舒的"罢黜百家，独尊儒术"的建议，儒学成为朝廷官学，成为国家的指导思想，儒家经典作为政治、法律措施的依据，以长幼亲疏、尊卑贵贱为核心内容的礼的精神逐渐渗透到司法实践乃至立法活动中去，正式引礼入法，不但使礼法结合的理论得到发展，并大量运用于法律实践，呈现出法律的儒学化和礼治的法律化等特征。但是，汉朝常常是以礼代律，依礼断狱，并没有将礼与律完整地融合。根据传世文献记载，汉朝行政法中引礼入法主要表现在下面六个方面。一是儒家的"君为臣纲，父为子纲，夫为妻纲"的"三纲"学说在汉律中有多种表现。例如，汉律开始把"不敬"或"大不敬"罪规定为严重犯罪，以维护皇权，体现"君为臣纲"；以"不孝罪"为重罪，以维护父权，体现"父为子纲"；赋予丈夫以各种休妻权，以维护夫权，体现"夫为妻纲"。二是汉代的《傍章》《朝律》专讲君臣之礼的规范，具有法律效力。三是汉律还规定了不同等级的官吏各有相应的服饰、居室、车马，以维护贵贱上下之礼。四是汉代用儒家思想解释法律，通过各种方式和途径把礼的规范法律化。五是"春秋决狱""秋冬行刑"和"录囚制度"是汉朝引礼入法在司法制度层面上的重要举措。"春秋决狱"把儒家思想内容和精神作为定罪量刑的标准，把犯罪者的心理状态和动机作为断案的依据；"秋冬行刑"把司法镇压与阴阳运行、四季变化联系起来，借助天威和实际生活感受来加强司法的严肃性；"录囚制度"对平反冤狱、改善狱政、监督司法及统一法律适用规则具有积极意义。六是在刑罚适用原则上，恤刑原则、亲亲得相首匿原则、上请原则都是引礼入法的重要内容。

1983 年出土的张家山汉简《二年律令》提供了汉代引礼入法的第一手资料，其中所见行政法史料中引礼入法的表现主要有以下四点。

一是行政法体现礼制的规定，维护封建宗法等级制度。汉代法典奉行儒家"礼有差等""严上下贵贱之别"的思想，并将这些思想进一步灌输到行政法规之中。礼制中有关品级、爵位、待遇、服饰、房舍、车马、婚丧、祭祀、节日、庆典等，都是根据不同的等级而制定的不同规范，又被分别纳入不同形式的法规法典，从而把违反礼制规范的行为上升为犯罪行为，如违背就要依法惩处，从而维护了封建宗法等级制度。秦汉俸禄就是按照行政公务人员不同的品秩级别分俸钱和谷物两项发放，官吏发放谷物，以"石"表示官品秩级，以"斛"表示按月发放领取的谷物。比如万石的官吏，"一万石"为其官品秩级，每月领取的俸禄是 350 斛。张家山汉简《二年律令》的《传食律》中有以官位品秩级别为标准供应公务人员饭食的法律规定，《赐律》有对无官位有爵位的人员以及宫中内侍根据爵位等级比照不同级别的官吏给付禄米的规定：关内侯以上比照二千石，卿比照千石，五大夫比照八百石，公乘比照六百石，公大夫、官大夫比照五百石，大夫比照三百石，不更比照有秩，簪袅比照斗食，上造、公士比照佐史。[1]《赐律》还根据官吏秩级和爵位级别规定了供应衣服、棺材和寿衣、酒和副食的标准。《户律》规定，根据行政公务人员秩级和爵位高低分配土地和宅基地，又根据官吏级别免除租税和刍稿。

二是行政法利用宗法伦理关系把父权引入行政领域，使伦理与行政进一步结合，家国一体，借以加强皇权、吏权和行政权。汉代家庭伦理观在行政法中多有体现。如，《二年律令·贼律》中规定："贼杀伤父母，牧杀父母，欧〈殴〉詈父母，父母告子不孝，其妻子为收者，皆锢，令毋得以爵偿、免除及赎。"[2] 在法律中将不孝父母的行为列为重大犯罪，要给予严厉惩罚，且不准减免赎，以维护家庭伦理秩序及父权的威严，从而达到维护皇权的目的。维护皇权思想主要表现在对"谋反""谋大逆""大逆不道"等对皇帝"不忠""不敬"罪行的规定以及对侵犯皇室财产权与皇室威严的处罚。《贼律》还规定，犯谋反大罪的人，会受到腰斩的处罚。如有亲属知晓其谋反计划，不得"亲亲相隐，得相守匿"，必须举报。一旦查出谋反，整个家族都会受到株族的惩罚，谋反大罪不享受赎免赦免等政策。

三是在刑罚适用条件上，行政法根据犯罪行为人的等级身份来确定刑罚轻重，强调下级对上级要尊敬和顺从。例如，以下犯上要加重刑罚，以上犯下则可以减轻刑罚，对殴打皇亲国戚、殴打三品以上官吏、下级殴打上级官吏、百姓殴打官吏都要加重处罚。《二年律令·贼律》规定，因公务与同级的职官产生意见分歧，发生打骂，判为"耐"刑；若是下级殴打或辱骂了上级，则要罚作苦役；但如上级官员辱骂下级官员，则不算犯罪。可见不同官衔的官吏犯同样的错误，处罚不一样，官秩高的享有法律上的特权。

---

[1]《张简》，第 49 页。
[2]《张简》，第 14 页。

　　四是在法律特权的适用条件上，行政法规定了"议""请""减""赎"
"当""免"等法外开恩的制度，根据贵贱尊卑确定官吏贵族犯罪减免刑罚的
特权。"请"，就是宗室贵族和六百石以上的官吏犯法，司法官不许擅自判
决，必须上请皇帝裁决；若应请而不请的，都要依法严惩。东汉时期太尉
乔玄因惩处"赂财赃多"的临淄令"不以先请"而被免官，处以城旦春之
刑。(《全后汉文》卷七十七蔡邕《太尉乔玄碑阴》)[1] "赎"，以钱物赎
罪，就是犯罪的人交纳相当一笔赎金去抵消自己所犯的罪行，不同的犯罪
所交纳的赎金量值不同，这是先秦以来的法律。《二年律令》规定："赎䙴
(迁)，金八两"；"赎耐，金十二两"；"赎劓、黥，金一斤"；"赎斩、府
(腐)，金一斤四两"；"赎城旦春、鬼薪白粲，金一斤八两"；"赎死，金二
斤八两"。[2] 从这些规定可以看出，对各种犯罪所交纳的赎金额度不是一
般家庭能够负担得起，需要有相当的经济实力。减免刑是对某些特定的人
的优惠政策，"官当"政策是给予有爵位和官位的人的特权，在判刑后可
以爵位、官位抵罪。《二年律令》中就充分体现了等级社会特权制的合理
性，以维护贵族身份特权。其中《具律》分别规定：

　　　　上造、上造妻以上，及内公孙、外公孙、内公耳玄孙有罪，其当
　　刑及当为城旦春者，耐以为鬼薪白粲。公士、公士妻及□□行年七十
　　以上，若年不盈十七岁，有罪当刑者，皆完之。☑杀伤其夫，不得以
　　夫爵论。吕宣王内孙、外孙、内耳孙玄孙，诸侯王子、内孙耳孙，彻
　　侯子、内孙有罪，如上造、上造妻以上。

　　　　吏、民有罪当笞，谒罚金一两以当笞者，许之。有罪年不盈十岁，
　　除；其杀人，完为城旦春。

　　　　……庶人以上，司寇、隶臣妾无城旦春、鬼薪白粲罪以上，而吏
　　故为不直及失刑之，皆以为隐官；女子庶人，毋算事其身，令自
　　尚。[3]

　　上造、公士是汉制二十级爵最低级别的第二级和第一级爵位之名，是
享受特殊社会地位和物质待遇的一种尊号。彻侯为最高级别的第二十级爵

---

[1]　[清]严可均校辑：《全上古三代秦汉三国六朝文》，北京：中华书局，1958
　　年，第889—890页。

[2]　《张简》，第25页。

[3]　《张简》，第20—25页。

位的名号，宣王是吕后之父的谥号，属皇亲国戚，这些都属于特权阶层。汉代帝王以立法的形式确立了他们政治上的特权，这些人一旦触犯法律，在量刑时会减刑一级。

第二节　秦汉行政法的作用

简牍中的秦汉行政法所体现出的基本立法原则和精神，在行政管理活动中起着重要的作用。职官分权制衡，合理分配不同性质的行政职权，各行政管理机关协调统一，组成了较为严密的行政管理体系，为良好社会秩序的形成提供了组织保障，维护了君主专制主义集权的政治体制。官吏权、责、利一致，权力和责任相结合，责任与利益相挂钩，通过实行严格考核和监督，奖罚分明，防止违法行为和滥用权力，在一定程度上调动了官吏的积极性，促进了吏治的相对规范和清明。同时，在行政过程中，注重行政的规范性、程序性和时效性，对各种行政权力的行使和运用提出了包括条件、内容等在内的实体规范和程序规范，行政运行都有时间和期限的规定，从而使行政管理有法可依，一定程度上提高了行政的质量和效率。此外，又主张礼法并用，德主刑辅，促进了社会的安定与和谐。秦汉行政法基本上确立了适合当时国情的比较合理的行政管理制度，提高了国家的治理能力，在一定程度上维护了社会政治秩序和行政管理秩序，保障了行政管理活动的公平、公正和正常有序开展，有利于提升政治的清明与官员的廉洁度，促成了开明之治和盛世的出现。秦汉行政法的立法精神和基本原则不仅在古代行政管理活动中起到了重要的指导作用，而且对当代建设有中国特色的现代行政法也不无借鉴之处。

一、分权与制衡，维护了君主专制主义集权政治体制

"分权"是政治分工，指职能上的分工，与现代意义上的分权不尽相同；"制衡"指权力的制约与平衡。秦汉行政法中的"分权与制衡"就是把国家各级各类行政机关中军、政、财等不同职能的权力分割成若干部分，合理配置给不同机构及官吏掌握，不同权力机构之间既相互牵制、互为监督，又互相协调、齐心协力，保证皇权行使畅通无阻，既防范权臣独大或皇权旁落，又防止地方割据独立、反叛中央，从而保障君主专制中央集权体制的正常运行。

秦汉是中国古代社会君主专制主义中央集权政治体制的确立时期，行政法确立了"皇权至上"的原则，皇帝作为君主和国家的最高行政首脑，其诏令具有最高权威，拥有国家赋予的最高权力，地方司法权与行政权合一，以便皇帝全面控制司法权，确立官营农业、手工业和商业的制度，并由中央牢牢控制财政经济大权。从行政决策到行使立法、行政、司法、财政、监督权等各种权力均集于一身，表现出皇权的集中性与独断性。皇帝对中央和地方各级行政机关和官吏都有"审督责"的权力，从而保证了国家政令的统一和贯彻执行。

秦汉已经初步建立了权力制衡体制，行政组织各层级之间相互制约，上级对下级层层监督，下级对上级负责，各级权力限定在固定的范围之内。据传世文献记载，"武帝时以中丞督司隶，司隶督丞相，丞相督司直，司直督刺史，刺史督二千石下至墨绶"。[1] 就是中央监察机关御史中丞监督京师监察官司隶校尉，司隶校尉监督中央最高行政机关丞相府，丞相府监督所辖主管监察的官吏司直，司直监督地方主管监察的部刺史，部刺史督察郡守、墨绶长吏，郡守监督黄绶少吏。各级权力分工明确，上下级互相制约。秦汉简牍中的行政法规定，行政机关在组织体制上实行统一领导、分工负责的层级管理体制，上级行政机关领导下级行政机关，下级对上级负责，服从上级并向上级报告工作；行政组织内部机关和机构各层次之间各司其职、各负其责，权责明确，合理配置各项行政权力，相互制衡，从而保证行政组织机关和机构的正常有效运作，调动行政人员和各方面的积极性，以便更好地发挥行政组织机关和机构的职能，维护君主专制中央集权的政治体制。

秦汉简牍中的行政法规定，行政组织主要由中央政府行政机关与地方行政机关构成，依法明确规定了中央与地方在行政上的管理领域，包括财税、经济、行政司法等方面的权限划分。中央政府内部实行三公九卿的政治分工，皇帝掌握国家大权，三公为辅佐。其中丞相总领行政，太尉主兵事，御史大夫掌监察，九卿分理各类行政事务。丞相府（司徒府）是中央最高行政执行机关，负责全国的行政管理工作；御史府（司空府）协助丞相府处理全国政务，总领图书秘籍和四方文书，起草皇帝诏书，独立行使监察百官的大权，对丞相府（司徒府）的行政工作进行制约和监督；太尉

---

[1] 〔唐〕杜佑：《通典》卷二十四《职官六》，北京：中华书局，1988年，第663页。

府是掌握军事行政工作的机关，负责军政事务以及有关官吏的考课与监督。三府长官都是宰相，参与皇帝的行政决策，对皇帝权力也是一种制约，特别是汉初丞相权力极大，可独立主持政事，有选任官吏、黜陟课赏之权，对皇帝的诏令也可当廷争论，甚至可请皇帝"收回成命"，拒绝执行。三公各自独立行使权力，西汉何武为九卿，建言曰："宜建三公官，定卿大夫之任，分职授政，以考功效。"（《汉书》卷八十三《朱博传》）[1] 就是让三公各自发挥其作用，但三公又要互相制衡，共同做好行政工作。《后汉书》志第二十四《百官一》中"太尉"条说："凡国有大造大疑，则与司徒、司空通而论之。国有过事，则与二公通谏争之。"[2] 中央监督地方郡级政府，地方政府必须严格贯彻执行中央政府的政令。汉代中央政府以监察为主要手段监控和制约地方政府，从西汉中期开始建立御史、丞相司直、司隶校尉、州部刺史的监察等多重监察制度，御史负责纠察百官，肃正纲纪，通过言官谏议政府，减少决策失误，对各级政府的权力进行制约与平衡。中央御史台（兰台）是最高行政监察机关，主要职责是纠察百官，举劾非法，对三公府和尚书台、九卿处理的政务实行监督与制约，参与官吏的考核和选任，判理疑事重狱，内领侍御史，外督部刺史，可以奏免刺史、郡国守相。

　　郡县地方官员由中央政府选拔、考核和任用，地方行政长官必须对中央负责，司法、财政、军事等权必须受制于中央政府，地方政府必须接受中央的监督。据张家山汉简《二年律令》记载，像制定法律、设置任用官吏、复审司法案件、监察官吏等重大行政事务的决策、执行与监督，都是由县道官上报郡级二千石官、郡级二千石官上报中央丞相和御史逐级申报与审批，这是对下级的限权，也是对上级的集权。秦汉下级政府拥有一定的行政自主权，具体表现在下级政府有汇报权、申请权、执行权等行政自主权力，对本级政府负全责。地方郡县拥有极大的权力，可以自行选任官吏，正确行使自己的职权，对主管行政工作负责；若本级政府主管工作出现问题，要依法追究责任，同时也要连带追究上级政府的责任。下级政府工作失误，要连坐上级政府，称为"监临部主"，就是说上级长官对管辖范围之内的下级主管官吏负有"监临"的责任；同时下级主管官吏对部内

---

〔1〕《汉书》，第 3404 页。

〔2〕《后汉书》，第 3557 页。

属吏出现违法问题，也要承担连带责任，而具体的罪名常常被称为"见知故纵"，即知情没有及时举报。通过以上这些方式，上下级之间实行互相监督、互相制约。

秦汉简牍中的行政法规定，行政机关和行政机构内部之间实行首长负责制与集体分工负责制相结合的制度。各级行政组织的法定最高行政决策权归行政首长执掌，权力集中，责任明确。但各级政府的行政事务由各机构分工负责，互相制衡；法定的某项行政事务权往往由几个机构分掌，或由两个以上的官吏共同执掌，以便分权制衡，共同负责。各级政府内部设置的机构，按功能划分有决策、执行、咨询、监督、办事、派出等机构，按职能划分有经济、政治、社会等机构，涉及领域广泛。秦汉各级政府人员配置比较合理，互相制衡，权责分明。中央政府设丞相、太尉、御史大夫，郡级政府均设太守、丞、尉、监，县级政府设令丞、尉、监；各级政府行政权、军事权、司法监察权各权相对分立，各司其职，互相制约。

总之，秦汉简牍中的行政法体现了分权与制衡的原则，建立了相对严密的组织体系和相对完备的行政组织体制，从中央到地方的行政（机关）机构设置，纵向各个层级清楚，横向各种职能齐全，权力分配比较合理，形成相互制约与平衡，在一定程度上为行政管理活动的有序进行提供了组织保障，促进了国家政治的稳定和统一，对社会经济的发展、民族的交往、文化的发展等都起到了有利的作用。秦汉时期，皇帝为了加强君权，集权于一身，有意削弱丞相权力，限制外戚和宦官权力，打击地方割据势力，这是文景之治、昭宣之治、光武之治、明章之治等盛世形成的主要原因。但是，以分权与制衡为原则的整个行政体系，其实质是为维护皇权、加强中央集权服务的，分权是为了更好地集权，制衡是为了巩固皇权，其造成最大的恶果就是权大于法，最终导致外戚、宦官专权和地方部刺史权力过大，而中央与地方郡县的权力相对削弱。这是西汉外戚王莽专权和东汉末年地方割据的主要原因。

二、权、责、利一致，促进了吏治的清明

秦汉简牍中的行政法对职官履行公务职权的行为准则做出法律规定，在官员任用上注重实践性，在官员管理上实行品级、俸禄、考课、迁转、监察、致仕等制度，有权就有责，有责就要问，奖罚分明，从而在一定程度上体现出官吏职权、责任、利益高度统一的原则，力求建立相对廉洁、

优质、高效的行政体制。

　　秦汉简牍中的行政法规定，官吏有获得俸禄权、减免租税徭役权、占有土地权、荫子权、法律特权、舆服权、饮食权、休假权等法定权利，充分调动了行政公务人员的积极性。秦汉制定了《予告令》《秩禄令》《品令》等律令，规定官吏休假、薪俸以及任用的制度，以此优待官吏。律令把官秩作为区分官员级别、确定官员俸禄及其他权利的主要标准，规定中级（职级六百石）以上官吏，全家免一切赋税；下级官吏，本人终身免役。同时对不同级别官吏的用米、用酱、用盐以及时间、人数、传食次数和马的草料等都做出了详细规定。汉代的基层官吏每年还享有固定的假期，以保证其休息时间和工作效率。通常是"予告六十日"，即每年休假六十天。对离家两千里以上者，则准许两年回乡一次，给予八十天的假期。总之，行政法以各种优惠的利益调动官吏行政工作的积极性。

　　秦汉简牍中的行政法不仅给予官吏优厚的利益，而且明确规定了各级政府及所属各部门的行政人员的法定职权和责任，行政公务人员必须依法行使职权，忠实执行国家公务，不得滥用权力。法律明确将责任和利益相挂钩，奖惩分明，最大限度地调动各级官吏的积极性。《二年律令·置吏律》规定："官各有辨，非其官事勿敢为，非所听勿敢听。"[1] 《二年律令》对官吏的具体职权范围也做了细致的划分。例如，对于乡村道路的维护，《田律》就明确规定，"乡部主邑中道，田主田道"。[2] 就是邑中道路的维修由乡部负责，而田中道路的维修则由田官负责。虽然《二年律令》对于基层官吏的具体职掌并没有明文规定，但律文对主管官吏所应承担的行政责任，做出了明确的职权规定。如《贼律》明确了乡部、官啬夫、吏主者有缉捕纵火犯的职权："乡部、官啬夫、吏主者弗得，罚金各二两"。[3] 同时根据权力划分不同责任，谁主管谁负责，职位不同，所负责任不同，"部主者""吏主者""吏部主者"等主办官吏、主管官吏负主要责任，同时上下级连坐，共同负责。秦汉简牍中的行政法规定，各个机构各司其职，各负其责，不是自己职能主管的事情不能办，不是自己职能范围的命令不能听，只对自己主管的行政事务负责。官吏的"责"主要指官吏的行政责

---

〔1〕《张简》，第 37 页。

〔2〕《张简》，第 42 页。

〔3〕《张简》，第 8 页。

任，从责任人的角度来看，大致可以分为两类。一是以所有基层官吏为追责对象。例如，所有的基层官吏必须要严格执行皇帝或朝廷的命令，凡擅自更改或假传皇帝命令者，《贼律》便规定要依据其危害程度来定罪，已造成严重后果的要处以死刑；还规定凡出现故意欺瞒、上报不实，甚至是伪造文书等行为，官吏都必须接受处罚；又规定丢失官方凭证的，"亡印，罚金四两"，"亡书，罚金二两"。[1] 官印、文书或符券等都是官吏行使权力的重要凭证，而丢失官印等凭证则可能会造成无法预料的"次生灾害"，故处罚同样较重，罚金为四两或二两。二是以特定的基层官吏为追责对象。官吏行政责任主要是根据官吏的具体职权来定，因而律文中标有明确的责任人，部分律文还涉及多个责任人，有主要责任人和次要责任人之分。这里仅就司法审判的责任追究来做具体说明。《二年律令》对汉初基层官员的司法审判权有明确的划分，也对审判官员的行政责任做出了细致规定，凡故意宽纵、量刑有失等行为，都将受到法律的追究。如《具律》规定："鞠（鞫）狱故纵、不直，及诊、报、辟故弗穷审者，死罪，斩左止（趾）为城旦，它各以其罪论之。……其受赇者，驾（加）其罪二等。所予臧（赃）罪重，以重者论之，亦驾（加）二等。其非故也，而失不审者，以其赎论之。"[2] 秦汉对官员的问责内容既涉及官员对国家和皇帝的政治忠诚，又涉及官僚集团的党争，还涉及官员政见的差异以及行使权力的度，此外更多的是来自于法律中对职官岗位责任的规定。

追究官员责任所涉及的行政事项范围广泛，主要有以下四种：一是对贪赃枉法的问责，二是对滥用和超越职权行政的问责，三是要追究欺诈行政的责任，四是对官吏行政失职行为的问责。秦汉把玩忽职守、贪赃枉法、举荐不当、错断狱案和结党营私等列为官员问责的主要内容，这在一定程度上体现了秦汉吏治法律化、制度化的特征。秦汉简牍中的行政法规定了对官员问责结果的奖惩规范。同时根据行政主体的各级行政机构、行政官吏应该做某种行为的激励性规范，依照一定的条件和程序，对为国家、人民和社会做出突出贡献或者遵纪守法、绩效显著的官吏，给予不同形式的物质或精神奖励，主要有迁职、增秩、拜爵、赐钱财、赐功劳、封邑等形式，并建立了一系列必要的行政奖励原则和制约机制。秦汉时通过将行政

---

[1]《张简》，第9—15页。

[2]《张简》，第22页。

奖励和行政惩罚与权力、责任和利益统一起来，最大限度地调动和激发了行政工作人员的积极性和主动性。

秦汉简牍中的行政法既充分保障了官吏的基本权益，同时又建立了比较严苛的行政问责机制，规定了各种违法行政行为所应承担的责任，对官吏行政违法失职行为严惩不贷，对尽职守责、功绩卓著的官吏给予重奖，奖惩分明，充分调动了官吏的工作积极性，有力地保证了大一统王朝对地方社会的有序管理，大大减少了因地方吏治问题所带来的离心力，造就了一支相对高效廉洁的基层官吏队伍，对纠风治邪、整肃纲纪、控制和监督地方行政、建立牢固的统治秩序起到了一定的作用。

三、法律实施优质高效，提高了行政的质量和效率

秦汉简牍中的行政法规定了行政过程中各个环节的质量标准和时效标准，并且建立了相应的保障制度，为行政工作的优质高效提供了法律制度保障，提高了行政的质量和效率。

秦汉为了保证行政质量，依法治官，在行政法中对各级行政机构及官吏行政办事方式制定了明确的规范要求，规定了各级行政机构与行政官吏有权做出某种行为、有义务必须做某种行为和不得做某种行为的规范，使行政权力运行有制度可循，在一定程度上保证了行政质量。官吏违法或越权行政是影响行政质量的原因之一，在文献中常见"毋敢""不得""勿敢""毋"等禁止性法规。官吏严重失职直接影响行政质量，要追究行政"不作为"的责任。越权行政危害行政质量，秦汉法律规定官吏未经法律授权而越权行事，就要追究责任。欺诈行政破坏行政质量，秦汉法律法规规定，违法行政，弄虚作假，要追究欺诈行政的责任，简牍文献中常见"诈""伪"行政。官吏贪污受贿是造成行政质量差的重要原因，要追究责任，常见名目有"受赇以枉法""受所监临""主守盗"等，要以坐赃罪论处。

秦汉行政法规定了在权力运行过程中的程序规则，使人事权、财政权、司法权、决策权等权力在实施过程中有法定程序，每一程序有明确的责任和权力要求。这在一定程度上保证了行政权力的公正行使和行政行为的合法，防止行政权力的滥用，为行政质量提供了制度保障。秦汉行政法中主要有以下五种法定的制度。

一是决策制度。秦汉的行政决策依法规定了较为严格的程序，主要形成了集议制度、谏诤制度、封驳制度等。决策一般要由部门或大臣提出问

题，上奏皇帝，皇帝据奏折拟定决策方案，或由皇帝咨询相关人员提出议案，再经丞相主持的官吏会议讨论后上奏皇帝，由谏官进行审议，皇帝批示后由御史或尚书拟制诏书，多由丞相府下达执行，程序比较严格。如秦始皇初并天下，丞相王绾等请封诸子为王，始皇下其议于郡臣，争论中，"群臣皆以为便"，唯有廷尉李斯持以异议。秦始皇认为"廷尉议是"，就没有实行分封制。[1]

二是文书的审核和平署等制度。秦汉尚书台制作皇帝诏令，要严格审核，诸尚书郎均要发表自己意见，然后签署名字。发布诏书时，尚书令掌"封"，仆射掌"署"。三府在执行尚书台发布的皇帝诏令时，也要审检并签署意见，否则众官无法执行。对文书的判署既是一种权力，也是一种责任。从出土的简牍文书资料来看，州郡县诸曹上呈或下行文书除本曹长官和丞判署外，还有长史、主簿、录事、五官、令史等官吏签署姓名。而且签署后要对文书严格检查，并形成"勾检"制度，主要检查文书的稽缓与失误情形，若文书有误而判署要负法律责任，若稽缓文书，就是拖延文书，也要治罪。

三是选任官吏制度。其一，考试制度。凡经地方推荐的人才，到中央都要进行考试。每年州郡依法推荐的孝廉和茂才，三公府进行资格审查，尚书台进行考试，考试内容是"诸生试家法，文吏课笺奏"。对贤良文学等进行策试，又称"对策"和"射策"，相当于现代的抽签考试。公府与州郡辟除之士、三署郎官、博士及博士弟子也要依诏令进行考试。考试合格的任以官职，不合格的罢退。其二，审查制度。选用官吏有严格的程序，要层层把关，各负其责。汉代荐举人才，由丞相府司直"察能否以惩虚实"，三公府任用官吏，尚书台"澄洗清浊，覆实虚滥"，然后任以职位。《后汉书》卷七十八《吕强传》说："旧典，选举委任三府，三府有选，参议掾属，咨其行状，度其器能，受试任用，责以成功。若无可察，然后付之尚书。尚书举劾，请下廷尉，覆案虚实，行其诛罚。"[2] 三公府选用人才，必须经过尚书台的审核，两者相互制约，共同对人才质量负责。其三，选用官吏连带责任制度。有才必举，不举有罪，《汉书》卷六《武帝纪》

---

〔1〕《史记》，第238—239页。

〔2〕《后汉书》，第2532页。

载，二千石"不举孝，不奉诏，当以不敬论。不察廉，不胜任也，当免"。[1] 举不以才，举荐者也要依法治罪，汉代荐举人才的诏书常有"不如诏书，有司奏罪名，并正举者"的记载。任用非其人也要负连带责任，据睡虎地秦简《效律》载，"司马令史掾苑计，计有劾，司马令史坐之，如令史坐官计劾然"，[2] 就是司马令史的下属会计犯罪，司马令史也要依法受到惩处。

四是司法审判制度。秦汉行政法规定了严格的司法审判程序和明确的司法审判责任制，中央廷尉、尚书台、御史台三个机构互相制约。廷尉是中央最高司法机构，负责全国司法，审理皇帝命令审理的案件和地方上送审的疑难案件；尚书台设有三公曹主断狱，贼曹掌"盗贼辞讼罪法"；御史台负责监察及提起公诉，属官治书侍御史"凡天下诸谳疑事，掌以法律当其是非"。秦汉地方长官郡守、县令兼有司法权，设决曹主罪法，辞曹主辞讼，贼曹主盗贼。县是最基层的司法机关，负责"禁奸惩恶，理讼平贼"，处理一般轻微案件；疑难案件则要上报郡守，郡守不能决者，报廷尉，廷尉不能决者，即上奏皇帝。对重大案件的审理采用"杂议"制度，即派一批官员共同审断，若罪名已定的，就派有关朝臣共议其罪。对一般案件的审理先进行审讯，得到口供；三日后进行复审，叫"传复"，让受审者有更正供词的机会，复审后就进行判决。判决后向被告人宣读判词，叫作"读鞫"；若被告人称冤，允许本人或其家属请求复审，即所谓"乞鞫"。复审一般法定时间为三个月，超过三个月就不能复审。复审是对司法官吏执法情况进行审查的制度。司法官员如在判案中有"不直""纵囚""失刑"等论狱失刑罪，要依法惩处，处以流放或苦役。[3]

五是财政经济制度。秦汉行政法规定了较为严格的财政经济制度。西汉初年中央设少府和治粟内史两个部门，管理国家财政经济，中央行政最高机关丞相府通过"上计"制度对财政工作进行监督。汉武帝以后，国家财政管理机构由治粟内史改为大司农，"掌诸钱谷金帛诸货币。郡国四时上月旦见钱谷簿，其逋未毕，各具别之。边郡诸官请调度者，皆为报给，损

---

〔1〕《汉书》，第 167 页。

〔2〕《睡简》，第 76 页。

〔3〕 张晋藩、李铁：《中国行政法史》，北京：中国政法大学出版社，1991 年，第51 页。

多益寡，取相给足"（《后汉书》志第二十六《百官三》）。〔1〕下设太仓、均输、平准、都内等部门。但大司农要接受丞相府（司徒府）的领导，丞相府内设有户曹主民户祭祀、农业经济，金曹管货币、盐铁，仓曹主仓库，通过诸曹监督大司农的财政经济工作。尚书台有监督财用和库藏出纳之权，监察机关御史台也要督察财政法规的执行情况。地方财政是郡县二级，即守、县令都兼有财政权，郡设有仓曹主仓谷，金曹主货币、盐铁，计曹主上计事，市曹主市政，还有比曹对一郡的财政收支进行审计。汉代刺史巡视郡国，其中就有两条涉及财政问题，一是侵渔百姓，聚敛为奸；二是阿附豪强，通行货赂。汉代各级政府的钱物收纳都要记载入账簿，每一季度郡国还要上报财政主管部门大司农，年终县把收支情况上报郡，郡把收支情况上报中央，层层接受审计。中央丞相府设有计室掾史，郡国设有比曹专司审计，上级要对下级依上报账簿核实库藏实物，若不相符合，要依法治罪。从简牍史料记载来看，秦汉行政运行过程中，大都按律令规范和制度来执行，以保证行政质量。例如，"移年籍""劾移狱""索关""舍传舍""代罢""校计""期会"等行政行为都要求按照与之相对应的具体律令条文规定办理，反映了秦汉行政一概要以律令为据。

秦汉行政法特别注重行政效率。商鞅指出："十里断者国弱，九里断者国强。以日治则王，以夜治者强，以宿治者削。"〔2〕商鞅已经认识到行政效率关系到一个国家的兴亡，明确提出"无宿治"，严令官员办事不准拖拉，事不过夜，既能提高行政效率，又能使邪官无法利用空子谋取私利。正因为有了高效的官吏队伍和官僚机制，秦国才能最终消灭六国，完成统一中国的大业。为了保证行政的高效，秦汉统治者制定了许多法律，包括《内史杂律》《司空律》《属邦律》《置吏律》《行书律》等二十多种。法律把官员的行政稽缓规定为犯罪，以此增强官吏和各类公职人员的责任心，促使其恪尽职守，提高行政效率。秦汉法律规定文书传送要按规定的时间完成。一是按"时"的程限，秦汉每日是十六时制，每时规定了行程，大约每时行 10 里，这是步行传递，称为"传行"。二是按日的程限，可分为邮人步行传递和驿马邮行传递的程限。步行传递的程限为每日 160 里到 200里，邮驿传递每日 400 里到 1000 里，称为"邮行"。秦汉法律法规明确规

---

〔1〕《后汉书》，第 3590 页。
〔2〕蒋礼鸿：《商君书锥指》，北京：中华书局，2017 年，第 32 页。

定了各级行政部门及行政工作人员在行政办事中相对固定的、经常的或定期的"常会"时限。中央有皇帝五日一听事的朝会、十月朔和岁旦定期举行的百官会。地方各级政府向中央汇报工作和处理行政事务大都有固定的时间，主要的"常会"有汇报行政工作的日会、月会、四时会、岁会；有限期办理行政事务的八月案比户口、八月底上报农田丰歉情况、十月上报库存粮食的数量、八月望上报刍稾数、五月望报已垦田数、五月出赋和十月出刍、十二月到三月任免官吏、学童会八月朔日试、行书日毕、限时司法审判、九月会都试等；有监督检查行政工作的刺史八月行部、守相春季行县。但是法律能规定的"期会"种类是有限的，行政本身的复杂多变性决定了会有很多临时性的事务产生，每一项临时性行政任务的下达都应是有完成时限要求的。汉简中有很多记载具体完成时间的简文，一般都是官府的下行文书，在陈述完命令内容后，多以"会某月某日""会月某日"明确表示完成的具体时间。由于文献的缺载和简牍的不完整性，我们只能知道有时限要求，但具体时限的长短无法确定，能够推算出行政具体办事时限的寥寥无几。例如《甘露二年丞相御史令》记载，命令于甘露二年（公元前52年）五月（十六）从长安发出，六月间张掖太守下达给肩水都尉，七月壬辰（初五）肩水都尉下达给肩水候，要求在二十日上报结果（限15天时间），七月乙未（初八）肩水候下达给金关候长、啬夫，要求在十五日上报到府（限7天时间），中央到乡用51天（五月大14天+六月小29天+七月8天=51天），肩水都尉到肩水候只用了4天，而肩水候要求金关候长、啬夫在接到律令后7天把调查结果上报到府，其效率是相当高的。[1]

秦汉一方面以法令的形式从正面规定了官员行政办事的时限，另一方面又用"正刑定罪"的律令来强制办事程限的实施。法令所规定的官员办事的完成时间为法定时限，超过这个期限，就是"稽缓"，也就是办事迟缓，拖延期限，简牍常见有"不会会日""不中程""失期""留迟""留"等罪名。稽缓要负刑事责任，要依法惩罚。秦汉行政法关于行政办事时效的规定，形成了一套比较行之有效的行政运行机制，在一定程度上保证了较高的行政效率。

---

[1]　李明晓、赵久湘：《散见战国秦汉简帛法律文献整理与研究》，重庆：西南师范大学出版社，2011年，第305页。

四、礼法结合，促进了社会的安定与和谐

礼和法都是治理国家的重要工具。礼是儒家思想的核心，指礼乐制度和伦理纲常。法就是法家的治理思想与法律规范。秦汉行政法的基本特点是"礼制为本，法制为用"，礼是制定法律的总纲，是法的指导思想，是法的统率；法体现礼的基本原则，受礼的制约。礼法结合，把德治教化与法律惩治结合起来，调整国家、社会和个人之间纷繁复杂的关系，维持整个社会运行系统的秩序，在一定程度上促进了社会的稳定和经济的发展。

礼制是一套严密的等级制度，也是一种治国方略，其始于西周的周公制礼，规定了政治生活和社会交往的规则秩序，在"亲亲、尊尊"的原则下，形成了忠孝节义等具体的精神规范，也形成了吉礼、凶礼、军礼、宾礼、嘉礼等具体的礼仪规范，并用法律协助礼制规范的实施。当时礼制甚至直接具有法律的功能，称为"礼治"时代。到春秋战国时，各国把公布法律作为政治改革的一项重要内容，于是郑铸刑书，晋铸刑鼎。公元前407年，魏相李悝综合各诸侯国的成例编定了著名的《法经》，使之成为一部系统化的法典。中国从此进入了礼法分野与礼法合治的时期。这一时期，儒家的礼治和法家的法治都是交互为用，并不是互相排斥的。孔子主张为政以德，德是礼之本，但又不反对政令刑罚，而是反对暴政，他认为"礼乐不行则刑法不中，刑罚不中则民无所措手足"，[1] 就是主张施政要宽猛相济，恩威并用。儒家荀子说："礼者，法之大分，类之纲纪。"[2] 就是说礼是法的根本，是法律的指导原则。他提出"隆礼而重法"，认为"治之经，礼与刑，君子以修百姓宁。明德慎罚，国家既治四海平"。而法家尽管"不务德而务法"，倡导"禁奸止过，莫若重刑"，但没有完全排斥礼治。商鞅认为礼与法都是强国利国的工具，"法者，所以爱民也；礼者，所以便事也"。[3] 韩非子认为礼与法在治国中互相配合，"明主所以制其臣者，二柄而已也。二柄者，刑德也。杀戮之谓刑，庆赏之谓德"。儒家的"三纲"伦理也是韩非子提出的："臣事君，子事父，妻事夫，三者顺则天

---

〔1〕 陈襄民等注译：《五经四书全译》，郑州：中州古籍出版社，2000年，第3170页。

〔2〕 〔清〕王先谦：《荀子集解》，上海：上海书店，1986年，第7页。

〔3〕 蒋礼鸿：《商君书锥指》，北京：中华书局，2017年，第3页。

下治，三者逆则天下乱。"[1] 看来法家也并不提倡废除伦理道德规范和社会秩序。因此，班固在《汉书·艺文志》中说："法家者流，盖出于理官，信赏必罚，以辅礼制。"战国时期各国君主为了富国强兵，都倾向于富于进取的法家法治理论。秦始皇就是采用商鞅、韩非子的法治思想，建立了专制主义中央集权制度。秦国早在商鞅变法时，就根据李悝的《法经》，"改法为律"，制定成文的律令。秦始皇又将商鞅以来的律令再加以补充、修订，形成了统一内容的《秦律》，并颁行于全国。不过，《秦律》早已佚失，史书上只有零星记载。湖北云梦睡虎地出土秦墓竹简一千余支，其中大部分是秦朝的法律条文以及解释律文的问答和有关治狱的文书程序，可以管窥秦始皇颁行全国的法律及其以律令行政的基本状况。但在秦朝的行政法中，仍包含有儒家的德治思想，秦朝的政治体制仍然是以等级来划分，而等级秩序是礼制的本质属性，只不过不同的是秦律不再以血缘宗法为基础，而是以封建等级秩序取代贵族等级特权制度。例如，秦律规定，可以官爵等级特权抵免亲属的罪行。同时，以维护宗法"父权"为目的的"孝"这一礼治思想在秦律中也多有表现。从《睡虎地秦墓竹简》中记载的法律规范来看，秦行政法体现了儒家的父权和孝道思想，对"乱族"的严厉处罚继承了儒家的立法思想，对官吏的必备品格和作风的法律规定体现了"以德治国"的理念。[2]

汉代统治者在总结秦朝快速灭亡的经验教训的基础上继承并发扬光大了先秦儒法两家礼治与法治互为补充、相互为用的思想，提出礼法结合、德刑并用的立法精神，并付诸行政实践。陆贾主张只有礼法并用，才能维持政权的长治久安，提出"文武并用，长久之术也"。贾谊认为，治理国家要先兴礼义教化，防患于未然，然后使用法制刑罚，他在《治安策》中说："夫礼者禁于将然之前，而法者禁于已然之后。"（《汉书》卷四十八《贾谊传》）[3] 所以要"庆赏以劝善，刑罚以惩恶"，恩威并用。王充认为："治国之道所养有二：一曰养德，二曰养力。养德者，养名高之人，以示能

---

[1]〔清〕王先慎撰，钟哲点校：《韩非子集解》，北京：中华书局，2016年，第510页。

[2] 刘远征、刘莉：《论秦朝法制中儒家法律思想》，《西安建筑科技大学学报》，1999年第2期。

[3]《汉书》，第225页。

敬贤；养力者，养气力之士，以明能用兵。此所谓文武张设，德力具足者也。事或可以德怀，或可以力摧。外以德自立，内以德自备。"〔1〕养德就是礼治，养力就是法治，也是强调礼法并用。礼治强调的是人们内心的仁义修炼，其具体政治实践是礼乐制度建设和政治教化；法治强调的是外在实力的扩张，其具体政治实践是法制建设和赏罚分明。在汉代"作为差别性行为规范的礼，逐渐与公允性行为规范的法交融渗透，以至合流"，〔2〕形成了礼法并用的治国方略。汉代礼是法的主要内容，没有礼就没有法；法是礼的保障，没有法也就没有礼。

秦汉礼制在行政法立法建设中主要表现在以下三个方面。一是制定了"三纲五常"的道德规范。董仲舒《春秋繁露·基义》中系统阐述了"三纲"，即君为臣纲，父为子纲，夫为妻纲。东汉时期发展为"三纲五常"。"三纲"是约束人们行为的规范和准则，它强调自上而下的等级秩序，并以此保障等级秩序的稳定；"五常"是汉代社会的价值标准和为人处世的道德准则，它强调的是人与人之间横向关系的处理原则，是为了促进人际关系和群体关系的和谐。二是提出了修身正己的理论。汉代非常重视个人道德的修养，《礼记》提出"修身、齐家、治国、平天下"思想，把修身作为治国之本，只有修身，才能创建伟业，实现人的政治价值与道德价值。修身表现出内在和外在的和谐统一、思想和行为的和谐统一、个体与社会的和谐统一。三是制定了节俗礼仪。西汉时期叔孙通制礼仪，董仲舒以《春秋》决狱，匡衡依据儒家礼制对国家祭祀礼仪进行了大幅度的改革。东汉光武帝提倡庆氏礼学，为朝廷制定了封禅、七郊、辟雍、明堂、大射、养老等礼仪，崔寔《四民月令》、应劭的《风俗通义》都对汉代节俗礼仪有详细记载。汉代节俗礼仪主要通过祭祀或庆典活动，用乐舞等形式宣传伦理纲常。从张家山汉简《二年律令》来看，儒家学说已深入到西汉统治集团的治国实践中，构成了当时立法的理论依据之一，从律令中可以很明显地看到统治阶级以立法的形式确立了社会等级制度化、合法化、规范化，使家庭伦理和行政伦理方面有了法定的道德规范。

秦汉法制在行政法立法建设中主要表现在以下两个方面。一是制定了

---

〔1〕〔汉〕王充：《论衡》卷十《非韩》，上海：上海人民出版社，1974年，第151页。

〔2〕刘长江：《略论汉武帝"德法并用"的治国方略》，《山东师范大学学报》，2004年第2期。

一系列的行政法律法规，设官定责，分权制衡，建立健全各项规章制度，对行政权力进行监督和制约，依法行政，保证国家机器的正常运转。秦汉法律的具体内容流传下来的很少，但在出土的睡虎地秦简、居延汉简、张家山汉简等简牍中保存了大量的法律条文。有关行政法律法规的有《秦律十八种》《二年律令》《为吏之道》《置吏律》《除吏律》《效律》等，对行政体制机制与官吏的选任、考课、监察、奖惩等行政制度都做出了明确的规定，以律令行政，体现了"严治吏"的立法原则。二是不断强化君主专制中央集权制度，削弱地方割据势力，保证国家政令的贯彻执行。

西汉武帝刘彻和东汉光武帝刘秀是礼法并用治国的典型代表。刘彻"导民以礼，风之以乐"，使民"仁行而从善，义立则俗移"（《汉书》卷六《武帝纪》），[1] 同时，他又实行严刑酷法，说"刑罚所以防奸也"，可谓礼法并用。刘秀奖用儒生，兴学教化，自称用"柔道"治国，说白了，就是用礼乐仁义治国；同时加强中央集权，严格选用和考核官吏，以法律刑名治驭群僚百官，"峻文深宪，责成吏职"，"观其治平临政，课职责咎，将所谓'导之以政，齐之以刑'者乎！"（《后汉书》卷二十二《马武传》）[2]这与刘彻礼法并用的汉家制度一脉相承。

秦汉礼法并用在治国的具体行政实践上体现出"德主刑辅"的立法精神，其中的"德"是指德教，也就是教化，"刑"是指刑罚。把德治教化和法律惩罚作为治国不可或缺的两手，标本兼治，用现在的话说就是以教育为主、惩罚为辅，促进社会的和谐稳定。董仲舒巧妙地将儒家思想与法家结合起来，并提出了德主刑辅的治国理论。他说："教，政之本也；狱，政之末也。其事异域，其用一也。"[3] 又在《白虎通》讲到治国的思想时说："圣人治天下，必有刑罚何？所以佐德助治顺天之度也。"[4] 说明强调的也是德主刑辅。

教化政策是汉代在总结秦灭亡于严刑峻法的暴政而提出的政治思想，它通过日常教育灌输和熏陶等手段宣扬统治阶级的政治思想与伦理道德。教需明示，化需熏陶；教是外部灌输，化是潜移默化。教化的途径主要有

---

[1]　《汉书》，第 180 页。
[2]　《后汉书》，第 787 页。
[3]　苏舆撰，钟哲点校：《春秋繁露义证》，北京：中华书局，1992 年，第 94 页。
[4]　陈立：《白虎通疏证》，北京：中华书局，1994 年，第 438 页。

两种。一是兴办学校，向民众灌输封建伦理道德。董仲舒在给汉武帝对策中说："是故南面而治天下，莫不以教化为大务，立太学以教于国，设庠序以化于邑，渐民以仁，摩民以谊，节民以礼，故其刑罚甚轻，而禁不犯者教化兴而习俗美也。"（《汉书》卷五十六《董仲舒传》）[1] 汉武帝采纳董仲舒和公孙弘的建议，选用儒学之士，在中央设立大学，立五经博士和博士弟子，地方郡县也普遍设学。到东汉由五经博士发展到十四经博士，太学生人数也不断增加，最多时达到三万多人。地方郡国守相也以兴办学校为务。由于从中央到地方政府对学校的重视，私人办学也迅速发展，西汉后期，经学大师韦贤、疏广等人都家居教授。到了东汉，私人教授的学生多的达到万人以上，王充、马融教授的学生也"常有千数"。汉朝政府通过学校教育系统有意识灌输儒家传统价值观，用儒家经典培育人，使"人识君臣父子之纲，家知违邪归正之路"（《后汉书》卷七十九下《儒林传第六十九下·蔡玄》）。[2] 二是表彰忠孝，以示范引导，激励人们争做忠臣孝子、义夫节妇。汉代主要通过升官加爵、封妻荫子、赐物赏金、绘画肖像、树碑立传等物质和精神激励形式引导人们践履封建伦理道德。例如《后汉书》卷六十二《陈寔传（附子纪传）》载陈纪以孝父"至行"被豫州刺史"表上尚书，图象白城，以厉风俗"。[3] 汉代察举征辟必重名誉，"皆有孝弟廉公之行"，举孝廉就是选拔孝子廉吏，任以官职，取得功名利禄，获得荣华富贵。黄霸以"贤良""行义"，卓茂以"执节淳固"，皆获得封官加爵，荫及子孙，得到极高的礼遇。"三老"是乡里推举的德高望重的人，"孝悌，天下之大顺也。力田，为生之本也。三老，众民之师也。廉吏，民之表也"（《汉书》卷四《文帝纪》），[4] 都是政府树立的典型，政府给予"复勿徭戍""复其身"，就是可以免除徭役和算赋，而且还赏赐给他们一定的帛、米等用品。汉代政府用利禄的实惠、光宗耀祖的荣誉、丰厚的物质赏赐、减免赋税徭役的待遇吸引人们倾慕仿效这些榜样的道德行为，从而达到教化的目的。

刑罚政策主要是依法惩治贪官污吏，以法律刑罚的手段促使官吏依法

〔1〕《汉书》，第 2503—2504 页。
〔2〕《后汉书》，第 2589 页。
〔3〕《后汉书》，第 2068 页。
〔4〕《汉书》，第 124 页。

行政，同时保证礼治思想的贯彻执行。秦汉法律规定，严禁违法行政，"令曰勿为而为之"就构成"犯令罪"，"令曰为之而弗为"，就构成"废令罪"。秦汉以法令的形式规定了官吏职务犯罪的类型及惩治方法。对官吏的行政处罚主要有诤、赀、免、废等。对官吏的职务犯罪要追究其刑事责任，主要有以下职务犯罪：一是贪赃枉法罪，二是玩忽职守罪。秦律对行贿受贿罪规定："通一钱，黥为城旦。"（睡虎地秦墓竹简《法律答问》）[1] 即行贿一钱，就要处以黥城旦之刑。汉文帝十三年（公元前 167 年）曾颁诏规定："吏坐受赇枉法，守县官财物而即盗之，已论命复有笞罪者，皆弃市。"（《汉书》卷二十三《刑法志》第三）[2] 按当时律条，凡赃至十金，则至重罪。对于私自挪用公家金钱，以盗窃罪论。传送公文应立即送达，耽搁者依法论处。任用官吏不依程序，不应任用而任用或不符合规定而任用者均依法论处。官吏司法审判"不直"，以"纵囚"罪和"失刑"罪论处。官吏诈称君命擅自行事，"律，矫诏大害，要斩"，就是要判处死刑。秦汉法律对官吏利用职权谋取私利而损害统治阶级整体利益的行为，严加禁绝并给予非常严厉的惩罚，这在一定程度上保证了官吏能够执政为民，协调了官民关系，在官吏阶层甚至在全社会形成知法、敬法、畏法的氛围。

秦汉行政法重礼治，统治阶级通过行政系统、社会组织、宗族家庭等组织机构，采取提倡儒学、兴办学校、著书立说、引礼入法等措施，利用舆论引导、利益诱导、教育灌输、立法建制、民俗文化等形式，把政治知识与思想、价值规范和行为准则传播到社会政治生活的各个领域，沉积为稳定、持久、牢固的政治思维和政治心理，成为人们共同遵行的政治思想规范、价值观和生活准则，形成了讲义守节的良好风气。正如司马光所说"东汉之风，忠信廉耻，几于三代矣"，[3] 在一定程度上提高了官吏的政治素质，为秦汉全面贯彻国家意志提供了比较有力而持久的制度依据和保证，也为法律制度的延续提供了可能性。就一般情况而言，在秦汉封建王朝，拥有一定秩次的官吏犯了与普通平民同样的罪，往往要从轻量刑甚至免刑，这体现了秦汉行政法对等级秩序的维护。但秦汉法律对官员阶层的

---

[1]　《睡简》，第 230 页。

[2]　《汉书》，第 1099 页。

[3]　〔宋〕司马光著，吉书时点校：《稽古录》卷三十，北京：北京师范大学出版社，1988 年，第 91 页。

"不廉"、受贿、司法舞弊、违反官吏任用要求等严重影响国家利益的行政行为，其处罚是相当严厉的。最有标志性的事件就是商鞅处理太子犯法。商鞅认为"法之不行，自上犯之"，虽然"太子，君嗣也，不可施刑"，但通过肉刑，严惩了太子的老师和一些旧贵族，这件事震动朝野，比较有力地推动了秦朝法治的进程。西汉元帝时，丞相匡衡为丞相，"专地盗土"，司隶校尉王骏、少府张忠负责代理廷尉的事务，上奏弹劾匡衡。经查核，匡衡确实"多取封邑四百顷，监临盗所主守直十金以上"，被皇帝免为庶人。匡衡既违背了法律，还违背了《春秋》中的礼制规定，最终受到法律的严惩。

综上所述，秦汉行政法注意建章立制，以法律形式明确规定了职官的分工和职责，分权制衡，一方面对不尽职责的渎职、失职和贪官污吏实施问责制，以避免官吏滥用权力，确保他们尽职尽责；另一方面对官吏实行激励制度，奖勤罚懒，充分调动官吏的积极性，建立相对高效的官僚政治体制，初步形成了秩序严密、制约有效的权力运作机制，用法律保证了行政体制和机制运行的规范性、系统性和效率，在一定程度上约束和防范了权力的滥用，调节缓和了君主专制体制内部的矛盾和冲突，从某种程度上降低和减缓了政治动荡的频率和政治衰败的速度，保障了王朝的相对稳定。然而，秦汉行政法是为君主专制中央集权服务的，是为了体现出君权至上、权大于一切的立法精神，君主的意志决定一切，法律制度服从于权力意志，下层官吏只服从于皇权和上司，体现了封建政治制度"专权"和"人治"的特点，使法律的作用难以真正全面发挥出来，反而成为官吏互相倾轧、争权夺利的工具。一切法律制度都要服从于权力意志。君主作为权力授予者能够制约被授予者的权力，而君主本身的权力不受任何力量的制约，权力来源于君主，制约权也来源于君主。在此种政治制度与法律体系框架下，官吏包括考课和监察等一切权力都操控于上司和监察官之手，他们决定着官吏的政治命运与前途，为了维护自身利益，难免采取欺上瞒下和贿赂等各种手段去"媚上"。官吏行使权力只对君主和上司负责，而不对人民负责，只要对上级有个好的"交代"，就是仕途成功，为政为民则无关紧要。因而官吏各阶层往往报喜不报忧，阿谀逢迎，上下级之间形成一种层层交易关系，官官相护，谋取私利，造成制约机制在现实政治中无法完全实施。而权力的独断和随意性必然导致政治的腐败。而对贪官污吏，君主又可以法外施情。从各级官僚考选和任用看，也都体现出某种阶层的固化，都是以官举人，权操于上，百姓不得参与，民意无法反映，与现代的民选制大相径庭，所选官吏的素质经常也成问题。东汉察举制选举人才，虚伪浮华之风、官场请托之弊日益严重。"人治"对选官任用制度的破坏之大，使其失去了激励的作用，严重挫伤了士人和官吏的积极性。东汉顺帝时，尚书令左雄上书指出地方行政之弊端：官吏选任不以才，考核不实，赏罚不明；以杀害无罪之人显示威严，以聚敛财物表示贤能，以廉洁安民为劣弱，把遵纪守德当作没有教化，"视民如寇仇，税之如豺虎"。而负责地方监察的机关却置若罔闻，与贪官污吏沆瀣一气，"见非不举，闻恶不察"，"或考奏捕案，而亡不受罪；会赦行赂，复见洗涤"，"廉者取足，贪者充家"，（《后汉书》卷六十一《左雄传》）[1] 横征暴敛，民不聊生，无能之辈超越升迁，有才华者弃之沟壑，反映出了地方官吏滥用权力、胡作非为、取与由己、公行贿赂、无视法律的状况。法律制度成为一纸空文，使权力失范者得不到"必然"的问责，违规违法风险大大降低，"低风险高回报"，促诱更多的潜在违法者铤而走险，破坏规则，这就加剧了统治阶级内部的矛盾和吏治的腐败。而特别需要指出的是，秦汉行政法的作用与明君贤相密切相关，在不同历史时期产生了不同的效果，当皇帝清明、朝臣廉洁勤政时期，行政法的作用发挥得就好一些。秦始皇前期励精图治、依法行政，建立了统一六国的大业；西汉的"文景之治"、汉武帝的文治武功、"昭宣中兴"，东汉的"光武中兴""明章之治"就是明君清官治国理政、充分发挥了行政法正面作用的结果。而当皇帝昏庸、朝臣贪婪失职时，行政法的负面作用则显现出来。皇帝为保证其皇权专制，往往多用近臣，造成外戚、宦官、权臣专权的现象，大权旁落，政不由己。秦二世的宦官赵高专权，西汉哀帝时外戚王莽专权，东汉桓灵时期外戚和宦官专权，都是因为皇帝昏庸，君权衰弱，而奸臣专权，地方割据公开反抗中央，使行政法的规则失效，行政管理秩序混乱，社会动荡不安，造成政治的腐败和政权的不稳定，最终使王朝灭亡。

第三节　秦汉行政法的地位

秦汉是中国行政法的奠基时期，行政法内容比较充实，体系比较完整，

---

[1] 《后汉书》，第 2017 页。

已成为相对独立的、重要的法律门类，居于承前启后的重要地位，无论是立法思想、原则及规则条例还是法律内容，都继承了先秦行政法的成果，同时又有所发展和创新，初步具备了内容比较丰富、体系比较完整、具有中国特色的传统行政法律体制体系，不仅对秦汉的政治经济起到了较大的促进作用，而且直接影响了后代中国行政法的发展，对宋元明清诸朝政治法律制度的完善及经济文化的发展，都产生了深远的影响。秦汉行政法的制定不仅是中国封建社会立法史上的一项创举，在世界行政法律史上也具有不容忽视的重要地位，与当时的贵霜帝国、罗马帝国和安息王国等世界大帝国相比，秦汉行政法都属于较为先进的法律，在行政法律史上占有重要历史地位。

一、行政法在秦汉法制史中的地位

秦汉行政法已成为一个相对独立的法律部门，初步具备我国现存最早最完整的行政法典《唐六典》和刑事法典《唐律疏议》的立法内容，其中所涉及的行政法关系广泛，可以基本保障、规范和监督当时的行政管理活动，也就是说已经初步具备了后代行政法的基本体系和内容规范。

《唐六典》的行政规范内容与体系主要有关于封建国家行政机构的设置、官员编制与职掌权限的组织原则，关于国家机关各级官吏的选拔与任免、考课与奖惩、监督与退休的人事行政制度，关于封建国家的资源、工程营建、税收、官俸以及宫廷靡费等财务行政，关于各级行政部门的政务活动原则、相互关系及其工作程序等四个方面。《唐律疏议》规范的主要内容有十二篇：关于唐律基本精神和基本原则的《名例律》，关于警卫宫室和保卫关津要塞方面的《卫禁律》，关于官吏职务及驿传方面的《职制律》，关于户籍、土地、赋税以及婚姻家庭方面的《户婚律》，关于国有牲畜和仓库管理方面的《厩库律》，关于发兵和兴造方面的《擅兴律》，关于保护国家和私人生命财产不受侵犯的《贼盗律》，关于斗殴和诉讼方面的《斗讼律》，关于欺诈和伪造方面的《诈伪律》，关于买卖、借贷、度量衡、商品价格规格、私铸货币、赌博、决失堤防、破坏桥梁、阻碍交通等方面的《杂律》，关于追捕罪犯和逃亡士兵及役丁的《捕亡律》，关于审讯、判决、执行和监狱管理的《断狱律》。在秦汉简牍法律史料中虽没有专门的行政组织法，但在云梦秦简《秦律十八种》中有以职能部门命名的法律，例如，《尉杂》是关于廷尉一职的法律，《内史杂》是关于内史一职的法律,《司空》是关于司空一职的法律,《军爵律》是关于主爵中尉一职的法律,《属邦》是关于典属国(邦)一职的法律。在张家山汉简《二年律令》的《秩律》中记载了从中央到地方的各级行政机构和官吏的设置情况。在尹湾汉墓出土的简牍中还记载了东海郡的吏员配置情况。简牍史料中对秦汉职官管理的法规条文有很多,涉及的范围也很广,《置吏律》《除吏律》《除弟子律》《中劳律》《效》《牛羊课》《军爵律》《效律》《功令》《史律》等是有关官吏选任和考核的法规,《传食律》《金布律》《赐律》《田律》《禄秩令》等是有关官吏权利、待遇的法规。在秦汉简牍史料中还有各级各类行政部门政务活动的准则和程序规范,《行书令》《津关令》《行书律》《均输律》等就是有关行政权力运行过程中进行决策、执行、监督的法规。在秦汉简牍史料中有涉及财政经济行政的法规,如《田律》《厩苑律》《仓律》《金布律》《关市》《傅律》《徭律》《钱律》《户律》《会计令》等。简牍史料中的《屯表律》《戍律》等是有关秦汉军事行政的法规。《尉杂律》《捕盗律》《具律》《收律》等是有关秦汉治安、司法行政的法规。《工律》《工人程》《均工》等是有关秦汉手工业的行政法规。《盗律》《贼律》《捕亡律》《捕盗律》《告律》《兴律》《徭律》《爵律》《功令》《击匈奴降者赏令(附科别)》等是有关秦汉行政奖惩的法规。据传世文献记载,汉武帝时期为了加强中央集权,行政立法不断发展完善,制定了维护皇权的《越宫律》、限制诸侯国权力的《左官律》《附益之法》、对官吏失职追究责任的《监临部主之法》《沉命法》等。秦汉行政法的种类和数量足以说明当时立法的规模和水平。唐代行政法的表现形式律、令、格、式在秦汉基本上都有。令是秦汉行政法的主要表现形式,已经有大量的令出现,秦令有《垦田令》《为田开阡陌令》《分户令》《内史郡二千石官共令》《内史官共令》《内史仓曹令》《内史户曹令》《内史旁金布令》《四谒者令》《四司空共令》《四司空卒令》《县官田令》《食官共令》《给共令》《赎令》《安□居室共令》《□□□□又它祠令》《辞式令》《尉郡卒令》《郡卒令》《廷卒令》《卒令》《迁吏令》《捕盗贼令》《挟兵令》《稗官令》等,汉令主要有《功令》《金布令》《宫卫令》《品令》《祠令》《祀令》《斋令》《狱令》《棰令》《马复令》《胎养令》《养老令》《任子令》《缗钱令》《受所监临令》《津关令》《絜令》《禄秩令》《尊老养老令》《会计令》《婚嫁令》《行书令》《知令》《击匈奴降者赏令(附科别)》《四时月令五十条》等。而且,秦汉律是以刑事法律为主,其中包含了不少单行的行政法规内容，不少内容也具有令的性质，是比较典型的行政法规，如《赐律》《爵律》《田律》《置后律》《秩律》《史律》等。秦汉程、科、品、约、式、条等行政法的形式，是对律令的具体补充和细化。例如秦简有规定治狱程序、司法文书样式的《封诊式》；汉简有《捕斩匈奴虏反羌购偿科别》（E.P.F 22：221—235）、《大司农臣延奏罪人得入钱赎品》（E.P.T 56：35—37）、《塞上烽火品约》（E.P.F 16：1—17），有《守御器品》（《敦煌汉简》1390）、《烽火品约》（《敦煌汉简》2257）、《伏虏品约》（《敦煌汉简》783）。可以说，秦汉行政法中各类法律的表现形式律、令、科、品、式都已初步具备，其中律令是行政法的主体，可以说秦汉是中国古代律令制国家法律体系的奠基时期。秦汉出现了比较完备的行政法典，这表明当时的封建统治者在调整和规范国家行政机关的组织活动方面已经取得了丰富的经验，从而在一定程度上使之达到制度化、法律化的程度。

二、秦汉行政法对先秦的继承与创新

自夏朝开始正式确立法律制度以后，中国古代每个朝代都建立了自己的法制，而且还不断总结经验，推进法制的发展。西周是中国古代行政法规的出现时期，周公制礼，已提出了"三典"的理论，即"刑新国，用轻典；刑平国，用中典；刑乱国，用重典"（《周礼·秋官司寇》），规定了政治生活和社会交往的规则秩序，在"亲亲、尊尊"原则下，形成了忠孝节义等具体的精神规范，也形成了吉礼、凶礼、军礼、宾礼、嘉礼等具体的礼仪规范，用刑罚辅助礼制规范的实施，礼制直接具有法律的功能，这一时期被称为"礼治"时代。周公制礼是西周重要的立法活动，作为法律形式的《周官》，又称《周礼》，是当时行政法规的重要载体，是一部珍贵的职官法典，或称吏典。《周礼》中设六官，天官主管宫廷，地官主管民政，春官主管宗族，夏官主管军事，秋官主管刑罚，冬官主管营造，涉及社会行政的各个方面。《周礼》所记载的有关礼的内容比较丰富，既有祭祀、朝觐、封国、巡狩、丧葬等国家大典，也有用鼎制度、乐悬制度、车骑制度、服饰制度、礼仪制度等具体规制，还有各种礼器等级、组合、形制、度数的记载。《周礼》对官员、百姓采用儒法兼容、德主刑辅的治理方式，不仅显示了相当成熟的行政思想，而且有驾驭百官的治国理政智慧。其中《天官》中概括出"六典""八法""八则""八柄""八统""九职""九赋""九式""九贡""九两"十大治国理政法则，并在《地官》《春

官》《夏官》《秋官》的"叙官"中做了进一步的阐述，这对于提升后世的行政管理能力有着深远的影响。尤其宝贵的是《周礼》纳礼入法，礼刑结合，在行政机构、官吏、户籍以及司法和军事等方面建立了相应的管理制度。西周时期行政机构的名称与职能分配都已经有了相应的制度性规定，也有了中央行政机构和地方行政机构的划分，以嫡长子继承制为核心的宗法等级制度已比较完备。所以，李学勤先生指出，秦汉时期的许多法律制度"实由《周礼》演变而来的"。[1]

到春秋战国时期，西周的礼制逐渐衰微，宗法等级制度逐步瓦解，礼崩乐坏，各诸侯国先后进行变法改革，把法律作为维护新兴政权的工具。公元前 407 年，魏相李悝进行变法改革，实行官吏"食有劳而禄有功，便有能而赏必行"的俸禄赏赐制度，废除世袭禄位制度，实施封建土地私有制，综合各诸侯国的成例编定了著名的《法经》。《法经》有《盗法》《贼法》《囚法》《捕法》《杂法》《具法》六篇，是一部"诸法合体"而以刑为主的法典，也有不少内容属于行政法规。《盗法》是涉及公私财产受到侵犯的法律，《贼法》是有关危及政权稳定和人身安全的法律，《囚法》是有关审判、断狱的法律，《捕法》是有关追捕罪犯的法律，《杂法》是有关处罚狡诈、越城、赌博、贪污、淫乱等违法行为的法律，《具法》是规定定罪量刑的通例与原则的法律。《法经》颁布的目的是维护和巩固新兴封建政权，保护统治阶级的利益。凡是危害国家统治和君权的行为，如"窥宫""盗符""盗玺""越城"等，不仅本人要被判处重刑，甚至夷族夷乡；打破"礼"和"刑"的界限，凡是行政违法的行为，一律惩处，"丞相受金，左右伏诛，犀首以下受金则诛"，[2] 官吏贪赃枉法都要杀头，这实际上也是实行上下级官吏连坐，强调的是行政责任。《法经》初步确立了封建法典的体例和基本原则，是中国古代第一部比较系统的封建法典，标志着中国古代的行政立法技术已开始走向成熟。

秦孝公时，商鞅携《法经》入秦，主持两次变法，并根据李悝的《法经》，"改法为律"，着手制订成文的律令。其主要内容是：（1）以《法经》

---

〔1〕　李学勤：《竹简秦汉律与〈周礼〉》，《中国法律史国际学术讨论会论文集》，1990 年。此文被收入《当代学者自选文库·李学勤卷》，合肥：安徽教育出版社，1999 年。

〔2〕　〔明〕董说：《七国考》卷十二引桓谭《新论》，北京：中华书局，1956 年，第 366—367 页。

为蓝本，结合秦国的具体情况加以修订、扩充而制定了秦律，并制定了连坐等法规，颁行秦国，厉行法治；（2）奖励军功，实施军功爵制，根据爵级定尊卑待遇，禁止私斗，取消世卿世禄及一切特权；（3）奖励耕织，重农抑商，保障国家的兵源和财源；（4）废除井田制，从法律上确立封建土地私有制；（5）普遍推行县制，县令、县丞等地方官由国君直接任免，集权于中央，并统一度量衡制度，初步建立中央集权制度；（6）按户口征收军赋，以利开垦荒地和增加赋税收入。特别要指出的是，商鞅以严刑峻法加强吏治建设，凡"守法守职之吏有不行王法者，罪死不赦，刑及三族"。[1] 这种重刑罚的思想显然是直接来源于李悝。桓谭《新论》说，李悝的《法经》，"商鞅受之，入相于秦，是以秦魏二国深文峻法近"。商鞅变法行之十年，"民勇于公战，怯于私斗，乡邑大治"，"道不拾遗，山无盗贼，家给人足"，"秦民大说（悦）"，（《史记》卷六十八《商君列传》）[2] 国家治理取得了极大的成效。

秦朝建立，确立以法令为治国之本的方略。《史记》卷八十七《李斯列传》载："明法度，定律令，皆以始皇起。"[3] 据《史记》卷六《秦始皇本纪》记载，秦始皇多次刻石诏告，明定法律治国的精神，如始皇二十八年（公元前219年）泰山刻石文："皇帝临位，作制明法……治道运行，诸产得宜，皆有法式。"琅琊刻石："皇帝作始，端平法度……除疑定法，咸知所辟。""普施明法，经纬天下，永为仪则。"[4] 这是秦始皇明法度、定律令的明确写照。"事皆决于法"，[5] "职臣遵分，各知所行，事无嫌疑"，[6] 反映出秦始皇依法行政的治国理念。秦始皇根据维护统治的实际需要，从以水德主运、"事皆决于法"的思想出发，又对商鞅以来的律令加以补充、修订，形成了内容统一、更为缜密的《秦律》，并颁行于全国。从睡虎地秦墓竹简出土的秦律简文来看，其中有不少内容是继承《周礼》的礼治行政思想，又有继承李悝的《法经》，有继承商鞅所修订的法律，但也有很多创新和发展。秦律继承李悝和商鞅等人的法制思想，依法确立

---

〔1〕 蒋礼鸿：《商君书锥指》，北京：中华书局，2017年，第101页。

〔2〕《史记》，第2231页。

〔3〕《史记》，第2546—2547页。

〔4〕《史记》，第243、245、249页。

〔5〕《史记》，第38页。

〔6〕《史记》，第250页。

了君主专制中央集权的政治体制和运行机制，建立了一整套有关官吏职责权利、选拔任用、考核奖惩的管理机制和组织、人事、治安、司法、农业、手工业、财政等行政事务的管理制度。同时秦律继承《周礼》的礼制思想，把儒家的伦理纲常思想渗透到行政法当中。秦代官僚行政是在极为细密的法令规章下运行的，当时官府上行、下行或平行的公文常见"如律令""如律""如令""以律令从事"等要求。秦二世继位以后，奉行"遗诏"，确定律令，继承此种法律思想。

传世文献多有"汉承秦制"的记载，指出除郡县、职官、律历等制度之外，在行政法方面也多有秉承。《汉书》卷八《宣帝纪》注引文颖曰："萧何承秦法所作为律令，律经是也。天子诏所增损，不在律上者为令。"[1] 汉初萧何依据秦法所做的律令，具体内容在传世文献中已经找不到，而张家山汉墓竹简中出土汉初吕后颁布的《二年律令》，其中有相当一部分与战国晚期秦国的《秦律十八种》等律文相同或相似：《置吏律》《传食律》《田律》《行书律》《效律》《徭律》《金布律》七种都相同，汉简中的《傅律》与《秦律杂抄》中的律名也相同，汉简中的《□市律》与秦简中的《关市》、汉简中的《爵律》与秦简中的《军爵律》二种都相似，显然是汉代继承自秦朝行政法。当然，汉代也有发展变革和创新之处，如《二年律令》的律名包括了汉初《九章律》中除《囚律》《厩律》之外的所有律名，说明《二年律令》对《九章律》既有继承也有修订。从出土简牍中的秦、汉《田律》相关内容来看，汉朝较秦朝在田、道等规划管理制度上有所加强，同时汉朝也加大了对马牛的重视与保护力度。此外，汉律相较于秦律，其中儒家思想逐步向法律领域渗入的趋势更加明显，礼制已成为行政法规范的主要内容，以行政法维护封建宗法等级制度的意图更加明显。汉律加强了君主专制中央集权制的立法规范，如限制诸侯国的权力，强化君主的权力，完善郡级政权的职责，加强官吏的责任等。特别是《二年律令》对财政校核和审计相关责任的划分做了明确的规定，对上计、物资供应标准与稽核等也做了明确规定，同时通过审计发现问题，并对相关责任者做出惩罚。以上这些都说明汉初的经济行政管理制度已经具有相当的水平。

---

[1] 《汉书》，第253页。

三、秦汉行政法对后代行政法的影响

（一）秦汉行政法典规范化，在一定程度上为后世行政法的编纂提供了蓝本。

汉代继承秦律而制定的《九章律》，是历代立法的渊源，被称为"律经"，经世代变迁，而律典的体例不变。《九章律》是在汉高祖刘邦登基之后，萧何受命，根据当时的形势，在取舍秦律的基础上编纂而成。这部法律把封建国家的主要大政方针分篇编纂在一起，构成为一个完整体系。汉初律法，即专指《九章律》。叔孙通在萧何制定《九章律》之后，为维护朝仪、宗庙尊严，树立皇帝权威，又专门制定了有关礼仪的法规，共十八篇，取名《傍章》，作为《九章律》的附则颁行。东汉的文颖在注释《汉书》时说得很明确，萧何制定的《九章律》，是当时法律的"经"，其后的律典都以《九章律》为蓝本。在此基础上，隋朝的《开皇律》已形成十二篇相关律条，并为以后的《武德律》及《永徽律疏》所继承。我国现存最古老最完备的法典《唐律疏议》也是上承汉代《九章律》，自唐以后，宋、元、明、清的法典皆以此为准。正如唐代的虞世南所说："萧何成《九章》，此关〔后代〕百王不易之道。"明代李善等人在制定《大明律》时也说："历代之律，皆以《九章律》为宗。"[1]

秦汉简牍出土文献中有大量的律文篇名，多为后代律法如《九章律》《唐律疏议》所沿袭继承。如睡虎地十一号秦墓出土的《秦律十八种》和《秦律杂抄》中有 29 种律文，江陵张家山二四七号汉墓出土的《二年律令》有 27 种律文，这些简牍律文远远超出了《九章律》的内容。《唐律疏议》十二篇《名例律》《卫禁律》《职制律》《户婚律》《厩库律》《擅兴律》《贼盗律》《斗讼律》《诈伪律》《杂律》《捕亡律》《断狱律》，在秦汉法律简牍中都可以找到相关的单篇律文。

秦汉行政法内容表现形式令、科、品、式等对后代行政法典的编纂也产生了一定的影响。汉代以后封建国家的行政立法有了新的发展，除了律之外，典、令、格、式等表现形式出现逐渐一体化的趋势。南朝有《齐典》《梁典》，北朝有《六官典》，晋有《晋令》，专辑为典令，颇称详备，实为

---

〔1〕 叶峰：《汉律在中国法制史上的地位》，《政治与法律》，1986 年第 6 期，第 40—43 页。

各种行政法单行法规之汇编。北朝东魏有《麟趾格》，西魏有《大统式》，隋朝编制有《开皇令》《大业令》，唐代有《武德新格》《武德令》《武德式》《贞观令》《贞观格》《贞观式》《永徽令》《永徽式》《垂拱式》《垂拱格》等令式的制定。唐玄宗时期出现了中国第一部成文行政法典《唐六典》，汇集令、格、式等各种行政法规，规范了国家行政机构的设置、官员编制与职掌权限的组织原则，关涉国家机关各级官吏选拔与任免、考课与奖惩、监督与退休的人事行政制度，关涉国家资源开采、工程营建、税收、官俸以及宫廷靡费等财务行政制度，关涉各级行政部门的政务活动原则、相互关系的调整以及工作程序等。除了律文中有相关令、格、式的内容外，还有单行的令、格、式、品、约等行政法典，也是源自秦汉行政法。

（二）秦汉行政法的立法原则和立法精神对后世产生重要影响。

秦汉行政法确立的礼法结合、德刑并用的治国理念为历代王朝所沿用。魏晋南北朝以后行政法的内容继承了秦汉法律的儒家伦理传统，从"引经注律"发展到"引礼入律"，逐渐形成"八议""官当""准五服以制罪""存留养亲""重罪十条""亲亲得相首匿"等最具儒家伦理特色的重要原则和制度。唐律是礼法合一的典范，是汉代以来"引礼入法"历程的升华。唐律的刑事规范全面体现了以儒家为主、儒法合流后的中国正统法律思想，体现了中国正统伦理精神。唐律中重惩"十恶""准五服以制罪""亲亲相隐"等法律原则，无不渗透着儒家思想的影响。秦汉行政立法注重效率的原则，也与我国最早的成文行政法典《唐六典》、刑律《唐律疏议》相一致，为以后历代王朝注重办事效率的行政立法提供了蓝本。秦汉重治吏的立法精神，根据官吏违法、犯罪的性质和情节轻重，分别规定了行政责任和刑事责任，严惩官吏违法失职，也为汉以后的行政立法所继承。陈群等制定的《魏律》，设有单独的法律篇目《告劾律》《请赇律》《偿臧律》，列入《魏律》十八篇之中，就是有关官吏的专门立法条例。《晋律》二十篇，也专门增加了有关官吏违法的《违制律》。隋朝的《开皇律》改《违制律》为《职制律》，唐朝的《唐律疏议》继承了《职制律》，这是传世文献保存下来的第一篇有关古代官吏的完整的专门的律令。其后《大明律》《大清律》都有设置《吏律》的专门篇目，关于官吏的立法成为中国古代行政立法史中的一个重要组成部分。

（三）秦汉行政法确立的君主专制中央集权行政体制机制，成为汉代以后中国古代封建社会行政管理的模式。

秦汉行政法确立的君主专制中央集权政治体制，为适应君主专制需要的国家行政组织和官吏管理创建了一个基本框架。中国古代封建专制主义中央集权国家的经济基础与上层建筑两大部分的基本制度，在秦汉律中被法律化、制度化。这标志着中国封建法律制度的基本确立，同时也说明君主专制中央集权的政治制度在中国延续了两千多年，秦汉行政法的作用不可忽视。秦汉行政法确立了以中央三公九卿与尚书台构成的行政管理体制，发展到隋唐以后，形成三省六部二十四司的新体制。严格地说，秦汉时代的九卿系统还不是十分严密的中央行政机关。诸如太常管祭祀，实际上管的是皇上的家庙。卫尉掌兵卫，光禄勋管郎卫，一个是掌管皇宫的卫队，一个是皇宫门房总管。皇帝出门，太仆赶车。有人犯法，廷尉负责监察。太鸿胪是国家礼宾司，负责外族朝贡，引导礼仪。宗正负责皇族事务。大司农管政府经济，少府掌皇室财政。如此看来，秦汉时的九卿，只有大司农和廷尉算是政府部门长官，其余七卿，实际掌管的都是皇帝的家事，而不是政府的公务。随着君主专制中央集权制度的发展，西汉后期成帝年间出现了尚书五曹机构。东汉光武帝加强了尚书台的权力，以尚书令、尚书仆射为正副长官，合尚书六曹谓之"八座"。东汉李固说尚书台"出纳王命，赋政四海，权尊势重，责之所归"（《后汉书》卷六十三《李固传》），[1]表明尚书台所管已经远远超出九卿的范围，是名副其实的政府公务。至曹魏时，尚书台脱离少府，成为完全独立的中央政府。尚书台独立后，尚书令成为皇帝之下握有重权的最高行政长官，通称为宰相；尚书成为管理全国政务的中央行政机关。随着尚书台地位的日益提高，行政权逐渐扩大，至南朝宋、梁时正式改称尚书省，设吏部、祠部、度支、左民、都官、五兵六曹尚书，掌管国家政务。隋朝改六曹为六部。唐初定制为吏、户、礼、兵、刑、工六部。从此，尚书六部体制就没有再变动过，直至清代。秦汉行政法确立的以中央三公九卿与尚书台为核心的君主专制中央集权的政治体制，在后来的封建王朝虽有所损益和改革，但其基本原则没有变。

秦汉行政法确立了行政管理的各项制度和运行机制，在一定程度上使封建行政制度法典化。以征辟、察举为主的选官制度、任用考核制都为唐

---

[1]《后汉书》，第2076页。

宋科举制所继承。由中央直接控制的监察体系，由御史大夫、御史中丞、御史、刺史、督邮、廷掾垂直构成，经常监察和定期巡视，起到了澄清吏治和强化中央集权的作用，影响了整个封建社会。秦汉时期司法体系的垂直领导、中央集权的军事与财政制度、人事制度，都被后世王朝沿袭继承，并有所完善和发展。秦汉大量的行政法规存在于刑法及各类行政事务管理法中。在张家山汉简中，对各类法律没有按性质进行归类和划分，只按律令篇名进行划分，如《二年律令》包括 27 种律和 1 种令。其中大量的内容是有关刑事与行政等方面，像《盗律》《贼律》《兴律》《户律》《亡律》等，而涉及调整私人关系的内容相当少，只有一些有关婚姻、继承和借贷等方面的条文。实际上，汉代的法律，从传世史料及出土的简帛文献看，有《九章律》九篇及《傍章》若干，《九章律》是基本法，其具体内容虽无法完全考证，但从一些史料记载来看，与张家山汉简相似，基本是以社会管理方面的刑事法律为核心，而涉及私人关系的法律很少，其主要立法目的就是通过各种手段尤其是以刑罚为主的手段来巩固皇权，维护统治阶层的利益，维持行政管理的正常有序运营。秦汉以后的历代王朝都继承了秦汉行政法规定的行政管理制度，通过这种方式进一步强化了国家各级行政管理体制和机制，加强了对民众的经济剥削和政治压迫，在一定程度上维护了国家行政机器的正常有序运转。

秦汉行政法确立的君主专制集权的行政体制机制，不仅对汉以后历代王朝的政治制度建设产生了较大的影响，而且对世界政治制度的发展也产生了一定的影响。其"民为邦本"思想、用人之道及考试制度、教育制度、监督制约机制等都对欧洲的民主思想及民主体制、文官制度、监察制度、三权分立制度产生过深刻的影响，成为资产阶级开创近代民主政治体制的重要思想文化资源之一。秦汉行政法体现出的一定的公开、民主、法治等政治原则和行政管理体制中的制约机制与监督机制，也为我国现代行政法制度建设提供了有益的借鉴。

主要参考文献

一、古典文献

〔清〕阮元校刻：《十三经注疏》，北京：中华书局，1980 年。

杨伯峻译注：《论语译注》，北京：中华书局，1980 年。

〔清〕孙星衍撰，陈抗、盛冬玲点校：《尚书今古文注疏》，北京：中华书局，2004 年。

《诸子集成（5）：管子、商君书、慎子、韩非子》，上海：上海书店，1986 年。

《诸子集成（7）：淮南子、新语、法言、论衡、申鉴》，上海：上海书店，1986 年。

〔清〕王先谦撰，沈啸寰、王星贤点校：《荀子集解》，北京：中华书局，1988 年。

〔汉〕司马迁：《史记》，北京：中华书局，1962 年。

〔汉〕班固：《汉书》，北京：中华书局，1975 年。

王利器：《新语校注》，北京：中华书局，1986 年。

〔西汉〕贾谊著，王洲明、徐超校注：《贾谊集校注》，北京：人民文学出版社，1996 年。

苏舆撰，钟哲点校：《春秋繁露义证》，北京：中华书局，1992 年。

〔汉〕班固：《白虎通德论》，上海：上海古籍出版社，1993 年。

〔汉〕王符著，〔清〕汪继培笺，彭铎校正：《潜夫论》，北京：中华书局，1985 年。

〔汉〕王充：《论衡》，上海：上海人民出版社，1974 年。

马非百注释：《盐铁论简注》，北京：中华书局，1984 年。

〔东汉〕应劭撰，吴树平校释：《风俗通义校释》，天津：天津人民出版社，1980 年。

〔晋〕陈寿：《三国志》，北京：中华书局，1982 年。

〔晋〕常璩撰，刘琳校注：《华阳国志校注》，成都：巴蜀书社，1984 年。

〔宋〕范晔：《后汉书》，北京：中华书局，1965 年。

〔唐〕杜佑：《通典》，北京：中华书局，1988 年。

〔唐〕长孙无忌等:《唐律疏议》,北京:中国政法大学出版社,2013 年。

〔唐〕李林甫等撰,陈仲夫点校:《唐六典》,北京:中华书局,1992 年。

〔唐〕房玄龄:《晋书》,北京:中华书局,1974 年。

〔元〕马端临:《文献通考》,北京:中华书局,1986 年。

〔清〕严可均校辑:《全上古三代秦汉三国六朝文》,北京:中华书局,1958 年。

〔清〕孙星衍等辑,周天游点校:《汉官六种》,北京:中华书局,1990 年。

〔清〕沈家本:《历代刑法考》,北京:商务印书馆,2011 年。

二、今人著述

(一)学术专著

陶希圣编校:《中国政治制度史》,台北:启业书局,1934 年。

陶希圣、沈巨尘:《秦汉政治制度》,北京:商务印书馆,1936 年。

罗志渊:《中国地方行政制度》,重庆:独立出版社,1943 年。

中国科学院考古研究所、甘肃省博物馆编:《武威汉简》,北京:文物出版社,1964 年。

睡虎地秦墓竹简整理小组编:《睡虎地秦墓竹简》,北京:文物出版社,1978 年。

陈梦家:《汉简缀述》,北京:中华书局,1980 年。

高敏:《云梦秦简初探》(增订本),郑州:河南人民出版社,1981 年。

中华书局编辑部编:《云梦秦简研究》,北京:中华书局,1981 年。

安作璋、熊铁基:《秦汉官制史稿》,济南:齐鲁书社,1984 年。

甘肃省文物工作队、甘肃省博物馆编:《汉简研究文集》,兰州:甘肃人民出版社,1984 年。

杨鸿年:《汉魏制度丛考》,武汉:武汉大学出版社,1985 年。

栗劲:《秦律通论》,济南:山东人民出版社,1985 年。

陈直:《居延汉简研究》,天津:天津古籍出版社,1986 年。

张晋藩、王超:《中国政治制度史》,北京:中国政法大学出版社,1987 年。

谢桂华、李均明、朱国炤:《居延汉简释文合校》,北京:文物出版社,1987 年。

邢义田:《秦汉史论稿》,台北:东大图书股份有限公司,1987 年。

〔日〕堀毅:《秦汉法制史论考》,北京:法律出版社,1988 年。

王清云:《汉唐文官法律责任制度》,北京:中国人民大学出版社,1989 年。

甘肃省文物考古研究所、甘肃省博物馆、文化部古文献研究室、中国社会科学院历史研究所编:《居延新简——甲渠候官与第四燧》,北京:文物出版社,1990 年。

李均明、何双全编:《散见简牍合辑》,北京:文物出版社,1990 年。

吴礽骧、李永良、马建华释校:《敦煌汉简释文》,兰州:甘肃人民出版社,

1991 年。

薛英群：《居延汉简通论》，兰州：甘肃教育出版社，1991 年。

张晋藩、李铁：《中国行政法史》，北京：中国政法大学出版社，1991 年。

黄绶：《两汉行政史手册》，郑州：中州古籍出版社，1991 年。

［日］大庭脩著，林剑鸣等译：《秦汉法制史研究》，上海：上海人民出版社，
1991 年。

邵伯岐等：《中国监察史》（第一部），北京：中国审计出版社，1991 年。

甘肃省文物考古研究所编：《敦煌汉简》（上、下册），北京：中华书局，1991 年。

黄中业：《秦国法制建设》，沈阳：辽沈书社，1991 年。

程幸超：《中国地方行政史》，成都：四川人民出版社，1992 年。

孔庆明：《秦汉法律史》，太原：山西人民出版社，1992 年。

安作璋、陈乃华：《秦汉官吏法研究》，济南：齐鲁书社，1993 年。

徐富昌：《睡虎地秦简研究》，台北：文史哲出版社，1993 年。

李均明、刘军主编：《汉代屯戍遗简法律志》，刘海年、杨一凡总主编：《中国
珍稀法律典籍集成》，北京：科学出版社，1994 年。

刘太祥：《汉唐行政管理》，开封：河南大学出版社，1995 年。

刘信芳、梁柱编著：《云梦龙岗秦简》，北京：科学出版社，1997 年。

彭勃、龚飞：《中国监察制度史》，北京：中国方正出版社，1997 年。

连云港市博物馆、东海县博物馆、中国社会科学院简帛研究中心、中国文物研
究所编：《尹湾汉墓简牍》，北京：中华书局，1997 年。

张景贤：《汉代法制研究》，哈尔滨：黑龙江教育出版社，1997 年。

周振鹤：《地方行政制度志》，刘泽华主编：《中华文化通志·制度文化典》，
上海：上海人民出版社，1998 年。

张晋藩总主编：《中国法制通史》（战国 秦汉卷），北京：法律出版社，1999 年。

汪桂海：《汉代官文书制度》，南宁：广西教育出版社，1999 年。

李均明、刘军：《简牍文书学》，南宁：广西教育出版社，1999 年。

于振波：《秦汉法律与社会》，长沙：湖南人民出版社，2000 年。

李小树：《秦汉魏晋南北朝监察史纲》，北京：科学文献出版社，2000 年。

胡相明主编：《行政管理学》，北京：高等教育出版社，2000 年。

［日］大庭脩著，徐世虹译：《汉简研究》，桂林：广西师范大学出版社，2001 年。

中国文物研究所胡平生、甘肃省文物考古研究所张德芳编撰：《敦煌悬泉汉简
释粹》，上海：上海古籍出版社，2001 年。

卜宪群：《秦汉官僚制度》，北京：社会科学文献出版社，2002 年。

蔡万进：《尹湾汉墓简牍论考》，台北：台湾古籍出版有限公司，2002 年。

李振宏：《居延汉简与汉代社会》，北京：中华书局，2003 年。

林甘泉：《中国古代政治文化论稿》，合肥：安徽教育出版社，2004 年。

[英]迈克尔·鲁惟一著，于振波、车今花译：《汉代行政记录》（剑桥大学出版社，1967 年），桂林：广西师范大学出版社，2005 年。

周振鹤：《中国地方行政制度史》，上海：上海人民出版社，2005 年。

张伯元：《出土法律文献研究》，北京：商务印书馆，2005 年。

廖伯源：《使者与官制演变：秦汉皇帝使者考论》，台北：文津出版社，2006 年。

张家山二四七号汉墓竹简整理小组编著：《张家山汉墓竹简：〔二四七号墓〕》（释文修订本），北京：文物出版社，2006 年。

刘海年：《战国秦代法制管窥》，北京：法律出版社，2006 年。

[日]冨谷至著，柴生芳、朱恒晔译：《秦汉刑罚制度研究》，桂林：广西师范大学出版，2006 年。

朱德贵：《汉简与财政管理新证》，北京：中国财政经济出版社，2006 年。

[日]永田英正著，张学锋译：《居延汉简研究》，桂林：广西师范大学出版社，2007 年。

安作璋、熊铁基：《秦汉官制史稿》，济南：齐鲁书社，2007 年。

严耕望：《两汉太守刺史表》，上海：上海古籍出版社，2007 年。

严耕望：《中国地方行政制度史：秦汉地方行政制度》，上海：上海古籍出版社，2007 年。

王焕林：《里耶秦简校诂》，北京：中国文联出版公司，2007 年。

彭浩、陈伟、工藤元男主编：《二年律令与〈奏谳书〉：张家山汉简二四七号汉墓出土法律文献释读》，上海：上海古籍出版社，2007 年。

中国社会科学院简帛研究中心编：《张家山汉简〈二年律令〉研究文集》，桂林：广西师范大学出版社，2007 年。

高恒：《秦汉简牍中法制文书辑考》，北京：社会科学文献出版社，2008 年。

朱红林：《张家山汉简〈二年律令〉研究》，哈尔滨：黑龙江人民出版社，2008 年。

朱绍侯：《军功爵制研究》，北京：商务印书馆，2008 年。

廖伯源：《秦汉史论丛》（增订本），北京：中华书局，2008 年。

应松年主编：《行政法与行政诉讼法》，北京：中国政法大学出版社，2008 年。

杨振红：《出土简牍与秦汉社会》，桂林：广西师范大学出版社，2009 年。

阎步克：《从爵本位到官本位——秦汉官僚品位研究》，北京：生活·读书·新知三联书店，2009 年。

杨建：《西汉初期津关制度研究》，上海：上海古籍出版社，2010 年。

邢义田：《治国安邦：法制、行政与军事》，北京：中华书局，2011 年。

李均明：《简牍法制论稿》，桂林：广西师范大学出版社，2011 年。

李明晓、赵久湘：《散见战国秦汉简帛法律文献整理与研究》，重庆：西南师范大学出版社，2011 年。

闫晓君：《秦汉法律研究》，北京：法律出版社，2012 年。

于振波：《简牍与秦汉社会》，长沙：湖南大学出版社，2012 年。

胡平生：《胡平生简牍文物论稿》，上海：中西书局，2012 年。

张忠炜：《秦汉律令法系研究初编》，北京：社会科学文献出版社，2012 年。

陈伟主编：《里耶秦简牍校释》（第一卷），武汉：武汉大学出版社，2012 年。

刘太祥：《汉代政治文明》，郑州：河南大学出版社，2013 年。

曹旅宁：《秦汉魏晋法制探微》，北京：人民出版社，2013 年。

马怡、张荣强主编：《居延新简释校》（上、下册），天津：天津古籍出版社，2013 年。

（二）学术论文

劳榦：《从汉简所见之边郡制度》，《历史语言研究所集刊》第八本第二分册，1939 年。

贺昌群：《烽燧考》，《文史哲》季刊第 2 期，1940 年。

劳榦：《汉代郡制及其对于简牍的参证》，《傅故校长斯年先生纪念论文集》，台湾大学，1952 年 12 月。

王毓铨：《汉代的亭与乡、里不同性质不同行政系统说》，《历史研究》，1954 年第 2 期。

劳榦：《汉朝的县制》，《庆祝朱家骅先生六十岁论文集》，"中央研究院"，1954 年 6 月。

陈梦家：《汉简所见居延边塞与防御组织》，《考古学报》，1964 年第 1 期。

安作璋：《汉代官吏的任用和考核制度》，《东岳论丛》，1981 年第 3 期。

裘锡圭：《汉简零拾》，《文史》第十二辑，北京：中华书局，1981 年。

朱绍侯：《汉代乡、亭制度浅论》，《河南师范大学学报》（社会科学版），1982 年第 1 期。

杨宽：《战国秦汉的监察和地方视察制度》，《社会科学战线》，1982 年第 2 期。

劳榦：《从汉简中的啬夫、令史、候史和士吏论汉代郡县吏的职务和地位》，《历史语言研究所集刊》第五十五本第一分册，1984 年。

高敏：《秦汉邮传制度考略》，《历史研究》，1985 年第 3 期。

余行迈：《汉代县级官吏的长吏释义初探》，《苏州大学学报》（哲学社会科学版），1986 年第 3 期。

邓小南：《西汉官吏考课制度初探》，《北京大学学报》（哲学社会科学版），1987 年第 2 期。

陈长琦：《汉代刺史制度的演变及特点》，《史学月刊》，1987 年第 4 期。

刘海年：《文物中的法律史料及其研究》，《中国社会科学》，1987 年第 5 期。

李振宏：《居延汉简中的劳绩制度》，《中国史研究》，1988 年第 2 期。

黄宛峰：《汉代考核地方官吏的重要环节——"举谣言"与"行风俗"》，《南都学坛》，1988 年第 3 期。

高潮、刘斌：《简牍法制史料探源》，《政法论坛》，1988 年第 5 期。

李均明：《汉简所见"行书"文书述略》，《秦汉简牍论文集》，兰州：甘肃人民出版社，1989 年。

袁刚：《汉代的司隶校尉》，《南都学坛》，1990 年第 1 期。

黄留珠：《东汉尚书职权试说》，《南都学坛》，1990 第 1 期。

朱莲华、邱永明：《汉代监察制度的特点》，《上海大学学报》（社会科学版），1990 年第 4 期。

刘太祥：《汉代行政监督制度探讨》，《南都学坛》，1991 年第 1 期。

任树民：《试论秦汉时期的监察制度》，《西藏民族学院学报》（哲学社会科学版），1991 年第 3 期。

黄宛峰：《汉三公、尚书职权辨析》，《南都学坛》，1991 第 4 期。

李振宏：《西汉关于渎职罪的立法与执法》，《河南大学学报》（社会科学版），1992 年第 1 期。

李振宏：《西汉官吏立法研究》，《中国史研究》，1992 年第 1 期。

刘太祥：《秦汉文书管理制度》，《南都学坛》，1992 年第 3 期。

陈长琦：《汉代郡政府行政职能考察》，《暨南大学学报》（人文科学与社会科学版），1993 年第4 期。

李均明、刘军：《武威旱滩坡出土汉简考述——兼论"挈令"》，《文物》，1993 年第 10 期。

江旭伟：《浅谈秦汉时期对官吏渎职罪的惩处》，《宝鸡文理学院学报》（哲学社会科学版），1994 年第 1 期。

朱绍侯：《浅议司隶校尉初设之谜》，《学术研究》，1994 年第 1 期。

朱绍侯：《西汉司隶校尉职务及地位的变化》，《史学月刊》，1994 年第 4 期。

卜宪群：《秦汉三公制度渊源论》，《安徽史学》，1994 年第 4 期。

于振波：《汉代官吏的考课时间与方式》，《北京大学学报》（哲学社会科学版），1994 年第 5 期。

张玉强：《汉简文书传递制度述论》，《人文杂志》，1994 年第 5 期。

苏俊良：《试论秦汉御史制度》（哲学社会科学版），《北京大学学报》（哲学社会科学版），1994 年第 5 期。

姜永德、余根亚：《从新居延汉简看我国古代会计报告的光辉成就》，《北京商学院学报》，1995 年第 1 期。

李创新、华金辉：《中国封建社会地方行政体制比较研究》，《吉林大学社会科学学报》，1995 年第 2 期。

周振鹤：《从汉代"部"的概念释县乡亭里制度》，《历史研究》，1995 年第 5 期。

范学辉、曾振宇：《论秦汉地方监察系统与监察法》，《三峡学刊》，1996 年第 3 期。

奇秀：《中华古典地方行政机构体制的设置及演进规律》，《学术研究》，1996 年第 3 期。

蒋非非：《汉代功次制度初探》，《中国史研究》，1997 年第 1 期。

马新：《两汉乡村管理体系述论》，《山东大学学报》（哲学社会科学版），1997 年第 1 期。

高敏：《试论尹湾汉墓出土〈东海郡属县乡吏员定簿〉的史料价值》，《郑州大学学报》（哲学社会科学版），1997 年第 2 期。

卜宪群：《秦汉公文文书与官僚行政管理》，《历史研究》，1997 年第4 期。

周振鹤：《西汉地方行政制度的典型实例——读尹湾六号汉墓出土木牍》，《学术月刊》，1997 年第 5 期。

张金光：《秦乡官制度及乡、亭、里关系》，《历史研究》，1997 年第6 期。

卜宪群：《西汉东海郡吏员设置考述》，《中国史研究》，1998 年第 1 期。

范学辉：《秦汉地方行政运行机制初探》，《文史哲》，1999 年第 5 期。

卜宪群：《秦汉官僚的类型及其演变》，《聊城大学学报》（哲学社会科学版），2000 年第 1 期。

于琨奇：《尹湾汉墓简牍与西汉官制探析》，《中国史研究》，2000 年第 2 期。

袁刚：《秦汉县政府机构设置与行政职能》，《南都学坛》，2000 年第2 期。

阎晓君：《略论秦汉时期地方性立法》，《江西师范大学学报》（哲学社会科学版），2000 年第 3 期。

阎步克：《品位与职位——传统官僚等级制研究的一个新视角》，《史学月刊》，2001 年第 1 期。

胡仁智：《由简牍文书看汉代职务罪规定》，《法商研究》，2001 年第3 期。

马新：《时政谣谚与两汉民众参与意识》，《齐鲁学刊》，2001 年第 6 期。

赵怀光：《"告御状"：汉代诣阙上诉制度》，《山东大学学报》（哲学社会科学版），2002 年第 1 期。

李均明：《汉简所反映的关津制度》，《历史研究》，2002 年第 3 期。

王子今：《汉初查处官员非法收入的制度——张家山汉简〈二年律令〉研读札记》，《政法论坛》，2002 年第 5 期。

湖南省文物考古研究所、湘西土家族苗族自治州文物处、龙山县文物管理所：《湖南龙山里耶战国——秦代古城一号井发掘简报》，《文物》，2003 年第 1 期。

许富宏、杨青：《秦及汉初政权对地方政治制度的探索及其意义》，《唐都学刊》，2003 年第 3 期。

孙家洲：《再论"矫制"——读〈张家山汉墓竹简〉札记》，《南都学坛》，2003 年第 4 期。

邹水杰、岳庆平：《西汉县令长初探》，《北京大学学报》（哲学社会科学版），2003 年第4期。

武玉环：《〈从睡虎地秦墓竹简〉看秦国地方官吏的犯罪与处罚》，《吉林大学社会科学学报》，2003 年第 5 期。

张明富、张颖超：《中国古代官吏惩戒制度述论》，《探索》，2003 年第 6 期。

姜建设：《从〈二年律令〉看汉律对渎职罪的处罚》，《史学月刊》，2004 年第 1 期。

刘太祥：《试论秦汉行政巡视制度》，《郑州大学学报》（哲学社会科学版），2004 年第 5 期。

李均明：《张家山汉简〈行书律〉考》，中国政法大学法律古籍整理研究所编：《中国古代法律文献研究》（第二辑），北京：中国政法大学出版社，2004 年。

李均明：《张家山汉简所见制约行政权的法律》，《秦汉史论丛》（第九辑），西安：三秦出版社，2004 年。

卜宪群：《秦汉之际乡里吏员杂考——以里耶秦简为中心的探讨》，《南都学坛》，2006 年第 1 期。

杨杰：《〈二年律令·行书律〉与汉代邮行制度》，《肇庆学院学报》，2006 年第 1 期。

周丽、蒋分田：《汉代行政监察制度研究》，《江西青年职业学院学报》，2006 年第 2 期。

刘海年：《务必重视法律史文献的整理和研究》，《华东政法学院学报》，2006 年第 3 期。

王彦辉、于凌：《浅议秦汉官吏法的几个特点》，《史学月刊》，2006 年第 12 期。

田振洪：《秦汉时期的司法职务犯罪》，《池州师专学报》，2007 年第2期。

杨志贤：《从张家山汉简看汉初会计管理制度的发展状况》，《中国社会经济史研究》，2007 年第 2 期。

胡仁智：《汉律中的司法官吏渎职罪考评》，《甘肃政法学院学报》，2007 年第 3 期。

朱慈恩：《汉代边防职官循行之制考论》，《内蒙古社会科学》，2007 年第 5 期。

卜宪群：《从简帛看秦汉乡里的文书问题》，《文史哲》，2007 年第 6 期。

李均明：《额济纳汉简法制史料考》，孙家洲主编：《额济纳汉简释文校本》，北京：文物出版社，2007 年。

王尔春：《论汉代司隶校尉监察权》，《河北学刊》，2008 年第 1 期。

候旭东：《传舍使用与汉帝国的日常统治》，《中国史研究》，2008 年第1 期。

卜宪群：《从简帛看秦汉乡里组织的经济职能问题》，《史学月刊》，2008 年第 3 期。

吕宗力：《略论民间歌谣在汉代的政治作用及相关迷思》，《社会科学战线》，2008 年第 9 期。

李均明：《居延新简中的法制史料》，《初学录》，台北：兰台出版社，2008 年。

黄今言：《居延汉简所见西北边塞的财物“拘校”》，《秦汉史丛考》，北京：经济日报出版社，2008 年。

陈松长：《岳麓书院藏秦简中的行书律令初论》，《中国史研究》，2009 年第 3 期。

易桂花、刘俊男：《从出土简牍看秦汉时期的行书制度》，《中国历史文物》，2009 年第 4 期。

袁礼华：《试析汉代的上封事制》，《江西社会科学》，2009 第 10 期。

潘祥辉：《官僚科层制与秦汉帝国的政治传播》，《社会科学论坛》，2010 年第 1 期。

卜宪群：《简帛与秦汉地方行政制度史研究》，《国学学刊》，2010 年第 4 期。

钟文荣：《张家山汉简所见对官文书违法行为的处罚研究》，《福建师范大学学报》（哲学社会科学版），2011 年第 3 期。

刘晓满：《秦汉令史考》，《南都学坛》，2011 年第 4 期。

朱腾：《秦汉时代的律令断罪》，《北方法学》，2012 年第 1 期。

李均明：《简牍法律史料概说》，《中国史研究》，2015 年 S1 期。

何彬：《试论汉代行政监察的运行机制》，华南师范大学硕士研究生学位论文，2002 年。

邬文玲：《汉代赦免制度研究》，中国社会科学院研究生院博士研究生学位论文，2003 年。

钟文荣：《试论张家山汉简中对官文书违法行为的处罚》，吉林大学硕士研究生学位论文，2004 年。

胡良俊：《论行政问责制》，北京大学硕士研究生学位论文，2005 年。

司志晓：《略论西汉官吏职务犯罪与治罪》，郑州大学硕士研究生学位论文，2006 年。

赵飒：《东汉免冠问题探讨》，吉林大学硕士研究生学位论文，2009 年。

田侠：《行政问责机制研究》，中共中央党校博士研究生学位论文，2009 年。

后　　记

　　《简牍与秦汉行政法研究》一书，经过十年的辛勤耕耘，终于要与读者见面了，我的心情特别激动。这是我 2012 年主持的国家社科基金项目"简牍与秦汉行政法研究"（项目批准号：12BZS021）的最终研究成果，2018 年通过国家社科规划办结项（结项证书号：20181153），凝聚着许多专家学者的心血。这个项目得到了南阳师范学院社科处、河南省社科规划办、国家社科规划办的大力支持，各位专家学者提出了不少宝贵的意见和建议。在研究过程中得到了中国人民大学王子今、孙家洲教授，中国社会科学院历史所赵凯、邬文玲研究员，首都师范大学宋杰、蔡万进教授等专家学者的无私帮助和支持。特别是中国秦汉史学会会长、中国社会科学院古代史研究所所长卜宪群研究员提出了许多建设性的意见。中国社会科学院古代史研究所中国国学研究与交流中心主任孙晓研究员把该书列入"中国历史研究学术文库"出版。这本书的出版得到了福建教育出版社领导的鼎力相助和全力支持，特别是责任编辑祝玲凤一丝不苟，认真校订修改，为本书增光添彩。南阳师范学院汉文化研究中心主任岳岭博士做了大量的编务工作。我的妻子刘奇敏女士、女儿刘晓满博士全力以赴支持我的工作。在此，一并表示衷心的感谢！由于我才疏识浅，书中可能存在错讹之处，敬请各位专家学者批评指正。

刘太祥

2023 年 9 月 26 日

图书在版编目（CIP）数据

简牍与秦汉行政法研究/刘太祥著. 一福州：福
建教育出版社，2025.3
（中国历史研究学术文库）
ISBN 978-7-5334-8675-4

Ⅰ.①简… Ⅱ.①刘… Ⅲ.①简（考古）—研究—中国
—秦汉时代②行政法—研究—中国—秦汉时代 Ⅳ.
①K877.54②D922.102

中国版本图书馆 CIP 数据核字（2019）第 300218 号

中国历史研究学术文库
中国社会科学院古代史研究所文化史研究室　编
Jiandu yu Qinhan Xingzhengfa Yanjiu

简牍与秦汉行政法研究

刘太祥　著

出版发行　**福建教育出版社**
（福州市梦山路 27 号　邮编：350025　网址：www.fep.com.cn
编辑部电话：0591-83716932
发行部电话：0591-83721876　87115073　010-62024258）
出　版　人　江金辉
印　　　刷　福建省地质印刷厂
（福州市金山工业区　邮编：350011）
开　　　本　710 毫米×1000 毫米　1/16
印　　　张　23.5
字　　　数　386 千字
插　　　页　1
版　　　次　2025 年 3 月第 1 版　2025 年 3 月第 1 次印刷
书　　　号　ISBN 978-7-5334-8675-4
定　　　价　68.00 元

如发现本书印装质量问题，请向本社出版科（电话：0591-83726019）调换。